LA
CONGRÉGATION

(1801-1830)

PAR

M. GEOFFROY DE GRANDMAISON

PRÉFACE PAR

M. LE COMTE ALBERT DE MUN

PARIS
LIBRAIRIE PLON
E. PLON, NOURRIT et Cⁱᵉ, IMPRIMEURS-ÉDITEURS
RUE GARANCIÈRE, 10

1889

LA CONGRÉGATION

(1801-1830)

Ce volume a été déposé au ministère de l'intérieur (section de la librairie) en mai 1889.

PARIS. TYPOGRAPHIE DE E. PLON, NOURRIT ET Cie, RUE GARANCIÈRE, 8.

LA
CONGRÉGATION

(1801-1830)

PAR

M. GEOFFROY DE GRANDMAISON

PRÉFACE PAR

M. LE COMTE ALBERT DE MUN

PARIS

LIBRAIRIE PLON

E. PLON, NOURRIT et Cie, IMPRIMEURS-ÉDITEURS
RUE GARANCIÈRE, 10

1889

La *Congrégation* a eu ses jours de célébrité.

De 1820 à 1830, il fut de mode, chez les adversaires de la monarchie, d'attribuer à cette association de catholiques un pouvoir occulte, mais tout-puissant, sur les affaires de France. Pamphlets, discours, journaux et livres ont redit à tous les échos cette accusation avec une telle persévérance que le public y a ajouté foi; l'opinion même des honnêtes gens en a été ébranlée. L'invraisemblance des faits nous a donné le désir d'éclaircir cette question d'histoire; pour mystérieuse qu'elle soit, une puissance si étendue ne disparaît pas sans laisser de traces. Nous les avons cherchées.

Les documents ne nous faisaient pas défaut : le R. P. Clair, de la Compagnie de Jésus, les avait recueillis avec un soin éclairé; ses travaux personnels facilitaient singulièrement notre tâche; grâce à lui, nous avions entre les mains les archives manuscrites de cette Congrégation fameuse. Nous avons eu depuis la bonne fortune de retrouver la liste complète de ses membres.

L'étude de ces papiers authentiques, demeurés inédits jusqu'à cette heure, nous a révélé le *but* de la réunion par ses règlements, le *nom* de ses adhérents par le catalogue, l'*esprit* et les *résultats* de leur propagande par leurs œuvres.

Autant qu'il nous paraissait utile, nous avons évoqué les témoignages des contemporains, — amis et adversaires, — pesant les paroles et surtout la valeur morale de ceux qui les prononçaient. Avec une certaine persévérance, nous avons suivi, pas à pas, l'existence des congréganistes, complétant nos recherches personnelles par les souvenirs de leurs descendants[1] ou des survivants de l'époque. Nous racontons la vie de plusieurs d'entre eux; nous eussions pu écrire celle de beaucoup d'autres; pour éviter les redites, il a fallu nous borner.

En avançant dans notre travail, nous avons vu les accusations tomber les unes après les autres : les plus graves devenaient visiblement puériles; nous avons eu parfois quelque honte à enfoncer tant de portes ouvertes. Bien loin de nous trouver en présence d'intrigants, d'ambitieux et d'hypocrites, nous avions devant nous des personnages qui ont laissé un nom justement honoré dans

[1] Je dois une reconnaissance particulière à M. le vicomte de Ponton d'Améconrt, qui m'a remis les notes que lui dicta le docteur Pignier, l'un des plus anciens congréganistes, mort en 1868, âgé de quatre-vingt-dix ans. La liste serait longue des personnes qui ont bien voulu répondre à mes questions; je suis heureux de témoigner publiquement ma gratitude à MM. Sébastien Laurentie, baron Franchet d'Espérey, comte Joseph La Bouillerie, Edmond Biré.

l'Église, la magistrature, les belles-lettres et les sciences. Il est peu de sociétés qui puissent montrer une aussi grande proportion de talents et de vertus.

Nous avons regretté que ses détracteurs, ayant déployé tant de zèle à publier le mal qu'ils soupçonnaient sans motif, aient mis tant de soin à taire le bien qu'elle avait accompli. La Congrégation doit revendiquer la paternité de presque toutes les créations actuelles de la charité française ; les œuvres du dix-neuvième siècle sont nées là, et l'on peut, en publiant ses annales, tracer leur généalogie.

Nous ne prétendons pas que tous les congréganistes fussent des saints, ni tous leurs contradicteurs des indignes, tout en constatant la probité des premiers et la sincérité souvent douteuse des seconds. Il n'y aurait pas eu d'équité à rejeter sans contrôle tous les chefs d'accusation ; après examen, il y aurait moins encore de justice à ne pas les reconnaître insuffisants.

Nous avons voulu être impartial, mais non de cette impartialité de commande qui veut à tout prix tenir la balance égale entre le bien et le mal, entre les victimes et les bourreaux. Nous n'appartenons pas à cette école du « modérantisme » qui s'efforce de ne pas « distinguer Bélial de Jésus ». Loin de nous défendre de tout sentiment personnel, loin de nous targuer d'indifférentisme religieux, nous disons bien haut que nous avons entrepris en chrétien cette étude, et que notre ambition serait de l'avoir conduite jusqu'au bout en chrétien. Le respect de la vérité ne peut que s'en accroître. Nous voudrions faire partager notre conviction à nos lecteurs, en plaçant sous leurs yeux les pièces du procès : *Scribitur ad probandum, non ad narrandum.*

Si notre récit passe pour un plaidoyer, nous ne nous en plaindrons pas, heureux d'avoir été l'avocat d'une belle cause.

G. DE G.

2 février 1889.

PRÉFACE

Paris, 24 avril 1889.

MON CHER AMI,

Je vous remercie de m'avoir communiqué les épreuves de votre livre sur la Congrégation : je les ai lues avec un intérêt croissant à chaque page, et une satisfaction dont je suis heureux de vous offrir ici la publique expression. Comme j'avais applaudi à votre projet, quand vous me l'avez exposé, j'applaudis encore, et de tout cœur, à son exécution.

Notre temps se plaît aux recherches historiques, et, parmi tant de hontes et de faiblesses, c'est son honneur d'avoir suscité des travaux sans nombre où la vérité, grâce aux témoignages souvent les plus inattendus, jaillit toute seule des monceaux d'erreurs accumulés par l'esprit de parti.

a.

Le livre que vous présentez au public mérite d'être signalé au premier rang de ces fécondes études.

En montrant par des faits irrécusables, des biographies authentiques, des documents puisés aux sources les plus certaines, ce que furent, dès leur origine, les Congrégations de jeunes gens, ce qu'elles sont encore, et le rôle qu'elles ont joué dans la société moderne, vous avez, mieux que par de longs discours, réfuté d'anciennes et persistantes calomnies et détruit les préjugés invétérés qu'elles ont inculqués, même à de très honnêtes gens. Vous avez ainsi rendu un important service à la cause catholique, dont les soldats les plus fidèles apparaissent, dans le tableau que vous tracez de leur histoire, comme les citoyens les plus dévoués à la patrie française.

Votre œuvre, d'ailleurs, vient très opportunément, dans cette année du centenaire de 1789, où les pompes administratives, apprêtées pour célébrer l'anniversaire séculaire de la Révolution, semblent, elles-mêmes, par le douloureux contraste qu'elles éveillent avec les souffrances et les déceptions du présent, convier tous les esprits impartiaux à faire loyalement un retour consciencieux sur le passé.

C'est à ce point de vue particulièrement que votre histoire de la Congrégation doit être sérieusement méditée.

Démontrer, pièces en main, que les congréganistes de l'Empire et de la Restauration ne méritaient pas les accusations dont les abreuvaient les acteurs de la *Comédie de quinze ans,* en dénonçant leurs pieuses réunions comme un foyer de complots et d'intrigues, c'est déjà une œuvre salutaire. Sans doute nous ne sommes plus au temps où les pamphlets du comte de Montlosier trouvaient des esprits crédules jusque dans les sphères les plus élevées de la nation; l'histoire a fait justice de ces calomnies intéressées, et quand, il y a dix ans, un parti de sectaires voulut les ranimer en brandissant les armes rouillées de 1828 et de 1845, nous avons vu s'élever d'un bout à l'autre du pays, et des milieux les plus divers, une protestation dont l'éclat n'a laissé aux persécuteurs, pour accomplir leurs desseins, que la ressource des exécutions arbitraires. Il reste toutefois encore chez quelques hommes trompés par les erreurs courantes un ancien et tenace préjugé au sujet de l'action politique exercée, sous la Restauration, par ce qu'on appelait alors, en donnant à cette désignation les allures d'un nom mystérieux, la « Congrégation ». Vous mettez, à cet égard, la vérité en pleine lumière, et vous montrez très bien que ce ne fut pas cette influence occulte qui porta, par exemple, au ministère des affaires étrangères le duc Mathieu de Montmorency, que bien d'autres titres y appelaient naturellement, ni au ministère de l'instruction publique et des cultes Mgr Frayssinous, qui n'était point congréganiste et l'a publiquement déclaré : vous réduisez de même à néant les fables que des historiens trop com-

plaisants ont recueillies dans la presse libérale du temps,
au sujet du prétendu envahissement de l'armée par les congréganistes, dispensateurs des faveurs et des grades, et vous
prouvez jusqu'à l'évidence qu'ils étaient relativement peu
nombreux dans ses rangs, où ils formaient entre eux de
modestes associations de piété, sur le modèle de celles que
le maréchal de Villars louait publiquement au dix-septième
siècle, en donnant leurs membres comme des types achevés
de toutes les vertus militaires.

Établir, sur tous ces points, la vérité historique, renverser une bonne fois les erreurs accréditées par la calomnie,
c'est, je le répète, une œuvre excellente.

Mais votre livre a une portée plus haute. On peut dire
que le dix-neuvième siècle a été rempli par la lutte constante ouverte, dans la société moderne, entre l'esprit chrétien et l'esprit révolutionnaire, et soutenue, de part et
d'autre, avec la persévérance d'un combat dont l'empire
des âmes est le prix.

D'abord inconnue pendant de longs siècles, alors que le
Christianisme formait encore la base incontestée des mœurs
et des institutions, puis allumée par la rencontre violente
de l'Église et du protestantisme et couvant, dès lors, au
sein des nations de l'Europe, comme un germe latent développé peu à peu sous la progressive influence des doctrines
philosophiques, enfin publiquement engagée au dix-huitième
siècle, et marquée presque aussitôt par le sanglant triomphe

du rationalisme, cette lutte, un instant suspendue dans la
nuit tragique de la Terreur et le désordre confus du Directoire, prend, tout à coup, un caractère nouveau, au lendemain des grands bouleversements où le passé s'est écroulé
pour faire place à la société contemporaine.

La main puissante du Premier Consul avait relevé les
autels de l'antique religion nationale et, grâce à la condescendance du Souverain Pontife, rendu au culte catholique
une organisation, très différente, il est vrai, de l'ancienne
constitution de l'Église de France; mais ce n'étaient là,
pour ainsi dire, que les cadres officiels dans lesquels la
masse de la nation, depuis tant d'années livrée au schisme
ou à l'impiété, allait, peu à peu, se rassembler : pour que
la vie catholique se ranimât dans les âmes et pût de nouveau
porter ses fruits naturels, il fallait que les œuvres, complé-
ment nécessaire de la foi, vinssent solliciter, par l'attrait du
dévouement, les cœurs généreux et donner, par l'activité
chrétienne, à la religion renaissante son expansion légitime. Les anciens Ordres religieux, foyer des œuvres du
passé, étaient détruits ou dispersés : les évêques et le
clergé, comprimés dans l'étau administratif où les enfermait
la volonté de Napoléon, en compensation de l'existence
rendue, n'avaient que la liberté relative d'un ministère
entravé par des règlements soupçonneux. L'initiative des
laïques qui devait être, dans ce siècle, si féconde pour le
bien, naquit de cette situation et du besoin d'apostolat,

naturel à tous les hommes de foi : dès le lendemain du
Concordat, la première Congrégation de jeunes gens se
forma sous la direction du P. Delpuits : ce n'était qu'un
groupe de six étudiants inconnus : ce fut le berceau de
toute la vie religieuse de notre époque.

On voit l'œuvre naissante se développer lentement
d'abord et comme étouffée par la main de fer qui pèse sur
la France, puis grandir rapidement dans l'essor général de
la liberté, jeter de toutes parts ses essaims, foyers multiples
de foi, de prière et d'action, et, bientôt exposée, par les
luttes qu'éveille cette liberté nouvelle, aux attaques, aux
calomnies, aux menaces, cortège inévitable et glorieux du
Christianisme, trouver, dans ces combats eux-mêmes où se
trempe son courage, l'irrésistible attrait qui lui amène sans
cesse des recrues plus nombreuses.

Désormais l'armée catholique est formée, prête à faire
face aux besoins du temps nouveau et à conquérir, pour sa
foi, la place que lui doit la société moderne. Les Congrégations de jeunes gens, épanouies dans la plupart des villes de
France, lui fourniront des cadres éprouvés et toujours re-
nouvelés : le peuple chrétien, encore pénétré du vieux levain
de la religion des aïeux, sera sa réserve, et suscités par l'ardeur de cette lutte généreuse, qui sollicite leur génie, des
hommes se lèveront à la tribune, dans la chaire et dans les
lettres pour lui servir de ch fs. A cette armée, bientôt puissante par le nombre, par la valeur et par le talent, ceux qui

marchent à sa tête ne proposent point pour but le pouvoir
suprême, les faveurs publiques, ou même la transformation
des institutions politiques. Gagner les âmes par l'apostolat,
les cœurs par la charité, les intelligences par l'éducation,
voilà l'objectif qui s'offre à tous ces courages. Pendant que
la prédication accomplit sa tâche par les grandes voix de
Lacordaire et de Ravignan, les conférences de Saint-Vincent
de Paul, l'œuvre mère et maîtresse de toutes les autres, se
répandent comme un flot inépuisable, jetant sur le sol de
ce pays, d'où les démolisseurs ont arraché les antiques fondations des âges chrétiens, tout un réseau de fondations
nouvelles, d'associations de charité, de crèches, d'ouvroirs,
de patronages d'apprentis, de cercles d'ouvriers, qui ont le
double effet d'enrôler les riches dans les milices de la foi
par l'exercice de la charité, et d'y entraîner les pauvres par
la force de l'exemple et l'empire du dévouement. En même
temps la liberté d'enseignement, demandée, réclamée, exigée
d'une voix de plus en plus pressante, comme une légitime
et nécessaire transaction entre les principes anciens de la
société chrétienne et les doctrines nouvelles de l'État moderne, trouve dans la loi de 1850 sa consécration publique
et le terrain commun où les partisans des uns et des autres
pourront, dans une rivalité pacifique, se disputer l'éducation des hommes.

Les Congrégations ont été, pendant ces années d'efforts
et de lutte, le point d'appui de toutes les œuvres, et le

bureau permanent où s'enrôlent, avec les volontaires de la charité, ces combattants de la plume, Sébastien Laurentie et tant d'autres, qui se jettent pour la cause commune dans la mêlée ouverte par la liberté de la presse.

Elles demeureront, après la loi de 1850, la forteresse où se conservera l'élite de la jeunesse chrétienne sortie des nouvelles écoles; les noms de leurs membres se presseront en foule sur le martyrologe d'honneur aux heures tragiques de l'année terrible, et quand, après la grande convulsion de la Commune, la question ouvrière dressera devant la société troublée le problème inévitable légué par ce siècle à son déclin au siècle qui va s'ouvrir, c'est là, c'est dans les rangs de la jeunesse formée par les successeurs du P. Delpuits et du P. Ronsin, tout enflammée des leçons que le P. Olivaint a signées avec son sang, que les œuvres nouvelles, entreprises au nom de la justice, trouveront, comme autrefois les œuvres de la charité, leurs premiers et leurs plus dévoués serviteurs.

Telle est, à larges traits, l'action qu'ont exercée les Congrégations d'hommes pendant le cours de ce siècle, par les œuvres qu'elles ont créées, qui sont, on peut le dire, toutes les bonnes œuvres de notre temps, par le secours puissant qu'elles ont apporté au clergé dans l'apostolat nouveau auquel l'appelait la transformation des mœurs et des idées, par l'exemple enfin qu'elles ont donné aux classes élevées de la nation, que la philosophie du siècle précédent avait rendues indifférentes ou hostiles à la religion, et que le respect humain éloignait de toute pratique extérieure.

C'est l'honneur des hommes courageux qui, depuis la petite Congrégation de 1801 jusqu'à nos jours, n'ont cessé, en dépit des attaques, des calomnies et souvent des mépris du monde, de se rassembler, toujours plus nombreux, dans ces foyers de prière, de foi et de dévouement chrétien, d'avoir été les pionniers de la renaissance religieuse accomplie peu à peu, mais sans interruption, depuis le Concordat, et que le dix-neuvième siècle, malgré toutes les décadences qui l'ont marqué, peut montrer à la génération future comme le sujet principal de ses espérances et de sa confiance dans l'avenir.

En regard de ce tableau rapide, il faut en mettre un autre, celui de l'action exercée, durant la même période, par l'esprit révolutionnaire. Lui aussi, quand le Premier Consul l'eut, pour ainsi dire, endigué dans la puissante organisation administrative et sociale qui, sous les régimes en apparence les plus opposés, devait rester le moule invariable de la société moderne, lui aussi, emprisonné dans ces cadres officiels, sentit le besoin de s'y dérober : en vain le génie d'un homme avait prétendu borner et fixer son œuvre; les transformations radicales que venaient de consacrer le Code civil et les institutions nouvelles étaient impuissantes à le satisfaire, l'objet final de ses aspirations lui échappait, et la défaite de brumaire le forçait à reprendre dans l'ombre, contre la religion restaurée et le trône relevé, la lutte engagée au dix-huitième siècle et brusquement interrompue.

La franc-maçonnerie, en s'insinuant dans la classe élevée, sous les dehors de la fraternité philanthropique, avait été avant 1789 le plus puissant auxiliaire de la secte philosophique : pendant que les doctrines de l'Encyclopédie battaient ouvertement en brèche le vieil ordre religieux, politique et social de la nation, elle en préparait la destruction complète dans le mystère de ses « convents » , et recrutait, pour son œuvre, des adeptes inconscients parmi ceux mêmes qu'elle voulait frapper. Quand les événements précipitèrent le grand mouvement de réforme que les abus de l'ancien régime rendaient irrésistible, elle le dénatura pour le tourner au profit de ses desseins et devint, par sa secrète influence sur les hommes, maîtresse de la Révolution déchaînée. Napoléon parut, et, devant l'empire de sa volonté, elle courba la tête, acceptant, comme le dit un de ses adeptes, de se faire sujette du despotisme pour devenir souveraine; mais, dans sa feinte soumission, elle demeura prête au combat, et lorsque la liberté renaissante lui permit d'y retourner, elle ranima, pour le soutenir, l'esprit révolutionnaire réfugié dans son sein. Alors, cherchant sur la terre classique des conspirations le modèle d'une organisation appropriée aux circonstances, elle fit naître du Carbonarisme italien la Charbonnerie française, dont les « ventes », ses congrégations à elle, devinrent l'atelier permanent des complots tramés contre la monarchie : et tandis qu'elle ébranlait le trône par des attentats perpétuels, elle commença contre l'Église catholique cette campagne savante de calomnies où, prenant comme point de mire la Congrégation, parce qu'elle y reconnaissait le foyer de l'esprit chrétien, elle réussit, elle dont l'essence même était la société secrète et la conspiration politique, à la dénoncer à l'opinion comme l'âme d'un vaste complot ourdi contre les pouvoirs établis.

Dès lors, la guerre est ouverte. J'ai rappelé comment les catholiques l'ont soutenue, par quelles œuvres, par quels résultats l'esprit chrétien a, dans cette lutte séculaire, révélé sa force et ses progrès constants. Je n'essayerai pas d'exposer ici les œuvres accomplies, les résultats obtenus par l'esprit révolutionnaire, dont la franc-maçonnerie, conservant dans l'organisation officielle de ses Loges les vieilles traditions des ventes de la Charbonnerie, est demeurée, depuis cinquante ans, le grand instrument de propagande et d'action. Il suffit, pour s'en rendre compte, de lire les livres excellents et décisifs qui, depuis quelques années, ont établi, sur ce sujet, la vérité historique par des documents irréfutables, et au premier rang desquels il faut citer les beaux ouvrages du P. Deschamps et de M. Claudio Jannet sur la franc-maçonnerie et les sociétés secrètes. Tous vos lecteurs devraient y chercher la contre-partie de votre travail.

Les faits, d'ailleurs, sont sous nos yeux. De même que la main de la Charbonnerie se découvre sans peine dans les complots de la Restauration et du gouvernement de Juillet, celle des Loges apparaît dans l'organisation de l'Internationale et dans les événements de la Commune. Mais elle éclate avec plus d'évidence encore dans les plans formés depuis trente ans, savamment préparés et patiemment exécutés, pour déchristianiser la France et arracher les âmes populaires à la religion, par l'éducation laïque. Au siècle dernier la conjuration philosophique s'attaquait à l'élite de la nation, encore en possession du pouvoir, pour la corrompre et pervertir, en la dominant, la masse profondément imbue des principes chrétiens. Dans notre temps, où l'évolution démocratique a, par l'institution du suffrage universel, fait passer aux mains du peuple l'influence politique, c'est lui que la franc-maçonnerie s'est appliquée à conquérir, et, pendant que le catholicisme reprenait peu à peu, par l'apostolat, par les œuvres et par l'instruction, possession des classes élevées, l'esprit révolutionnaire cherchait de plus en plus à étendre son empire sur la foule, en y développant l'irréligion. Quand les événements de 1870 eurent livré à ses adeptes le gouvernement du pays, nous les avons vus, fidèles au programme des Loges, vulgarisé par la Ligue de l'enseignement, appeler à leur aide toute la tyrannie des lois pour accomplir la destruction méthodique de l'éducation chrétienne, et pour éloigner du peuple les prêtres et les religieux, partout où il a le plus besoin de leur secours, à l'école, à l'hospice, à la caserne, en même temps qu'ils travaillaient par un vaste système d'outrages et de calomnies à les déconsidérer dans l'opinion.

L'histoire dira quels fruits aura portés cette détestable entreprise : s'ils ne sont pas déjà, s'ils ne doivent pas être, dans l'avenir, aussi désastreux que l'espéraient ses auteurs, c'est grâce à l'admirable résistance de l'esprit chrétien, aux sacrifices de toutes sortes, au dévouement sans réserve de ceux qu'il inspire, et dont ils ont puisé la force, pour une bonne part, dans l'organisation que leur ont donnée les œuvres catholiques.

Ce n'est pas ici le lieu d'énumérer ce qu'a coûté à la France, à sa prospérité, à sa grandeur, le règne des sectaires de la franc-maçonnerie. Tout le monde le sait et le comprend, parce que tout le monde en souffre.

Mais la lutte entre les deux esprits qui se disputent l'empire des âmes n'est pas près de finir. Les catholiques, instruits par l'expérience, exercés par un siècle de combats, aperçoivent, dans son étendue, le vaste champ ouvert à leurs efforts. Ils savent que, dans la société moderne, le peuple est l'arbitre suprême des destinées de la nation, et qu'il leur faut, non plus seulement ramener son intelligence par l'éducation, conquérir son cœur par la charité, mais fixer sa confiance par la justice. Les œuvres sociales sont et seront, de plus en plus, le grand objet qui sollicitera leur ardeur et leur dévouement. Là encore, ils trouveront dans la jeunesse, dans les associations qui conservent sa foi et ses mœurs, qui stimulent son zèle, qui la tiennent étroitement unie, le point d'appui de leurs efforts, le foyer de leur action, les cadres qui permettront à leurs chefs de les conduire à la victoire. Les Congrégations demeureront, ainsi, la force principale de leur armée, et l'indispensable élément de leur succès dans les luttes que le siècle futur leur réserve encore.

En montrant ce qu'elles ont été, ce qu'elles ont fait dans le passé, en les vengeant des calomnies qui les ont longtemps poursuivies, en les désignant ainsi au respect, à la reconnaissance de tous les gens de bien, vous avez non seulement fait une œuvre historique éminemment utile, vous avez, ce qui est mieux encore, largement favorisé, par les leçons et les encouragements de l'exemple, leur développement à venir, et c'est par là surtout que vous avez rendu à la cause catholique un excellent et signalé service.

Je vous en remercie et vous en félicite, en vous priant de me croire toujours

Votre bien affectueusement dévoué,

A. DE MUN.

LA CONGRÉGATION

CHAPITRE PREMIER

LES CONGRÉGATIONS D'HOMMES DANS LE PASSÉ.

Les définitions de M. de Montlosier. — Fondation de la première Congrégation à Rome, en 1563. — Encouragements des Souverains Pontifes : la
Bulle d'or. — Extension des Congrégations d'hommes en Europe. — Heureux résultats pour la société. — Conséquences funestes de la dissolution
de la Compagnie de Jésus. — Le mouvement religieux en 1800. — La
renaissance catholique en France avant le Concordat.

Dans les dernières années de la Restauration, un ancien
député à la Constituante, M. de Montlosier, ému des progrès
de l'« ultramontanisme » et frappé de l'« esprit d'envahissement du parti prêtre », fit paraître un long *Mémoire* dans
lequel il dénonçait d'une façon spéciale la « *Congrégation* [1] ».

Ses attaques étaient violentes; les preuves semblaient
moins fortes.

Dans son embarras de justifier ses alarmes, son langage
revêtait une fâcheuse obscurité. A la question si naturelle qui
devait lui être posée tout d'abord : Qu'est-ce que cette *Congrégation* qui met en péril la monarchie? — il répondait :
« C'est tout à la fois une assemblée pieuse d'anges, un sénat

---

[1] *Mémoire à consulter sur un système religieux et politique tendant à
renverser la religion, la société et le trône,* par le comte DE MONTLOSIER,
Paris, 1826.

1

de sages, un foyer d'intrigues de démons. » La bizarrerie de ces•expressions contradictoires appelait elle-même un commentaire; mais l'auteur, se déclarant incapable de le fournir, confessait ingénument, dès la première page, son ignorance du sujet qu'il abordait : « Cette puissance mystérieuse qui, sous le nom de *Congrégation*, figure sur la scène du monde, me parait aussi confuse dans sa composition que dans son objet, dans son objet que dans son origine. »

En dépit de ces lacunes, peut-être à cause d'elles, le succès de ce livre fut considérable : l'opinion se passionna, les pouvoirs publics s'émurent, le Parlement discuta gravement cette question dont les tribunaux furent saisis; le libraire ne suffisait pas à fournir aux lecteurs avides ce curieux *Mémoire* qui eut dix éditions successives; pendant six mois la France entière ne parla d'autre chose, la province ne voulant pas manifester une curiosité moins intelligente que l'empressement de Paris. M. de Montlosier était devenu un homme célèbre; — mais il n'avait toujours pas dit ce que c'était que la « *Congrégation* ».

Rien pourtant n'est plus facile que de définir l'origine, la nature, le but des Congrégations d'hommes par les termes laudatifs dont les Souverains Pontifes ont daigné se servir dans les différents brefs où ils nomment ces associations pieuses. L'historique de leur développement pendant deux siècles justifierait ces éloges et paraîtrait plus probant que les rêveries d'un écrivain mal informé.

Vers l'année 1560, un professeur de la Compagnie de Jésus au Collège Romain, le P. Jean Léon [1], voulant fortifier par la piété le travail de ses élèves, réunit les plus studieux à la

---

[1] Aucun document authentique ne permet de découvrir, sous l'appellation latinisée de *Leonius*, le nom exact du modeste religieux. Nous savons seulement qu'il était Liégeois et fut reçu dans la Compagnie en 1550, par saint Ignace lui-même. En 1569, il était à Lyon; il mourut à Turin.

fin des classes pour leur faire entendre des lectures sérieuses et leur donner des conseils de direction. Ces jeunes gens, bientôt l'exemple de leurs condisciples, se placèrent sous la protection directe de la Sainte Vierge et rédigèrent un très court règlement. Se proposant « d'avancer dans la piété et les belles-lettres », chaque semaine ils se confesseraient, communieraient tous les mois, assisteraient le matin à la messe et le dimanche iraient visiter dans les hôpitaux les malades, tout en s'adonnant à quelque autre œuvre de charité. Un Père de la Compagnie présiderait leurs exercices, et les plus zélés se partageraient le soin de former à ces pratiques les nouveaux admis dans la réunion.

Tels furent les premiers statuts d'une « Congrégation » ; depuis 1563, ces règles sont demeurées identiques dans l'esprit, presque entièrement semblables dans la forme.

Frappés du bon exemple donné par les congréganistes, les personnages les plus importants du Sacré Collège leur accordèrent leur patronage, et le bien obtenu devint si promptement manifeste que, le 5 décembre 1584, le souverain pontife Grégoire XIII, dans sa bulle *Omnipotentis Dei*, encourageait, par des indulgences nombreuses, les espérances de ces chrétiens fervents.

Inspirées par l'un d'entre eux, nées dans les rangs de leurs élèves, c'est aussi dans les maisons d'éducation des Pères Jésuites que les Congrégations se développèrent d'abord ; mais elles franchirent bientôt l'enceinte des collèges avec les jeunes gens qui, à la fin de leurs études, désiraient rester en communauté de prières et de souvenir avec leurs anciens maîtres et condisciples. Cette dévotion envers la Sainte Vierge était trop dans l'esprit du catholicisme, elle répondait trop bien aux besoins du temps pour ne pas être appréciée par les membres du clergé séculier ; un grand nombre d'ecclésiastiques s'en firent les propagateurs et voulurent procurer à leurs paroisses le bénéfice de cette édification, le stimulant de cette charité. En dehors de leur identité de vue et de leurs pratiques, nulle obligation ne reliait ces sociétés entre elles; afin que cette liberté ne fît pas dégénérer l'esprit d'union qui en avait marqué la naissance, le Saint-Père établit la Congrégation du Collège Romain le centre moral de toutes les autres, dans cette même bulle *Omnipotentis* qui peut être considérée comme leur charte et leur constitution. Cette Congrégation, toujours digne de son antiquité et de ces faveurs, est connue depuis sous le nom de *Prima Primaria*, comme l'indiquent — (imitation d'une inscription plus auguste encore) — les mots gravés à la porte d'entrée de ses séances :

> *Prima Primaria*
> *Congregatio*
> *Omnium Congregationum*
> *Toto orbe diffusarum*
> *Mater et Caput.*

La Providence inspire à l'Église les moyens de défense en rapport avec les luttes qu'elle soutient; forme nouvelle des innombrables confréries du moyen âge, ces pieuses fraternités venaient à leur heure. En face des négations et des nouveautés du protestantisme, il était particulièrement opportun de susciter, dans la vie sociale, l'affirmation des vieilles croyances chrétiennes et de combattre l'orgueil de l'hérésie par le développement des pratiques de la piété la plus douce et la plus populaire. Les fruits que portèrent sans retard les Congrégations d'hommes montrèrent à quel point la sève de l'arbre était vigoureuse.

Malgré la modestie de leur rôle, elles peuvent compter parmi les moyens de régénération accordés à ce seizième siècle qui sans doute accueillit les théories de Luther, mais aussi bénissait saint Ignace, sainte Thérèse et saint Charles, et ne devait pas finir sans avoir reçu les enseignements du concile de Trente.

Faut-il énumérer le nombre considérable des Congrégations établies depuis trois cents ans dans le monde entier et mettre en relief les vertus des chrétiens qui s'y enrôlèrent [1]? On a pu dire d'elles, avec un peu d'emphase, mais non sans vérité : « Elles relièrent dans la même association l'Orient et l'Occident, les peuples du Midi et ceux du Nord; c'était une grande fraternité qui s'étendait de Paris jusqu'à Goa, et qui, de Rome, descendait jusqu'au sein de la ville la plus éloignée [2]. »

En France, elles brillèrent d'un incomparable éclat par la charité de leurs membres : les congréganistes de la maison professe de Paris étaient célèbres par leurs abondantes aumônes aux hôpitaux et aux prisonniers.

Le protestantisme trouvait là les adversaires les plus redoutables de sa propagande schismatique, à telles enseignes que plusieurs professeurs de l'Université, déjà gagnés à la cause de la réforme, fermaient la Sorbonne aux étudiants qui arboraient l'étendard de Marie; mais l'arbitraire affermissait la fermeté de ces jeunes hommes : ils formèrent une ligue défensive contre l'hérésie et se montrèrent partout les plus fiers champions de l'orthodoxie [3].

Relater les documents concernant les Congrégations serait tomber dans une fastidieuse redite. Indiquons le mémorable monument pontifical qui en fit, au dix-huitième siècle,

---

[1] Un seul exemple pour la ville de Rome : la Congrégation, fondée en 1593 sous la direction du Père Mastrilli (martyrisé quarante ans plus tard au Japon), se glorifiait d'avoir eu quatre-vingts de ses membres élevés à la dignité cardinalice, et parmi ces princes de l'Église, on en comptait six qui occupèrent la chaire de saint Pierre : Urbain VIII, Alexandre VII, Clément IX, Clément X, Innocent XI et Innocent XII.

[2] CRÉTINEAU-JOLY, *Histoire de la Compagnie de Jésus.*

[3] C'est à cette époque que saint François de Sales fit partie de la Congrégation du collège de Clermont (depuis Louis-le-Grand).

un nouvel et public éloge : la Bulle *Gloriosæ Dominæ*, donnée
le 27 septembre 1748 par Benoît XIV, connue sous le nom
de la « Bulle d'or ».

« ... De cette louable et pieuse institution que modifient à
l'infini de saintes et salutaires règles, selon les divers états des
congréganistes, et que gouvernent, avec une habile prévoyance, de prudents directeurs, il est incroyable quel bien a
découlé sur les hommes de toutes conditions.

« ... Nous qui, dans notre jeunesse, avons été membre de
la Congrégation de la bienheureuse Vierge Marie, nous qui
nous rappelons avec un agréable souvenir d'avoir fréquenté
ses pieux et instructifs exercices pour notre plus grande consolation spirituelle ; jugeant qu'il était du devoir de notre
ministère pastoral de favoriser, de promouvoir ces institutions
solides qui font avancer dans la vertu et contribuent puissamment au salut des âmes, nous avons approuvé, confirmé,
étendu... etc... »

C'était magnifiquement répondre aux longues contradictions qu'à son tour le jansénisme suscitait à la Compagnie
de Jésus et aux chrétiens dont la foi était protégée sous la
règle si féconde du congréganiste. Toutes les classes de la
société pouvaient obtenir la même sauvegarde, avec la
sagesse inhérente à l'organisation hiérarchisée de l'ancienne
France : gentilshommes, magistrats, bourgeois, artisans et
domestiques avaient leurs réunions spéciales appropriées à
leur condition[1]. Tous fils de la grande famille chrétienne,
non pas isolés, mais groupés séparément par une heureuse
intelligence de la vie des âmes, ils recevaient une direction

---

[1] La Congrégation établie au noviciat du faubourg Saint-Germain comptait
parmi ses membres les princes Ferdinand et Charles de Lorraine ; on eut soin
de fonder une seconde réunion pour les domestiques et valets, « afin que,
venant accompagner leurs maîtres, au lieu de les attendre inutilement pendant
les deux heures que durait l'assemblée, ils eussent également l'occasion de
faire les mêmes exercices en l'honneur de la Vierge Marie ». P. CARAYON.

et des conseils exactement en rapport avec leurs besoins.

En témoin sincère qui évoque ses souvenirs personnels, le cardinal de Beausset semble avoir porté en peu de mots le meilleur jugement que l'on doive porter sur les bienfaits de ces associations, véritables écoles de bonnes mœurs demeurées longtemps prospères :

« On se ressouvient encore, dans les principales villes de commerce, que jamais il n'y eut plus d'ordre et de tranquillité, plus de probité dans les transactions, moins de faillites et moins de dépravation que lorsque ces Congrégations existaient... Appelés à l'éducation des principales familles de l'État, les Jésuites étendaient leurs soins jusque sur les classes inférieures ; ils les entretenaient dans l'heureuse habitude des vertus religieuses et morales. Tel était surtout l'utile objet de ces nombreuses Congrégations qu'ils avaient créées dans toutes les villes et qu'ils avaient eu l'habileté de lier à toutes les professions et toutes les institutions sociales. Des exercices de piété simples et faciles, des instructions appropriées à chaque condition et qui n'apportaient aucun préjudice aux travaux et aux devoirs de la société, servaient à maintenir dans les États cette régularité de mœurs, cet esprit d'ordre et de subordination, cette sage économie qui conservent la paix et l'harmonie des familles et assurent la prospérité des empires [1]. »

Des âmes sauvées, la paix sociale affermie, les pratiques religieuses en honneur, la piété conduisant à la charité et la charité à la concorde, en voilà assez pour que le mal dresse ses batteries et tende ses pièges. Grâce à ses persévérants efforts, l'irréligion triompha pour un temps : la coalition du Parlement, des philosophes et des jansénistes, aidée de la faiblesse coupable des princes de la maison de Bourbon, fut victorieuse. On sait trop cette scandaleuse histoire de l'expulsion des Jésuites,

---

[1] *Histoire de Fénelon*, t. I.

prélude de l'arrêt de dissolution arraché par l'obsession et la violence à Clément XIV. En France, l'année 1762, — l'année 1774 pour l'univers entier, — vit l'admirable soumission de ceux qui travaillaient vraiment « pour la plus grande gloire de Dieu » loin des intrigues humaines [1]. Les Congrégations avaient eu l'honneur de recevoir les premiers coups ; dès le 7 mai 1760, un arrêt du Parlement faisait défense de former à l'avenir toute assemblée, confrérie, congrégation, soit à Paris, soit en province, sans l'expresse permission du Roi « revêtue de lettres patentes *vérifiées en la Cour* ».

Le bref de rétablissement de Pie VII l'a dit [2], l'histoire le constate : la dispersion des fils de saint Ignace fut pour la religion et les lettres un dommage irréparable. Contre les bandes savamment exercées de l'athéisme, la concentration de toutes les forces catholiques n'eût pas été inutile, et s'il est vrai que dans une bataille le choc le plus terrible est mieux soutenu par une troupe d'élite, il sera permis de regretter le licenciement des « grenadiers de l'intolérance [3] », à la veille du jour où la société allait subir l'assaut de la Révolution. Quarante ans après, l'abbé de La Mennais, en ramassant les pierres dispersées du sanctuaire et cherchant les causes d'un si grand

[1] Par un dessein providentiel, la Congrégation *Prima Primaria* fut épargnée. Seule, sa chapelle demeura intacte quand on vint enlever du Collège Romain les objets appartenant au culte.

[2] Bulle *Sollicitudo omnium Ecclesiarum*, du 7 août 1814. « ...Le monde catholique demande d'une voix unanime le rétablissement de la Compagnie de Jésus. Nous recevons journellement à cet effet les pétitions les plus pressantes de nos vénérables frères les archevêques et évêques ;... nous nous rendons à un vœu si juste et si général, etc... » — Le cardinal Pacca, dans ses *Mémoires*, a dit : « Le jour de la résurrection de la Compagnie, Rome retentissait de cris de joie, d'acclamations, d'applaudissements. Le peuple romain accompagna Pie VII depuis le Quirinal jusqu'à l'église du Gesù, où l'on fit la lecture de la Bulle, et le retour du Pape à son palais fut une marche triomphale. »

[3] « Le plus difficile sera fait quand la philosophie sera délivrée des grands grenadiers du fanatisme et de l'intolérance ; les autres ne sont que des cosaques et des pandours qui ne tiendront pas contre nos troupes réglées. » D'ALEMBERT, *Œuvres*, t. XV, p. 297.

désastre, n'hésitait pas à les trouver là : « Lorsqu'en 1762, les Congrégations furent détruites pour la plupart avec les Jésuites, qui les avaient formées et les dirigeaient avec tant de sagesse, en moins de dix-huit ans, il y eut dans la capitale une diminution de moitié dans le nombre des personnes qui remplissaient le devoir pascal. Vers le même temps, et par la même cause, on vit peu à peu tomber en désuétude les pratiques pieuses, la visite quotidienne des églises, la prière commune dans les familles, présage trop certain de l'anéantissement de la foi [1]. »

C'est qu'en effet les Congrégations possédaient les conditions essentielles du succès et de la durée. Le patronage de Marie était bien choisi : la Vierge immaculée représente le parfait modèle de la pureté et de l'honneur; elle est mère, et mère de Dieu, toute-puissante sur le cœur de son Fils; elle garde et protège avec une victorieuse tendresse ceux qui portent ses couleurs. L'Église catholique n'a pas de dévotion plus forte, plus douce, plus ancienne; elle remonte aux premières heures de la prédication de l'Évangile, aux jours mêmes du cénacle : « *Erant perseverantes unanimiter in ora-* « *tione cum Maria matre Jesu* [2]. »

Le principe d'association, si indispensable aux choses qui doivent vivre, groupait les congréganistes en un faisceau compact et serré; l'amitié était bien pour eux ce « fortifiant nécessaire à prendre dans la carrière du bien » dont parlait de nos jours une grande chrétienne; dans leurs cœurs, le surnaturel coulait à pleins bords. Prière, travail, bonnes œuvres, c'étaient les trois étapes pour la formation d'âmes d'élite, de citoyens utiles, de chrétiens généreux.

Confondus dans la catastrophe commune de la Révolution, prêtres séculiers et religieux, tous, après s'être laissé dé-

---

[1] *Réflexions sur l'état de l'Église en France*. 1808.
[2] *Actes des Apôtres*, I, xiv.

pouiller, acceptèrent encore l'exil, la prison et la mort; mais leur invincible douceur devait « lasser l'acharnement de « leurs bourreaux, user la persécution, transformer l'opi- « nion et faire avouer, même aux survivants du dix-huitième « siècle, qu'ils étaient des hommes de foi, de mérite et de « cœur [1] ».

Sur le terrain mouvant des systèmes philosophiques et au milieu des ruines qui couvraient le sol, tout à coup la croix du salut reparut. A son ombre, les cœurs fatigués reprirent des forces, et le dix-neuvième siècle commença sa route entre la terreur des effondrements de la veille et l'espoir des relève- ments du lendemain. — Mais cette rénovation fut une tâche rude et pénible; si des germes de foi, demeurés au fond des cœurs, levèrent au soleil nouveau de l'esprit religieux, que d'intelligences à éclairer, que de fautes à effacer, que de bles- sures à panser dans cette société qui avait maintenant la triste expérience de tous les crimes sans être guérie de toutes les folies!

Les « historiens » qui se plaisent à faire passer sous les yeux de l'enfance de petites vignettes représentant les paysans du temps de Louis XIV, dévorant dans le désespoir de la faim les maigres racines de leurs champs dévastés, sont moins prompts à peindre le tableau de la France après dix ans de gouvernement républicain. Leur philanthropie aurait pourtant lieu de s'exercer, et ce peuple pour qui ils témoignent un bruyant zèle, n'était pas si universellement heureux qu'ils n'eussent quelques lacunes à déplorer dans son bonheur. Les témoi- gnages des contemporains, — nous parlons des moins pré- venus, — sont tristement uniformes [2].

---

[1] TAINE, *Origines de la France contemporaine*, t. IV, p. 415.
[2] « Chaque jour nous apprenons que les enfants meurent de faim, soit dans les hospices, soit dans les campagnes », écrivent les administrateurs de la Charente-Inférieure. « C'est un spectacle désolant, disait Fourcroy : des bour-

A ces populations délaissées il fallait rendre la vie morale. Une réaction puissante, empruntant toutes les formes, portée par un courant d'opinion fait de souffrance et de souvenirs, de regrets et de mépris, de désillusion et de repentir, créa le vide autour des institutions de la Révolution, tourna les yeux de la nation vers les croyances de ses pères et ne se laissa désarmer que lorsque la religion eut repris sa place dans les églises, les écoles et les collèges [1]. Dans la presse, dans les assemblées publiques, et jusqu'à la tribune des Cinq-Cents, les catholiques prennent à leur tour l'offensive et citent leurs oppresseurs au tribunal de l'opinion. En 1800, ce tribunal a prononcé. Lorsque Bonaparte, par le Concordat, rappelle la religion dans les temples, il ne fait que consacrer par les lois les arrêts de la conscience populaire.

Possédant au suprême degré le don de comprendre le vœu et les besoins de l'opinion, l'esprit du premier Consul avait senti la nécessité de régulariser une situation religieuse rendue intolérable par l'anomalie même des mœurs et des lois; il jugea qu'il fallait revenir officiellement à l'ancien culte en faveur duquel le courant des idées se manifestait d'une manière irrésistible, argument non sans valeur aux yeux d'un politique habile étudiant soigneusement l'état moral de la nation qu'il se sentait la force de gouverner. Dieu venait une fois encore de choisir un instrument pour apprendre au monde « à rapporter les choses humaines aux ordres de cette sagesse éternelle dont elles dépendent », afin de lui montrer que lors-

---

gades détruites et abandonnées, des châteaux incendiés, des maisons démolies, des villages presque sans habitants... Voilà ce qu'on observe pendant trente lieues de voyage dans l'intérieur de la Vendée. »

A Rouen, 64,000 habitants sur 85,000 ont part aux distributions de pain, et chacun se contente « d'un quart composé d'un mélange de froment, de maïs, d'orge, d'avoine, de fèves et de pois ». *Tableau officiel de la situation de la France*, adressé au Directoire, en 1801.

[1] Voir le très remarquable livre de M. l'abbé SICARD : *l'Éducation morale et civique avant et pendant la Révolution* (1700-1808).

qu'Il veut faire des législateurs, « Il leur envoie son esprit de prévoyance, leur fait prévenir les maux qui menacent les États, et poser les fondements de la tranquillité publique [1] ».

Croire que le respect des choses saintes sortit d'un décret consulaire, et prétendre que ce coup de baguette suffisait pour relever les ruines amoncelées depuis dix ans, serait méconnaître la vérité et aussi le bon sens. Les événements, toujours plus forts que les hommes quand ils concordent avec le plan de la Providence, les événements imposèrent le Concordat [2]. Le germe religieux, en dépit des railleries du dix-huitième siècle, était trop profond pour qu'on pût « l'extirper » [3].

Par son *Génie du christianisme*, Chateaubriand, inconnu la veille, devenait le plus célèbre des écrivains. On poussa ce cri libérateur : Le christianisme est beau ! Et tous ceux qui le jetèrent en vinrent bientôt à s'écrier : Le christianisme est vrai [4] !

C'est ainsi que s'ouvrit le dix-neuvième siècle.

Au milieu de ce grand réveil des esprits, mais dans l'obscure

[1] BOSSUET, *Discours sur l'histoire universelle.*
[2] « C'était l'effort des consciences individuelles, c'était le zèle persévérant des prêtres persécutés, c'était la piété de nos curés de campagne venant, à travers tant de périls, retrouver leurs vieilles églises et leurs vieux paroissiens ; c'étaient les sentiments de tant de Français à qui le malheur avait rappris l'émotion religieuse ; c'était enfin l'instinct du pays, c'était le mouvement des âmes qui avait relevé les autels, et non pas la volonté du premier Consul. La France ne s'était pas retrouvée catholique par l'effet d'une consigne militaire ; elle l'était parce qu'elle voulait l'être, laissant à chacun la consciencieuse liberté des refus. Il n'y eut que la cour de l'Empereur à qui il fut ordonné de prendre part au catholicisme du couronnement. » SAINT-MARC GIRARDIN, *Discours pour la réception de M. d'Haussonville*, 31 mars 1870.
[3] « Dans toute société, la religion est un organe à la fois précieux et naturel. On essayerait en vain de l'arracher : les mains qui se porteraient sur elle n'atteindraient que son enveloppe ; elle repousserait après une opération sanglante ; son germe est trop profond pour qu'on puisse l'extirper. » TAINE, *Origines de la France contemporaine : l'Ancien Régime.*
[4] Les familles chrétiennes lurent cet ouvrage avec avidité ; il prit aussitôt

humilité de sa foi, un prêtre déjà avancé en âge avait eu, lui aussi, une inspiration profonde. Il bénissait la Providence de rendre à son pays des jours de calme tout en faisant luire à l'horizon les brillantes chimères des jours de gloire; mais il fondait ses espérances sur des motifs plus graves; son zèle expérimenté n'ignorait pas que, pour être vraiment forte, il faut à une nation une jeunesse chrétienne, gardienne et espoir de sa prospérité. La vocation de sa vie l'avait appelé jadis à connaître de près des adolescences religieuses et viriles, et encore tout pénétré du souvenir de ces « *Congrégations de la Sainte Vierge* » dont il avait béni les heureux résultats, il résolut de grouper autour de lui quelques jeunes gens d'élite pour en faire, avec la grâce de Dieu et sous la protection de Marie, des disciples fidèles et des apôtres dévoués.

place dans leur bibliothèque, parmi les livres essentiels. Antoine de Courtois, dont M. de Ribbes a publié l'admirable *Livre de raison*, termine ses conseils à ses enfants par cette recommandation : « Lisez l'Évangile, l'Imitation de Jésus-Christ, et le Génie du christianisme de M. de Chateaubriand. » — *La Vie domestique*, t. I, p. 118.

CHAPITRE II

RÉTABLISSEMENT DE LA CONGRÉGATION DE PARIS.

(1801.)

Le Père Bourdier-Delpuits. — Fondation de la Congrégation *Auxilium Chris-*
tianorum, le 2 février 1801. — Les six premiers congréganistes. — La
première messe. — Le règlement. — Les conditions d'admission. — Les
usages. — Les dignitaires. — L'appartement du Père Delpuits.

« Il s'appelait Delpuits ; j'ai plaisir à le nommer, d'autres
« ont acquis plus de gloire dans leurs rapports avec la jeunesse
« de France ; aucun ne l'a méritée davantage [1]. »

Ce nom, dont la voix de Lacordaire réveillait l'écho après
de longues années de silence, était modeste et sans gloire ;
mais pour obscur qu'il soit, s'il faut parler des hommes ayant
travaillé, au début de ce siècle, au relèvement moral de leur
pays, il peut prendre une place spéciale et garder un rang
distingué.

Jean-Baptiste Bourdier-Delpuits, né dans la province d'Auvergne en 1736, entrait, vers l'âge de dix-sept ans, dans la
Compagnie de Jésus [2].

Un écrit autographe nous met au courant des diverses circonstances de sa vie, mais sa modestie l'a laissé plus sobre de
détails envers lui-même qu'envers les saints religieux avec lesquels il a vécu. Il a gardé un souvenir attendri pour les premiers

---

[1] *Oraison funèbre de Mgr Charles de Forbin-Janson.*
[2] P. Guidée, *Notices historiques sur quelques membres de la Société des*
Pères du Sacré-Cœur et de la Compagnie de Jésus, t. II.

maîtres de sa jeunesse, restés les amis de son âge mûr; une
affection particulière le liait avec le Père Dugad, le célèbre
missionnaire de Chine, et le Père de Nolhac, recteur du noviciat de Toulouse, plus tard martyrisé à la glacière d'Avi-
gnon.

Comme ses frères, le Père Delpuits dut, en 1762, renoncer
à la vie religieuse, vers laquelle le portaient toutes ses inclinations, et rentrer dans le monde. Mais n'ayant pas prononcé ses
derniers vœux lors de la proscription, il échappa aux arrêts qui
bannissaient doublement tous les profès. Engagé dès lors dans
le clergé séculier, il devint d'abord vicaire général du diocèse
de Conserans [1], puis reçut le même titre pour celui d'Angoulême [2]. En 1771, il se fixait à Paris, où Mgr Christophe de
Beaumont l'accueillit avec bienveillance et lui donna un canonicat dans la collégiale du Saint-Sépulcre de la rue Saint-
Denis [3].

Ce vaillant évêque était encore sur la brèche, défendant les
droits de l'Église contre les embûches des jansénistes, les

[1] L'évêché de Conserans, dont le siège fut aboli lors du concordat de 1801,
dépendait de l'archevêché d'Auch. Sa juridiction ne comprenait que soixante-
douze paroisses.

[2] Malgré les obligeantes recherches ordonnées par Mgr Sebaux, nous n'avons
rien pu trouver dans les archives de l'évêché d'Angoulême concernant le Père
Delpuits. En considérant les deux dates extrêmes de son départ de Toulouse
et de son arrivée à Paris (1762-1771), il est manifeste qu'il fut grand vicaire
de Mgr de Broglie, évêque d'Angoulême, de 1754 à 1784. Cette dignité devait
être simplement honoraire.

[3] La première pierre de l'église du Saint-Sépulcre, à Paris, fut posée le
18 mai 1326, sur un fonds de terre acheté par Louis de Bourbon, comte de
Clermont, et quelques autres croisés qui, en Terre Sainte, avaient formé une
confrérie et fondé un hôpital pour les pèlerins. Le chapitre de Notre-Dame
nommait aux douze canonicats du Saint-Sépulcre. Les chanoines faisaient, tour
à tour, les fonctions de curés dans l'enceinte de leur clôture. La collégiale fut
supprimée en 1790; les bâtiments, situés rue Saint-Denis, furent vendus à des
marchands hollandais qui détruisirent l'église, devenue propriété nationale, et
construisirent des maisons dont l'ensemble prit, à cause d'eux, le nom de
Cour batave. Le percement du boulevard de Sébastopol l'a depuis fait disparaître
à son tour.

pamphlets des philosophes et les arrêts du Parlement[1]. Sa
fermeté apostolique et sa charité sans bornes frappèrent le
Père Delpuits, qui, toute sa vie, garda la plus douce mémoire
de ses vertus. On a souvenir de l'avoir entendu parler bien
souvent des mérites du courageux prélat, et rapporter avec
émotion quelques traits de cet évêque qu'il disait « digne des
plus beaux siècles de l'Église ». Il aimait à rappeler ce temps
passé et concluait généralement ses récits par ces mots :
« Ah ! le grand archevêque que c'était ! » répétant deux ou
trois fois et comme en lui-même : « Christophe de Beaumont !
Christophe de Beaumont ! » tant ce nom paraissait résonner
agréablement à son oreille et à son cœur[2]. Il aimait l'étude et
possédait une véritable science hagiographique : c'est par ses
soins que furent éditées les célèbres *Observations* du Père
Berthier[3] sur le *Contrat social*, où le savant Jésuite réfute
les sophismes de Rousseau. Plusieurs années après, il donnait une continuation de l'*Abrégé* de la *Vie des Pères et des
martyrs* traduit de Godescard.

Pour être utile au diocèse qui l'avait adopté et contribuer
au bien des âmes, le Père Delpuits se consacra à l'une des
œuvres les plus fructueuses du ministère en donnant des
retraites aux ecclésiastiques, aux laïques, principalement aux

---

[1] Voir l'ouvrage du Père RÉGNAULT, *Christophe de Beaumont, archevêque
de Paris* (1703-1881). 2 vol. in-8°.

[2] *Souvenirs d'une Congrégation de la Sainte Vierge.* Cette petite brochure,
devenue extrêmement rare et due à la plume du docteur Pignier, a paru, sans
nom d'auteur, en 1864, à l'imprimerie Bouchard-Huzard, à Paris. Sous un
format modeste, elle renferme, rapportés par un témoin, des détails authentiques qui nous ont été particulièrement précieux.

[3] Le Père Berthier (1704-1782), membre de la Compagnie de Jésus, fut
professeur d'humanités et se rendit célèbre par l'habile et savante direction
du *Journal de Trévoux.* Il fut en butte aux attaques les plus violentes des
encyclopédistes et de Voltaire, dont il avait hardiment critiqué les ouvrages
et mis à néant les assertions. Le Dauphin le fit nommer garde de la bibliothèque du Roi (1762) et adjoint à l'éducation du duc de Berry (Louis XVI) et
du comte de Provence (Louis XVIII).

jeunes gens dans les maisons d'éducation, se préparant ainsi, à son insu, à l'apostolat qui devait être le plus fécond de sa vie. Il possédait l'art d'intéresser son auditoire par sa simplicité; son onction lui gagnait la confiance de tous; il évitait les discours d'apparat où son éloquence modeste aurait été moins d'accord avec ses dispositions naturelles.

Son camail de chanoine le rendit le héros d'une aventure assez piquante qui formerait bien un chapitre de l'« histoire des préventions » : à la fin des exercices d'une retraite ecclésiastique de province, comme il se reposait dans sa chambre, l'évêque du diocèse le vint trouver tout en riant pour lui conter, en confidence, que plusieurs de ses auditeurs, se louant hautement des discours qu'on leur avait tenus, l'avaient remercié de leur avoir donné comme prédicateur un chanoine de Paris. « Et maintenant, Monseigneur, avaient-ils ajouté, non sans finesse, on ne pourra plus dire qu'il n'y avait que les Jésuites pour savoir nous enseigner nos devoirs! »

En l'arrachant à des occupations qui lui étaient chères, la Révolution vint, pour la seconde fois, briser le cours ordinaire de sa vie. Subissant, tour à tour, la prison et l'exil, il revint cependant en France avant la chute des persécuteurs, tant son cœur était attaché à sa patrie et tant il lui eût été pénible de ne pouvoir plus y exercer son dévouement. Homme de bon conseil, il faisait apprécier sa direction et son expérience; on frappait à sa porte comme à celle d'un ami sûr et d'un prêtre éclairé. C'est à lui que Louis Barat, sortant à peine des cachots et secrètement ordonné prêtre, s'ouvrit de son dessein de passer en Russie pour se joindre aux Jésuites, qui pouvaient y vivre en communauté. Le Père Delpuits lui conseilla de ne pas quitter la France, où la moisson était si abondante, et lui représenta non seulement les immenses besoins de l'Église persécutée, mais lui peignit aussi le tableau d'un ministère apostolique bien fait pour tenter, par le péril même, l'ardeur d'un jeune prêtre[1]. Il ne voyait, avec raison, aucune tâche plus pressante que le relèvement matériel des paroisses de Paris trop longtemps veuves de leurs pasteurs.

Il suivait avec une joie profonde la renaissance catholique de son pays, mais sa prudence lui laissait tout craindre quand il considérait combien l'instruction religieuse faisait défaut à la jeunesse, particulièrement à celle qui suivait les cours des grandes écoles publiques de Paris. Il conçut le dessein de grouper autour de lui quelques jeunes gens pour les maintenir dans les sentiments de foi qu'ils avaient puisés au sein de leur famille ou pour leur en inspirer, s'ils avaient le malheur de n'en pas avoir. Au lieu de se borner, comme tant d'autres, à pleurer sur les malheurs de Sion, il mit la main à l'œuvre pour soutenir, dans la mesure de ses forces, la bonne volonté de chrétiens trop isolés, les fortifier par leurs mutuels exemples et les conserver gens d'honneur au milieu de tant d'impiétés et de séductions.

Il savait fort bien que tout catholique est, malgré son zèle, un « serviteur inutile »; aussi, après un premier temps d'expérience qui lui permit de reconnaître le mérite sincère et solide de quelques étudiants qui venaient le voir plus fréquemment, il voulut les placer sous le patronage direct de la Sainte Vierge, et, puisant dans ses souvenirs d'autrefois, il ne vit rien de mieux que de fonder une association de piété sur

---

[1] Louis Barat, frère aîné de Mme Sophie Barat, l'illustre fondatrice du Sacré-Cœur, naquit à Joigny le 30 mars 1768. Bien que simple diacre à la Révolution, il fut détenu à Sainte-Pélagie, à Saint-Lazare et au Luxembourg, jusqu'en 1795. Entré dans la société naissante des Pères de la Foi, il enseigna jusqu'en 1807, époque de la dispersion brutale de leurs collèges. Le Père de Clorivière le reçut en 1814 dans la Compagnie de Jésus; il fut professeur au petit séminaire de Bordeaux et maître des novices à Montrouge. Son action fut marquée à la Congrégation militaire, dont nous parlerons dans la suite. Sa science théologique était célèbre; il savait par cœur la Somme de saint Thomas. Il mourut en 1844.

le modèle et d'après les règles des Congrégations bénies par les Souverains Pontifes [1].

Sa proposition fut agréée; s'étant muni auprès du cardinal du Belloy, archevêque de Paris, de l'autorisation nécessaire, il érigea officiellement une Congrégation sous le titre de « *Sancta Maria, auxilium christianorum* », et en commença les exercices le jour de la Purification, le 2 février 1801.

Celui qui saurait écrire une histoire de la restauration des bonnes œuvres au sortir de la Révolution, pourrait marquer d'une croix blanche cette date. Et cependant, qu'ils étaient modestes, ces débuts! qu'ils furent peu nombreux, les ouvriers de la première heure! un vieillard entouré de six jeunes gens inconnus, perdus dans cette immense ville captivée par la gloire militaire, absorbée par la prodigieuse fortune d'un soldat à qui rien n'avait encore résisté.

Ils s'appelaient : Régis Buisson, François Régnier, Louis Gondret, Joseph Perdreau, Auguste Périod et Charles Frain de la Villegontier [2]. Tous étaient étudiants en médecine ou en droit.

Le Père Delpuits célébra la messe dans son salon trans-

---

[1] « Quand un laïque me demande ce qu'il faut faire pour être sauvé, disait saint Alphonse de Liguori, je ne puis lui conseiller un moyen plus utile et plus sûr que d'entrer dans la Congrégation. La Congrégation est un moyen qui renferme tous les autres, même les plus infaillibles, pour le salut éternel. »

[2] Il nous faut rectifier ici l'erreur commise par CRÉTINEAU-JOLY (*Histoire de la Compagnie de Jésus*, t. VI, ch. III), par le Père GUIDÉE (*Notices historiques*, t. II), et après eux par le Père CARAYON (*Notice sur les Congrégations*, 1863) et le Père DELPLACE (*Histoire des Congrégations*, 1884), qui donnent d'autres noms et citent parmi les fondateurs de la réunion Mathieu et Eugène de Montmorency (ils furent admis seulement le 21 décembre 1801). Nous avons vérifié le fait sur le manuscrit officiel contenant les noms, prénoms, situations, âge et domicile des congréganistes, avec la date de leur admission, écrit de la main même du Père Delpuits, et continué après sa mort. Il est en notre possession et nous a fourni les renseignements les plus certains.

formé en chapelle, et au moment de la communion, il exposa en quelques mots à ses auditeurs ce qu'il attendait d'eux : il espérait les voir accomplir parfaitement les devoirs de leur état en se fortifiant des exemples et des encouragements que l'on doit rencontrer dans une réunion de chrétiens sincères; s'adonner à quelques œuvres de charité en rapport avec leur condition sociale et devenir, sans ostentation comme sans respect humain, le modèle de leur entourage.

L'acte de consécration approuvé par le Saint-Siège avait été prononcé par chaque congréganiste après l'élévation, suivant les formes exactes d'autrefois [1].

L'œuvre était fondée.

Afin d'assurer la marche et la vie de l'association, le Père Delpuits avait rédigé un règlement court et précis :

« Pour être admis à porter le nom de congréganiste, il faut faire profession de la foi catholique, avoir fait sa première communion, jouir d'une réputation intacte sur la probité, les mœurs, et l'assiduité des devoirs du culte catholique, jouir aussi dans son état d'une sorte d'estime que la manière de s'y conduire et les habitudes connues de la vie procurent ordinairement. Il est nécessaire aussi de demander et de désirer son association à la Congrégation après avoir connu quel en est l'esprit, quels en sont les obligations et les avantages pour la sanctification. L'esprit de la Congrégation est celui de la charité évangélique : nous ne devons faire

---

[1] « *Sancta Maria, mater Dei et virgo, ego... te hodie in Dominam, patronam et advocatam eligo, firmiterque statuo et propono me numquam te derelicturum neque contra te aliquid unquam dicturum aut facturum, neque permissurum ut a meis subditis aliquid contra tuum honorem unquam agatur; obsecro te igitur, suscipe me in servum perpetuum, adsis in omnibus actionibus meis, nec me deseras in hora mortis. Amen.* »

C'est la formule imprimée en tête du *Libellus sodalitatis Beatæ Mariæ Virginis*, publié en 1576 par le Père Costenus.

entre nous qu'un cœur et qu'une âme, *cor unum et anima una* [1]. »

Aucune société ne va sans hiérarchie : on nomma un président ou « préfet » chargé de maintenir les règles de la Congrégation et de prendre la parole en son nom, s'il était nécessaire. Quand la réunion devint plus nombreuse, on lui adjoignit deux « assistants ». Un « secrétaire » fut chargé de tenir à jour le catalogue et les archives; un « trésorier » recueillait et administrait les modiques cotisations; plusieurs congréganistes remplissaient l'office de « lecteurs » ; deux autres servaient la messe du Père directeur. Enfin, et bien que ce fût un devoir moral pour tous, on désigna ceux qui visiteraient plus spécialement leurs confrères malades. En proclamant leurs noms, le Père Delpuits avait l'habitude d'ajouter : « Et généralement tous les médecins de la Congrégation. »

Les choses restèrent d'abord en cet état; plus tard, le nombre des congréganistes, en augmentant, ne permit plus de les assembler tous le même jour : il fut établi deux divisions ayant chacune leurs dignitaires et respectivement présidées par le « préfet » et le « premier assistant ».

Les réunions avaient lieu le dimanche, tous les quinze jours ; elles commençaient à sept heures et demie en été, à huit heures en hiver.

En entrant, chacun s'entretenait avec les amis arrivés avant lui. Le Père Delpuits avait très à cœur de voir liés par une charité et une estime mutuelles les membres de la réunion ; il y employait tous les moyens que son expérience lui suggérait ; aussi aimait-il beaucoup ces premiers colloques avant la messe qui permettaient aux sentiments de se montrer plus librement, aux amitiés de se cimenter davantage. L'un par-

---

[1] *Documents manuscrits et inédits.*

lait de ses études, l'autre de sa famille, celui-ci de ses projets, celui-là de ses relations, et l'intimité devenait ainsi plus facile et plus cordiale. — Pendant ces causeries, le bon Père recevait dans son cabinet ceux qui exprimaient le désir de l'entretenir en particulier.

Au signal donné, tous prenaient leur place pour entendre la lecture d'un chapitre de la *Vie des saints*,

Seul et vrai Panthéon.

Assis en face de l'assemblée, le Père Delpuits faisait l'appel et donnait ses avis. Sur l'épître ou l'évangile du jour il prononçait une courte instruction religieuse remplacée quelquefois par une conférence écrite sur un sujet de morale chrétienne et rédigée par un des membres de la réunion [1]. Revêtu des ornements sacerdotaux, il se rendait — pour aller chercher le Saint Sacrement — dans la petite chapelle domestique où il avait l'habitude de dire sa messe chaque matin, et rentrait au milieu de l'assistance agenouillée. La messe commençait; on chantait le *Veni Creator*, l'*Ave maris stella*; on récitait le *Miserere*.

Ces coutumes ne perdaient de leur simplicité qu'aux fêtes de la Purification et de l'Assomption, jours de solennité religieuse. Le préfet, au nom de tous, renouvelait au pied de

---

[1] Nous possédons les nombreux manuscrits de ces travaux, qui ne manquent pas de mérite; voici quelques sujets traités : *le Culte catholique* (Nicolas DE MAC-CARTHY); — *le Bon Pasteur* (BORDIER), « rédaction qui a mérité notre éloge », dit une note de la main du Père Delpuits; — *la Transfiguration* (M. DE LOMÉNIE); — *le Culte de Dieu, des Anges et des Saints* (M. DE MONTMERQUÉ); — *la Connaissance de soi-même* (DE LA BIGNE-VILLENEUVE); — *le Péché mortel* (Auguste D'HARANGUIERS); — *le Péché véniel* (Hippolyte D'HARANGUIERS); — *les Tentations de Notre-Seigneur* (DE LA BÉDOYÈRE); — *les Trois Vertus théologales* (Jules D'HARANGUIERS); — *le Baptême* (TEYSSEYRRE); — *la Mort* (Charles DE BRETEUIL); — *la Voie, la vérité et la vie* (LAENNEC); — *les Commandements de l'Église* (DE LA BIGNE-VILLENEUVE); — *les Sacrements* (Alexis DE NOAILLES); — *le Mauvais Riche* (Robert DE MAC-CARTHY); — *l'Amour de Dieu* (SAINT-WULFRANG).

l'autel, et un cierge à la main, l'acte de consécration à la Mère de Dieu; les chants avaient plus d'ampleur; le Père directeur donnait la bénédiction du Saint Sacrement [1].

Association de prière et de travail, réunion amicale d'édification, la Congrégation n'avait pas besoin de grandes richesses; on trouva bon d'établir une cotisation annuelle de trois francs pour les frais du culte, mais on n'admettait pas une somme plus forte, et un jour qu'un congréganiste, plus favorisé des dons de la fortune, remit un louis d'or entre les mains du trésorier, le Père Delpuits lui fit rendre aussitôt ce qu'il avait donné de trop, ne voulant pas que le principe d'égalité chrétienne souffrît en quoi que ce fût.

Quand la mort, qui frappe à tout âge, — *immanis mors*, — venait éclaircir ses rangs, la réunion tout entière se faisait un devoir d'entourer de ses prières celui qui la quittait et de l'accompagner jusqu'au cimetière. Un membre était chargé de réunir les traits édifiants de sa vie et d'en composer une notice historique lue publiquement à l'une des séances suivantes. C'est à ce pieux et touchant usage que nous devons les détails les plus intéressants sur les origines de la Congrégation; ces documents manuscrits renferment l'histoire authentique et fidèle de ces premières années, et permettent d'apprécier la grandeur morale des âmes viriles qui composaient ce pieux cénacle [2].

En parodiant un mot trop célèbre, on peut dire que là on entrait « libre dans une réunion libre ». Celui qui souhaitait

[1] L'usage voulait également, sans qu'aucun vœu spécial y obligeât davantage, que chaque congréganiste récitât tous les jours, avec la prière *Sancta Maria mater Dei et virgo*, quinze *Ave* et quinze *Gloria*.

[2] Les textes manuscrits de toutes ces notices nécrologiques sont entre nos mains; ils forment deux gros volumes. Les archives de la Congrégation furent confiées, en 1809, lors de la première dispersion, à MM. d'Haranguiers de Quincerot. Remises au Père Ronsin, elles furent déposées, après les événements de 1830, chez M. Gossin, qui plus tard les fit tenir au Père de Ravignan; c'est ainsi qu'elles parvinrent à la maison de la rue de Sèvres.

de devenir congréganiste était plus retenu que poussé, car on lui faisait avant tout remarquer la régularité de conduite qu'il devait tenir et le bon exemple qu'il lui faudrait habituellement donner en tout. Le « probationnaire » (pour se servir du terme consacré) devait être présenté au Père Delpuits par deux confrères, et recevait la permission d'assister aux messes du dimanche, mais hors des rangs des congréganistes. Après ce premier temps fixé pour mieux connaître le nouvel ami qui se présentait, quand son assiduité, sa piété, ses qualités naturelles et son honorabilité étaient à l'abri de tout soupçon, on se faisait une joie de l'admettre officiellement.

Le jour de sa réception, après qu'il avait reçu du Père Delpuits, dans un entretien plus intime, les conseils propres à lui faciliter l'accomplissement des devoirs qui lui étaient proposés, il était conduit au pied de l'autel par les deux assistants du préfet, et aussitôt après le *Pater* de la messe, il lisait la formule de consécration, en français, un cierge à la main. A la fin de la cérémonie, le nouveau congréganiste était solennellement présenté par le préfet au Père Delpuits et aux autres membres de la réunion.

Au commencement de chaque année, les dignitaires élus étaient proclamés par le Père directeur, qui se servait de la formule suivante : « A la plus grande gloire de Dieu et à l'honneur de la Sainte Vierge, je nomme et j'institue préfet, M. N... » — Aussitôt l'ancien président cédait sa place à son successeur; puis le Père nommait les autres « officiers » qui entraient immédiatement en fonction.

A la séance suivante, le nouveau préfet adressait ses remerciements au Père directeur, de même qu'au renouvellement de l'année, il lui exprimait les vœux de toute la réunion.

Connaître avec exactitude les lieux où se déroulèrent des faits historiques offrent un intérêt particulier : tel détail qui avait échappé d'abord devient vivant à la seule vue de l'emplacement où il s'est passé; l'impression est plus durable lorsque le souvenir de l'œil peut aider la mémoire de l'esprit. Cela est vrai du petit au grand, et il n'est point alors de minutie pour l'historien, pas plus que pour l'archéologue, le géologue, le botaniste ou le numismate : la recherche de l'infiniment petit est parfois ridicule, le culte de la précision ne l'est jamais.

Il n'y a donc point d'inutilité à savoir que ce fut rue de la Jussienne [1] que le Père Delpuits jeta les fondements de son œuvre, et que les premières réunions de la Congrégation eurent lieu, rue Saint-Guillaume, dans l'appartement qu'il vint occuper au faubourg Saint-Germain et qu'il ne quitta plus désormais [2].

Deux gravures du temps [3], précieuses par leur exactitude non moins que par leur rareté, représentent une séance de la Congrégation : l'une au moment de la lecture de la « Vie des saints » à un auditoire attentif; l'autre à l'instant où les nou-

[1] La rue de la Jussienne était située non loin de l'emplacement de l'église du Saint-Sépulcre; en rentrant en France, bien que la Collégiale fût détruite, le Père Delpuits s'était naturellement logé dans son ancien quartier.

[2] Nous lisons au dos d'une lettre adressée au Père Delpuits : « Rue Saint-Guillaume, la deuxième porte après la rue de Grenelle »; sur une autre : « Rue Saint-Guillaume, sur la rue de Grenelle-Saint-Germain »; sur une troisième : « Rue Saint-Guillaume, n° 27. » La maison fait en effet l'angle des rues Saint-Guillaume et de Grenelle.

A. Vestibule
B. Oratoire du P. Delpuits
C. Salon et chapelle
  1. Autel
  2. Cheminée
  3. Bibliothèque
  4. Secrétaire du P. Delpuits
D. Sacristie
E. Chambre du P. Delpuits

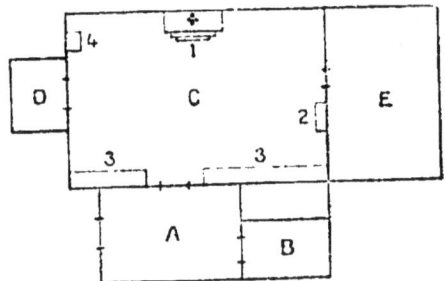

L'appartement, situé au second étage, avait vue sur les jardins de l'hôtel. En entrant, on rencontrait à main droite le petit oratoire particulier du Père Delpuits; à gauche, le vaste salon qui, transformé en chapelle, servait aux réunions du dimanche; la chambre du Père était à droite.

[3] Dessinées par Bonvoisin, lithographiées par C. Motte.

veaux admis vont se rendre à l'autel pour prononcer l'acte de consécration.

Modeste sanctuaire orné d'objets de piété, du portrait des archevêques de Paris et de quelques tableaux religieux, où bien des prières s'élevèrent pour la France, où bien des vocations prirent naissance, où bien des convictions s'affermirent, où les cœurs battaient à l'unisson pour les plus grandes causes qui soient au monde : le salut des âmes, le service de l'Église et la gloire de Dieu !

CHAPITRE III

LES GRANDES ÉCOLES. — LA CONGRÉGATION AUX PIEDS DE PIE VII A SAINT-SULPICE.

(1801-1803.)

Les étudiants catholiques de l'École de médecine de Paris : Régis Buisson, Frain de la Villegontier, Fizeau, Savary des Brulons, Laënnec. — L'École de droit : François Régnier. — Mathieu de Montmorency. — Les chrétiens de l'École polytechnique : Paul-Émile Teysseyrre, du Plessis, Bailleul. — L'épisode de Galilée et Andrieux. — Le mouvement catholique en 1803. — Le pape Pie VII à Paris. — La Congrégation à la chapelle des Allemands. — Discours de Maximilien Séguier. — La bénédiction du Saint-Père.

Les livres sapientiaux ont marqué l'origine divine de l'art médical et tracé les caractères glorieux de cette science :

A Deo est omnis medela... Altissimus creavit de terra medicamenta... In tua infirmitate ne despicias teipsum, sed ora Dominum, et ipse curabit te [1].

C'est dire l'importance capitale de l'étude du « moral » dans le soin des infirmités humaines, c'est reconnaître que la thérapeutique matérialiste, en ne tenant compte que des éléments physiques (partie secondaire et relativement infime), est fatalement condamnée à être incomplète, et, de fait, il n'est point de véritable savant qui n'ait conclu à la nécessité d'un enseignement spiritualiste pour ceux qui veulent étudier les maladies du corps, et toute la médecine peut aboutir au mot si humble, mais si sage, d'Ambroise Paré : « Je le pansai : Dieu le guérit ! »

[1] *Ecclésiastique*, xxxviii, 2, 19.

Le Père Delpuits s'était occupé avec succès d'histoire naturelle; il avait formé, dans ses loisirs, une riche collection de
minéraux; ses goûts personnels l'attiraient vers les sciences
médicales, et, proche parent de M. Bourdier, alors professeur
à l'École de médecine, il avait tout naturellement dirigé ses
regards sur les jeunes gens qui en suivaient les cours, pour
trouver parmi eux le premier noyau d'une réunion de piété.
La propension malheureuse qui trop souvent porte les disciples des sciences exactes à s'arrêter aux causes secondes,
sans remonter à la cause première, avait trouvé des esprits
disposés à ne pas dépasser les résultats donnés par leur scal-
pel. Les doctrines matérialistes régnaient dans les cours et
plus encore dans les tendances d'une jeunesse que tant d'événements avaient privée des premières notions du spiritualisme
chrétien.

Toutefois, parmi les étudiants qui fréquentaient alors l'École
de médecine, on pouvait remarquer un jeune homme que ses
principes religieux mettaient en relief; une science déjà solide,
récompensée par de brillants succès, commandait le respect
même aux esprits forts; la fermeté de ses pratiques jointe
à la maturité de son talent l'avait fait nommer : « le père
des croyants ». Une thèse placée immédiatement parmi les
ouvrages classiques le rendit justement célèbre; elle fixait
d'autant plus l'attention qu'elle reposait sur la définition, —
alors toute nouvelle, — donnée par M. de Bonald : « L'homme
est une intelligence servie par des organes. »

Il s'était lié d'amitié avec M. Delpuits, autant que l'âge le
permettait, mais poussé tout à la fois par la confiance et le
respect qu'inspire aux âmes élevées une vie toute de sacrifices
et de vertus. De son côté, le bon religieux aimait la modestie
de ce jeune homme, la persévérance de ses convictions, et se
plaisait à admirer dans cette belle intelligence éclairée par la
foi les promesses d'un avenir consacré à la science. Il lui

confia son projet d'association pieuse. Ses vœux répondaient entièrement aux désirs d'apostolat qui germaient dans le cœur de ce ferme chrétien, et ne pensant pas pouvoir trouver un plus digne auxiliaire de ses efforts, il en fit le premier président de la petite assemblée.

Ce jeune savant se nommait Régis Buisson. — Il était né à Lyon dans une de ces familles de bourgeoisie chrétienne, l'honneur de notre vieille France et l'une de ses meilleures forces, car les graves maximes de probité qu'elles se transmettaient de générations en générations constituent la prospérité des foyers d'un grand peuple, et « rien ne saurait rem- « placer cette école domestique où la jeunesse doit trouver le « ressort moral dont elle a besoin pour les luttes et les « épreuves de la vie [1] ».

Son oncle, le Père Bichat, de la Compagnie de Jésus et prédicateur du Roi, se chargea de son éducation; c'est à ce maître excellent qu'il dut ce jugement droit, cet esprit pénétrant, cette netteté dans les idées que l'on remarquait jusque dans sa conversation familière; il puisa également auprès de lui l'élévation d'âme qu'il eut à mettre en pratique quand la loi rigoureuse qui appelait toute la jeunesse aux armées de la République lui assigna le poste d'aide-chirurgien à la suite des troupes. Sorti à son honneur de cette épreuve, il continua ses travaux et vint les achever à la Faculté de Paris.

Les succès qui l'y attendaient ne troublèrent point sa sérénité; il se plaisait à répéter, avec la modestie qui lui était naturelle : « Je remercie la Providence de ce que, voulant couronner un chrétien, elle ait daigné choisir celui qui le méritait le moins. » — Longtemps associé aux travaux de son cousin, le célèbre docteur Bichat [2], il continua ses ouvrages et

[1] Ch. DE RIBBE, les Familles de France avant la Révolution, t. I.
[2] Bichat (4 novembre 1771-22 juillet 1802) commença ses études médicales

y mit la dernière main. Membre adjoint de la Société de
médecine, auteur d'articles remarqués, il reçut encore la
direction d'un dispensaire. Sa journée aurait été entièrement
remplie par les consultations, s'il n'avait voulu acquitter
d'abord la dette que sa charité lui faisait contracter envers les
pauvres, et parce qu'il ne pouvait les aider que de ses conseils
et de ses soins, une grande partie de son temps se passait en
visites gratuites. Avec cet attrait pour le bien, il se fit naturellement apôtre. Son talent et son zèle étaient au service de
tous ses confrères, et la Congrégation lui a dû d'utiles et
sérieuses recrues.

Personne n'était mieux fait pour écouter son appel que
Charles Frain de la Villegontier. Aussi bien, leur vie commune,
suivie d'une même mort prématurée, forme un ensemble qu'il
nous serait pénible de séparer ici.

Intelligence délicate, cœur généreux, âme compatissante,
la main toujours ouverte, l'abord toujours facile, la parole
toujours gracieuse, c'est avec ces caractères aimables que se
présente à nous celui que tout le monde appelait « le bon
Frain ».

Sa fortune personnelle lui permettait de faire de ses brillantes études au collège de Vendôme le point de départ d'une
existence toute littéraire qui plaisait à ses goûts et pouvait
exciter ses légitimes espérances; mais, sans attendre les
sévères enseignements des catastrophes révolutionnaires, il
avait déjà tourné ses regards vers un but plus élevé en choisissant une carrière appropriée à son désir d'être utile à ses
semblables; il repoussa cette vie facile livrée à l'imprévu

à Lyon, les continua à Paris sous la direction de l'habile chirurgien Dessault.
Professeur en 1797, il publia dès 1800 plusieurs ouvrages qui fixèrent l'attention du monde savant, particulièrement l'*Anatomie générale appliquée à la
physiologie et la médecine* (1801, 4 vol. in-8°). Il était médecin de l'Hôtel-
Dieu depuis 1800 ; une chute et une fièvre putride gagnée au milieu des amphi-
théâtres d'anatomie le conduisirent au tombeau à trente et un ans.

qui trop souvent réduit l'homme oisif à une sorte d'im-
puissance sociale difficilement compatible avec la pratique
exacte des vertus chrétiennes. Il se rendit à Rennes pour
étudier la médecine et fréquenter les hôpitaux. C'est sur ce
vaste champ de bataille où la science est aux prises avec
la maladie en des combats journaliers, que sa résolution
courageuse trouva un aliment au dévouement et au sacrifice.
D'une scrupuleuse exactitude dans les devoirs de sa profession, il aimait davantage encore s'adresser aux âmes; sa
sollicitude savait apporter mille adoucissements aux misères
morales, qui trouvaient toujours en lui un consolateur patient.
Sa charité, qui lui avait valu de la part de ses maîtres et de ses
condisciples le surnom qui caractérise sa vie, était ingénieuse.
le « Bon Frain » parcourait en véritable apôtre les prisons
remplies par les proconsuls de la République; son caractère
professionnel lui ouvrait plus facilement les portes de ces
geôles où l'on entassait pêle-mêle les malades et les gens
valides; et bien souvent, le soir, après une laborieuse journée
passée auprès des moribonds ou des désespérés, il quittait la
ville pour aller prodiguer des secours de toute sorte aux
prêtres réfugiés dans les bois, cachés dans quelque village
voisin et sous le coup d'arrestations qui ne pouvaient être
pour eux que le prélude de l'échafaud. — Dans ce commerce
intime avec ces prêtres fidèles, son cœur s'éprenait d'un ardent
amour pour l'Église; ce pieux contact avec des martyrs illu-
minait sa foi. Son courage en garda une empreinte ineffaçable.
Appréciateurs de ses talents, ses professeurs lui conseillèrent
d'aller suivre les cours de la Faculté de Paris; il y arriva en
1801. Ses pratiques charitables ne tardèrent pas à le désigner
au Père Delpuits, qui avait reconnu son zèle dans la mansarde
des pauvres et au chevet des mourants.

L'affection qui le liait à Régis Buisson était une force réciproque dans leur intimité chrétienne; elle semblait leur pro-

mettre à tous deux de longs jours de travail, d'amitié et de
vertu. Mais la Providence ne leur fit pas attendre plus longtemps la récompense de leurs mérites. Au milieu des fièvres
épidémiques qui désolaient sa ville natale, où il était allé
combattre le fléau, ses forces défaillirent; il revint à Paris,
rapportant le germe de la maladie qu'il avait guérie chez tant
d'autres. Soudainement terrassé par le mal, mais entouré de
ses amis et de M. Delpuits, il expira le 20 octobre 1804, en
proie aux souffrances d'un délire qui lui enlevait jusqu'à la
consolation de voir l'empressement attentif de ceux qui le
soignaient[1]. Parmi eux se trouvaient : Louis Fizeau, un énergique Breton qui avant de faire ses études médicales avait été
artilleur dans l'armée vendéenne[2]; Maisonneuve, Laënnec,
Armand Tilorier[3], Savary des Brulons.

Pendant les jours de la Révolution, Savary, dont la famille
était réfugiée dans le Soissonnais, eut l'heureuse fortune d'y
recevoir les leçons du Père Ronsin, également fugitif et poursuivi; il puisa dans les mâles exemples de ce saint prêtre
(que nous retrouverons plus tard à la tête de la Congrégation)
une fermeté de principes qu'il ne craignit jamais de montrer.
Au début de son séjour à Paris, il eut une occasion publique

---

[1] « Le dimanche au soir », — lisons-nous dans la notice que lui consacrait son
ami, R. Buisson, qui ne devait lui survivre que d'une année, — « ses obsèques
« se firent à Saint-Jacques du Haut-Pas, en présence d'un grand nombre de
« ses amis, consternés de la perte qu'ils faisaient, et avec eux les malheureux
« et la Religion, mais résolus à garder toute leur vie, au fond du cœur et devant
« Dieu, le pieux souvenir de leur ami. » — *Documents manuscrits et inédits.*

[2] Le docteur Fizeau fut reçu congréganiste dès le 21 février 1801. — Pendant la Restauration, il devint médecin de la grande Aumônerie. Il conserva
toute sa vie ses habitudes et ses manières du temps passé : il visitait sa clientèle du faubourg Saint-Germain en culotte courte et avec des boucles d'or à
ses souliers. A la fin de sa vie, il consacrait ses journées tout entières à Dieu,
se faisant conduire chaque après-midi aux adorations du Saint Sacrement dans
les différentes églises de Paris; il mourut en 1865; il habitait alors le quartier Saint-Sulpice.

[3] Né en 1783. Interne des hôpitaux, attaché à l'hôpital Saint-Antoine; mort
au mois d'août 1806.

de l'affirmer : ayant obtenu, en 1800, le premier prix du concours de médecine, il dut se rendre au dîner officiel donné par le ministre de l'intérieur. C'était un **jour d'abstinence**, et malgré les regards surpris et bientôt moqueurs des autres convives, le jeune lauréat, héros de la fête, ne manqua pas de refuser avec une simplicité très ferme les mets servis sur la table du ministre peu soucieux des commandements de l'Église [1].

Ce trait, qui demande plus de courage qu'on ne pourrait peut-être le croire, marque toute la netteté de ce caractère résolu [2].

En mentionnant les premiers congréganistes de l'École de médecine, nous avons cité un nom qui n'a pas besoin d'être présenté : l'illustre Laënnec est trop célèbre pour que nous tentions ici son portrait. Il terminait alors ses études et remportait, en cette année 1801, les deux premiers prix des concours de médecine et de chirurgie. Comme Frain, Maisonneuve et Fizeau, il était Breton; comme eux, il était venu suivre les cours de la Faculté de Paris; leurs relations furent promptement intimes; ils s'étaient vite compris et appréciés. Il se lia plus encore avec Savary et Buisson; leur amitié les rendait forts contre les sarcasmes de condisciples sans religion; leur esprit ne demeurait pas sans riposte sous les plaisanteries, et il circula dans toute l'école quelques quatrains assez piquants qui mirent les rieurs de leur côté. Deux professeurs connus par leurs opinions libres penseuses cessèrent leurs

[1] C'était Quinette, conventionnel et régicide ; le ministère de l'intérieur était alors rue de Grenelle, 92, « maison ci-devant Brissac ».
[2] Charles Savary des Brulons, né à Paris en 1781, congréganiste le 1er décembre 1801, mourut en 1814, victime de son dévouement, en soignant au Val-de-Grâce les blessés dont les hôpitaux militaires étaient alors encombrés. Ne refusant aucun devoir de sa profession, il trouvait encore du temps pour l'étude : il a laissé plusieurs traités de médecine. Son ami, le docteur Lullier-Winslow, a publié sa *Notice biographique* insérée en 1814 dans la *Bibliothèque médicale*.

3

attaques après que les épigrammes suivantes eurent été rimées par Buisson :

La première s'adressait à Chaussier, dont le cours de physiologie était rempli de prétentions et de néologismes :

Ce professeur qui voulut notre tête
Extrémité céphalique appeler
Vient aujourd'hui, pour mieux tout niveler,
Changer aussi les vieux mots *homme* et *bête*.
Des animaux deux classes il fera,
Lesquelles deux bien il distinguera
L'une de l'autre : en *classe raisonnable*
Et *classe sans raison*. L'idée est admirable,
  Dit là-dessus certain railleur ;
  Mais une chose m'embarrasse,
  C'est de savoir dans quelle classe
  Nous placerons le professeur.

La seconde répondait à Leclerc, qui, à propos de la nomenclature des muscles de l'œil : muscle humble, muscle capucin, félicita la France de s'être débarrassée des capucins et autres « moinillons ».

Quand sur les capucins de France
Je vous vois exercer, avec tant d'élégance,
  Votre anatomique gaieté,
  Cléon, je crois en vérité
Qu'entre vos mains le Dieu de l'éloquence
  A fait le vœu de pauvreté.

Enfin il acheva sa victoire au sortant d'un cours sur le sommeil :

Lorsque Damis voulut, d'un ton scientifique,
L'autre jour de Morphée expliquer les secrets,
  Sa théorie eut pour moi tant d'attraits,
  Que sur-le-champ je la mis en pratique.

C'était assez ; de ce jour les catholiques furent respectés d'autant mieux que sur le terrain de l'étude il eussent plus facilement encore remporté des succès.

La carrière de Laënnec est connue ; après une longue pra-

tique, il fut nommé en 1816 médecin de l'hôpital Beaujon.
Son *Traité d'auscultation médicale* fit sensation dans le
monde savant, les praticiens de l'Europe entière accouraient
à Paris pour le consulter. Désigné par Hallé pour occuper sa
chaire au Collège de France, il succéda aussi à Corvisart
comme professeur de clinique interne. Une foule d'étudiants
se pressait à ses cours; l'Académie de médecine lui ouvrait
ses portes; mais, atteint par la maladie, il voulut aller mourir
dans sa terre natale, laissant la réputation d'un des plus
savants médecins de son temps et, ce qui vaut mieux encore,
d'un catholique fidèle [1].

En 1801, quand la Congrégation commençait modestement
ses premières séances, ces jeunes étudiants destinés à une véritable gloire se groupaient autour de leur aîné et de leur
maître le docteur Bayle, congréganiste comme eux, sans
soupçonner peut-être qu'un jour viendrait où leur renommée
égalerait et surpasserait celle de leurs plus illustres professeurs. Les pratiques de « l'obscurantisme » n'éteignirent pas
la flamme de leur intelligence.

En ouvrant son modeste appartement à ces jeunes chrétiens,
le Père Delpuits voulait les grouper sous la bannière de la
foi gardée par la charité et affermir en eux les principes qui
font tout ensemble le bonheur et l'honneur de la vie. C'est
assez dire qu'il ne pensait pas fermer les rangs aux bonnes
volontés, ni restreindre ses conquêtes aux élèves de l'École
de médecine.

Un jeune avocat faisait partie du petit groupe fonda-

[1] Né le 17 février 1781, mort le 13 août 1826, Laënnec fut congréganiste
le 27 mars 1803. Tous les grands hommes ont leurs faiblesses; la sienne était
de déplorer l'exiguïté de sa taille, en effet assez courte; il faisait de grands
pas, s'appuyait sur une grande canne, portait un tricorne menaçant les deux
côtés de la rue et des breloques de montre énormes dont son ami le docteur
Pignier gardait encore le souvenir quarante ans après sa mort. — *Documents
inédits.*

teur : François Régnier, qui fut plus tard un magistrat distingué et succéda à Buisson dans la charge de préfet, amena
avec lui quelques étudiants en droit.

Le Père Delpuits avait également trouvé deux collabora-
teurs précieux en M. l'abbé de Mallaret, vicaire général de
Paris, ancien archidiacre de Notre-Dame[1], et M. l'abbé Besnier, qui puisait dans ses souvenirs d'ancien congréganiste et
dans l'habitude qu'en donnant des leçons il avait contractée
de la jeunesse, de sages conseils et d'utiles avis[2].

Deux chrétiens d'une race antique, à la piété éprouvée par
le malheur, demandèrent à prendre place dans la réunion du
Père Delpuits. Unis par les liens du sang et d'une étroite
amitié, Mathieu et Eugène de Montmorency occupaient les
loisirs forcés que leur faisaient les événements politiques
à des études littéraires et à des pratiques de charité ; ils
résolurent de s'enrôler sous la bannière de Marie, afin de
fortifier leur foi personnelle par le bon exemple de la piété
en commun.

Celui qui par sa vertu, ses talents et son rang social
peut, à juste titre, être regardé comme le premier des congréganistes, devait être mêlé à toutes les phases de cette
œuvre. Il y entra juste à temps pour que son nom fût inscrit
dans le catalogue de la première année[3], et sa mort
semble avoir été l'avant-coureur de la dispersion définitive. Mêlé intimement à la vie de la Congrégation, son soutien dans les temps d'épreuve, son appui dans les jours
prospères, à toute époque son modèle, il était alors dans
la pleine vigueur de l'âge, et son activité, mûrie par l'expé-

---

[1] Mort le 12 août 1805.

[2] M. l'abbé Besnier, né près de Nantes dans une humble famille de cultivateurs, était diacre en 1790. Il fut ordonné prêtre en 1800 et reçu membre
de la Congrégation en 1802. Il avait été présenté à M. Delpuits par des étudiants en médecine, autrefois ses élèves, et restés ses amis.

[3] Son admission est du 21 décembre 1801.

rience, était une force précieuse pour ses jeunes confrères.

Mathieu-Jean-Félicité de Montmorency-Laval était né à
Paris le 10 juillet 1760 [1] ; à vingt ans il faisait en Amérique
sa première campagne dans le régiment d'Auvergne, dont son
père était colonel. Il aimait les armes et ne répugnait ni à la
fatigue ni au danger, se rappelant sans doute cette sentence
qu'avait souvent à la bouche son ancêtre le Grand Connétable : « *Nul ne peut iamais bien sçavoir comment il faut*
« *vivre, qui ne sçait pastir* [2]. »

Cependant, sur ce sol volcanique du nouveau monde,
il apprit à se bercer de chimères et adopta trop facilement
les fatales doctrines qui allaient conduire à de plus fatales
conséquences. Sans abandonner le respect des choses saintes,
ni marquer sa conduite d'écarts scandaleux, il céda néanmoins aux faiblesses des hommes de son temps et fut bientôt
entraîné par le courant de folie et d'irréflexion qui poussait
vers les catastrophes les plus méritées une société oublieuse
de ses devoirs. Les idées vagues de régénération et de liberté
séduisirent cette âme ardente, mieux faite cependant pour
les élans généreux de la charité que pour les rêves de la
philanthropie. Ébloui à son tour par les mirages du *Contrat
social*, quand, en 1789, le bailliage de Montfort-l'Amaury
l'eut envoyé à l'Assemblée constituante, il prit rang parmi

---

[1] La branche de Laval fut fondée, au commencement du treizième siècle, par
Guy de Montmorency, quatrième fils de Mathieu II, dit le *Grand Connétable*,
le héros de Bouvines, et d'Emma, héritière du comté de Laval. Elle porte :
de Montmorency (d'or, à la croix de gueules, cantonnée de seize alérions
d'azur), la croix chargée de 5 coquilles d'argent.

[2] « Sur quoy il me souvient luy avoir ouy dire une fois que le premier coup
qu'il passa les monts pour apprendre la guerre, M. de Montmorency, son père,
ne luy donna que cinq cents francs, avec de bonnes armes et de bons chevaux,
afin qu'il pastist et n'eust tous ses aises en enfant de bonne maison, et apprist
à bien conduire son faict et à avoir de l'industrie, à faire de nécessité vertu. »
— BRANTÔME, *Vie des hommes illustres : le connétable Anne de Montmorency*.

les promoteurs des changements les moins préparés. L'histoire a enregistré les élans mal réfléchis de ce jeune gentilhomme, dans la nuit fameuse du 4 août et dans cette séance du 16 juin 1790, où il vota l'abolition des titres héréditaires en renonçant publiquement à ses lettres de noblesse. Il alla plus loin encore, et lui, le descendant du premier baron chrétien, il ne craignit pas d'approuver la scandaleuse parodie qui conduisait dans l'église Sainte-Geneviève les restes de Voltaire et de Rousseau.

Comme aide de camp du maréchal de Luckner, il avait quitté Paris avant le déchaînement complet des fureurs populaires; il dut bientôt aller chercher sous les vieux ombrages de Coppet la sécurité que, dans son imprévoyance, il avait trop contribué à ôter à sa patrie. Ce fut dans cette demeure du Genevois Necker, où, malgré les événements, résonnaient encore les plus folles maximes sociales et les plus chimériques pensées politiques, que Dieu vint le chercher.

La mort de son jeune frère l'abbé de Laval, guillotiné le 14 juin 1794, lui ouvrit les yeux; sa douleur fit évanouir ses illusions, et dans la catastrophe générale de tout ce qu'il avait chéri, il reconnut, humblement courbé sous la main divine, que sa bonne foi avait été dupe des sectaires[1]. Généreux dans son retour, comme il avait été sincère dans ses erreurs, i' orienta aussitôt sa vie vers le but que lui assigne la foi catholique. Il ne se rappela plus les triomphes regrettables d'une brillante jeunesse que pour les effacer par des bonnes œuvres, et justifia pleinement la belle parole de saint Ambroise : « Sa faute lui est commune avec beaucoup

---

[1] Dans la séance du 29 janvier 1822, mis en cause par M. de Girardin, Mathieu de Montmorency avouait ses illusions et ajoutait : « Mais du moins j'ai profité de la leçon terrible de la Révolution, et je ne conçois pas comment ceux qui peuvent avoir la même expérience restent encore attachés à des doctrines dont les résultats ont été si funestes. »
Cette loyale parole était couverte par les applaudissements de la Chambre.

« d'autres, mais l'aveu qu'il en a fait a peu d'imitateurs;
« cette faute a été l'effet de la corruption de la nature; la
« réparation est le fruit et la récompense de la vertu. »

Ces erreurs tenaient trop à un élan chevaleresque pour
avoir rien laissé dans son cœur de coupable et de mes-
quin; s'il ne craignait pas de parler de ses premières illusions
politiques, c'était pour mieux faire comprendre son amour de
la vérité. Par une sorte de point d'honneur il exagérait ses
fautes, mais en réalité il avait péché par excès de désintéressement et sortait de la tempête révolutionnaire semblable à
ces oiseaux rapides qui, volant sur la surface de l'onde, trempent leurs ailes dans les flots, assez pour les mouiller, trop peu
pour les salir. Quels nobles accents tombaient de ses lèvres
quand, en 1798, rentré en France et caché encore, il écrivait ses
dernières pensées à une époque où personne n'était assuré de
son lendemain! « Échappé jusqu'à présent aux terribles ravages
d'un incendie que j'ai eu le malheur de contribuer à allumer,
je commence par rendre grâces à Dieu de ce qu'Il daigne
encore me laisser le moment paisible, pour prévoir celui qui
me *surprendra peut-être*, et disposer autant que je le puis de
tout ce qui est à moi. Je laisse mon âme à Dieu, mon corps à
la terre, mon souvenir à ma famille et à mes amis; je me fais
gloire et honneur de déclarer que j'adore un seul Dieu en
trois personnes, tel que la religion *catholique, apostolique
et romaine* nous apprend *seule* à le bien connaître et à le bien
aimer. Mon intention formelle est de vivre et de mourir dans
la profession de cette sainte religion. Tout le temps où j'ai
négligé sa morale et son culte, après avoir eu l'inestimable
bonheur d'y être élevé, je le regarde comme un temps *de
folie et de malheur*, que je voudrais arracher du nombre de
mes jours. Je date mon repos, et tout le bonheur possible sur
la terre, je date la connaissance de la vertu et de la vérité, de
ce jour seulement où le Dieu des chrétiens a daigné me rap-

peler à Lui, au milieu de tant de désastres, par les voies admirables qui ne peuvent être bien connues que de ma reconnaissance [1]. »

Mathieu de Montmorency apportait donc au Père Delpuits, avec l'appui d'un grand nom, la force toujours contagieuse d'une piété victorieuse des préjugés du monde. La Congrégation souriait à l'espérance en voyant quelles recrues lui amenait la bénédiction de Dieu. L'œuvre comptait soixante membres : c'était dignement finir la première année; tout respirait l'espoir dans cette ardente jeunesse dévouée au bien.

L'École polytechnique, d'abord appelée École des travaux publics, date du 28 septembre 1794. Sous la monarchie, les jeunes ingénieurs : à Paris, les officiers d'artillerie : à Bapaume, puis à Châlons, les officiers du génie : à Mézières, recevaient, dans les établissements spéciaux, l'instruction scientifique nécessaire à leur profession.

Suivant sa manie d'uniformité, la Convention, qui d'abord avait détruit toutes ces écoles, réunit ensuite dans un même établissement les jeunes gens appelés à suivre, en en sortant, des carrières toutes différentes. Elle leur imposa un traitement « pour faire honneur au sentiment de l'égalité », et afin d'être bien sûre de ne donner ses bienfaits qu'à de bons patriotes, elle exigea de tous les élèves un serment de haine à la royauté.

Cette première ferveur démocratique ne dura pas toujours, et au commencement de ce siècle on se relâchait déjà de tant de précautions républicaines. Cependant les passions révolutionnaires étaient encore vivantes chez ces malheureux jeunes gens élevés sans la moindre notion reli-

---

[1] *Documents manuscrits et inédits.*

gieuse, affectant une licence de langage et une vulgarité
d'allure qui étaient le cachet distinctif de cette génération
brutale.

Quant aux professeurs, les uns par faiblesse, les autres par
passion, tous du reste entraînés par le mouvement de l'époque, ne se contentant pas de vivre dans l'impiété, faisaient
autour d'eux une propagande antireligieuse à laquelle le
succès ne répondait que trop souvent.

« Dans cette école, l'élite de la jeunesse française, sortie
à peine des horreurs de l'anarchie révolutionnaire, avait
porté toute l'énergie que donnent les grandes secousses politiques, mais aussi toute l'immoralité qui accompagne d'ordinaire les révolutions. Le désir de la gloire y était devenu
une frénésie, l'amour de la patrie y était dégénéré en fanatisme, parce que l'amour de Dieu, seul moteur des grands
et nobles sentiments, trouvait tous les cœurs fermés; la
France semblait placer l'espoir de son bonheur dans cette
jeunesse bouillante, tandis que la religion, pleurant sur les
malheurs passés, tremblait sur les suites des triomphes qui
s'annonçaient [1]. »

C'est dans ce milieu profondément impie qu'allait se révéler
tout à coup une forte race de chrétiens fermes et résolus à
qui Dieu avait départi assez de qualités intellectuelles pour
en imposer à des jeunes gens qui s'inclinaient du moins sans
regret devant le savoir et le talent.

Un enfant (il avait seize ans à peine quand, en septembre 1805, il entra à Polytechnique) eut le mérite de revendiquer le premier la liberté de ses croyances et ne craignit pas de professer publiquement les pratiques de sa
religion.

Paul-Émile Teysseyrre avait reçu à Grenoble, dans sa

---

[1] *Éloge de l'abbé Teysseyrre*, par le duc DE ROHAN (*Documents manuscrits
et inédits*).

famille [1], une éducation sérieuse. Le séjour de Paris et les exemples qui l'entouraient n'affaiblirent pas sa foi ; il fut peu séduit par l'agitation de cette grande ville ; tout entier à son travail, il écrivait à son père : « Ici, on ne rencontre que des étrangers ; un tumulte continuel ne me distrait point de mes regrets. » Il occupait un petit logement dans la rue de Grenelle [2] ; ce voisinage le mit en relation avec M. Delpuits ; au mois de février il était reçu congréganiste. En franchissant la porte de l'école, il s'était posé nettement, dès le premier jour, en chrétien convaincu qui prétend faire partager aux autres ses croyances parce qu'elles sont les meilleures. Il suivait exactement les réunions de la Congrégation et se montrait auditeur assidu de M. Frayssinous, qui, avant d'avoir son nombreux auditoire de Saint-Sulpice, commençait de modestes instructions religieuses dans la chapelle des Carmes, à peine rendue au culte et tout empreinte encore du sang des martyrs [3]. Lacordaire a merveilleusement indiqué les caractères du prosélytisme catholique : « Vous ne croirez jamais « assez pour vous-même, si vous ne croyez pas aussi pour les « autres. Ne dites pas : Je veux me sauver ; dites-vous : Je veux

[1] Son père, chevalier de Saint-Louis, avait été secrétaire du maréchal d'Aubeterre, et était commissaire des guerres au moment de la Révolution, qui détruisit sa modeste fortune. — La *Vie de M. Teysseyre* a été écrite par M. l'abbé PAGELLE DE FOLLENAY. Cet ouvrage nous a fourni d'intéressants et utiles renseignements puisés aux sources les plus autorisées.

[2] A cette époque, les élèves de l'École polytechnique étaient externes. Ils ne furent casernés qu'en 1804, après que des scènes d'immoralité et de scandale publics eurent ému la police et attiré l'attention du gouvernement.

[3] Madame de Soyecourt, par respect pour l'Ordre religieux auquel elle appartenait et en mémoire de son père égorgé là, avait racheté une partie du couvent des Carmes, le 25 août 1797. Le 29 août, M. de Pancemont, ancien curé de Saint-Sulpice, vint dire la messe dans une petite chapelle dédiée à saint Joseph et qui, s'étant trouvée murée, avait été à l'abri de la profanation. Cinq jours après, Mgr l'évêque de Saint-Papoul procédait à la bénédiction de l'église, restaurée en hâte. Le Directoire fit mettre les scellés sur les portes de l'église au mois de janvier 1798. Madame de Soyecourt obtint qu'on les levât.

« sauver le monde; c'est là le seul horizon digne d'un chré-
« tien, parce que c'est l'horizon de la charité[1]. » M. Teysseyrre
avait deviné ce programme, il voulut le réaliser.

Dans sa promotion, il avait remarqué un jeune homme au
regard vif, à la démarche hardie, au caractère sympathique,
mais qui semblait porter avec lui le poids d'un incurable
ennui. Il était livré à ces tristesses du doute dont Jouffroy
a dépeint les horreurs morales avec une cruelle réalité. Paul
Teysseyrre s'attacha à cette âme malade; il eut bientôt fait
de mériter sa confiance et, moitié par persuasion, moitié par
amitié, entraîna son compagnon à une conférence de l'abbé
Frayssinous. — Cette éloquence, cependant si pleine de netteté et de logique, passa sur lui sans l'atteindre. — Inspiré
par le génie de l'apostolat, Teysseyrre le conduisit chez le
Père Delpuits. Le polytechnicien accepta d'aller « discuter »
avec un vieux prêtre qui ne devait pas être bien apte à
résoudre les écrasantes difficultés de la « Science ». Ils
entrèrent, et au moment où le jeune homme commençait
à formuler une « irréfutable » objection, le Père Delpuits le
regarda bien en face avec cet œil expérimenté qui trompe
rarement les hommes de Dieu; il comprit en un instant, et
pour toute réponse : « Mon ami, dit-il, tu crois plus que tu
ne veux. Confesse-toi! » A cette familiarité paternelle, à cet
accent d'une fermeté sereine, mais aussi plein d'affectueuse
compassion, l'incrédule tomba à genoux en fondant en
larmes, justifié par ses regrets avant d'être absous par le
sacrement. Quand il se releva, béni par le saint vieillard,
il était chrétien. Le Père Delpuits lui demanda son nom :
il s'appelait Nicolas Emmery. Comme tant d'autres, ses premiers souvenirs s'attristaient des sombres scènes de la Terreur; il avait fait sa première communion dans un gre-

---

[1] *Première lettre à un jeune homme sur la vie chrétienne.*

nier[1], et l'éducation de l'époque ne lui avait laissé au cœur
que cette lointaine impression religieuse.

Il lui fallait travailler pour aider sa famille nombreuse et
ruinée; son intelligence était vive, des maîtres persévérants
la tournèrent vers l'examen de l'École polytechnique, où il
fut admis.

L'amitié la plus forte cimenta entre Teysseyrre et lui ces
souvenirs du retour à Dieu que rien n'efface après « le moment si terrible et si beau, si désirable et si redouté, où l'ennemi des âmes livre ses derniers combats à l'heureux déserteur du monde prêt à passer dans le camp de la croix [2] ».

Désormais, nous retrouverons les deux amis, côte à côte,
unis dans la mort comme ils le furent dans la vie; ils
devaient quitter cette terre, quinze ans plus tard, le même
jour et à la même heure.

L'exemple est contagieux, et, de sa nature, le bien est
« diffusif », selon l'énergique expression de saint Thomas [3].

Quelques mois plus tard, Teysseyrre pouvait écrire : « J'ai
découvert encore vingt élèves pensant comme nous! » et
chaque jour on voyait s'augmenter le petit bataillon au milieu
duquel brillait la figure charmante de Jean du Plessis,
échappé comme par miracle aux massacres de la Terreur
pendant lesquels il avait erré, tout enfant, de village en
village, pour se soustraire au sort de son frère aîné, mort
sur l'échafaud. A l'École polytechnique, ses principes
l'avaient promptement conduit dans le groupe des jeunes
chrétiens qui étaient l'honneur de l'école; mais une courte
maladie l'enleva à leur affection, et les congréganistes pleurè-

---

[1] A Calais, sa ville natale, par les soins d'un saint religieux, le Père Aubry,
qui évangélisa cette ville pendant toute la Terreur.

[2] Louis VEUILLOT, *Rome et Lorette.*

[3] *Bonum est sui diffusivum.*

·ent en lui le premier membre de la réunion, qui retournait
u ciel [1].

D'autres recrues furent faites ; plusieurs devaient illustrer
leur nom ; il en est une, Joseph Bailleul, fils d'un ancien conseiller du Roi au bureau des finances de Valenciennes,
remarqué alors par l'énergie de ses convictions et la vivacité
de son esprit, à qui la mort ne laissa pas le temps de cueillir
d'autres palmes que celle du mépris du respect humain [2].
Comme beaucoup de jeunes gens de cette époque, il avait vu
ses parents braver la mort pour ménager un asile à des prêtres
persécutés ; il gardait de ces souvenirs de sa première enfance
un imperturbable dédain pour les railleries impies et les
transactions de conscience.

Il s'était logé à Paris dans un hôtel où il y avait un
grand nombre de jeunes gens, qui, connaissant bientôt ses

[1] Jean-Marie Juliot du Plessis, né à Rennes en 1784, mourut le jour de
l'âques 1803; il avait été admis à la Congrégation quelques semaines auparavant. M. Teysseyrre écrivait à sa mère, au sujet de cette perte douloureuse :
« Nous avons profité de quelques moments de relâche dans ses souffrances
pour lui procurer la visite de M. Delpuits. Il a eu le bonheur de recevoir son
Dieu, avec cette tendre piété qui ne l'a pas abandonné un seul instant dans sa
maladie. Nous le veillions alternativement. Le grand jour de Pâques, le médecin revient à neuf heures du soir et nous désespère. M. Bruté, un de ses amis.
jeune homme angélique, si je puis parler ainsi, et qui a remporté le premier
prix de l'École de médecine, le garde cette nuit. A onze heures on nous éveille
pour recevoir le dernier soupir de notre malade. Nous tombons à genoux
autour de son lit; nous lui appliquons les indulgences à l'heure de la mort, et
fondant en larmes, nous recevons son dernier soupir. Il expire à minuit son-
nant, il meurt comme le juste, et va recevoir dans le ciel sa couronne.
« ...Ce du Plessis était si doux, si vertueux, si pieux! Sa mort a été digne
de sa vie, et ses parents inconsolables sont seuls à plaindre. Il a été accompagné de tous ses vrais amis; nous avons prié sur sa tombe et nous sommes
revenus tristes, mais satisfaits intérieurement.
« Je vous épargnerai les réflexions que la mort d'un jeune homme de dix-
neuf ans a dû m'inspirer; pour mourir comme lui, il faut vivre comme lui. Il était
doux, complaisant, aimable. Il aimait tout le monde, tout le monde l'aimait.
Il ne cherchait que la paix, et il jouit, nous l'espérons, de celle du Seigneur. »
[2] Né en 1784; entré à Polytechnique en 1803; congréganiste le 27 mai 1804;
mort en 1805.

pratiques religieuses et se trouvant condamnés par son seul silence, l'accablaient de sarcasmes au sujet de l'abstinence du vendredi. Ce fut probablement ce qui lui fit donner le nom du « saint homme » par ceux qui étaient loin de croire combien il désirait véritablement mériter ce titre.

La Congrégation naissante, bien qu'elle fût évidemment déjà « un foyer d'intrigues rempli de démons », selon le mot de M. de Montlosier, n'avait pas encore, suivant celui de M. Michelet, « livré aux Jésuites la société tout entière : comme médecins le secret des familles; comme notaires celui des fortunes; comme parquet l'impunité »; sans quoi, il nous faudrait admirer le courage d'un professeur de l'École, — c'était le « respectable » Andrieux [1], — qui sut ainsi braver cette toute-puissance :

[1] Fort ordinaire comme écrivain, plus contestable encore comme caractère, Andrieux a laissé une réputation de « bon homme » qui serait assez incompréhensible si l'on ne connaissait la force de cette « camaraderie » que son contemporain Scribe a chantée.

Entre Colin d'Harleville et Picard, un peu après Ducis, pas beaucoup avant Dulaure, très proche parent de Béranger, il a joui d'une célébrité de second ordre. Le *Meunier Sans-Souci* y a contribué, quelques vaudevilles n'y ont pas nui, des pointes de gauloiseries ont achevé l'ouvrage. C'était un philosophe de la communion du vicaire savoyard; en cette qualité, il crut bon d'écrire plusieurs platitudes contre la religion : une *Épître au Pape*, en 1790; une *Épître à un émigrant*, en 1791, et, en 1802, la *Bulle d'Alexandre VI*, et la *Querelle de Saint-Roch et de Saint-Thomas*, pamphlet où, à propos du refus de sépulture chrétienne à une actrice morte en repoussant les sacrements, il insultait le clergé des deux paroisses.

Comme il avait été petit clerc chez un procureur, il fut, en 1795, nommé à *l'élection* conseiller à la Cour de cassation. Membre des Cinq-Cents, puis du Tribunat, il fut éliminé par Napoléon, ce qui entoura sa personne d'une auréole de persécution qui ne lui nuisit pas dans la suite. En compensation, il fut, en 1804, nommé professeur de littérature à l'École polytechnique, et c'est là que son talent historique et son caractère moral brillèrent d'un si vif éclat. Après avoir été bibliothécaire de Lucien Bonaparte, il obtint, en 1814, une chaire au Collège de France. Membre de l'Institut depuis 1797, il devint encore académicien en 1816; c'est en cette qualité que, recevant le 7 juillet 1825 son « ami » Casimir Delavigne, il l'engagea « à se guérir des préjugés de la lèpre héréditaire ». Il mourut à Paris, le 9 mai 1833, ayant salué une révolution qui lui conservait ses pensions et ses traitements.

Il donna comme composition littéraire la défense de Galilée cité au tribunal de l'Inquisition et, selon le programme, jeté dans d'affreux cachots pour avoir soutenu le mouvement de la rotation de la terre autour du soleil[1]. Ce sujet fut accueilli avec une railleuse satisfaction par les élèves philosophes auxquels il donnait une belle occasion de déclamer contre le *fanatisme religieux*; les chrétiens, au contraire, se virent avec peine dans l'obligation de le traiter; mais deux d'entre eux, Vuillet et Bailleul, se chargeant de rétablir la vérité des faits, démasquèrent la fausseté de l'opinion courante sur ce point d'histoire[2].

Andrieux ne put s'empêcher de déclarer à l'amphithéâtre

[1] M. l'abbé Frayssinous, dans sa conférence la *Religion vengée du reproche de fanatisme*, à Saint-Sulpice, allait traiter la question.

[2] Les savants travaux de M. le comte de l'Épinois ont, aujourd'hui, porté la lumière la plus complète sur cette légende, qui prend place, à côté de la Saint-Barthélemy et des dragonnades, dans les trop faciles lieux communs de la libre pensée. Il n'est pas sans intérêt de voir comment les catholiques comprenaient cette question au commencement du siècle.

Les deux jeunes congréganistes, après avoir rassemblé les matériaux nécessaires, partagèrent leur travail en deux parties.

Dans la première, ils prouvèrent, par les propres lettres de Galilée :

1º Que Galilée n'avait jamais été persécuté; qu'il avait, à la vérité, comparu devant l'Inquisition à Rome, mais qu'il y avait été traité avec tant d'égards qu'il n'avait jamais cessé de s'en louer.

2º Qu'il ne fut question, dans son accusation et dans sa défense, que de ses opinions théologiques et de l'acharnement qu'il avait mis à vouloir prouver au corps entier des astronomes, ayant Tycho-Brahé à leur tête, la vérité du système de Copernic. Ils montrèrent que déjà plusieurs fois, le Pape, qui avait permis de publier les opinions de Copernic, comme présentant un système personnel, lui avait défendu en vain de mêler et de compromettre la religion dans ses disputes astronomiques, et qu'excédé de son obstination, quoique rempli d'estime pour lui, il permit aux religieux jacobins, grands partisans de la philosophie d'Aristote, de le citer à l'Inquisition; que tout son interrogatoire se passa à ergoter sur les livres de Job et de Josué et finit par une rétractation que les inquisiteurs exigèrent avant de le congédier.

Dans la seconde partie, en supposant la vérité du programme, ils présentèrent Galilée, ainsi que l'histoire nous le montre, comme un zélé chrétien, plein de respect pour l'Écriture sainte, qui aplanit toutes les difficultés apparentes qu'elle présente relativement au système des mouvements de la terre.

que leur travail devait compter parmi les mieux faits; mais en
même temps il le dénonça publiquement comme une apologie
des *Brûleurs*, témoignant son indignation d'avoir trouvé deux
« fanatiques » dans l'École et s'efforçant d'exciter contre eux
celle de leurs camarades. En blâmant le travail, Andrieux
s'était bien gardé de le faire connaître; il se contentait d'envoyer en secret à Bailleul et à Vuillet les plus pitoyables observations. Quelques jeunes gens se procurèrent le manuscrit
incriminé; il circula bientôt de main en main, et la netteté de
la thèse, appuyée sur des documents historiques irréfutables,
satisfit promptement ces esprits mal conseillés, mais sans parti
pris très arrêté. La fougue même de leur jeunesse les fit
passer, sans transition, de l'insulte à l'estime; changeant de
direction, les railleries allèrent frapper en pleine poitrine le
professeur, dont la philosophie était moins préparée à ces
attaques moqueuses que la simplicité résolue de ses deux victimes [1].

Vuillet devait encore, sur d'autres terrains, conquérir une
juste réputation [2]. Toute la gloire humaine de Bailleul finit
ici; un travail excessif détruisit sa santé, et, après de touchants
adieux à ses amis de la Congrégation, il ne rejoignit sa famille
que pour expirer en arrivant. Du moins les courts instants
de sa vie d'homme n'avaient pas été inutiles : l'exemple de sa
fermeté ne fut pas oublié à l'École, et à ceux qui partageaient
ses convictions, son nom servit longtemps de défense, même
quand il ne fut plus là.

---

[1] *Notice sur Joseph Bailleul*, par Hippolyte d'HARANGUIERS, lue à la Congrégation. *Documents manuscrits et inédits.*

[2] Il fut remarqué par des travaux techniques et devint ingénieur en chef
des ponts et chaussées. Sa sollicitude pour l'Œuvre des Jeunes Détenus l'avait
fait surnommer par ces enfants : le bon M. Vuillet.

Son frère (également congréganiste), membre distingué du corps des ingénieurs géographes, fut décoré à la suite de ses travaux de démarcation des
limites de la France.

L'élan religieux était donné : les progrès de la foi étaient
rapides dans Paris. M. Frayssinous avait été forcé d'abandonner la chapelle des Carmes, devenue trop étroite pour les
nombreux auditeurs qui suivaient ses leçons de « catéchisme
raisonné » données avec l'aide de l'abbé Clausel de Montals.
Il se rendait à Saint-Sulpice, d'abord à la petite chapelle des
Allemands, et montait peu après dans la chaire principale, pour
instruire la foule qui remplissait la vaste nef[1]. Les congréganistes étaient les plus assidus à venir entendre cette parole si
nouvelle dans Paris et à suivre régulièrement, — c'était une
des pratiques le plus recommandées par le Père Delpuits, —
les offices de leur paroisse. La présence d'un homme dans
une église était malheureusement assez rare pour que l'assistance recueillie de ces jeunes gens fût à elle seule une éloquente prédication. Teysseyre raconte à sa mère avec quelle
joie il a escorté le Saint Sacrement « en grand uniforme, un
cierge à la main ». — « On me prenait, ajoutait-il, tout au
moins pour un général d'armée ! »

Malgré les ruines morales et matérielles amoncelées par
quinze années de corruption et d'athéisme, il se levait donc
des jours pleins d'espérance. Un événement considérable pour
l'Église et la France, et qui fut l'occasion pour tout un peuple
de témoigner les sentiments d'une piété qu'on croyait éteinte,
allait faire sentir aussi son heureuse influence dans la modeste assemblée de la Congrégation.

---

[1] « Depuis le premier dimanche de carême jusqu'à celui de la Pentecôte,
nous avons eu à Saint-Sulpice des conférences sublimes, qui ont été suivies
avec ardeur par une foule de jeunes gens de seize à vingt-quatre ans, de tout
état, et surtout de la première classe. Il y en avait qui croyaient déjà, d'autres
qui doutaient, d'autres enfin qui ne croyaient presque à rien. Elles ont dépassé
mes espérances : on a établi la divinité de Jésus-Christ sur une foule de
preuves décisives, on a clairement réfuté les objections des incrédules.
(Lettre de M. Teysseyre à sa mère.)

Parmi les nombreux témoignages de cette rénovation religieuse, fournis par les
contemporains, nous avons aimé citer celui d'un membre de la Congrégation.

Afin sans doute que rien ne manquât à la prodigieuse fortune de ce soldat de génie, Dieu permit que le Souverain Pontife vînt en personne sacrer à Paris le maître de l'Europe. Napoléon avait vivement sollicité cet honneur, dont il paraissait apprécier tout le prix.

Pie VII ne crut pas devoir refuser au signataire du Concordat cette marque de bienveillance paternelle, voulant ainsi consacrer les fondements de ce nouvel empire; le restaurateur du culte officiel avait besoin d'une bénédiction spéciale, et la nation pouvait encore voir dans son souverain celui qui « tendait une main secourable à trente millions de catholiques « priant pour lui au pied des autels qu'il leur avait rendus[1] » .

La France entière se porta avec allégresse au-devant du Saint-Père. « Nous l'avons traversée au milieu d'un peuple à genoux », disait-il, consolé et ravi, en arrivant le 25 novembre à Fontainebleau. Les pouvoirs publics lui prodiguèrent les marques de l'empressement, du respect et de la vénération. Le concours des fidèles fut unanime et véritablement touchant : on ne se rassasiait pas de voir le Pape et d'implorer sa bénédiction.

Pie VII n'épargnait ni son temps, ni ses forces pour procurer cette satisfaction à ses enfants, et l'histoire a conservé mille traits charmants de ces jours d'heureuse expansion religieuse[2].

Les membres de la Congrégation partagèrent avec les fidèles de Paris le bonheur de posséder dans leur ville le chef de l'Église; mais des avantages plus directs et plus précieux leur étaient réservés. Le Saint-Père se prêtait volontiers à visiter les différentes églises et à venir y célébrer le saint sacrifice;

---

[1] CHATEAUBRIAND, *Épître dédicatoire au premier consul Bonaparte*, dans la première édition du *Génie du christianisme*.

[2] Dans le consistoire du 26 juin 1805, Pie VII disait publiquement aux cardinaux : « Il n'y a pas de paroles pour exprimer combien les Français ont montré de zèle et d'amour pour la religion. »

Saint-Sulpice fut une des premières à jouir de cet honneur [1];
son curé, M. de Pierre, qui appréciait fort le bien opéré par
les congréganistes et les heureux exemples que leur zèle et
leur piété donnaient à sa paroisse, réserva au Père Delpuits
une place spéciale dans son église (à la chapelle dite « des
Allemands ») pour que les membres de la réunion pussent
offrir à Pie VII leur hommage particulier.

La *Gazette de France*, du 24 décembre 1804, rend ainsi
compte de cette cérémonie :

« Sa Sainteté, dont la visite à l'église de Saint-Sulpice avait
« été annoncée, y est arrivée le 18 décembre 1804, deuxième
« dimanche de l'Avent. Pendant qu'Elle entrait à l'église,
« précédée du clergé, on a chanté le verset : *Tu es Petrus*. Le
« Saint-Père a dit une messe basse, assisté de ses prélats. A la
« fin de la messe, Sa Sainteté a donné la bénédiction pontifi-
« cale, après laquelle deux ecclésiastiques ont proclamé,
« l'un en latin, l'autre en français, les indulgences attachées
« à cette bénédiction.

« Le Saint-Père, revenu au bas de l'autel, s'est mis à genoux
« sur un prie-Dieu et a assisté à une messe qui a été célébrée
« pendant son action de grâces. M. le sénateur de Viry, cham-
« bellan de l'Empereur, remplissant les mêmes fonctions
« auprès de Sa Sainteté, et M. le prince Braschi, neveu de
« Pie VI, commandant de la garde noble du Pape, étaient
« auprès de Sa Sainteté.

« A onze heures un quart, le Saint-Père a été conduit à
« une très grande chapelle qui est près de l'église et y a admis
« à lui baiser les pieds le clergé, les administrateurs de la
« paroisse et les membres des diverses autorités civiles et

[1] Nous lisons dans une lettre adressée le 15 décembre 1804 par M. l'abbé
Émery à l'évêque d'Alais : « Les marguilliers de Saint-Sulpice, au nombre
desquels se trouvent des sénateurs et le premier président Séguier, ont prié le
Pape d'honorer Saint-Sulpice de sa présence. Il a promis d'y venir dire la
messe le dernier dimanche de l'Avent. »

4.

« militaires. — Le même hommage de piété filiale a été rendu
« aussi à Sa Sainteté par un grand nombre de jeunes gens [1],
« parmi lesquels on en remarquait plusieurs distingués par
« leurs talents dans les différentes branches des sciences et
« des arts, et quelques-uns par des noms qui décorent notre
« histoire.

« L'un d'eux, M. Maximilien Séguier, a prononcé à genoux
« un discours latin, dont Sa Sainteté a paru vivement satisfaite
« et auquel Elle a daigné répondre dans la même langue, à
« peu près en ces termes :

« *Rien ne m'a été plus agréable que ces sentiments de religion*
« *exprimés par des jeunes gens : je prie Dieu qu'il les conserve*
« *dans vos cœurs, qu'il vous y fasse trouver votre félicité dès*
« *cette vie, et qu'il vous en récompense par la couronne d'immor-*
« *talité.* »

« A midi trois quarts, le Saint-Père est sorti de l'église; la
« foule immense qui la remplissait a reçu de nouveau ses
« bénédictions, avec les marques les plus sensibles de piété et
« de vénération. La joie de voir le père commun des fidèles
« était peinte sur tous les visages. Lorsqu'il a paru au haut des
« degrés, le peuple qui remplissait aussi la grande place qui
« est devant l'église a fait retentir les airs de cris de : Vive le
« Saint-Père! vive Sa Sainteté! »

Une « Note historique » rédigée par les soins de M. Delpuits
complète ce récit; les archives de la Congrégation ont pré-
cieusement conservé les pièces authentiques de cette cérémonie qui fut, pour la réunion, la source des plus abondantes
bénédictions du Saint-Siège. Dans cette chapelle des Allemands, les magistrats des deux tribunaux civils et quelques
autres personnes distinguées avaient pris place, mais « on
« remarqua que les congréganistes par leur maintien respec-

[1] La réunion comptait alors cent quatre-vingt-treize membres. *Documents
manuscrits et inédits.*

« tueux et leur grand nombre attirèrent sur eux les premiers
« regards du Saint-Père [1] ».

Maximilien Séguier[2] adressa au Saint-Père un compliment
en latin, dont voici la traduction :

« TRÈS SAINT PÈRE,

« Parmi un aussi grand concours de fidèles, lorsque
l'Église de France fait éclater de toutes parts la vive allégresse dont votre présence la transporte, permettez à des
jeunes gens de conditions différentes, mais que leur religion
réunit aujourd'hui aux pieds de Votre Sainteté, de vous y exprimer les sentiments de respect et de vénération dont ils sont
pénétrés. Nous dirons à nos fils : Nous avons vu ce vénérable
pontife abandonner le siège de Pierre, pour venir rétablir
dans notre France des cérémonies augustes consacrées par la
foi de nos pères, et que l'impiété avait si longtemps abolies.
Qu'elle ne vienne plus désormais se parer du beau nom de
philosophie qu'elle a si indignement profané; l'iniquité s'est
mentie à elle-même, elle a rejeté loin d'elle le manteau dont
elle se couvrait. Sur une terre arrosée du sang de nos martyrs,
nous voyons aujourd'hui l'encens brûler sur les autels du Sei-

---

[1] *Documents manuscrits et inédits.*

[2] Descendant du chancelier Séguier et de cette ancienne famille, originaire
du Languedoc, qui n'a pas donné à la France moins de soixante magistrats,
sans compter un grand nombre d'ecclésiastiques, d'officiers et de diplomates.
Nicolas-Maximilien Séguier, marquis de Saint-Brisson, naquit à Beauvais,
le 7 décembre 1773. Il fut reçu à la Congrégation dans les premiers jours de
l'année 1802. Il vécut, pendant l'Empire, fort occupé de bonnes œuvres et de
travaux littéraires. Il accueillit la Restauration avec enthousiasme, et fut, en
octobre 1814, nommé préfet du Calvados; remplacé pendant les Cent-jours,
il était, en 1815, appelé à la préfecture de la Somme et dirigea successivement
les départements de la Meurthe, de la Côte-d'Or et de l'Orne. Il donna sa
démission en 1830, s'adonna tout entier à des travaux d'érudition sur la langue
grecque, l'histoire des religions, l'écriture hiéroglyphique. Il mourut au mois
de juin 1854. Il était officier de la Légion d'honneur, membre associé de
l'Académie des inscriptions, et avait publié un ouvrage remarqué sur les *Origines du polythéisme ancien.*

gneur, pour réparer les outrages sans nombre qu'a reçus la
religion dans la personne de ses ministres. Secondons les
vœux d'un pontife digne de toute vénération par une soumission parfaite : relevons l'étendard sacré de la croix, embrassons le signe auguste de notre salut. — Pour vous, Très Saint
Père, daigne la bonté divine récompenser la charité paternelle
qui vous anime, en vous accordant la douce satisfaction de
terminer heureusement vous-même ce grand ouvrage que
vous avez si bien commencé. »

Le Souverain Pontife manifesta son entière satisfaction de
ce discours, et répéta à plusieurs reprises : « *Nihil mihi jucun-
dius fuit.* » — Quelques jours après cette auguste visite, le
Père Delpuits, désireux d'obtenir pour la Congrégation *Auxilium christianorum* le renouvellement et la confirmation authentique des indulgences accordées aux Congrégations de la
Sainte Vierge depuis leur établissement canonique par le
pape Grégoire XIII, se rendit auprès de M. l'abbé Pelard,
ancien congréganiste en Italie, venu à Paris en qualité de
chapelain de S. Ém. le cardinal Cazelli, archevêque de Parme.
Par son intermédiaire et avec l'appui de Mgr Mazio, grand
maître des cérémonies de la chapelle pontificale et secrétaire
de la Congrégation des cérémonies à Rome, il put présenter
au Saint-Père la supplique suivante :

« TRÈS SAINT PÈRE,

« Jean Bourdier Delpuits, âgé de plus de soixante ans, prêtre,
ancien religieux de la Société de Jésus en France, maintenant chanoine honoraire de l'église métropolitaine de Paris,
approuvé par S. Ém. Mgr le cardinal archevêque, pour exercer
dans son diocèse le saint ministère, prosterné de cœur et
d'esprit aux pieds de Votre Sainteté, la supplie humblement,
pour la plus grande gloire de Dieu, de vouloir bien confirmer
et approuver par son autorité et sa bénédiction la Congré-

gation de la bienheureuse Vierge Marie, instituée à Paris depuis près de cinq ans, ainsi que les autres Congrégations conformes à celles de Paris, reconnue par elles, comme leur mère, qui se sont établies depuis deux ans et n'ont cessé d'édifier par leur piété soutenue. — Que Votre Sainteté daigne aussi m'accorder, et à mes successeurs légitimes, l'autorisation nécessaire pour pouvoir admettre les Congrégations à s'unir à celle de Paris et à participer aux grâces données par le Saint-Siège, dans toute l'intégrité de celles dont l'autorité apostolique a comblé les Congrégations établies dans les maisons de la Compagnie de Jésus, depuis si longtemps, et dont les exemples partout édifiants ont contribué aux progrès de la piété publique dans tous les états. Les pieux jeunes gens de Paris ont eu le bonheur et la consolation de baiser les pieds de Votre Sainteté il y a quelques jours, et vous daignâtes, Très Saint Père, entendre avec bonté le discours de l'orateur choisi pour exprimer les vœux de ses confrères. Nous n'oublierons jamais l'affabilité paternelle de Votre Sainteté, ce souvenir précieux à leur cœur soutiendra la ferveur de leurs prières afin que Dieu conserve longtemps à son Église Votre Sainteté, pour sa gloire et le salut du monde. »

Pie VII daigna témoigner le plus vif intérêt à l'œuvre du P. Delpuits, et lui accorda les grâces et privilèges des anciennes Congrégations [1], avec la même bonté qu'il devait montrer plus tard encore en augmentant le nombre des indulgences qu'il concédait déjà [2].

Se recrutant parmi l'élite des jeunes intelligences, estimée des gens de bien, encouragée par de saints prêtres, spécialement bénie par le vicaire de Jésus-Christ, la Congréga-

---

[1] Documents manuscrits et inédits.
[2] Id. Indult du Souverain Pontife en date du 4 juillet 1805 (deux jours avant son arrestation par le général Miollis).

tion voyait s'affermir son heureuse influence dans la carrière modeste qu'elle s'était assignée. La jeunesse de ses membres était une sécurité pour l'avenir, en même temps qu'un signe de vitalité pour le présent. Avec ce courage que donne la conviction, chaque congréganiste demandait seulement « la liberté de combattre pour l'Évangile contre les « erreurs du monde [1] ».

L'heure était aux grandes espérances : le rétablissement du culte public, la réouverture des temples profanés, le relèvement des croix abattues, marquaient une époque décisive dans les destinées compromises de notre pays. Le retour inespéré de tant de choses que, la veille encore, on proclamait pour jamais détruites, permettait la confiance pour la restauration de ce qu'on ne possédait pas encore. L'élan des âmes, comprimé par quinze ans de terreur, montait vers le Dieu que n'avaient pas plus ébranlé les fureurs de Chaumette que les sarcasmes de Voltaire et les sophismes de Rousseau ; et il n'y avait pas jusqu'à ce reflet de gloire militaire décorant alors nos armes qui ne donnât à tout un aspect de sécurité victorieuse bien fait pour enivrer la France, — peuple de soldats.

Entre deux combats, Dieu accordait à l'Europe une année de tranquillité. Sans doute, les armements du camp de Boulogne promettaient peu la paix universelle, et les audaces de Napoléon à la cérémonie du couronnement présageaient moins qu'il n'aimait à le dire « un nouveau Charlemagne »; mais enfin on goûtait la miséricorde de la Providence et le bienfait du repos.

La jeunesse catholique remerciait Dieu de ses bénédictions ; après des jours si sombres elle voyait s'ouvrir devant elle le champ immense de la charité et de l'apostolat. Pour de

---

[1] DANTE, *Il Paradiso*, ch. XII.

si nobles efforts, elle rassemblait ses forces et semblait
entendre, par avance, les accents qu'un poète devait adresser
à la génération qui allait la suivre :

> Plus haut dans le mépris des faux biens qu'on adore,
> Plus haut dans ces combats dont le ciel est l'enjeu,
> Plus haut dans vos amours, montez, montez encore,
> Sur cette échelle d'or qui va se perdre en Dieu[1]!

[1] V. DE LAPRADE, *A la jeunesse : Excelsior!*

CHAPITRE IV

LE PÈRE DELPUITS. — M. TEYSSEYRRE. — AUGUSTIN CAUCHY.

(1805-1807.)

Caractère et vertus de M. Delpuits. — Son attachement à ses enfants; il refuse un canonicat de Notre-Dame de Paris. — La Congrégation en public : translation de la sainte couronne d'épines. — Mort de Régis Buisson, premier préfet. — M. Teysseyrre, répétiteur à l'École polytechnique. — Nouveaux développements de la Congrégation. — Augustin Cauchy.

Au milieu de la vie d'émigration, quand le bouleversement des choses publiques amenait la confusion des classes sociales et le chaos le plus étrange dans les relations, Chateaubriand remarquait qu'en rencontrant « un ecclésiastique âgé, plein de savoir, d'esprit, d'aménité, ayant le ton de la bonne compagnie, on était disposé à croire que ce prêtre était un ancien Jésuite ». Nul doute qu'il n'eût fait l'application immédiate de son observation s'il avait été mis en présence du Père Delpuits, tant elle semble lui convenir.

Il était de petite taille et avait un peu d'embonpoint. Son portrait, — qui a été gravé dans sa vieillesse, — quoique rappelant assez bien ses traits, lui donne un air de sévérité qu'il n'avait pas; il était au contraire d'un caractère enjoué et plaisant. Doué d'un rare jugement, d'un tact parfait, d'une grande prudence, d'un coup d'œil vif et prompt, il joignait à ces qualités maîtresses un air de franchise, une rondeur de manières, une sorte de bonhomie paternelle qui, dès l'abord, lui gagnaient les cœurs. Ce mélange de sagesse et d'aménité le rendait singulièrement propre à gouverner la jeunesse; en l'aimant il savait s'en faire aimer.

La gaieté sereine de son esprit jaillissait en saillies soudaines : à un nouveau venu qui sollicitait son admission et s'enquérait, avec une mystérieuse prudence, du signe particulier auquel les congréganistes se reconnaissaient entre eux : « Eh! mon « ami, nous ne sommes pas des francs-maçons! » Il était l'ennemi des mièvreries religieuses et des dévotions mesquines; par contre, exigeant une régularité scrupuleuse dans les exercices de piété, il n'entendait pas affaiblir pour les siens la pratique des lois de l'Église par ces concessions que notre faiblesse ne cesse de réclamer aujourd'hui.

« M. Delpuits n'a pas voulu me permettre de faire gras trois fois la semaine, écrivait Teysseyrre en 1804. Il m'a dit que l'abstinence du carême était une loi expresse, qu'il ne pouvait m'en dispenser, à moins qu'elle ne nuisît positivement à ma santé; qu'il fallait donc que j'essayasse; et comme cet essai m'a parfaitement réussi, je continue de faire maigre tous les jours. »

Plein d'entrain, il redisait souvent cette parole de l'abbé de Tournely au Père Varin : « Nous servons Dieu militairement : l'arme au bras... et au cœur », et était bien de l'école de saint François de Sales écrivant à Mme de Chantal qu'il fallait aimer Dieu « rondement, naïvement et à la bonne « françoise ».

Il terminait souvent ses entretiens intimes par ces paroles : « Mon ami, souvenez-vous que vous vivez dans un pays où il n'y a plus de foi; demandez la grâce de ne pas la perdre. » — Et il ajoutait : « Quelle grande force, quelle belle chose que la religion[1]! »

Quand il prêchait, c'était bien *ex abundantia cordis;* sa facilité naturelle était aidée par les convictions de son esprit; une grande simplicité lui faisait dédaigner les artifices oratoires

---

[1] *Souvenirs d'une Congrégation de la Sainte Vierge*, p. 24, note 2.

dont les prédicateurs du dix-huitième siècle ne furent que trop prodigues; comme il les adressait avec une grande douceur de parole, ses exhortations étaient toujours écoutées avec édification et recueillies avec fruit. M. de Monmerqué[1], alors congréganiste, a rappelé comment une de ces instructions lui avait laissé dans la mémoire une trace ineffaçable; après un demi-siècle, il en parlait avec l'émotion des premiers jours. C'était un commentaire sur le psaume CIX : *Dixit Dominus Domino meo : Sede a dextris meis.* « Je vivrais cent ans, écrivait le savant académicien, que je ne pourrais pas l'oublier, d'autant que cet homme admirable, revenu à lui, me chargea de faire l'analyse de son discours à la quinzaine suivante. Je dis : *revenu à lui;* car, arrivé à ce verset : *Tecum principium in die virturtis tuæ,* il ne put continuer, les larmes d'un profond attendrissement le suffoquèrent, et il fut forcé de s'arrêter quelques instants. Vous pouvez juger de notre émotion. Nous étions là une trentaine de ses élèves, assistant à une véritable extase qui dura assez longtemps, et de laquelle il sortit pour reprendre la suite de son discours. » — L'illustre Laënnec avait des souvenirs analogues. Il a raconté qu'étant allé voir M. Delpuits, un lundi de Pâques, ce bon Père, tout en causant familièrement, lui donna une explication de l'évangile du jour (l'apparition de Notre-Seigneur aux disciples d'Emmaüs) en une sorte de paraphrase ou d'homélie. Et, disait Laënnec, « c'est une des choses les plus remarquables que j'aie jamais entendues ».

Après la piété, le travail. Le Père Delpuits insistait sur la nécessité de remplir ses devoirs d'état et de se livrer à l'étude avec ardeur, afin de devenir habiles et distingués chacun dans sa profession; il voulait que ses congréganistes, par leurs talents, tâchassent d'arriver aux premiers rangs, non pas pour

---

[1] Il était membre de l'Institut; son édition très estimée des *Lettres de madame de Sévigné* lui a fait une place distinguée dans le monde de l'érudition.

eux, mais pour l'honneur de la religion qu'ils professaient.
« Par nous-mêmes, disait-il, nous ne sommes rien; mais il ne
faut pas qu'on puisse dire que les chrétiens sont *plus bêtes que
les autres.* »

Il s'identifiait avec ses étudiants : « Nous avons soutenu nos
examens de droit tout à boules blanches », ou bien : « Nous
avons plaidé d'une façon brillante et solide; nous avons eu
tant de prix à l'École de médecine, notre thèse a obtenu le
suffrage des professeurs... Nous sommes sortis les premiers
de l'École polytechnique, ou entrés les premiers à l'École des
ponts et chaussées. » Il disait encore avec sa joyeuse humeur :
« Ces gaillards-là, la Sainte Vierge les protège, elle les couvre
de son manteau. »

Les liens de respect et d'estime ainsi formés au pied des
autels ne se rompaient jamais; la distance ou le temps n'affai-
blissaient pas la persévérante confiance qu'il avait su inspirer.
Entre vingt exemples, cette lettre en fournira le témoignage :

« Anvers, 15 septembre 1808.

« MONSIEUR,

« Le bonheur d'avoir été reçu par vous membre d'une association dont vous êtes l'exemple et l'édification, en même
temps que le père et le soutien, est trop avantageux pour moi
pour que je puisse jamais cesser de vous en témoigner ma
reconnaissance et oublier les salutaires impressions que cette
sainte association a faites sur mon esprit et sur toute ma
conduite.

« Mon devoir exigeait qu'avant de partir de Paris, je vinsse
déposer auprès de vous les sentiments dont j'étais pénétré;
cependant je n'ai pas jugé cette démarche suffisante et propre
à me dispenser de la renouveler de temps en temps. Toutefois, je n'aurais pas osé prendre sur moi une pareille liberté,

si vous ne m'aviez pas accordé cette faveur, et si, par une excessive bonté de votre part, vous ne m'eussiez pas en même temps promis de me donner de temps à autre des conseils et des avis dont un jeune homme tel que moi a toujours grand besoin et que personne ne saurait jamais appliquer aussi bien que vous.

« Durant mon séjour à Paris, j'avais eu l'avantage de voir plusieurs fois M. de Lespine; j'ai eu la consolation de le revoir depuis à Lille, à Gand, à Bruxelles, et en dernier lieu à Anvers. Ses talents, sa vertu, sa bonne éducation sont ses passeports, et partout il est très bien accueilli; il vient de partir, il y a quelques jours, pour Amsterdam, d'où il compte passer dans un mois en Allemagne. Quant à moi, avant d'arriver ici, j'ai fait une petite excursion en France, en Flandre et dans le Brabant, où je compte encore séjourner une quinzaine de jours. Après une absence de trois ans, j'irai regagner mes foyers, où je resterai jusqu'à ce que la Providence dispose de moi de quelque manière que ce soit.

« Oserais-je vous prier d'assurer tous mes chers confrères de mon inébranlable attachement et de leur dire que je me recommande instamment à leurs ferventes prières?

« J'ai l'honneur d'être, avec les sentiments du plus profond respect et de la plus grande vénération,

« MONSIEUR,

« Votre très humble et très obéissant serviteur.

« Louis ROEST D'ALKEMADE[1].

« P. S. — Je viens d'apprendre à l'instant que M. Vander-

---

[1] Louis-François Roest d'Alkemade, né à Amsterdam en 1786, reçu congréganiste le 27 mars 1808, mourut le 21 janvier 1809. Sa lettre fait allusion à deux autres membres de la réunion : M. Jean-François Lascuras de Lespine, né à Thiviers (Dordogne), congréganiste en 1804, et M. Charles Herman Vandersteen, né à Liége, admis le 20 avril 1806. Ce dernier prit plus tard une part active aux affaires de son pays; il fut envoyé par la Belgique comme ambassadeur auprès du Saint-Siège.

steen, un de nos pieux congréganistes, a eu le malheur de
perdre madame sa mère. »

Les parents des congréganistes partageaient les sentiments
de reconnaissance de leurs enfants pour le Père Delpuits et
gardaient fidèlement le souvenir de ses bontés à leur égard.
Du fond de la Hollande, c'est à lui que fera part tout aussitôt
de la mort de son fils Mme d'Alkemade :

« Amsterdam, 21 janvier 1809.

« MONSIEUR,

« Je me trouve dans le douloureux devoir de vous annoncer
la mort de mon cher et unique fils : Louis-François-Ma-
rie Roest d'Alkemade, décédé ce matin, âgé de vingt-deux ans,
après une maladie de peu de jours. Avec une résignation parfaite à la volonté de son Créateur, il a été muni des saints
sacrements de notre Mère la sainte Église.

« Cette perte m'est d'autant plus pénible que ce cher enfant
réunissait toutes les amabilités capables de faire sécher les
larmes que m'a fait verser il y a deux ans celle de son frère.

« Sa vie pure, sa tendresse filiale lui auront, j'espère, obtenu
la gloire bienheureuse; néanmoins les jugements de Dieu
étant impénétrables, je vous prie de joindre vos prières à celles
de sa triste mère pour le repos de son âme.

« J'ai l'honneur d'être, Monsieur, votre très humble et
affligée servante.

« Douairière ROEST D'ALKEMADE.

« P. S. — Il vous plaira d'offrir aussitôt que possible sept
fois le saint sacrifice pour le repos de son âme [1]. »

Toujours prêt à éclaircir un doute, à triompher d'une hési-

---

[1] Le Père Delpuits répondit la lettre suivante :

« MADAME,

« Je partage bien sincèrement la douleur que vous cause la mort de notre

tation, à mettre en garde contre un faux pas, M. Delpuits allait droit au but sans hésitation ni tâtonnement; son avis était bref, net, incisif, et c'était toujours le mot qui convenait. « Les « préceptes qui regardent les mœurs, a dit un grand éduca- « teur de la jeunesse, doivent être courts et vifs, et lancés « comme un trait[1]. » Le souvenir de son affection, de ses con- seils, de ses exemples, était un motif pour bien faire, un appui en toutes circonstances, un secours à l'heure suprême où il faut dire adieu à la vie.

Sa fermeté et son amour du bien faisaient de lui un guide sagement sévère, mais d'autant plus précieux qu'il portait une délicatesse scrupuleuse dans la direction des consciences. Quand M. Tesseyrre se sentit appelé vers le sanctuaire, le Père Delpuits s'efforça de modérer sa première ardeur et voulut peser avec prudence, avec lenteur, les motifs qui lui faisaient prendre ce grave parti.

« C'est une témérité, disait-il, d'entrer dans le sacerdoce si « on n'y est pas appelé par Dieu lui-même. Il est des signes « certains de cette vocation. On doit les examiner avec l'aide « de son confesseur, en prenant toutes les précautions con- « venables. S'ils sont évidents, c'est une grande faute de « ne pas se rendre à la voix de Dieu, de même que c'en est « une de s'ingérer dans le saint ministère sans y être appelé. »

cher Louis Roest d'Alkemade, que le Seigneur a appelé à la vie éternelle. Ce cher enfant nous a tous édifiés ici par ses exemples, son assiduité et le zèle avec lequel nous l'avons vu se montrer tout le temps que nous l'avons eu parmi nous. J'ai la confiance que le Seigneur l'a reçu dans sa gloire, et que la pro- tection de la Très Sainte Vierge, notre auguste mère, lui a obtenu d'être admis au bonheur infini du Ciel. Nous avons prié pour lui, et je célébrerai pour cette chère âme dix fois le très saint sacrifice le plus tôt possible.

« Agréez, Madame, l'hommage sincère du profond respect avec lequel je suis en Notre-Seigneur

« Votre très humble et très obéissant serviteur.

« Ber DELPUITS, prêtre.

« Paris, le 3 février 1809. »

[1] ROLLIN, *Traité des études*, Discours préliminaire.

Cette réserve, il la portait partout; suivant sa parole : « Il ne fallait pas exposer le don de Dieu à la dérision des impies. » Il repoussait un prosélytisme trop entreprenant, parlait peu de son œuvre et n'aimait pas attirer sur elle l'attention du public incrédule ou les soupçons d'un pouvoir ombrageux. Le vénérable archevêque de Bordeaux, Mgr d'Aviau [1], ayant témoigné le désir d'assister un dimanche à une séance de la Congrégation, il crut devoir lui refuser cette satisfaction : « Nous serions infiniment honorés de votre présence, Monseigneur, beaucoup trop honorés même; mais nous devons rester dans une position humble, et ne rien faire qui puisse porter atteinte à cette humilité. »

Toutefois, il ne craignait pas d'augmenter par la présence édifiante de ses jeunes gens l'éclat des cérémonies religieuses qui offraient un caractère public. Nous l'avons déjà vu lors de la visite du Souverain Pontife à Saint-Sulpice. Également, lors de la translation de la sainte couronne d'épines [2] à l'église Notre-Dame faite par les soins du cardinal Spina [3], les con-

[1] Mgr d'Aviau du Bois de Sanzay, dont les vertus furent justement célèbres, était archevêque de Vienne en 1789. Il fut, en 1802, nommé archevêque de Bordeaux lors des modifications apportées par le Concordat dans les sièges épiscopaux.

[2] Cette insigne relique, peut-être la plus remarquable de celles que possède la chrétienté, à cause de son intégrité absolue, demeura cachée pendant les quatre premiers siècles de notre ère. Baudouin II, empereur de Constantinople, la remit au doge comme gage de sa dette aux Vénitiens. En 1238, saint Louis, acquittant cette dette, en devint possesseur et alla en grande pompe la chercher, pieds nus, jusqu'au delà de Sens (à Villeneuve-l'Archevêque), le 10 août 1239. Il bâtit, pour la déposer, le joyau sans rival de la Sainte-Chapelle. Les événements obligèrent Louis XVI, en 1791, d'en ordonner le transfert à l'abbaye de Saint-Denis. Rapportée à Paris en 1793, la châsse fut brisée et dépouillée de ses pierreries. La couronne fut déposée à la Bibliothèque nationale. Elle devait être restituée à l'église de Notre-Dame, le 26 octobre 1804, par ordre du gouvernement impérial. Le cardinal du Belloy, archevêque de Paris, en fit la translation solennelle le 10 août 1806. La couronne, non pas brisée, comme parfois on l'a prétendu, mais sans épines, est au trésor de Notre-Dame. Voir ROHAULT DE FLEURY, les Instruments de la Passion, liv. II, ch. III.

[3] Né le 12 mars 1756, à Sarzane, il fut prélat de la maison du Pape. En

gréganistes eurent une place réservée pendant l'office et au
sermon qui fut prêché par Mgr Fournier, qui allait devenir
évêque de Montpellier.

« La plupart d'entre eux s'approchèrent de la sainte table,
« au grand étonnement des assistants, dont plusieurs étaient
« édifiés de voir tant de jeunes gens communier [1]. »

Un bon chanoine, ému de la piété de ces jeunes chrétiens, était dans une grande admiration en présence d'un tel
spectacle, et répétait en se penchant vers son voisin : « Mais
d'où viennent-ils donc? mais d'où viennent-ils donc?» — « Ma
foi, monsieur, je ne pourrais pas vous le dire! » répondit son
interlocuteur aussi charmé, mais non moins surpris [2].

Une confiance mutuelle et un dévouement commun à leur
œuvre étaient bien nécessaires aux congréganistes, car un
vide bien sensible allait se faire parmi eux. Celui qui avait été
l'âme de la réunion et son premier président, Régis Buisson,
devait quitter, à la fleur de l'âge, des amis que son exemple
et sa parole fortifiaient. Au milieu des soins donnés à la Congrégation, il savait trouver des loisirs pour la rédaction d'une
Physiologie chrétienne, alors que ses journées et souvent ses
nuits appartenaient aux malades. Tant d'activité sur des terrains si divers épuisa ses forces, sa santé s'altéra visiblement,
ses souffrances physiques amenèrent un découragement
moral encore plus douloureux. Pendant huit mois il vit s'évanouir l'une après l'autre les plus légitimes distractions qui
charmaient encore les tristesses de sa maladie : lectures, conversations, tout lui devint successivement impossible; ses

---

1798, il alla rejoindre Pie VI en Toscane, et fut fait archevêque de Corinthe.
En 1800, Pie VII l'envoya à Paris pour les négociations du Concordat;
en 1802, il fut nommé cardinal, et peu après archevêque de Gênes. Ayant
donné sa démission, il devint légat de Forli, puis de Bologne. Il fut créé
évêque de Palestine en février 1820 et mourut le 13 novembre 1828.

[1] *Souvenirs d'une Congrégation de la Sainte Vierge.*

[2] *Documents inédits*, fournis par M. le vicomte de Ponton d'Amécourt.

yeux s'obscurcirent, sa voix s'éteignit; de toutes les joies d'ici-
bas, seule lui resta fidèle, avec l'affection de ses proches,
la présence du saint prêtre qui l'aimait et des amis que lui-
même avait formés à la vertu.

Son père et sa mère, accourus auprès de lui, gardaient le
calme tranquille du chrétien qui sait que « ces tombeaux
semés sur notre route sont les marches d'un escalier qui finit
au ciel [1] ». En prononçant lui-même ce mot si solennel de la
prière des agonisants, *Proficiscere, anima christiana*, le père de
M. Buisson ne put s'empêcher d'ajouter : « Adieu donc, bien
cher enfant; que Dieu te bénisse, comme je te bénis! » Le
mourant retrouva un peu de force pour remercier, par un
regard attendri, ce suprême témoignage de tendresse paternelle, et après avoir écouté les paroles de l'acte de consécration du congréganiste, s'en alla célébrer au ciel les miséricordieuses bontés de Marie, au service de laquelle il s'était voué.

Quand, le lendemain, la triste nouvelle se répandit, ce fut
un concours immense auprès de son lit de mort; la foule rendait hommage aux mérites de ce chrétien d'une trempe
antique qui avait déjà donné à la science des gages d'un pré-
coce talent.

Entièrement dévoué à son œuvre, M. Delpuits ne sortait que pour les affaires de son ministère et la visite des
malades; en sorte qu'on le trouvait toujours chez lui. L'archevêque de Paris lui fit offrir un canonicat de la cathédrale; il
le refusa pour n'être pas détourné de ses enfants, et conserva
seulement son titre de chanoine honoraire. Il disait, à cette
occasion, que l'on rétablirait probablement l'office canonial,
qu'il serait obligé de s'y rendre, et que pendant ses absences
les congréganistes ne sauraient qui consulter. Il en confessait

[1] Lettre de Louis Veuillot au comte de la Tour, 29 juin 1853.

en effet le plus grand nombre; les autres s'adressaient à
M. l'abbé Frayssinous, ou au curé de leur paroisse.

Bien qu'il fût loin d'être riche, le refus de ce traitement
assuré ne coûta pas à son cœur; il aurait même voulu taire à
ses amis son désintéressement et le nouveau témoignage
d'affection qu'il leur donnait. Mais son secret fut révélé par
un secrétaire de l'archevêché, et le préfet alors en exercice,
M. de la Bigne-Villeneuve[1], se fit l'interprète de la gratitude
et du respect de tous, le 4 mai 1806.

« MONSIEUR,

« Souffrez que je vous exprime aujourd'hui, au nom de
mes confrères, toute l'étendue de notre reconnaissance pour
vos bontés. La Providence n'a point permis que nous ne con-
naissions pas le témoignage récent que vous venez de nous
donner de votre affection paternelle et désintéressée ; je me
fais une douce obligation d'en instruire ceux à qui votre
modestie le laisserait ignorer toujours. Oui, Monsieur et respectable Père, croyez qu'il n'est aucun de vos enfants qui ne
sache apprécier tous les sacrifices que vous daignez faire pour
lui et qui ne désirât suppléer en ce moment à la faiblesse de mes
expressions, en vous témoignant lui-même la vive et sincère
reconnaissance dont votre charité et votre bonté généreuse
pénètrent son cœur. Puissent les sentiments tendres et respectueux de tous ces cœurs que votre unique occupation est
de former constamment à la pratique des vertus, correspondre
à tant de générosité et vous procurer autant de joie et de
consolation qu'ils vous causent de sollicitudes! Puissent,

---

[1] Né à Ploërmel, Jean-Marie de la Bigne-Villeneuve fit à Paris ses études
médicales. Sa thèse de doctorat fut citée comme remarquable par ses professeurs. Congréganiste le 22 novembre 1802, il fut préfet de la réunion pendant
l'année 1806. C'est lui qui rédigea la première notice funèbre lue à la Congrégation, en 1803. Il se fixa à Rennes et y exerça jusqu'à sa mort sa profession, au milieu de l'estime générale.

Monsieur, nos vœux et nos prières attirer de plus en plus sur votre tête les bénédictions et les récompenses que la divine bonté réserve à ceux qui, comme vous, préfèrent la gloire et le salut du prochain aux biens et aux honneurs de ce monde périssable[1]! »

L'affection de ses enfants réjouissait donc le cœur du P. Delpuits, en même temps que de nouveaux succès fortifiaient ses espérances.

M. Teysseyrre, que nous avons vu vaillant chrétien et brillant élève à l'École polytechnique, y rentrait en 1805 comme répétiteur, après une année d'études à l'École des ponts et chaussées. Ce fut pour lui un excellent terrain d'apostolat religieux; fortifié par les sympathies que son caractère lui attirait et le respect que lui valait son mérite, il fut véritablement le soutien des jeunes catholiques de l'école. Il aimait à faire de ses connaissances professionnelles un rempart à la vérité religieuse, et vis-à-vis d'incrédules tout fascinés par les sophismes voltairiens il couvrait la foi du manteau de la science chrétienne. Sa correspondance indique le succès de sa persévérance et de son courage. « Il se prépare une révolution dans les principes qui ont dirigé jusqu'à ce jour l'École polytechnique. Le gouverneur[2] est enchanté du curé de sa paroisse, qui est plein de zèle et d'adresse... Nous possédons, en général, les plus forts, les plus vertueux et les plus aimés de leurs camarades..... Le régime de l'école est toujours bien vexatoire pour ceux que le Seigneur s'est réservés au sein du libertinage le plus effréné et de l'incrédulité la plus monstrueuse. Ils souffrent tout sans se plaindre. Ils viennent d'éprouver, d'une

---

[1] *Documents manuscrits et inédits.*

[2] Lacuée (comte Lacuée de Cessac), député à l'Assemblée législative; en 1793, membre du Conseil des Cinq-Cents, conseiller d'État après le 18 brumaire; en 1807, ministre de la guerre. Il se fit beaucoup d'ennemis par l'intégrité de son administration, fut destitué par l'Empereur après la campagne de Russie; à l'écart pendant la Restauration, il devint pair de France en 1831.

manière sensible, que la Providence, loin de les abandonner, veille pour leur procurer un appui, la liberté, des consolations. L'administrateur le plus fougueux et le plus ardent fanatique de l'incrédulité dans le conseil de l'école vient de quitter sa place, haï de tout le monde, chassé honteusement par le gouverneur, désespéré et accablé de chagrin. M. Lacuée a nommé pour le remplacer un homme de tête qui a un grand crédit sur les esprits et qui se trouve être un chrétien prononcé. Il a déjà levé hautement l'étendard de la religion ; il a fait la connaissance des principaux d'entre nous et a tout concerté pour faire cesser la gêne que nous éprouvons et pour rendre le sort des élèves chrétiens aussi heureux qu'il était triste et affligeant. Dimanche dernier, il a fortement reproché à M. Lacuée de faire travailler le dimanche ; il a même ajouté qu'on en serait peut-être puni par quelque événement sinistre : deux heures après, un ouvrier est tombé du toit et s'est tué sur le coup, ce qui a vivement frappé tout le monde et surtout le gouverneur. »

La fidélité à ses devoirs, la régularité de sa conduite, la simplicité de sa franchise assuraient à M. Teysseyrre le succès de son prosélytisme. Son biographe a pu écrire de lui à cette époque de sa vie : « On lui attribue la conversion d'une centaine de familles qu'il avait ramenées à la vérité pendant son séjour à l'École polytechnique, comme élève ou comme répétiteur ; ce chiffre, tout étonnant qu'il est, ne peut être récusé ; il est donné par deux de ses collègues, témoins de l'efficacité de son apostolat [1]. »

L'année même où il était répétiteur, était admis à l'école un tout jeune homme à qui la science devait faire un nom illustre et dont la grandeur de caractère demeure une des plus belles gloires de la Congrégation.

---

[1] PAGUELLE DE FOLLENAY, *M. Teysseyrre,* ch. VI.

Qu'il nous soit permis de parler plus longuement d'Augustin Cauchy.

Fils de Louis Cauchy, avocat au parlement de Normandie, avant la Révolution, secrétaire général du Sénat, sous l'Empire, et devenu, lors de la Restauration, garde des archives de la Chambre des pairs, Augustin-Louis Cauchy naquit à Paris le 21 août 1789, l'aîné de trois frères qui furent à la fois de vaillants chrétiens et des hommes du premier mérite [1]. Élevé dans la solitude d'une maison de campagne d'Arcueil, où son père avait cherché le repos pendant la tourmente révolutionnaire, il y reçut des soins vigilants qui enracinèrent pour jamais la foi dans son cœur, tout en développant les qualités d'un esprit également ouvert à l'histoire, aux lettres et aux mathématiques. Lauréat du concours général, il était à peine âgé de seize ans quand il fut admis le second à Polytechnique. Entré le premier à l'École des ponts et chaussées, il en sortit le premier encore, obtenant ce rang dans quatre concours successifs, tant sur les élèves de son année, que sur ceux de la promotion précédente.

Jeune ingénieur de vingt ans, attaché aux travaux du canal de l'Ourcq et du pont de Saint-Cloud, choisi pour seconder les grandes constructions du port de Cherbourg ; illustre à vingt-cinq ans par ses découvertes mathématiques, il entra en 1816 à l'Académie des sciences. Son mérite l'appela promp-

[1] Le second, Alexandre Cauchy, remplit les plus hautes charges de la magistrature ; il mourut, en 1857, conseiller à la Cour de cassation. Eugène, le plus jeune, attaché pendant de longues années aux bureaux de son père, lui succéda en 1831 comme garde général des archives de la Chambre des pairs, et fut maître des requêtes au Conseil d'État. Son livre *Des précédents de la Cour des pairs* devint le manuel de cette haute juridiction. Son *Histoire du duel* fut couronnée par l'Académie, ainsi que son *Histoire du droit international maritime dans ses rapports avec les progrès de la civilisation.* En 1862, il était élu membre de l'Institut, à l'Académie des sciences morales et politiques.

Les trois frères appartenaient à la Congrégation : Augustin fut reçu le 3 avril 1808 ; Alexandre, le 17 novembre 1816 ; Eugène, le 14 avril 1822.

tement aux premières chaires de l'enseignement public; professeur à l'École polytechnique, à la Sorbonne et au Collège de France à l'âge où tant d'hommes achèvent à peine leurs études, il se montra digne de la confiance que son caractère joint à son talent avait su inspirer, en refusant, à la chute de la monarchie légitime, des serments que son honneur ne lui permettait pas de prêter. Voyageur et exilé, pèlerin de ses convictions politiques, il accepta à Turin la chaire de physique que le roi de Piémont voulut créer à son intention, mais l'abandonna dès que Charles X lui manifesta l'estime qu'il professait pour sa personne, en lui confiant l'éducation de son petit-fils. En qualité de professeur de mathématiques du duc de Bordeaux [1], il devint avec joie le « courtisan de l'exil », et puisa aux sources les plus élevées les inspirations qui forment les grands princes et préparent les grands rois. Il partageait cette conviction d'un écrivain célèbre : les peuples « qui ont perdu leur route ne la retrouveront qu'en regardant le ciel », et il ne croyait pas, suivant ses propres expressions, « pouvoir mieux servir les intérêts « de sa patrie qu'en dévoilant à l'héritier de Louis XIV « tout le secret de cette haute philosophie qui a fait briller « le grand siècle d'un si vif éclat; qu'en lui apprenant com- « ment l'intelligence humaine doit s'élever de la contemplation « des beautés de la nature au Dieu dont l'amour veille sans « cesse sur cet univers qu'il a créé; remonter de l'étude de ces « lois sublimes qui régissent le cours des astres jusqu'au légis- « lateur suprême qui a semé les étoiles dans les voûtes du firma- « ment, et, pour tout dire en un mot, de la connaissance des « vérités scientifiques au principe éternel de toute vérité [2] ».

Élevé à la dignité de baron par le roi de France, il accepta

---

[1] De 1833 à 1838.
[2] A. CAUCHY, *Quelques mots adressés aux hommes de bon sens et de bonne foi*, Brochure, 1833.

avec reconnaissance et porta avec fierté un titre donné par celui qui n'était pas moins le souverain légitime dans une modeste maison de Prague, que dans la salle du trône aux Tuileries, et ne voulut rentrer dans sa patrie qu'après la mort de Charles X. Exclusivement appliqué à ses découvertes, il publia plus de cinq cents mémoires admirés de l'Europe savante. En 1848, il retrouva sa chaire à la Sorbonne, et en 1852 fut dispensé du serment par l'Empereur, — bienveillance courtoise qui honore celui qui l'accorda et celui qui en fut l'objet. — Son vaste génie sut trouver des loisirs pour prendre une place distinguée dans la philosophie et la linguistique, la littérature et les langues étrangères : hébraïsant érudit, poète de valeur, écrivain substantiel, ses travaux scientifiques lui ont gardé une des premières places parmi les mathématiciens de son siècle, et dix-huit Académies ouvrirent leurs portes à sa légitime renommée.

Mais il ambitionnait d'autres titres que ces gloires humaines : appliqué à l'étude des lois de la nature, il remontait au Dieu créateur par l'élan de son cœur et la force de ses déductions; s'abstenir de conclure en religion lui paraissait aussi absurde que de se refuser à déduire les corollaires d'un théorème. Non content de satisfaire aux préceptes, il s'efforçait de mettre en pratique les conseils, et comme il avait abrité les convictions de sa jeunesse dans les rangs de la Congrégation, il voulut, dans son âge viril, faire une large part aux œuvres chrétiennes de son temps. Défenseur courageux des Jésuites attaqués par la mauvaise foi, il ne fut étranger à aucunes tentatives suscitées depuis cinquante ans par le génie de la charité catholique : l'OEuvre de Saint-François Régis, la Société de Saint-Vincent de Paul, le comptèrent parmi leurs membres les plus assidus; le repos du dimanche et la réforme du régime pénitentiaire trouvèrent en lui un infatigable apôtre; il prodiguait ses soins aux petits Savoyards jetés sans ressource sur le pavé de Paris et qu'il avait souvent instruits, étant congréganiste; l'un des fondateurs de l'Œuvre des écoles d'Orient, il n'oubliait pas les besoins de la jeune génération élevée auprès de lui; sa dernière pensée fut pour ces admirables Frères de la Doctrine chrétienne qu'il voulait appeler à Sceaux, la petite ville où il demeurait et où il mourut le 22 mai 1857, assisté des Pères de la Compagnie de Jésus, ses maîtres, ses amis, ses reconnaissants admirateurs.

Le nom d'Augustin Cauchy personnifie à notre époque l'accord de la foi et de la raison; à l'heure où l'amollissement des caractères n'est pas rare et où les plus belles intelligences sont parfois déshonorées par l'indifférence ou l'apostasie, il est consolant de voir un grand homme réunir les qualités qui font les saints et les talents qui consacrent une mémoire. L'illustre Biot, son confrère de la Congrégation, et son digne collègue de l'Académie, a porté sur lui le jugement qui restera : « La vie d'Augustin Cauchy offre un exemple complet de la vertu chrétienne unie aux plus hautes facultés de l'intelligence. Il a été l'un des géomètres les plus éminents que la France ait produits, et son caractère personnel n'a pas été moins remarquable que son génie mathématique [1]. »

Quelques lignes d'ensemble étaient nécessaires pour rendre justice à l'unité d'une si belle vie. On nous pardonnera cette parenthèse qui n'était pas une digression. Revenons maintenant en arrière pour reprendre le cours historique de notre récit.

Depuis le jour où, à douze ans, Pascal était surpris par son père en présence de la trente-deuxième proposition d'Euclide, qu'il avait trouvée seul, avec des « barres et des ronds », on se plaît à rapporter sur les premières années des mathématiciens célèbres mille choses admirables et tout à l'honneur d'une

[1] BIOT, *Notice sur A. Cauchy.*

étonnante précocité. Nous rendrons donc à la fois justice à la vérité et nous nous conformerons à l'usage en constatant que les dispositions scientifiques d'Augustin Cauchy avaient vivement frappé Lagrange. A plusieurs de ses collègues du Sénat réunis chez le père de l'enfant, il avait dit, un jour : « Vous voyez ce petit jeune homme; eh bien, il nous remplacera tous tant que nous sommes de géomètres. » Il se préoccupait même du danger que pourrait faire courir à cette jeune santé ces dispositions étonnantes; mais il ne semble pas qu'on ait suivi très scrupuleusement son conseil : « Ne laissez pas cet enfant toucher un livre de mathématiques avant l'âge de dix-sept ans », puisqu'à seize ans, après de brillantes études littéraires, Augustin entrait à l'École polytechnique avec le numéro deux.

En chrétien résolu, il vint prendre place parmi les élèves que Teysseyrre groupait autour de lui. Comme pour ceux qui le précédèrent dans cette voie, son mépris du respect humain lui attira l'estime de ses camarades, quels qu'ils fussent, et, par la force de cet ascendant que donne le courage des convictions, ce tout jeune homme, le moins âgé de l'école, devint un modèle. Dès le premier soir on avait pu le voir, agenouillé au pied de son lit, répétant avec recueillement les prières apprises autrefois sur les genoux de sa mère [1].

Les gigantesques projets de Napoléon voulaient la création, sur les bords de la Manche, d'un grand établissement maritime, qui fût une menace perpétuelle pour les vaisseaux anglais. Rien ne va mieux à l'esprit d'un conquérant que les entreprises difficiles! A Cherbourg, il fallait gagner pas à pas sur la mer les jetées et les digues, et creuser par le fer et le feu les bassins des ports. C'est là qu'Augustin Cauchy fut envoyé, en 1810, par une distinction spéciale. Il quitta Paris

---

[1] VALSON, *la Vie et les travaux du baron Cauchy*.

avec regret : des liens de famille l'y attachaient étroitement; de vives affections chrétiennes lui avaient créé des relations charmantes; il avait été reçu congréganiste le 3 avril 1808, et son zèle, son assiduité, sa piété étaient justement appréciés de tous. Il partit néanmoins où l'appelait le devoir de sa carrière, emportant trois livres avec lui : la *Mécanique céleste* de Laplace, *Virgile* et l'*Imitation*.

Dans la « société » de Cherbourg, aussi bien, mieux que beaucoup d'autres, il pouvait se procurer les plaisirs qu'offre le monde : il était jeune, d'agréable figure, gracieux de manières, pourvu à un degré supérieur de toutes les qualités de l'esprit; mais ces dons précieux, parfois si funestes, ne le firent jamais dévier de la route étroite de la vertu. Il se fit promptement connaître comme un catholique convaincu et logique. Les exemples de cette nature étaient rares alors; aussi, grande fut la surprise que causa la vue d'un jeune ingénieur qui passait pour être doué d'un mérite hors ligne, appelé à un brillant avenir et qui ne craignait pas d'être, dans sa paroisse, fidèle à l'assistance aux offices, comme le plus humble des chrétiens.

A ce spectacle, des âmes fortes s'émurent et, dans leur commisération pour un malheureux qui perdait en patenôtres les belles années de sa jeunesse, écrivirent... à sa mère! Le trait, du moins, était original. La réponse d'Augustin Cauchy à ces « dénonciations » est remarquable par la dignité, la fermeté, la raillerie fine et sereine; aussi bien on y trouve un résumé des sottises qui assaillent tout chrétien s'il porte noblement le drapeau de ses convictions; on y peut lire encore une réfutation péremptoire de ces préjugés et de ces erreurs.

« Je vous remercie beaucoup de me faire part de tout ce que vous entendez dire sur mon compte à Paris, soit en bien, soit en mal. Cela me prouve et me prouvera toujours tout l'intérêt que vous prenez de moi. Mais pour vous mettre plus à portée de me donner vos conseils et de juger si les reproches qu'on a pu me faire ou que vous pourriez entendre par la suite sont fondés ou non, je vais vous exposer ma conduite.

« .....Il peut se faire que quelques maisons où je ne suis point lié, faute de temps ou de convenance, malgré l'offre qu'elles m'en avaient faite très obligeamment, aient trouvé cela singulier; qu'elles aient pu l'imputer à mes principes religieux, cela est encore possible; mais pourtant ces personnes me font amitié lorsque je les rencontre, et afin de les ménager, je vais leur faire, une ou deux fois l'an, des visites de cérémonie.....

« On dit que la dévotion me fera tourner la tête. Quelles sont les personnes qui disent cela? Ce ne sont pas celles qui ont beaucoup de religion; celles-ci ne m'en ont parlé que pour m'encourager à persister dans ma ligne de conduite, et tout ce qui m'a été rapporté à ce sujet ne me prouve pas qu'elles me blâment... Quant aux personnes qui n'ont point de religion, j'ai résolu de ne leur en parler jamais le premier; je me contente de leur répondre, quand elles veulent m'attaquer sur ce point. Ainsi, quand je suis arrivé à Cherbourg, M. X... s'avisa de me dire, en parlant des devoirs religieux, que je me corrigerais bientôt de tout cela. Je lui répondis, sans me fâcher, que lorsqu'on faisait le mal, on pouvait bien se corriger, et je lui demandai quel mal il trouvait dans ma conduite. Après avoir vu échouer quelques plaisanteries de ce genre, ce monsieur a fini par me faire beaucoup de politesse et ne me plus parler religion... Il peut se faire que quelque philosophe se soit avisé de dire que la religion me ferait tourner la tête, et je me félicite sincèrement que, dans un pays où l'on fabrique tant de nouvelles et où quelques personnes s'occupent de médire du matin au soir, on ne m'ait point encore fait d'autres reproches. Et qu'y a-t-il en effet dans la religion qui soit propre à faire tourner la tête? serait-ce d'assister aux offices divins, de remplir les devoirs du christianisme, de s'approcher plusieurs fois l'année des sacrements? Je ne le pense pas, et la plus grande obligation que je puisse vous avoir est de m'avoir élevé de bonne heure dans ces saints exercices. Grâces à vous, mes chers parents, qui ne m'avez jamais donné que de bons conseils à suivre, que de bons exemples à imiter! Grâces à Dieu, qui m'a fait naître de parents si chrétiens et m'a donné tous les moyens de le servir! Et si j'ai quelque chose à Lui demander, c'est de fortifier en moi le sentiment religieux qu'il y a placé, de détacher de plus en plus mon cœur de l'amour des créatures pour ne l'attacher qu'à Lui; de ne permettre jamais que je vienne à perdre la foi dans laquelle j'ai été élevé; de me pardonner toutes mes fautes; et après m'avoir comblé de ses grâces sur la terre, de m'admettre avec vous à l'héritage céleste dans la société des saints. Je ne vois rien dans tout cela qui puisse me faire tourner la tête, et je sens, au contraire, que si je venais à perdre le don sacré de la foi, c'est alors que mon âme, ne sachant plus ce qu'elle doit craindre et ce qu'elle doit espérer, inquiète et incertaine sur l'existence d'une autre vie, se promènerait inutilement sur tous les objets qui l'environnent, sans pouvoir se reposer dans l'avenir...

« ...En voilà bien long sur ce sujet; mais je tenais à vous prouver que je n'ai pas perdu la tête. Si vous en voulez une autre preuve, c'est que je vous aime toujours autant et que je reste conséquent avec moi-même en vous embrassant de tout mon cœur.

« Votre fils,   A. CAUCHY [1]. »

---

[1] Ces franches affirmations d'Augustin remplirent de sécurité le cœur de sa mère, heureuse de voir tant de piété jointe à tant de bon sens. Elle lui répondait aussitôt : « Tu ne pouvais, mon cher ami, m'écrire une lettre qui me fût plus agréable. L'exposition de ta conduite et de tes principes nous a remplis de joie, et nous rendons grâces à Dieu de tous les bons sentiments qu'il t'inspire. Je me félicite de t'avoir donné l'occasion de m'écrire une si bonne lettre. En la lisant près de ton portrait, je vois ton âme et tes traits. »

Laissons le jeune ingénieur à Cherbourg, son talent le rappellera bientôt à Paris; nous aurons alors l'occasion de le retrouver à la Sorbonne et à l'Institut; son nom sera mêlé aux premières attaques politiques qui assaillirent les congréganistes sous le règne de Louis XVIII.

CHAPITRE V

LES DEUILS DE LA CONGRÉGATION.

(1807-1809.)

Le séminaire de Saint-Sulpice et la Congrégation. — Morin de la Rivière; de Saint-Wulfranc; le duc de Béthune-Sully. — Les auditeurs au Conseil d'État : Charles de Breteuil et Charles de Forbin-Janson. — Le champ de bataille de Wagram. — Les congréganistes au Palais : Auguste d'Haranguiers; la protection des conscrits. — Visite dans les hôpitaux et aux prisonniers.

Les ambitions les plus hautes sollicitaient l'âme de M. Teysseyrre; au mieux il préférait le parfait, son cœur n'était hésitant qu'entre le très grand et le plus grand encore. Quand furent éteintes les dernières appréhensions d'une mère attristée, il donna bravement sa démission et alla frapper à la porte du séminaire.

M. Emery dirigeait alors cette pieuse maison qui, malgré la fidélité à son antique nom de Saint-Sulpice, n'occupait plus les bâtiments démolis par suite de l'agrandissement de la place.

Dans une très modeste habitation de la rue du Pot-de-Fer[1] étaient groupés les jeunes gens qui se préparaient à entrer dans les ordres, sous la tranquille et sage direction de ce saint prêtre à qui Napoléon devait décerner ce caractéristique brevet de force morale : « C'est le seul homme de mon empire qui me fasse peur. » — Il accueillit à bras ouverts le jeune savant

[1] La rue du *Pot-de-fer Saint-Sulpice*, autrefois rue du *Verger-des-Jésuites* (la maison du noviciat avait été bâtie dans cette rue en 1610), forme aujourd'hui la partie de la rue Bonaparte qui longe les jardins du séminaire. C'est dans cette rue et dans les bâtiments de l'ancien noviciat que se trouvait, avant 1789, la loge du Grand Orient, dont le duc d'Orléans (Philippe-Égalité) était président.

dont il avait pu apprécier déjà le rare mérite; car la Congrégation naissante avait des relations avec le séminaire rétabli.
— « Je voudrais que tout mon séminaire fît partie de votre
réunion », disait-il au Père Delpuits. Il avait offert aux congréganistes une gracieuse hospitalité dans la maison de campagne
d'Issy, où chaque semaine, sous les grands arbres, ses élèves
venaient prendre quelques heures de repos. Des liens affectueux s'étaient mutuellement formés, et de ces chrétiennes
visites sortirent plusieurs vocations, tout ensemble l'honneur
de la Congrégation et la joie du séminaire.

En y entrant, M. Teysseyre retrouvait à Saint-Sulpice trois
congréganistes plus âgés que lui et aussi ses aînés dans les
bonnes œuvres; tous trois passés des bancs de l'École de médecine au séminaire de Paris : M. Mansuy, qui devait plus tard
mourir chanoine de Verdun; M. Gabriel Bruté[1], qui fut évêque

[1] M. Bruté avait obtenu en 1803 le grand prix au concours médical de la
Faculté de Paris. Il devint professeur au grand séminaire de Rennes; en 1810,
il partit pour les missions d'Amérique et fut l'un des premiers pionniers de la
civilisation catholique dans la vaste province d'Indiana. Fort lié avec Jean et
Félicité de La Mennais, il a laissé toute une correspondance avec les deux
frères, qui a mis en lumière son intelligence et son cœur.

MM. Mansuy et Bruté veillèrent sur la santé délicate de leur jeune ami;
leurs talents de médecin lui adoucirent les austérités de ses débuts religieux.
Voici une lettre, au ton joyeux, adressée à Mme Tesseyre par M. Bruté :

« MADAME ET BONNE MÈRE DE MON BON AMI,

« Votre cher fils se porte bien et fait honneur au régime du séminaire au
delà de toute espérance; nous datons de plus d'un mois. Reste à veiller de
près pour la suite; nous sommes deux pour cela, solidaires de cœur, et qui ne
voudrions, ni l'un ni l'autre, nous le céder en amitié pour notre cher Teysseyre; tous deux un peu médecins, mais mon digne confrère, M. Mansuy,
bien plus praticien que moi, ayant exercé cinq ans l'art salutaire, avec beaucoup de succès, avant d'en venir à la médecine des âmes. Il est le plus proche
voisin de Teysseyre, une simple cloison les sépare, et s'il ronflait un peu plus
fort qu'à l'ordinaire, ou faisait quelque mauvais rêve, il serait bientôt à son
chevet... La vue est l'objet le plus délicat chez notre ami, mais vous avez
pour cela un sujet de satisfaction dans la disposition de notre temps, qui est
telle que l'on n'a pas le loisir de lire depuis six heures du soir jusqu'à sept
heures du matin. Je voudrais, Madame, vous rassurer sur tous les points; mais
comment rassurer entièrement la tendresse d'une mère? Comment offrir de

de Vincennes, au Canada; et l'abbé Arnaud d'Argenteuil,
« l'ange du séminaire », qui donnait déjà les marques des vertus
héroïques qui firent de lui un modèle de la vie sacerdotale[1].

Vivement sollicité par l'abbé Liautard[2], supérieur de la maison d'éducation de Notre-Dame des Champs[3], M. Delpuits, en

---

remplacer ses sollicitudes par les siennes, même en y joignant celles d'un
second ami, d'un second Esculape? Et je laisse à votre piété de chercher de
plus hautes espérances, et bien autrement consolantes, dans la providence
paternelle, ou, pour dire encore plus, dans la providence maternelle de celui
dans le sein duquel se sont faits, de part et d'autre, de si grands sacrifices...

« Pardonnez, en finissant, cet écart. Les médecins sont armés de toutes pièces,
et on ne peut assez en rassembler pour se tenir en force contre une bonne mère. »

[1] Né le 17 mai 1784, Paul Arnaud d'Argenteuil fit partie des premiers
membres de la Congrégation (18 décembre 1803). Ordonné prêtre, il revint
dans son diocèse; supérieur du petit séminaire de Saint-Jean d'Angély (1812).
il reçut également des lettres du vicaire général de la Rochelle Il mourut le
15 janvier 1816, laissant une mémoire vénérée.

[2] L'abbé Claude Liautard naquit à Paris le 7 avril 1774. Il a laissé un
nom dans le clergé enseignant. Il fut élevé à Versailles, chez la maréchale
de Tallard, et la bienveillance de la famille royale accrédita peut-être les bruits
qui coururent sur sa naissance. Reçu à l'École polytechnique, il donna sa
démission pour ne pas prêter le serment de haine à la royauté. En 1802, il
entrait à Saint-Sulpice, et à peine ordonné prêtre, il se voua à l'enseignement.
Fondateur du collège de Notre-Dame des Champs, aidé par l'abbé Legris-
Duval et l'abbé Auger, il obtint un succès considérable. Dès 1806, il avait
trois cents élèves. A la création de l'Université impériale (1808), il comprit
le danger d'une institution aussi puissante, systématiquement éloignée de la
direction de l'Église; il entreprit une campagne qu'il ne crut pas devoir cesser.
même après le retour des Bourbons. Du moins, à cette époque, il put jouer
un rôle utile : ses conseils. portés par son élève le vicomte de La Rochefoucauld, arrivèrent jusqu'au trône; son influence dans le faubourg Saint-Germain
était grande; il s'en servit pour rétablir la complète harmonie entre Louis XVIII
et le comte d'Artois. Il refusa successivement l'évêché de Limoges et le préceptorat du duc de Bordeaux, pour ne pas abandonner sa maison, devenue
en 1822 le collège Stanislas. Retiré à Fontainebleau, il en fut curé pendant
dix-huit ans; il mourut le 17 décembre 1842.

Ses *Mémoires*, ou « Fragments inédits, politiques et religieux », ont été
recueillis par M. l'abbé DESYS. (2 vol. in-8°, chez Léautey. Paris, 1844.) Ils
sont précédés d'un *Essai biographique* extrêmement médiocre comme mérite
littéraire, mais qui renferme des détails historiques précieux et peu connus.

[3] Fondée en 1804 au n° 28 de la rue Notre-Dame des Champs; en 1822,
elle prit, en l'honneur du roi Louis XVIII (Stanislas-Xavier) le nom de collège
Stanislas. Aujourd'hui l'une des maisons religieuses d'éducation les plus prospères de Paris.

vertu des pouvoirs accordés par Pie VII, consentit à établir
une Congrégation parmi les élèves de ce collège; le 23 août
1807, douze d'entre eux étaient solennellement admis à prononcer leurs vœux de consécration. Il recommandait une scrupuleuse prudence et la plus exacte régularité. Dans une pièce
manuscrite, que nous avons encore, il prit la peine d'indiquer
très minutieusement les obligations d'un congréganiste modèle.

La situation de la demeure du Père Delpuits, rue Saint-Guillaume, au milieu du faubourg Saint-Germain, à une époque
où la vie de quartier existait encore, mettait le bon prêtre en
relations naturelles avec beaucoup de familles rentrées dans
leurs hôtels et fidèles aux habitudes de leur aristocratique
quartier. Parmi les voisins les plus proches, à quelques pas de
sa propre maison, M. Delpuits comptait les Montmorency,
Alexis de Noailles, Charles de Forbin-Janson, Gaston et Victor de Bagnac, de Contades, Maximilien de Béthune, de Loménie, Louis de La Bédoyère, de Berthier, de Saint-Martin, etc., etc. Tous ces jeunes gentilshommes mériteraient de
fixer l'attention; si nous nous arrétons sur quelques-uns d'entre
eux, c'est que la mort devait les atteindre en pleine adoles-
cence, et qu'en abandonnant cette année 1807, à laquelle
nous sommes parvenus, il nous faut les quitter aussi.

A tous s'applique très véritablement le texte de l'Écriture :
« *Consummatus in brevi, explevit tempora multa* »; et cette
parole de la Sagesse venait si naturellement aux lèvres de
leurs amis en deuil, qu'elle sert d'épigraphe accoutumée à
leurs notices funèbres. Notices nombreuses, car Dieu semblait
vouloir récompenser sans retard la générosité des vaillants qui
l'avaient bien servi en des jours de trouble et d'hésitation.
Comme pour toutes les œuvres qui doivent durer, la mort
mettait à la base ce ciment mystérieux qui est fait de douleurs
et de larmes; quand les cœurs ont souffert ensemble, les liens
qui les unissent semblent plus forts; ce qui était un présage

de dissolution devient un principe de vie : *Ex morte vita.*

Survivant à une si belle jeunesse qui avait levé autour de lui des branches pleines de sève, le directeur de la Congrégation aurait pu s'approprier le mot prononcé plus tard par une femme célèbre restée seule au milieu des tombeaux de tous les siens : « Notre cœur ressemble à un arbre entouré de feuilles mortes ! » Toutefois le découragement était inconnu à cette âme bien trempée; il apprenait aux congréganistes à pleurer leurs amis disparus, mais non comme ceux qui n'ont pas d'espérance.

Une des figures les plus attachantes entre toutes est bien certainement celle du comte Henri de Morin de la Rivière. L'ardeur de sa nature généreuse allait facilement jusqu'à l'extrême, sans exclure la vertu, quoi qu'en disent les « sages ».

Héritier d'une vieille famille normande dont le nom s'était illustré dès longtemps dans l'Église, la magistrature et les armes, il reçut, dès le berceau, les plus dures leçons de l'adversité. Sa mère mourut, laissant au cœur de son fils cette mélancolie que rien n'efface chez ceux dont l'enfance est privée de ces nécessaires tendresses. En dépit des vents révolutionnaires qui grondaient toujours, Henri de la Rivière, dont le nom était suspecté et la condition sociale proscrite, estima que l'obéissance est un maître utile, au début de la vie, et voulut puiser dans une école militaire les premiers éléments de ce métier de la guerre qu'avaient suivi glorieusement ses aïeux. Quand il en fut sorti, il tourna vers le droit son désir d'apprendre, et se rendit à Paris avec d'autant plus de liberté que la mort de son père, le marquis de la Rivière, le mettait à la tête d'une opulente fortune. La sûreté de ses principes, la régularité de sa conduite, furent les premières défenses qu'il sut opposer au tourbillon du monde des plaisirs. Une rencontre fortuite et providentielle qu'il fit, un soir d'hiver, à la sortie d'un cours de droit, le mit en relation avec François Régnier, dont le talent comme professeur avait déjà un réel éclat; bientôt après il était présenté par lui au Père Delpuits.

Le traits de bienfaisance, de zèle chrétien, de sens catholique, abondent chez ce jeune homme, « dévoré », on peut le dire, du désir de bien faire [1].

Il avait su dompter son caractère impétueux, ou plutôt il mettait au service de la vérité cette impétuosité même, se dépensant tout entier dans une activité incessante.

Il comprenait que la richesse crée des obligations, il sentait la nécessité de remplir un « devoir social » ; dans ses terres il ne voulait se souvenir des anciennes prérogatives que les longs services de ses ancêtres leur avaient valu, que pour donner le bon exemple. Modeste pour lui-même, il ne repoussait pas l'ascendant moral qui s'attache légitimement à un vieux nom noblement porté. Ses calmes instances, sa générosité adroite, ses pressantes leçons avaient remis en honneur les cérémonies religieuses, et à l'heure où le schisme constitutionnel était encore le culte d'État, il restaurait dans la campagne l'antique usage des processions publiques. Il aurait voulu faire participer son pays natal aux bienfaits des Congrégations; mais son zèle personnel, tout en groupant quelques jeunes gens de la ville de Caen, ne put surmonter l'apathie qui entravait ses projets [2].

[1] Son ingénieuse affection ayant su obtenir de son grand-père mourant le pardon pour son oncle, éloigné dès longtemps de la maison paternelle, il court en chaise de poste ramener auprès du vieillard, pour recevoir sa bénédiction, le fils qu'il ne voyait plus. Dans une succession importante, il abandonne à ses cohéritiers sa part personnelle, à la condition de garder la bibliothèque toute garnie des tristes écrivains du dix-huitième siècle; il détruit alors ou remet en des mains sûres ces ouvrages d'immoralité. (*Éloge funèbre de Henri de Morin de la Rivière*, par le docteur PIGNIER, 1807. — *Documents manuscrits et inédits*.)

[2] Cet insuccès ne saurait être imputé à Henri de la Rivière; non seulement nous ne voyons pas qu'aucune Congrégation ait été fondée plus tard à Caen, mais nous savons qu'il fallut tout le talent du Père Rauzan pour triompher de cette indifférence, lors de la mission de 1817. (P. DELAPORTE, *Vie du Père Rauzan*, liv. II.) Les populations normandes ne manquent pas de foi, mais leurs préventions sont tenaces.

Ses conseils, ses démarches, ses visites ne manquaient pas aux amis qu'il distinguait. La discrétion qu'il mettait à la distribution de ses aumônes ne permit d'en connaître le chiffre élevé qu'après sa mort. Il ne s'arrêtait que devant le vide de sa bourse; son notaire avait dû ouvrir, dans les comptes qui le concernaient, une rubrique spéciale pour les sommes qu'il le chargeait de remettre aux malheureux.

Il payait la pension d'un élève de l'École polytechnique dont les ressources personnelles n'étaient pas en rapport avec sa valeur intellectuelle. Il subvenait aux besoins de jeunes séminaristes, avec un élan d'autant plus empressé que, peu à peu, son attrait pour le service de Dieu le portait davantage vers l'état ecclésiastique, le seul que son désir de mortification et sa passion du renoncement lui fissent considérer comme enviable. « Je ne veux pas me marier, disait-il au docteur Pignier; lorsque je serai prêtre, ma famille sera encore assez nombreuse : n'aurai-je pas tous les pauvres pour enfants? »

Les petits enfants de la première communion attiraient donc spécialement son cœur; il voulait affermir chez eux la grâce reçue et assurer leurs pas dans le chemin de la vie. Il reprenait ainsi, et presque seul, l'Œuvre des petits Savoyards que la Congrégation devait plus tard développer et mener si loin.

Atteint par une maladie à laquelle n'étaient certainement pas étrangères les fatigues que lui imposaient les longues courses de sa charité discrète, il dut, sur l'ordre des médecins, partir pour sa terre aux environs de Bayeux. Le mal empira vite, les forces diminuaient graduellement; mais toujours uni par la pensée à ses amis, il écrivait à l'un d'eux :

« Je vous prie de faire part de ma lettre à M. Delpuits. Toute ma peine est de ne pouvoir tracer quelques mots; je le prie d'être persuadé que la maladie qui influe beaucoup sur l'esprit peut lui ôter l'expression de la reconnaissance, mais qu'elle ne peut rien sur le cœur dans lequel elle est profondément gravée. »

Ayant toujours mis son espoir en Dieu et fort au-dessus des
joies de ce monde, il vit d'un œil calme tomber les derniers
liens qui le retena'ent ici-bas : *Spiritu magno vidit ultima.*
Sa mort fut un suprême exemple, et après avoir essayé de bien
vivre, il montra comment un chrétien doit mourir [1].

Les congréganistes lui rendirent les honneurs que son cœur
eût ambitionnés, en s'efforçant d'imiter les rares vertus dont
il avait été le noble et charmant exemplaire.

A côté de lui, son compatriote et son ami, Timothée de
Saint-Wulfranc [2], fut l'image de ces jeunes gens pleins de foi
gracieuse et de vertus aimables, portant dans le monde où les
appelle leur naissance la figure d'un vrai chrétien. La vivacité
de son intelligence lui réservait une place particulière dans les
salons qui s'ouvraient à Paris au commencement de l'Empire.
Pour satisfaire aux craintes de sa mère : *bella matribus detes-
tata,* il avait renoncé à l'École militaire de Fontainebleau, que
lui ouvraient ses premiers examens. Ses sentiments religieux,
fortifiés par M. l'abbé Frayssinous, lui donnaient le constant
courage de faire servir ses talents à la défense de sa foi ; il
aimait à soutenir les droits de la vérité par une conversation
vive et piquante où son esprit alerte savait toujours mettre les
rieurs du côté du bon droit. Son mérite avait ainsi franchi les
bornes d'un cénacle d'abord restreint, mais il ne voulut jamais
permettre à son talent la moindre compromission littéraire,
et la façon dont il traita les sujets proposés par l'Académie des
Jeux Floraux le rendant trop certain de ne pas obtenir le prix,
il se contentait, suivant l'heureuse expression d'un de ses
amis [3], de le mériter. Ces belles espérances, ces qualités à la

[1] Il mourut à Caen le 15 janvier 1807.
[2] Les Naguet de Saint-Wulfranc, sieurs de Saint-Georges, appartiennent à
une vieille famille de l'élection de Pont-l'Évêque. Plusieurs furent maires de
Caen. Le père de Timothée de Saint-Wulfranc était colonel d'artillerie avant
la Révolution.
[3] Auguste d'Haranguiers de Quincerot, qui prononça son éloge funèbre.

fois brillantes et solides s'évanouirent bientôt; il mourut tout
à coup et au printemps de la vie; les regrets de cette perte se
confondirent avec tous ceux que firent naître à cette époque
d'autres deuils également douloureux. Ce que disait un congréganiste s'applique à lui mieux qu'à personne :

« Il est des êtres privilégiés pour qui le Seigneur abrège la
durée des épreuves d'ici-bas; leurs jours peu nombreux, mais
remplis de bonnes œuvres, les rendent dignes d'arriver les
premiers au terme commun de nos espérances, semblables à
ces fruits précoces qui, ayant atteint de bonne heure le point
de leur maturité, se détachent de l'arbre avant la saison où
l'on s'attendait à les cueillir[1]. »

Mathieu de Montmorency ressentait les mêmes impressions
de mélancolie en écrivant ces lignes :

« Ces sacrifices nous rendent sans cesse présente la grande
pensée de la mort, aliment de la solide piété, trait de lumière
qui fait disparaître tous les fantômes des vains désirs et des
faux biens. Ce n'est pas seulement la vie, mais aussi la mort
qui a besoin d'exemples.

« Les hommes doivent apprendre comment un chrétien
sait quitter la vie au milieu de tout ce qui peut la faire chérir
et regretter, et de la jeunesse et des brillantes espérances, et
surtout de ce tendre amour des siens, le plus fort de tous les
liens qui attachent à la terre. »

Il formulait ces regrets sur la tombe d'un congréganiste
qu'il avait tendrement aimé et dont les vertus naturelles
eussent seules mérité de les inspirer, si la grandeur de sa
naissance ne lui eût par avance attiré une légitime défé-
rence.

« Maximilien Alexandre de Béthune, duc de Sully[2], portait

[1] *Éloge funèbre d'Armand Tilorier, étudiant en médecine*, par M. SWABY
DES BAULONS. Août 1806. (*Documents manuscrits et inédits.*)
[2] Il était fils de Maximilien-Gabriel-Louis de Béthune, duc de Sully, pair

un nom auquel on peut payer un tribut de respect sans
craindre de parler le langage des vanités humaines. À ce nom
de Sully se rattachent les plus touchants souvenirs de notre
histoire et toutes les nobles idées de courage, de désintéressement, de véritable amour du peuple, de tendre dévouement
pour son Roi, et pour son Roi malheureux, et ce qui manquait à l'ami de Henri IV, ce que des Français catholiques ne
peuvent assez regretter pour lui, la Providence l'avait accordé
depuis plusieurs générations à ses descendants qui donnaient un
exemple héréditaire de la plus inviolable fidélité à la religion [1]. »

Il avait six ans quand en quelques heures furent détruites
les espérances que faisaient naître pour lui les services de ses
ancêtres. Ses parents payèrent l'éclat de leur nom par les
ignominies d'un cachot; et lorsqu'ils purent sortir sains et saufs
d'une prison qui n'ouvrait plus depuis longtemps ses portes
que pour les condamnés à mort, la maladie, en enlevant le
chef de la famille, fit reposer tout le poids de cette lourde
charge sur un front qui n'avait pas seize ans.

Le jeune duc de Sully prodiguait ses soins à sa mère, semblable en tous points à cette veuve dont parle saint Paul et
qu'a dépeinte Bossuet, « s'ensevelissant elle-même dans le
tombeau de son époux, enterrant tout amour humain avec
ces cendres chéries »; mais il était lui-même la cause principale de ses tristesses par les incessantes préoccupations
qu'occasionnait une santé plus que débile.

de France, comte de Béthune et de Montgommery, marquis de Lens, et
d'Alexandrine d'Espinay-Saint-Luc.

Sa grand'mère, la duchesse douairière de Béthune-Sully, fille du duc de
Châtillon, morte à quatre-vingt-treize ans, au mois de mai 1824, survécut à
son fils et à son petit-fils. Dame du palais de la Dauphine, elle s'occupait déjà,
avant 1789, de toutes les œuvres de charité de Paris. Elle ne laissa qu'une
seule petite-fille, Maximilienne de Béthune, mariée au comte de Charost, et
en secondes noces à Eugène, marquis de Montmorency.

[1] Mathieu DE MONTMORENCY, *Éloge funèbre de Maximilien de Béthune-Sully*.
(*Documents manuscrits et inédits.*)

Sa grande réserve, son extrême modestie l'éloignaient du
monde. Des hommes qu'effraye le sérieux de la vie le surnom-
maient « le sauvage » ; mais son âme aimait avant tout goûter
dans l'intimité d'une amitié choisie ces épanchements que
rend plus doux encore la communauté de principes.

Mathieu de Montmorency l'avait entretenu discrètement
de la Congrégation; son hôtel[1] était voisin de la demeure du
Père Delpuits; il alla souvent y chercher des conseils et se fit
inscrire, à la fin de 1806, dans la réunion. Quand la maladie
lui eut interdit de franchir le seuil de son appartement, il
aimait recevoir ce bon vieillard, presque à l'exclusion de tout
autre visiteur. Au moment d'aller chercher en Provence un
soleil qui devait ranimer ses forces, il voulut, la veille de son
départ, passer la nuit en prière, et sa faiblesse lui interdisant
le moindre jeûne, il communia à minuit. Spectacle imposant
que la suprême venue du Sauveur des hommes, caché sous les
voiles eucharistiques, dans cette noble demeure, à travers les
appartements déserts, en face des portraits des ancêtres disparus. Les ténèbres de la nuit, le silence qui règne dans les
vastes salles, la faible clarté des cierges, la démarche recueillie
du prêtre, la sérénité de ce jeune homme le dernier de sa
race, les sanglots étouffés de cette mère et cette indéfinissable
angoisse qui accompagne l'approche de la mort : tout présente
un aspect émouvant, tout forme un contraste douloureux.

Ses forces l'abandonnèrent en route. « C'est la santé ou le
ciel », disait-il en partant; il ne put dépasser Auxerre; l'espérance qu'il formait de prier à Fourvières ne fut pas réalisée[2].
Après avoir reçu l'extrême-onction, il remercia le prêtre qui
l'assistait, formula une dernière fois le regret de n'avoir pu

[1] L'hôtel de Béthune (auparavant hôtel de Créqui, et plus anciennement
encore hôtel de Denys Talon, avocat général au parlement de Paris) était situé
au n° 20 de la rue Saint-Guillaume.
[2] M. de Neubourg, congréganiste comme lui, l'accompagnait dans son voyage
et assista à ses derniers instants.

faire assez de bien [1], regarda longuement sa mère, baissa la tête et expira [2].

La mort enlevait « à une famille vénérable ses uniques es-« pérances, à des amis fidèles leur consolation, aux malheu-« reux un appui, à la société un beau modèle des vertus chré-« tiennes, et à la Congrégation l'un des membres qu'elle se « félicitait le plus de posséder dans son sein [3] ».

Malgré ces pertes successives, le Père Delpuits pouvait gar-der bon espoir, et si nous n'avons fait mention, parmi cette jeune noblesse, que de ceux que fauchait la mort, il serait in-juste d'oublier ceux qui continuaient à servir Dieu et à hono-rer leur pays.

Napoléon aimait à ouvrir les carrières publiques aux repré-sentants des vieilles maisons de France. Avec la même pensée qui devait lui faire créer plus tard les régiments de gardes d'honneur, il avait institué les auditeurs au Conseil d'État, pour initier les jeunes gens de bonne famille aux rouages de l'administration et les préparer au maniement des affaires. Là, nous trouvons Charles de Forbin-Janson (reçu congréga-

[1] Il avait dit à Mathieu de Montmorency : « Je regrette de n'avoir pas fait de bien : quelque misérable que je sois, et quelque faibles que soient mes moyens, il me semble que j'aurais pu en faire beaucoup. » On entend là l'accent de la vraie modestie.

[2] On lit dans le *Journal de l'Empire* du 1er octobre 1807 : « Une maladie longue et cruelle vient d'enlever, à l'âge de vingt-trois ans, le dernier des-cendant du grand Sully; il eût dignement soutenu le poids d'un nom si cher à la France, en retraçant les vertus et la bonté du ministre et de l'ami de Henri IV. Tout le temps que lui laissèrent ses souffrances fut donné à l'étude et employé pour le bonheur de ceux qui l'entouraient; il porta la tendresse jusqu'à dérober aux siens la vue des maux dont il était accablé; la religion occupa les derniers moments d'une vie qui lui avait été consacrée. Parents, amis, domestiques, tous ceux qui le connurent sont inconsolables et ne trou-vent que dans le souvenir de sa piété et de ses vertus un adoucissement à leur douleur. »

[3] *Éloge funèbre de Maximilien de Béthune-Sully*, par le vicomte Mathieu DE MONTMORENCY. (*Documents manuscrits et inédits.*)

niste le 5 mai 1805), et qui devait bientôt abandonner les ambitions du monde pour se consacrer tout à Dieu. Ses vertus, ses mérites, ses malheurs, lui garderont un rang tout particulier dans l'histoire de l'Église de France; il fut mêlé à tous les événements qui touchent la Congrégation; nul plus que lui n'a pris part au mouvement de régénération chrétienne de son temps.

Plusieurs de ses amis suivaient également la carrière du Conseil d'État : le baron Charles de Breteuil était parmi les plus intimes et les plus chers[1]. Il acceptait la charge de « préfet » qui lui fut confiée pour l'année 1808 et gardait avec ses confrères les plus affectueux rapports, en dépit de l'éloignement auquel le condamnait le soin de sa carrière.

Parti en 1809 en Allemagne, avec cinq autres auditeurs choisis par l'Empereur pour l'administration des provinces conquises, il entretenait au milieu du tumulte des camps une correspondance avec M. Delpuits. Nous copions sur l'original même une lettre qui met à nu l'intimité des cœurs, montre combien était ingénieuse et vaillante la charité de ces jeunes chrétiens, et, hélas ! aussi révèle quelles misères traînaient après elles les étonnantes victoires qui ensanglantaient l'Europe.

---

[1] Il était fils de Claude Le Tonnellier de Breteuil, colonel du régiment de Berwick, brigadier des armées du Roi, chevalier de Saint-Louis et grand-croix de Malte. Sa mère était une Sivry de Marigny. Son oncle, le baron de Breteuil, ministre d'État, ambassadeur de Louis XV en Russie, en Suède, en Hollande et à Vienne, nommé en 1783, par Louis XVI, ministre de la maison du Roi et gouverneur de Paris, s'opposa en vain à la convocation des États généraux. C'est lui qui fut placé à la tête du ministère royaliste nommé le 12 juillet 1789, après le renvoi de Necker; la prise de la Bastille l'obligea à émigrer; il rentra en France en 1802; il a laissé des *Mémoires* publiés en 1859.

Charles de Breteuil, né en 1781, épousa, en 1815, Mlle Cottin de Fontaine; officier de la Légion d'honneur et chevalier de Saint-Jean de Jérusalem, il fut sous la Restauration préfet d'Eure-et-Loir et maître des requêtes au Conseil d'État. Il était sénateur quand il mourut.

« Vienne, ce 15 juillet 1809.

« Monsieur,

« Je vais partir pour retourner à Gratz; pendant qu'on met
« les chevaux, je veux me rappeler à votre bon souvenir et
« vous remercier de la petite lettre que vous m'avez fait l'hon-
« neur de m'écrire. Je la garde et la relis sans cesse; une lettre
« de vous est pour moi un sujet de consolation. J'ai reçu mille
« et mille bienfaits de la divine Providence dans des circon-
« stances où, sans son secours, ma vie et ma liberté étaient en
« danger. J'ai aussi dernièrement éprouvé de grandes jouis-
« sances : j'ai parcouru les champs de bataille de Wagram, etc.
« Nous nous étions partagé le terrain entre les six auditeurs
« qui sort ici, pour, volontairement, chercher et ramasser les
« pauvres blessés français et autrichiens perdus dans les blés,
« les trous, les ruines, dès lors abandonnés. J'ai été assez heu-
« reux, pour ma part, d'en sauver la première fois quarante-
« quatre, et la seconde cent trente-deux, que j'ai ramenés
« moi-même ici dans des fiacres. J'ai été témoin de mille traits
« héroïques et de spectacles déchirants. J'ai trouvé quatre
« Autrichiens qui vivaient, depuis cinq jours, de la paille
« qu'ils avaient sous eux. J'ai rencontré ici un bien respectable
« ecclésiastique, qui a connu M. Fressynous (sic). Le temps
« me presse; je ne puis que vous supplier de penser souvent à
« moi, de me recommander à tous nos bons amis et surtout de
« compter sur l'éternelle reconnaissance qu'à si juste titre, et
« pour la vie, votre enfant vous a vouée.   C. B.

« Alfred de Noailles [1] se porte très bien.

[1] Alfred de Noailles, frère d'Alexis de Noailles, était né en 1786. Il était
arrière-petit-fils du maréchal de Mouchy, petit-fils de la duchesse d'Ayen et
de la maréchale de Noailles, fils de la vicomtesse de Noailles, guillotinés tous
cinq (avec la maréchale de Mouchy) à la place du Trône, le 22 juillet 1794.
Sa tante, la duchesse de Duras, en voulait faire un diplomate, mais une grande
vocation militaire l'emporta : à dix-neuf ans, il alla trouver Berthier, qui le

« Veuillez, je vous en conjure, me donner de vos chères
« nouvelles et de même, par mon beau-frère[1]. »

Tandis que Charles de Breteuil s'en allait sur les champs
de bataille d'Allemagne chercher et soigner les blessés, d'autres de ses amis restés en France, et à leur tête Auguste
d'Haranguiers de Quincerot[2], s'efforçaient de venir au secours

---

prit aussitôt comme aide de camp; il se distingua à Austerlitz, assista à
Wagram, et à vingt-sept ans fut tué au passage de la Bérésina.

Nous lisons dans une lettre adressée par Joseph de Maistre au comte de
Front, le 29 décembre 1812 : « Le comte Alfred de Noailles, aide de camp
« du prince de Neufchâtel, a été tué à la Bérésina. On a trouvé sur lui le
« portrait de sa femme. (C'était sa cousine, Léontine de Noailles.) Je l'ai vu.
« Le sang de l'infortuné jeune homme a pénetré dans la b ite et formé un
« hideux croissant au bas du portrait. Il avait vingt-sept ans, et sa femme
« vingt! Pendant qu'il était tué sous les drapeaux de Bonaparte, son frère
« cadet — (M. de Maistre se trompe, Alexis de Noailles, membre de la Con-
« grégation, né en 1783, était l'aîné de trois ans) — s'échappait de France
« et se rendait ici, pour passer de là en Angleterre et tâcher de servir de
« quelque manière son maître Louis XVIII. »

Le père d'Alexis et d'Alfred, le vicomte de Noailles, était un officier d'une
grande valeur; il avait étudié la tactique prussienne sous les ordres de Frédéric II lui-même. Il fit preuve d'un réel talent en Amérique, et, rentré en
France, commanda le régiment des chasseurs d'Alsace. Son zèle trop libéral
le fit choisir pour un des présidents de l'Assemblée constituante, en février 1791.
Il n'en dut pas moins émigrer l'année suivante. Il se fixa à Saint-Domingue,
et quand les Anglais vinrent attaquer l'île, il se mit à la tête de la résistance.
battit l'ennemi en plusieurs rencontres, et fut tué au milieu même de son
triomphe, le 9 janvier 1804. Ses grenadiers enfermèrent son cœur dans une
boîte d'argent et la suspendirent à la hampe de leur drapeau, comme un
talisman et un gage de victoire.

[1] Au dos de cette lettre, nous trouvons, tracée de la main du Père Delpuits,
l'adresse nécessaire pour répondre à son jeune ami :

« Chez M. de Choiseul-Praslin, rue de Grenelle, après la rue du Bac, pour
« faire tenir à M. Charles de Breteuil, son beau-frère, intendant à Gratz, dans
« la basse Styrie, en Allemagne, en Carenthie. »

[2] *Auguste* d'Haranguiers de Quincerot naquit le 6 février 1783 à Versailles,
où son père occupait une charge à la cour. Malgré son âge, il put comprendre
toutes les horreurs de la Révolution. Entouré avec les siens par une bande
armée, il avait reçu publiquement une absolution que l'on pouvait considérer
comme la dernière, quand un 'clair de générosité de la foule changea en un
instant la brutalité de son premier instinct. — Avec ses deux frères, Jules
(qui était l'aîné) et Hippolyte, il fit ses études de droit. La sage et chrétienne

de malheureux jeunes gens victimes de l'impitoyable conscription d'alors. Cette véritable tyrannie fut contre l'Empereur le grand motif de la désaffection de la France; épuisée, elle n'eut bientôt d'autres préoccupations que d'échapper à ces sanglantes hécatombes, et Chateaubriand était l'écho de son époque quand il écrivait : « Les générations étaient mises en coupe réglée comme les arbres d'une forêt : chaque année quatre-vingt mille jeunes gens étaient abattus..... La responsabilité s'étendait aux parents les plus éloignés et jusqu'aux voisins. Un village devenait solidaire pour le conscrit qu'il avait vu naître[1]. »

La France entière a répété en 1814 la virulente apostrophe restée fameuse : « Nous ne voulons plus adorer Moloch; tu ne dévoreras plus nos enfants! » et l'histoire a confirmé aujourd'hui la vérité trop malheureusement rigoureuse de ces paroles enflammées.

En présence de guerres lointaines, inutiles et injustes, on

affection de sa mère (Mlle Moreau de La Vigerie) avait dirigé leurs pas dans la voie catholique la plus droite, et elle quitta tout souci de leur persévérance définitive quand, à la fin de 1803, ils entrèrent tous les trois dans les rangs de la Congrégation.

« C'est la meilleure tête de l'école », disaient les professeurs d'Auguste de Quincerot, et sur leur conseil, il s'inscrivit sans retard au barreau de Paris. Les pauvres furent ses premiers clients; le zèle de sa charité commença sa réputation. Nous le retrouverons, après 1815, uni par l'amitié et la conformité des principes politiques avec le vertueux Emmery.

Son frère, *Jules*, congréganiste le 18 décembre 1803, fut nommé préfet de la réunion pour l'année 1807. Successivement juge et vice-président au tribunal de première instance de la Seine (24 avril 1816), chevalier de la Légion d'honneur (août 1823), conseiller (mars 1821) et président de chambre à la Cour royale de Paris, il refusa le serment en 1830. C'était un magistrat des plus considérés et des plus distingués. Sa charité était grande; comme son frère Auguste, il faisait partie de la Société pour les Jeunes Détenus.

Leur dernier frère, *Hippolyte*, fut élève de l'École polytechnique. — Au moment de la dispersion de 1809, les archives de la Congrégation leur furent confiées. L'hôtel de leur famille était situé tout près de Saint-Sulpice, 3, impasse Férou.

[1] *De Buonaparte et des Bourbons*, 30 mars 1814.

se prêtait mal aux levées d'hommes incessamment renouve-
lées[1]. L'impôt cruel qui pesait sur tout un peuple et tirait le
meilleur sang de ses veines semblait de plus en plus lourd;
chacun s'efforçait de s'y soustraire; les routes étaient encom-
brées de déserteurs. La rigueur du gouvernement s'en montrait plus grande; le moindre retard, parfois un malentendu
suffisait pour faire jeter en prison des enfants de seize à
dix-huit ans, sans instruction et sans appui. Confondus systématiquement avec des accusés de droit commun, ils étaient
entassés dans les prisons de Paris.

C'est là que vinrent les visiter, les consoler et souvent les
arracher au sort qui les attendait, d'Haranguiers et ses amis,
heureux de mettre au service du malheur leurs connaissances
juridiques. Il était appelé le *défenseur des conscrits*, tant on
était habitué à le voir venir plaider devant les conseils de
guerre la cause de ceux qui méritaient son assistance.

Au reste, des visites fréquentes dans les hôpitaux avaient

---

[1] De 1799 à 1814, cinquante-cinq sénatus-consultes appelèrent aux armées
six millions de Français, dont cinq millions cinq cent mille furent tués, pour
des conquêtes qui ne devaient pas rester à la France.

Rien ne peut mieux indiquer l'effroyable consommation d'hommes faite par
Napoléon et son mépris de la vie de ses soldats, que la fameuse conversation
qu'il eut à Dresde, le 26 juin 1813 (elle dura neuf heures), avec le prince de
Metternich :

« ...Votre armée actuelle est une génération prise d'avance, disait Metternich ; j'ai vu vos soldats, ce sont des enfants. Et quand cette armée d'adoles-
cents que vous appelez sous les armes aura disparu, que ferez-vous? » A ces
mots, Napoléon se laissa emporter par la colère; il pâlit, et ses traits se con-
tractèrent. « Vous n'êtes pas soldat, me dit-il rudement, et vous ne savez pas
ce qui se passe dans l'âme d'un soldat. J'ai grandi sur les champs de bataille,
et un homme comme moi se f... de la vie d'un million d'hommes. » En disant,
ou plutôt en criant ces mots, il jeta dans un coin du salon le chapeau que
jusqu'alors il avait tenu à la main. Je restai calme. Je m'appuyai contre une
console entre les deux fenêtres, et profondément ému de ce que je venais
d'entendre, je lui dis : « Pourquoi vous adressez-vous à moi? Pourquoi me
faire, entre quatre murs, une pareille déclaration? Ouvrez les portes, et puissent
vos paroles retentir d'un bout de la France à l'autre! Ce n'est pas la cause
que je représente qui y perdra. » (Prince DE METTERNICH, *Mémoires*, t. I,
p. 151-152.)

déjà initié les congréganistes à la science si délicate de la
consolation. En même temps qu'ils reprenaient deux œuvres
charitables détruites par la Révolution : l'une en faveur des
détenus pour dettes et l'autre des prisonniers, ils s'efforçaient
de ramener à Dieu les malades et de les aider à l'heure de
la mort. L'hôpital de la Charité était spécialement le terrain
de leur apostolat[1]. Ils faisaient ainsi le rude, mais salutaire
apprentissage de la vie en sondant les plaies de la société, et
si Dieu réservait dans la suite à leurs efforts des résultats plus
considérables et un champ d'action plus vaste, rien n'est plus
digne d'admiration que les débuts modestes de jeunes gens
allant s'asseoir au chevet des malades et pratiquant avec amour
une mission rendue particulièrement nécessaire à une époque
où le nombre des prêtres était trop restreint. La situation même
des premiers congréganistes (dont beaucoup étaient médecins) leur facilitait cette tâche méritoire; avec eux leurs amis
avaient appris à connaître, pour ne plus l'oublier, le chemin
des salles d'hôpital. Tous s'y rendaient, quelques-uns plus
libres de leur temps, avec une assiduité parfaite; Charles de
Forbin-Janson, Alexis de Noailles, le marquis de Loménie,
le prince de Léon, Mathieu de Montmorency, M. de Mac-
Carthy, l'abbé Feutrier, M. de Portets, le docteur Fizeau, le
docteur Pignier, se distinguaient parmi les plus actifs.

Ces religieux efforts occupaient exclusivement les pensées
des congréganistes et suffisaient à remplir leur vie. Leur
bienfaisance exerçait un paisible empire et répandait jusqu'en province la renommée de leurs vertus. M. de La
Mennais, déjà mêlé au mouvement catholique et préparant
dans le silence de La Chesnaie les pages éloquentes qui
allaient enflammer les cœurs, vantait publiquement ces
nobles entreprises en constatant leur heureuse efficacité :

---

[1] L'hôpital de la Charité, fondé en 1610 par les Frères de *Saint-Jean de
Dieu*, dans la rue qui porte aujourd'hui le nom de rue des Saints-Pères, existe
encore sur l'emplacement primitif.

« On ne saurait trop recommander ces pieuses associations où la ferveur de chacun s'accroît de la ferveur de tous, où une heureuse émulation de sainteté s'établit entre les personnes de même âge et de même condition, unies par les liens d'une charité mutuelle et par une touchante communauté de prières et de bonnes œuvres; où la faiblesse trouve un appui, l'inexpérience un guide, l'inconstance un frein et toutes les vertus des modèles [1]. »

Mais la persécution, — pierre de touche des choses de Dieu, — devait frapper la Congrégation. Il eût été singulier qu'elle pût demeurer libre au moment où Rome était envahie, le Souverain Pontife jeté en prison et les évêques chassés de leurs sièges; les *disciples* n'ont jamais dû être plus que le *Maître*. Saint Ignace mourant demandait à Dieu la contradiction pour les siens, puisqu'il savait que c'était là l'enclume sur laquelle se forgent les caractères, et le feu qui épure les consciences; et le Père Delpuits n'était pas homme à repousser les maximes du fondateur de la Compagnie.

Au milieu des grands bouleversements religieux du XVIᵉ siècle, Montaigne, faisant taire son égoïsme sceptique, constatait l'avantage des persécutions dans une page qui a conservé son charme littéraire comme sa valeur historique : « C'est un effet de la Providence divine de permettre sa saincte Église estre agitée, comme nous la veoyons, de tant de troubles et d'orages, pour esveiller par ce contraste les âmes pies, et les r'avoir de l'oisifveté et du sommeil où les avoit plongées une si longue tranquillité : si nous contre-poisons la perte que nous avons faicte par le nombre de ceulx qui se sont desvoyez, au gaing qui nous vient pour nous estre remis en haleine, resuscité nostre zèle et nos forces à l'occasion de ce combat, ie ne sçais si l'utilité ne surmonte point le dommage [2]. »

---

[1] *Réflexions sur l'état de l'Église de France.* 1808.
[2] *Essais*, livre II, ch. xv.

CHAPITRE VI

LA CONGRÉGATION ET L'EXCOMMUNICATION DE L'EMPEREUR.

(1809-1812.)

Pie VII et Napoléon Ier. — La captivité du Pape. — La bulle d'excommunication; Alexis de Noailles et les congréganistes la répandent à Paris. — Suspension des réunions; dispersion des membres de la Congrégation. — L'œuvre en faveur des Cardinaux noirs. — Mathieu de Montmorency préfet en 1810 et 1814; son exil. — La résistance religieuse. — L'abbé Bruté. — Réunions chez Martial de Loménie. — Mort du Père Delpuits; ses funérailles. — M. Philibert de Bruillard; la chapelle de Saint-Nicolas du Chardonnet.

Les espérances de paix religieuse qu'avait pu légitimement faire naître le Concordat de 1801 ne s'étaient pas réalisées. Après son séjour en France et malgré la sincérité des démonstrations filiales de tout un peuple qui l'acclamait, Pie VII rentrait à Rome préoccupé et soucieux.

Les articles organiques avaient donné la mesure du sens chrétien de Napoléon. Son génie politique comprenait à merveille la nécessité de mettre à la base de la société les principes de l'Église catholique, son esprit aimait également à en reconnaître la majestueuse grandeur, mais son orgueil n'admettait la religion que dans les limites exactes qu'il se plaisait à tracer lui-même. Il voulait faire du clergé un utile auxiliaire de sa politique, et sans accorder trop de crédit au mot cynique qui lui est prêté : « Il n'y a rien que je ne puisse faire avec mes gendarmes et mes prêtres », il n'est que trop facile d'enregistrer ses ordres despotiques aux membres de l'épiscopat français [1].

[1] On en trouverait d'innombrables exemples dans la *Correspondance de*

Il remplaçait la fête de la Sainte Vierge par la Saint-Napoléon ; il dictait les formules d'un nouveau catéchisme dans lequel les obligations du quatrième commandement étaient longuement développées : « ... Dieu, en comblant notre Empereur de dons, soit dans la paix, soit dans la guerre, l'a établi notre souverain, l'a rendu le ministre de sa puissance et son image sur la terre. Honorer et servir notre Empereur est donc honorer et servir Dieu lui-même. » Et afin qu'aucun doute ambigu ne pût se glisser dans les jeunes intelligences, il se plaisait à énumérer ponctuellement ces devoirs obligatoires : « l'amour, le respect, l'obéissance, la fidélité, le *service militaire*, les *tributs* ordonnés pour la conservation et la défense de l'Empire [1]. »

Au milieu du silence universel de la presse, les catholiques n'élevaient pas la voix ; ils n'étaient, du reste, nullement armés pour cela ; mais, afin de leur en enlever jusqu'au prétexte, Napoléon avait ordonné la suppression des rares journaux religieux pour les fondre tous dans l'unique *Journal des curés*, dont les rédacteurs étaient nommés par ordonnance et qui devait servir à l'*instruction* du clergé.

En qualité de successeur — médiat — de Charlemagne et de saint Louis, Napoléon se parait du titre de « fils aîné de l'Église [2] », mais il n'en acceptait pas les obligations et jetait en prison sans enquête, sans jugement, sans motif, une foule de pauvres prêtres simplement accusés d'un zèle trop peu

l'Empereur. On a retenu cette boutade de Mgr de Broglie, évêque de Gand, qui devait passer en prison les dernières années de l'Empire, demandant la *dose de louange* à Réal, préfet de police, qui lui avait écrit : « Il faut louer davantage l'Empereur dans vos mandements. »

[1] Voir l'histoire instructive de cet épisode dans *L'Église romaine et le premier Empire*, par le comte d'HAUSSONVILLE, t. II, ch. XXVI.

[2] « *Ainsi que mes prédécesseurs de la deuxième et de la troisième race,... comme fils aîné de l'Église...* » (Lettre de Napoléon au pape Pie VII, 7 janvier 1806.)

démonstratif [1]. Malgré la consigne du silence, très scrupuleusement gardée, le Saint-Père n'était pas sans être tenu au
courant de la situation difficile faite à l'Église de France; le
gouvernement impérial allait du reste lui révéler sa ligne
de conduite en s'attaquant directement à lui. Il ne saurait
entrer dans notre dessein de retracer l'histoire de ces graves
et douloureux événements; quelques dates suffiront pour rappeler chronologiquement les faits auxquels nous faisons allusion et qui dominent le cours de notre récit.

Rien n'était plus propre à exciter le facile courroux de l'Empereur que le *non licet* du Saint-Siège, et Pie VII devait opposer cette barrière à celui qui sans autre règle que son ca-
price, sans autre frein que son ambition, foulait aux pieds les
engagements pris et les promesses échangées. Une première
explosion avait accueilli le refus du Souverain Pontife de
rompre le très valable mariage du prince Jérôme avec miss
Paterson. Les événements marchaient à grands pas : Napoléon,
ayant besoin d'un port sur l'Adriatique, occupait militairement
Ancône (octobre 1805). Pie VII réclamait en vain contre cette
violation du territoire pontifical. Trois mois après, un changement de ministère était ordonné : le cardinal Consalvi devait quitter ses fonctions. Au Pape qui refusait l'institution
canonique aux évêques italiens irrégulièrement nommés par
l'Empereur, celui-ci faisait parvenir, par l'entremise du prince
Eugène, une longue missive où Pie VII, comparé à l'Ante-
christ, était accusé de vouloir faire égorger Napoléon à coups
de poignard (!!). Son respect de la discipline est traité d'« infâme
doctrine prêchée par des papes furibonds ». L'Empereur était
« humilié de toutes ces folies », et c'était pour la dernière
fois qu'il «entrait en discussion avec *cette prêtraille romaine*».

[1] Comte d'HAUSSONVILLE, *L'Église romaine et le premier Empire*, t. II,
p. 245 et suiv. — FORNERON, *Histoire générale des émigrés*, t. II, p. 358 et
suiv.

Tel était le ton des documents diplomatiques du maître du monde! Pour appuyer ces insultes datées du 22 juillet 1807, le général Lemarquois s'emparait des provinces d'Urbin, de Macerata et de Camerino.

La mesure devait être comble : à la suite d'un indigne subterfuge, le général Miollis entrait dans Rome le 2 février 1808 et braquait ses canons en face des appartements particuliers de Sa Sainteté, au Quirinal. Quelques jours après, sur un nouvel ordre venu de Paris, vingt et un cardinaux furent conduits hors de la ville, la correspondance du Saint-Père fut ouverte, la garnison pontificale désarmée, ses officiers arrêtés, les ministres chassés; enfin un décret impérial annexait purement et simplement au royaume d'Italie les États de l'Église, et le 10 juin, au fort Saint-Ange, flottaient des couleurs étrangères.

Préparé au martyre, Pie VII n'acceptait pas la complicité; en présence de la violence il parla. Le soir même, des serviteurs fidèles allèrent, au péril de leur vie, afficher aux portes de Saint-Pierre, de Sainte-Marie Majeure et de Saint-Jean de Latran la bulle d'excommunication qui commence par ces mots : *Quum memoranda illa die.* Cet acte d'énergie « plongea les envahisseurs dans la stupeur et excita dans toute la ville de Rome un enthousiasme extraordinaire [1] ». L'orgueil des catholiques était justement fier de la fermeté souveraine du vieux pontife défendant jusqu'au bout le pouvoir qu'il avait reçu. Cette sainte audace devait attirer sur sa personne, comme il l'avait présumé, une suprême tentative : le 6 juillet, des soldats, conduits par un valet chassé pour vol, escaladèrent nuitamment les murailles du Quirinal, s'emparèrent du Saint-Père et le conduisirent à marches forcées à Florence, de là à Grenoble, pour le ramener brusquement à Savone, où l'attendait une longue et dure captivité.

----

[1] *Mémoires du cardinal Pacca*, t. Ier.

Sur sa route, une immense acclamation saluait son passage, les peuples entouraient sa voiture escortée par les gendarmes, et rompaient bien vite la barrière de ses gardiens pour venir s'agenouiller sous sa bénédiction. Les chrétiennes populations de la Savoie et de la Provence se pressaient autour du royal captif et présentaient le touchant spectacle de l'amour populaire plus fort que la tyrannie et prodiguant ses respects au malheur.

« Lorsque Pie VII quitta Nice pour suivre la route à peine ébauchée de la Corniche, il trouva partout sur son passage les jolies villes du littoral : Monaco, Oneglia, Finale, coquettement pavoisées de drapeaux. Les habitants de la côte avaient construit à la hâte des ponts provisoires en bois et en feuillage sur les torrents les plus difficiles à franchir. Dans les endroits véritablement dangereux, où la litière du Saint-Père aurait eu peine à passer, les marins en dételaient de force les chevaux et revendiquaient pour eux-mêmes l'honneur de la porter. Si la nuit surprenait le cortège pontifical, des feux s'allumaient à l'instant sur les points de la route qui restaient à parcourir, et des porteurs de torches couraient en avant pour éclairer les pas des chevaux. Loin de se ralentir, ce concours des populations avait toujours été grandissant jusqu'à l'arrivée du Pape à sa destination. Soit donc que l'on consulte les rapports officiels des autorités impériales, soit que l'on s'en rapporte aux relations manuscrites laissées par les Italiens de la suite de Pie VII, soit enfin que l'on prête plus volontiers créance aux souvenirs traditionnellement conservés dans les pays traversés par le cortège pontifical, il faut reconnaître que de Grenoble à Savone le voyage du Saint-Père ne fut qu'une longue suite d'ovations [1]. »

Mais si ces démonstrations non équivoques sauvegardaient l'honneur de la chrétienté vis-à-vis de son chef, il s'en faut

---

[1] Comte D'HAUSSONVILLE, *op. cit.*, t. III, p. 150.

que l'attentat contre le Pape ait soulevé en France l'indignation qu'il méritait. Aussi bien, par ordre supérieur, le silence
pesait sur tout écrit et toute parole. Habitué à supprimer les
nouvelles qu'il jugeait défavorables à sa cause, Napoléon avait
déclaré au ministre de la police qu'il entendait voir le *Moniteur* rester muet sur ces événements; et quand le *Moniteur* se
taisait, quel journal aurait osé parler? Pour la décharge de la
France catholique, il convient de remarquer qu'un cercle
de fer l'enserrait; systématiquement éloignée du Souverain
Pontife, elle savait mal les violences dont il venait d'être
l'objet; les pouvoirs publics avaient fidèlement exécuté
l'ordre de l'Empereur écrivant dès 1808 au prince Eugène :
« Ayez soin qu'il ne soit question de cela dans aucune gazette,
et qu'on n'en fasse aucun bruit. »

Pour plus de sûreté immédiate, Napoléon faisait poursuivre
les prêtres réguliers : « Je veux en finir, écrivait-il à Bigot-
Préameneu. Je vous rends responsable si, au 1ᵉʳ octobre,
il y a encore en France des missionnaires et des Congrégations. » Il interdisait les conférences de l'abbé Frayssinous
comme « excitant le cagotisme [1] », et du fond de l'Autriche ses
yeux perspicaces apercevaient un complot que « les cagots
tramaient à Bordeaux ». — Non moins prévoyant pour l'avenir
et afin de former les convictions de l'opinion, toujours prêtes à
s'égarer si un pouvoir paternel n'y tient la main, il commanda
« deux ouvrages soignés » ayant pour but de prouver tout le
mal fait à la France par la Papauté[2].

C'est du palais de Schœnbrunn que partaient ces ordres,
c'est à Schœnbrunn que vingt-deux ans plus tard s'éteignit,
miné par la phtisie, le duc de Reichstadt; comme à Fontainebleau ce fut sur la table du salon où il avait violenté le

[1] *Correspondance de Napoléon Iᵉʳ*. Lettre à Fouché, Schœnbrunn, 15 septembre 1809.
[2] *Id.* Lettre à Bigot-Préameneu. Schœnbrunn, 3 octobre 1809.

Pape, que l'Empereur devait signer sa propre abdication. Quand il plaît à la justice divine de faire de semblables rapprochements, ils sont féconds en enseignements et ne manquent pas d'une grave éloquence!

Les ordres étaient formels; mais en dépit des efforts de la police impériale pour imposer le silence et cacher les événements, le zèle industrieux de quelques catholiques fut le plus fort; et comme les populations du Midi avaient rompu les rangs des gendarmes pour implorer la bénédiction du Pape prisonnier, des hommes religieux ne tardèrent pas à briser le cercle de fer tracé autour de Savone. De bouche en bouche et avec une prudence qui caractérise l'époque, la nouvelle de l'emprisonnement du Souverain Pontife se répandit en France, et bientôt l'annonce plus terrible encore de l'excommunication de l'Empereur.

A Paris le bruit éclate tout à coup comme une bombe, déjouant par là même les plans de Napoléon et renversant tout son habile échafaudage. L'histoire a encore peu connu les hommes de cœur qui ne craignirent pas de braver mille dangers pour obéir aux ordres du Pape; ce n'est pas sans orgueil que nous pouvons écrire que les congréganistes furent précisément ces hommes-là. — La bulle d'excommunication fut secrètement reçue à Lyon par MM. Franchet d'Esperey et Bertaud du Coin; de là elle fut apportée à Paris par le marquis Eugène de Montmorency, qui en avait caché la copie dans ses bottes afin de déjouer les recherches des policiers[1]. Un précieux manuscrit retrace exactement les phases principales de ces jours d'angoisses; il nous initie aux périlleuses audaces si saintement entreprises pour la gloire de Dieu :

« En notre qualité de chrétiens et de congréganistes, nous étions trop attachés à la chaire de Saint-Pierre, trop soumis à

---

[1] Nous tenons ce détail historique de la bouche de son petit-neveu, le comte Charles de Maistre.

celui qui l'occupait alors si dignement, pour rester étrangers à cette lutte entre le ciel et l'enfer. Nous ne nous contentâmes pas de prendre part aux prières que l'Église entière faisait pour la délivrance de son chef, nous nous fimes encore un devoir sacré de connaître, de rechercher, de répandre tous les écrits relatifs à cette cause d'un si haut intérêt. C'est chez l'un de nous que fut apportée de Rome, que fut traduite, copiée, c'est de là que partit ensuite pour être distribuée dans Paris et dans toute la France, la pièce importante qui, en frappant des anathèmes de l'Église le sacrilège usurpateur du patrimoine de saint Pierre, dessilla enfin les yeux de tant de gens qui s'étaient laissé séduire par le vain prestige d'une gloire tout humaine[1]. »

Six congréganistes avaient coopéré à cet acte de dévouement ; la semaine suivante, trois d'entre eux, dont Alexis de Noailles, étaient arrêtés ; ils s'estimaient heureux de partager, dans une certaine mesure, le sort du Souverain Pontife.

Quelques mois auparavant, une visite domiciliaire avait été faite chez un congréganiste, nous ne savons à quelle occasion. On avait trouvé dans ses papiers une conférence sur l'évangile du vingt-deuxième dimanche après la Pentecôte relatif au denier de César, conférence où probablement étaient rappelés les principes établis par saint Paul dans l'épître du même jour. L'autorité avait été satisfaite, au point même de concevoir, paraît-il, de l'estime pour une association qui ne se mêlait point de politique, se livrait exclusivement à des exercices religieux et se montrait soumise aux puissances établies.

Mais le jour était venu où César exigeait ce qui n'appartient qu'à Dieu, et les devoirs n'étaient plus les mêmes. La police

---

[1] Document manuscrit et inédit. *Notice historique sur ce qui s'est passé à la Congrégation de Paris, depuis le mois de septembre* 1809 *jusqu'au mois d'avril* 1814.

avait tout à coup remarqué, après neuf ans, que tous les
dimanches une centaine de jeunes gens se rendaient chez un
vieux prêtre et n'en sortaient, d'ailleurs sans aucun mystère,
qu'après une séance de deux heures. Cette importante décou-
verte fut signalée à qui de droit. Il parut plus prudent de con-
jurer l'orage que de l'attendre, et le Père Delpuits, la désola-
tion au cœur, suspendit les réunions[1]. Le 10 septembre 1809,
après la messe, il fit part à ses enfants de cette dure nécessité ;
mais cherchant à se tromper lui-même, il ne parla que d'une
dispersion momentanée. Il donna à ceux qui allaient se séparer
de suprêmes avis en manière de paraphrase de ce passage de
l'évangile du jour : « *Adolescens, tibi dico : Surge!* » Il s'adressa
à ceux qui étaient fermes afin qu'ils demeurassent fidèles ; à ceux
qui étaient faibles afin qu'ils cherchassent leur appui dans la pratique exacte et soutenue des devoirs de la religion ; à tous, afin
qu'ils profitassent, pour leur propre sanctification et pour celle
des autres, des jours précieux de leur jeunesse et de « *l'opulence des moyens de salut* », — ce furent ses propres expressions,
— dont le Seigneur les entourait encore dans sa miséricorde.

L'animation des bons catholiques était extrême, mais la police avait facilement raison de leur petit nombre. Les colères
suscitées par la divulgation inattendue de la bulle d'excommunication se traduisirent en violences arbitraires : les missionnaires furent impitoyablement proscrits ; les vertus et les
services des Sœurs de charité elles-mêmes furent impuissants
à les défendre ; la communauté de Saint-Sulpice, jusque-là
protégée par la présence de l'abbé Emery, fut dissoute ; un
décret impérial supprima « tous les établissements (?) connus
sous le nom de Congrégation de la Sainte Vierge ».

---

[1] Les archives de la Congrégation : registres, listes, lettres, etc., furent confiées à MM. d'Haranguiers de Quincerot. — Le préfet d'alors était Nicolas
Emmery ; le vice-préfet, le docteur Perdreau.

La persécution avait donné aux catholiques de l'énergie et du courage, la pensée toute naturelle leur vint de sauvegarder, autant qu'ils le pourraient, les intérêts religieux si gravement compromis. C'est en cette année 1810 que se forma, sous les auspices de Mathieu de Montmorency, une association politique, non pour préparer le retour des Bourbons, auxquels on pensait bien peu alors, mais pour procurer des secours au Pape dépouillé et aux cardinaux dispersés [1].

Il importe de bien la distinguer de la Congrégation, non certes par un motif de blâme, car son but très noble et sa composition très honorable en firent une association digne de tout respect, mais pour rendre témoignage à la stricte vérité. La Congrégation était une réunion de piété et ne dévia jamais de cette route sous aucun prétexte politique; les faits mêmes auxquels nous faisons allusion n'en offrent-ils pas la preuve manifeste? Mathieu de Montmorency, congréganiste, voulant, dans son zèle, travailler à secourir le Saint-Père captif, ne s'adresse pas à ses confrères, mais fonde, à côté d'eux, une association différente pour un but spécial et déterminé. M. d'Haussonville pense que l'Œuvre des *Cardinaux noirs* était patronnée par l'élite féminine de la société parisienne, et cite les noms des princesses de Chimay et de Foix, de la duchesse de Duras, de mesdames de Cordoue, de Saint-Fargeau, de Croisic et de Grosbois; il prétend même que le cardinal Fesch en était instruit et ne dissimulait pas sa bienveillance [2].

Quoi qu'il en soit, nous sommes en présence de deux associations distinctes. Il y eut même, mais sans aucune forme de réunion, un troisième groupement (il est fort probable qu'il s'y rencontra des personnes appartenant déjà

---

[1] NETTEMENT, *Histoire de la Restauration*, t. VII, p. 368.
[2] Comte D'HAUSSONVILLE, *L'Église romaine et le premier Empire*, t. III, p. 448.

aux deux premiers), destiné à porter, au péril de leur liberté, les communications spirituelles que Pie VII jugeait à propos d'adresser tant aux cardinaux exilés par l'Empereur qu'aux évêques et aux prêtres demeurés soumis à sa juridiction.

Les mêmes causes avaient tout naturellement produit en Italie les mêmes effets. De l'un et l'autre côté des Alpes, une foule de personnes, des jeunes gens surtout, étaient incessamment prêts, sur la moindre réquisition, à se mettre nuitamment en route et à se transmettre de ville en ville, les uns aux autres, jusqu'à leur destination, les missives pontificales délivrées, dans Savone même, à ces messagers fidèles par les gens de la maison de Pie VII, ou par les rares visiteurs qui avaient réussi à tromper la vigilance du préfet de Montenotte [1].

Grâce à sa position géographique, Lyon fut le centre le plus important de ce mouvement; le terrain était d'ailleurs bien préparé : dès 1803, une Congrégation s'était fondée sous la direction du Père Roger et avait demandé une union de prières avec la réunion de M. Delpuits. — Les Lyonnais se tenaient donc en relations presque réglées d'un côté avec le Pape à Savone, de l'autre avec le cardinal di Pietro, qui, de Semur, où il était interné, continuait à exercer la charge de délégué apostolique que le Saint-Père lui avait confiée.

L'âme de la résistance était Alexis de Noailles. Il avait été arrêté après la publication de la bulle d'excommunication. Toujours fidèle à son dessein de grouper autour du gouvernement nouveau les vieux noms de la monarchie, Napoléon lui avait fait offrir sa liberté à la condition de prendre du service à la cour impériale ou à l'armée; M. de Noailles refusa. Mais son frère Alfred, aide de camp du maréchal Berthier, ayant apporté avec une extraordinaire diligence des nouvelles importantes, répondit à l'interrogation de l'Empereur sur la récompense qu'il souhaitait : « Je sollicite l'élargissement de mon frère. » Alexis fut relaxé. N'ayant consenti à aucune promesse, il n'entendait pas demeurer inactif; il se mêla au mouvement des catholiques lyonnais, jusqu'au jour où, menacé de nouveau, il dut quitter la France pour n'y rentrer qu'en 1814 [1].

Il avait trouvé des auxiliaires précieux en M. Franchet d'Espérey et en M. Bertaud du Coin, reçu membre de la réunion du Père Delpuits en 1807 [2]. Les abbés Recourbet et d'Haulet, Mmes de Soyecourt et de Montjoie, le che-lier de Thuisy, les comtesses de Carcado et de S. n'épargnaient pas davantage leur zèle. Dans l' des hommes dévoués recueillaient à T des co sations volontaires, tandis que l' .ros, vicaire capitulaire, s'opposait avec u. .ntrépidité qui lui valut d'être conduit au donjon de Vincennes, à l'intrusion du cardinal Maury, évêque de Montefiascone, sur le siège de

[1] En quittant la France, le comte Alexis se rendit en Suède, puis à Hart-wel, auprès de Louis XVIII, qui lui confia différentes missions. En 1814, il était aide de camp du comte d'Artois; il fut nommé commissaire du Roi à Lyon. Envoyé au Congrès de Vienne, avec M. de Talleyrand, il fut plus particulièrement chargé du règlement des affaires franco-italiennes. Pendant les Cent-jours il se rendit à Gand. Ministre d'État en 1815, il devint député de l'Oise, prit souvent la parole avec une modération estimée, et s'occupa fort activement de toutes les bonnes œuvres de la Congrégation. En 1830, il rentra dans la vie privée. Il mourut le 14 mai 1834.

[2] Avec le Père Roger, il prit la part la plus active à la fondation de la Congrégation des militaires, en 1822.

[3] M. de Villèle, qui était alors à Toulouse, a écrit dans ses *Mémoires* (t. I, p. 195) : « Dans le courant de l'année 1812, j'appris qu'un membre de la « famille de Montmorency était venu dans notre pays et y avait organisé une « sorte d'association secrète, dont les membres se vouaient à la pratique des « bonnes œuvres et à la propagation des principes religieux et monarchiques; « il se disait autorisé par Louis XVIII et par le Pape, alors prisonnier à

Paris[1]. Ainsi, sur tous les points du territoire, s'accentuait la résistance au despotisme, non pas à la suite d'un mouvement concerté, mais naturellement, par la force même des choses, sous l'empire des événements quotidiens. Les catholiques se rencontraient dans une pensée commune, et un groupement moral se trouva formé sans que le gouvernement pût logiquement s'en prendre à un autre qu'à lui-même contre qui s'élevait la réprobation. « C'était l'Empereur qui, par les violentes et basses persécutions dont il n'avait cessé d'abreuver le Saint-Père, lui avait procuré une foule innombrable d'auxiliaires obscurs, parfaitement inconnus les uns aux autres, qui, sans provocation, sans entente préalable, sous la seule impulsion de leur foi chrétienne ou par suite du simple attrait qui porte les âmes généreuses à prendre parti pour la victime contre l'oppresseur, n'aspiraient qu'à se faire, à leurs risques et périls, les instruments dévoués du captif de Savone et de tous ceux qui souffraient pour sa cause[2]. »

Mais à côté de ce courant d'énergie une sorte d'affaissement dominait bien des cœurs : soit lassitude chez des vieillards qui avaient subi les secousses de la Révolution, soit incertitude dans l'avenir, soit fascination de la gloire militaire, beaucoup de Français, et des catholiques, étaient prêts

---

« Savone. J'ai toujours pensé, sans en avoir toutefois la certitude, que cette
« association avait pris naissance dans les prisons de Bonaparte, et que MM. de
« Polignac, de Rivière et Mathieu de Montmorency en avaient été les promo-
« teurs et les directeurs, sous l'inspiration des cardinaux, dont les uns étaient
« retenus en captivité, les autres en exil dans diverses villes du royaume. »
M. de Villèle parle là de l'Association distincte de la Congrégation.

[1] Le cardinal du Belloy était mort le 10 juin 1808. Six mois après, l'Empereur nommait son oncle, le cardinal Fesch, pour le remplacer. Le cardinal accepta des fonctions *temporaires,* malgré les objections de M. Emery, mais refusa le siège quand Napoléon voulut le faire archevêque de fait. Le cardinal Maury fut nommé le 14 octobre 1810, malgré les protestations du Pape.

[2] Comte D'HAUSSONVILLE, t. III, p. 447.

à courber la tête sans protester. « Pourquoi, — disait l'évêque de Rennes, après avoir reçu l'avis arbitraire qui supprimait d'un trait de plume les réunions de piété des
différents diocèses de Bretagne, — pourquoi, ne pas sup-
porter avec résignation une épreuve qui, sans doute, est
dans l'ordre de la Providence et qui, j'espère, ne sera que
passagère [1] ? »

Un noble caractère formé à l'école du Père Delpuits et de
M. Emery, l'abbé Bruté, répondit à cette complaisance
trop prompte par une protestation qui nous semble mériter
d'être reproduite ici :

« MONSEIGNEUR,

« Votre petit mot d'hier me perça le cœur.

« Je vous écris de tout le mien, comme à mon vrai père. Si
vous ne défendez rien, on attaquera tout. Je ne veux pas faire
injure à votre zèle ; quel intérêt au monde le pourrait étouffer?
Il y va du ciel et de la grande éternité ! Mais je le dis dans
toute l'effusion de mon âme, si vous n'êtes grandement évêque,
si vous n'écoutez beaucoup plus ce zèle, si vous cédez partout
sans livrer combat, répliquer, insister, biaiser, temporiser,
vous coulerez bas, et nous aurons perdu tout appui. Voilà les
missions interdites. Une lettre m'apprend à l'instant que cela
s'étend aux missions étrangères; que ces messieurs ont ordre
de se séparer. Pas une voix sans doute de l'Église de France
ne s'élèvera pour réclamer. La mort, l'extinction du clergé
est presque consommée dans des diocèses immenses, et rien
ne réclame!... Voilà l'état général; le dépérissement continuel; et je suis pénétré de douleur quand je vois trop, à
ce peu de lignes dont vous m'honorez, que cet objet si touchant, si facile à défendre : une simple réunion de piété de

[1] Lettre de Mgr Énoch, évêque de Rennes, 15 octobre 1809.

quelques jeunes gens formée par vous et le plus parfaitement isolée, doit encore faire partie des sacrifices.

« Pardonnez, pardonnez encore, Monseigneur; le cœur qui s'abandonne si librement à vous, vous est sans doute bien purement et simplement dévoué... »

Mais la tempête grandissait, et en présence des trop rares efforts faits par les pilotes pour tenir tête à l'ouragan, les matelots quittaient le pont du navire pour aller chercher un autre vaisseau où ils pussent arborer encore leur pavillon.

Sous l'empire de ces pensées et conduit par Dieu, qui le destinait à l'évangélisation du nouveau monde, M. Bruté faisait parvenir à l'abbé Jean de La Mennais ce billet attristé [1] :

« Lisez bas et seul.

« C'est à cette heure que j'ai besoin de mon ami devant le Seigneur. Je vous donne, encore sous le secret, et à Féli, vous deux seuls, mon dessein.

« Je pars pour les missions d'Amérique.

« Tous mes directeurs spirituels ont été d'accord, monseigneur a consenti avec une facilité qui m'a confirmé dans l'espoir d'une voie de la Providence. Ma mère n'a pas résisté; son sacrifice est fait. J'ai mon *excat*. Je partirai de Bordeaux avec deux des nouveaux évêques.

« Je quitte Rennes vendredi prochain, je l'espère.

« 20 avril 1810. »

Et l'abbé Jean, tout en prévoyant pour l'Église de nouvelles conquêtes sur un terrain méconnu, partageait ces angoisses en lui répondant :

« N'est-ce pas une chose admirable que du milieu même de l'athéisme européen partent ces hommes apostoliques qui

[1] Lettre de l'abbé Bruté, reproduite par M. Ropartz, dans *la Vie et les Œuvres de Jean-Marie-Robert de La Mennais*.

vont étendre l'empire de Dieu dans le nouveau monde? La foi
s'éteint; à peine çà et là voit-on luire dans un nuit profonde
quelques flambeaux mourants, et voilà que de cette nuit même
partent des étincelles qui vont allumer à l'autre bout de la terre
un nouvel incendie. Pour nous, qui ne verrons pas ce lointain
triomphe de la croix, tristes, au milieu des ruines, nous pleu-
rons. Ce qu'on voit, ce qu'on prévoit, tout est sujet de larmes :
l'âme est écrasée sous l'avenir, et à peine trouve-t-elle en elle-
même assez de force pour soutenir le sort présent. Mais à quoi
bon obscurcir la vôtre de ces idées sinistres? De plus douces
pensées doivent vous accompagner sur ces mers où notre cœur
vous suivra , et où chaque jour il se retrouvera avec le vôtre
dans celui si bon et si incomparablement aimable de notre divin Maître.

« Pouvez-vous en douter, cher ami ! Votre mère est aussi
notre mère, et nous regarderons comme un de nos devoirs celui
d'adoucir la plaie cruelle que votre départ a faite à son cœur.
Ce n'est pas que nous comptions sur l'efficace de nos paroles ;
mais quand Dieu veut soulager une âme qui souffre pour lui,
il y fait quelquefois couler la consolation par les canaux les
plus obscurs.

« 25 mai 1810 [1]. »

Sans assemblées et sans directeur, les congréganistes semblaient ne plus devoir échanger entre eux que l'expression de
leurs regrets. Le Père Delpuits, accablé par l'âge, frappé par
les événements, recevait bien en particulier quelques-uns
d'entre eux et leur donnait toujours de précieux avis, mais il
refusait à leurs amicales instances la reconstitution de leur

[1] Cette même pensée d'expatriation était venue à bien des ecclésiastiques. Dans
une lettre du 12 mars 1810, adressée à l'abbé Nageot, directeur du séminaire de Baltimore, M. Emery exprimait le dessein de faire partir pour
les États-Unis plusieurs de ses élèves, avec tout ce que Saint-Sulpice possédait
de plus précieux.

chère association. M. Duclaux, qui venait de succéder à
M. Emery dans la direction de Saint-Sulpice, était le confesseur du Père Delpuits; il lui demanda de vouloir bien lui remettre les pouvoirs qu'il avait reçus de Pie VII, et put alors
autoriser quelques congréganistes éprouvés à se réunir de nouveau. Il recommandait expressément que ce fût en très petit
nombre, afin de ne pas éveiller les soupçons.

Le 2 février 1810, jour de leur fête patronale et neuvième
anniversaire de la fondation de l'œuvre, douze congréganistes
se retrouvèrent; leur réunion empruntait une sorte de charme
douloureux au mystère dont ils étaient obligés de s'envelopper.
Ils regrettaient cependant d'être ainsi livrés en quelque sorte
à eux-mêmes, car M. Duclaux s'était absolument refusé à les
présider en personne; ils s'adressèrent également en vain à
plusieurs ecclésiastiques; tous alléguèrent qu'il était trop difficile de succéder au Père Delpuits.

Tous les quinze jours, le dimanche matin à huit heures,
ils se rendaient dans une église indiquée à l'avance, ordinairement Saint-Sulpice, chère à la Congrégation, parce que, là,
le Souverain Pontife l'avait bénie et confirmée. Leur petit
nombre et la difficulté de se réunir ne les empêchaient pas de
vaquer à leurs anciennes pratiques charitables; la visite des
pauvres malades fut doublement la sauvegarde de leur société
en leur donnant un terrain commun d'action et en attirant les
grâces qui entretenaient chez eux la flamme de la foi. C'est à
l'hôpital de la Charité, berceau de leurs œuvres, qu'ils étaient
accueillis avec une reconnaissance touchante par les malheureux qu'ils consolaient. Après la messe du dimanche et parfois dans la soirée, ils se retrouvaient encore chez l'un d'entre
eux, le plus souvent rue Saint-Dominique-Saint-Germain,
chez Martial de Loménie. Celui-ci, élevé à l'école du malheur, semblait mieux préparé qu'un autre aux difficultés des
heures mauvaises.

Il était venu au monde à Versailles, le 26 février 1789, comme l'espoir et l'unique héritier d'une famille alors comblée de toutes les faveurs de la fortune, mais aussi à la veille de les perdre sans retour.

Son père, deux de ses oncles et deux autres de leurs parents[1] furent guillotinés le même jour, dans des circonstances que l'histoire a conservées, car cette « fournée » de vingt-quatre condamnés comprenait Madame Élisabeth[2].

Ce fut sous ces funèbres auspices (sa mère condamnée à mort, sa sœur recueillie à l'étranger par d'anciens serviteurs,

---

[1] 1º Le comte Alexandre-François de Loménie, colonel du régiment des chasseurs de Champagne, âgé de trente-six ans, « arrêté à Sens, en visite »:

2º Louis-Marie-Athanase de Loménie, comte de Brienne, ancien ministre de la guerre, âgé de soixante-quatre ans ;

3º L'abbé Martial de Loménie, coadjuteur de l'archevêché de Sens;

4º Charles de Loménie, chevalier de Saint-Louis et de l'ordre de Cincinnatus, âgé de trente-huit ans;

5º Anne-Marie-Charlotte de Loménie, comtesse de Canizy, âgée de vingt-neuf ans. — Les suprêmes secours de la religion leur furent du moins apportés par un de leurs compagnons, l'abbé de Lhermitte de Chambertrand, ancien grand vicaire du cardinal de Loménie de Brienne, et doyen de l'église métropolitaine de Sens.

[2] C'était le 8 mai 1794; depuis la mort du Roi et de la Reine, nulle scène plus lugubre n'avait impressionné l'horrible assistance de la place de la Révolution. Pleine de la dignité de sa race, rayonnante de l'éclat de ses vertus, tranquille et calme comme autrefois au milieu des splendeurs de Versailles ou dans l'intimité de sa chère maison de Montreuil, Madame Élisabeth excitait le courage de ceux qui l'accompagnaient. On a gardé cette parole pleine de résignation chrétienne adressée à M. de Loménie, s'indignant non de sa condamnation, mais de se voir imputer à crime les témoignages de gratitude que lui apportait le pays de Sens, comblé de ses bienfaits : « S'il est beau, lui dit-« elle, de mériter l'estime de ses concitoyens, croyez qu'il est plus beau encore « de mériter la clémence de Dieu. Vous avez montré à vos compatriotes à « faire le bien; vous leur montrerez comment on meurt quand on a la con-« science en paix. » Les victimes trouvèrent au pied de l'échafaud une banquette sur laquelle on les fit s'asseoir. Encouragé par la présence et le regard de la sœur de son Roi, chaque condamné s'était promis de montrer de la fermeté. Le premier nom prononcé par l'exécuteur public est celui de la marquise de Crussol d'Amboise. Madame de Crussol va s'incliner devant Madame Élisabeth, pour témoigner son respect et son amour, et lui demande la permission de l'embrasser. « Ah! de tout mon cœur! » lui répond la sœur de Louis XVI avec cette expression d'affabilité qui lui était si naturelle. Les

lui-même caché dans un petit village des environs de Brienne)
que Martial de Loménie sortit de l'enfance. Les événements
lui donnèrent une maturité au-dessus de son âge ; au milieu
des délations, il sut taire, dans un silence imperturbable, et sa
naissance et son nom.

Ayant pu se réfugier en Suisse, il suivit les cours d'un collège de Genève, où les maîtres étaient calvinistes. En vain les
parents des élèves catholiques avaient demandé que les instructions religieuses protestantes fussent faites avant ou après
les classes ; les professeurs persistaient à expliquer leur catéchisme entre deux leçons de latin. La franchise de caractère
de Martial allait mal aux transactions : il donna l'exemple, —
bientôt suivi par tous ses condisciples catholiques, — de quitter
ostensiblement la classe dès que commençait l'instruction
hérétique [1].·

En 1803, il rentra en France, fit sa première communion à
Sens et fut confirmé par Mgr de la Tour du Pin [2]. Dès cette
époque il prit des habitudes chrétiennes sérieuses et résolues.
Sur un carnet intime il notait ses pensées et ses actions, aimait
à le relire avec sa mère, afin de travailler, sous sa direction, à
la perfection de sa vie. Quand il vint habiter Paris, il occupa
une partie de son temps à visiter les pauvres, lia ainsi connaissance avec quelques congréganistes dévoués aux mêmes
labeurs, par eux entra en relation avec le Père Delpuits et

antres femmes obtinrent le même témoignage d'affection. MM. de Loménie et
leurs compagnons allèrent, à leur tour, courber devant l'héroïque princesse
une tête qui tombait, quelques secondes après, sous le couperet de la guillotine. Ce spectacle, marqué d'une majesté si sereine et si forte, semblait rendre
prophétiques les cyniques paroles d'un des juges populaires : « Nous lui avons
formé aujourd'hui une cour digne d'elle. Rien ne l'empêchera de se croire
encore dans les salons de Versailles, quand elle va se voir au pied de la
sainte guillotine, entourée de toute cette fidèle noblesse. » (A. DE BEAUCHESNE,
Vie de Madame Élisabeth, t. II, liv. II.)

[1] *Notice historique sur M. le marquis de Loménie,* par M. BONDIER. (*Documents manuscrits et inédits.*)

[2] Archevêque d'Auch, et après le Concordat de 1801, évêque de Troyes.

prit bientôt place dans les rangs de la Congrégation. Ses goûts le portaient vers la vie active. On voulait lui aplanir l'accès des carrières publiques, mais il déclina les offres qui lui étaient faites, estimant qu'il ne lui était pas permis d'oublier la famille auguste de qui les siens avaient reçu tant de bienfaits; il se consacra à l'étude solitaire, non sans regret, mais avec fermeté.

Des jours analogues de tristesse et d'attente sont parfois revenus. On a connu des époques relativement calmes pendant lesquelles une conscience soucieuse de l'honneur se replie forcément sur elle-même, repousse des compromissions qui s'offrent à elle et, dédaigneuse d'ambitions vulgaires, voit disparaître les meilleures années de sa jeunesse sans pouvoir utiliser l'ardeur qui l'anime. Une profonde mélancolie étreint alors ceux qui, à défaut de mérite, voudraient consacrer à leur pays leur dévouement. Heureuses les âmes fortement trempées qui, résistant à cette torpeur, n'ont pas vu s'éteindre la flamme de leur enthousiasme au jour où la Providence, — qui a son heure, — vient leur apporter les dédommagements qu'elle réserve à ceux qui ne se lassent pas !

Les événements de 1809 trouvèrent donc M. de Loménie dans la pratique des plus humbles vertus. Il était habitué aux traverses des crises politiques; son impassible énergie soutint bien des courages préparés de moins loin à la persécution, et il ouvrit généreusement sa demeure aux quelques amis qui trouvèrent chez lui une retraite sûre et un toit hospitalier.

Quand le Père Delpuits avait dû ordonner la dispersion de la réunion, Mathieu de Montmorency avait accepté de veiller sur ses nouvelles destinées. Il remplit cette charge pendant les années 1810 et 1811; son âge, son nom, son caractère l'avaient fait choisir pour ce rôle de délicatesse et de prudence; mais ces mêmes qualités le désignaient aussi aux disgrâces de la persécution. Sa générosité envers les cardinaux proscrits attira sur lui les foudres impériales : le 17 août 1811, il était brusquement exilé à quarante lieues de Paris.

Pendant plusieurs années il demeura éloigné de ses amis, mais sans oublier ni leurs personnes ni leurs œuvres; constamment occupé des malheureux, il faisait servir ses voyages forcés à acquérir des connaissances qui pouvaient leur être utiles, visitant les hôpitaux, les maisons de secours, les établissements charitables des villes où il passait[1].

Un grand deuil allait frapper la Congrégation. Bien que son âge et ses infirmités ne lui permissent plus guère, depuis près de deux ans, de s'occuper de ses amis, M. Delpuits était resté l'expression vivante de l'œuvre, et sa présence comme son souvenir étaient chers à tous. Le dimanche 15 décembre 1811, jour de l'octave de l'Immaculée Conception, après avoir fait porter sur le « bonheur du ciel » la dernière lecture qu'on lui faisait, ce vaillant soldat de l'Église s'endormit doucement dans le Seigneur, sans effort, sans trouble, sans secousse, heureux d'aller chercher la récompense auprès du Maître qu'il avait longtemps et fidèlement servi.

Le bruit de sa mort se répandit assez tôt pour que, malgré leur dispersion, ses enfants fussent présents afin de lui rendre les derniers devoirs. Le cortège funèbre traversa tout Paris. Le cercueil de cet humble prêtre était escorté par une foule immense de jeunes gens témoignant par leurs larmes de

---

[1] « J'espère que Camille (c'est Camille Jordan) m'aura gardé un mémoire instructif sur les hôpitaux de Lyon; il devait me l'envoyer à Paris », écrivait-il le 22 janvier 1813 à Mme Récamier, exilée comme lui. (Voir *Madame Récamier, les amis de sa jeunesse et sa correspondance intime.* 1 vol. in-18. Paris, 1874.) Cette correspondance indique bien toutes les précautions qu'il fallait prendre alors pour ne pas être compromis de nouveau par une simple lettre, par une seule expression. Mathieu de Montmorency ne prononce jamais le mot d'exil; il s'exprime par périphrase et parle d'un « *accident semblable au sien* »!

leur douleur, mais aussi de ses vertus; après un service à Notre-Dame (M. Delpuits était chanoine honoraire), on se dirigea vers le petit cimetière de Clamart, au faubourg Saint-Marceau, non loin du Jardin des Plantes[1]; là fut érigé un modeste tombeau avec cette inscription :

> R. P. J. B. Delpuits. Sac. soc. Jesu Presbyter
> Deo devotos ac Deiparæ Virgini
> Innumeros verbo et exemplo alumnos
> Informavit.

On y lisait encore ces paroles :

Audite ergo, filii mei, patrem vestrum; servite Domino in veritate et inquirite ut faciatis quæ placita sunt Illi [2].

Le souvenir de ses enfants [3] et le respect de ceux qui l'avaient connu ont seuls gardé pendant longtemps la mémoire de ce grand homme de bien. Trente ans après sa mort, la voix de Lacordaire le nommait avec éloge dans la chaire de Notre-Dame, troublant pour la première fois le silence qui devait plaire à son humilité. Tous ceux qui ont travaillé aux œuvres contemporaines lui ont rendu un témoignage précieux bien que parfois inconscient : en appliquant ses sages méthodes de direction. C'était un esprit élevé, un cœur généreux, une âme énergique; il a laissé une mémoire qui ne pourra que grandir en étant mieux connue, et l'abbé de Retz, ancien congréganiste, mort à Rome auditeur de Rote, avait formulé sur lui le

---

[1] Le cimetière de Clamart était situé rue Croix-Clamart; on y enterrait jadis les pauvres de l'Hôtel-Dieu. Il a été détruit par le percement du boulevard Saint-Marcel.

[2] *L'Ami de la Religion*, t. V, p. 192.

[3] Un congréganiste, M. Bordier, acheta la « chapelle » du Père Delpuits; ces modestes objets de piété, précieux par le souvenir, furent plus tard déposés dans une chapelle de Saint-Sulpice.

véritable éloge funèbre qui lui eût agréé : « Le Père Delpuits faisait de ses jeunes gens des saints et des hommes. »

Parmi les derniers congréganistes admis avant la dispersion se trouvait M. l'abbé Philibert de Bruillard, chanoine honoraire de Notre-Dame. Nommé curé de Saint-Nicolas du Chardonnet pendant l'hiver de 1810, il put venir efficacement en aide à ses confrères en leur offrant une chapelle retirée de son église pour y entendre la messe. Ses conseils furent d'autant plus précieux qu'il n'avait que trop l'expérience des difficultés des jours de persécution.

Né à Dijon le 12 septembre 1765, et entré après de brillantes études au collège de Navarre, il fut ordonné prêtre en 1789. Sa fermeté morale était supérieure à son âge; il fût de ces ecclésiastiques intrépides, cachés dans des réduits obscurs, ou errant d'asile en asile, qui allaient, sous des déguisements de toutes formes, baptiser et instruire les enfants, soutenir les âmes pieuses, préparer les agonisants à la mort, offrir dans l'obscurité de la nuit le saint sacrifice. Ils se multipliaient selon les besoins; et pour toutes les nécessités que les circonstances faisaient naître, ils trouvaient des consolations et des secours. En prison, ils apprenaient à leurs compagnons de captivité l'art de bien mourir. Libres, ils apportaient aux victimes des fureurs révolutionnaires le pardon et l'espérance. Rangés le long des rues qui conduisaient à l'échafaud, mêlés à la foule, ne se distinguant d'elle que par quelque signe convenu, ils prononçaient sur les têtes qui s'inclinaient les paroles du suprême pardon.

A Paris, mieux qu'ailleurs, ce service, d'un genre inconnu depuis les premiers siècles, fut régulièrement organisé. Sept ecclésiastiques, choisis entre tous les autres, furent chargés de remplir successivement, chaque jour de la semaine, cet admirable ministère.

L'abbé Philibert de Bruillard fut digne d'être du nombre de ces prêtres d'élite. Le mercredi lui fut assigné. Et pendant le règne de la Terreur, on le vit, chaque semaine, à son poste, remplissant ces courageuses fonctions avec ce dévouement habile, avec cette ponctualité qu'il mettait à tout, avec cette fermeté sage qui compte pour rien les périls, mais qui ne se pique pas de les braver.

Quand se levèrent des jours plus calmes, il avait trouvé dans la direction de communautés naissantes un aliment à sa piété. Au tribunal de la pénitence, il rencontra cette femme sortie des rangs du peuple, mais à l'esprit distingué, au sens exquis, à l'âme ardente, à qui il a été donné d'accomplir une des plus belles créations religieuses de notre siècle. C'est en quelque sorte sous sa main et sous l'action de sa parole que Mme Barat conçut et fonda la « Congrégation du Sacré-Cœur [1] ».

Lorsqu'il fut appelé à la cure de Saint-Nicolas, un de ses premiers soins fut de réunir les débris épars d'une réunion de piété dont il avait goûté le charme et apprécié l'importance. Muni des pouvoirs du Père directeur, il veilla soigneusement à éviter tout bruit inutile et à écarter tout danger. Pendant l'année 1810 on était loin de penser à augmenter le nombre des congréganistes, tout au plus pouvait-on conserver, avec une extrême prudence, les fidélités qui ne se décourageaient pas. En 1811, on ne se départit de cette sévérité nécessaire que par deux fois. M. de Bruillard admit Henri Gaultier de Claubry et Joseph Gaudry, frères de deux congréganistes éprouvés, et un jeune gentilhomme belge, M. Olislagers de Meerssenhoven. Les cérémonies eurent lieu, sans le moindre apparat, dans un petit oratoire privé de Saint-Nicolas du Chardonnet [2].

Mais, absorbé par les soins de sa paroisse, M. Phili-

[1] Mgr Baunard, Vie de madame Sophie Barat, t. I, p. 26.
[2] Le jeudi 30 mai 1811, et au mois de septembre de la même année.

bert de Bruillard ne put continuer à s'occuper de la Congrégation, pour laquelle une direction assidue était nécessaire : au commencement de 1812, il remettait ses pouvoirs
authentiques à M. l'abbé Legris-Duval, sans cesser toutefois
de prodiguer à ses confrères un dévouement et une bienveillance qui ne se démentirent jamais [1].

---

[1] Curé de Saint-Étienne du Mont en 1821, il devint cinq ans après évêque de
Grenoble. Mgr de Quélen se plaignait à Charles X de ce qu'on lui enlevait
ses curés pour les promouvoir à l'épiscopat. Le Roi, avec cette courtoisie
pleine de simplicité et de grâce qu'on lui connaissait, répondit : « Pourquoi
les choisissez-vous si bons? »

Nommé évêque de Grenoble le 28 décembre 1825, Mgr Philibert de Bruillard
fut sacré le 6 août 1826. C'est dans son diocèse qu'eut lieu l'apparition mira-
culeuse de la Salette, le 19 septembre 1846. — Après plus de vingt-cinq ans
d'épiscopat, il donna sa démission le 2 juillet 1852; il mourut à Montfleury
le 15 décembre 1860, dans sa quatre-vingt-seizième année.

Mgr Ginoulhiac, son successeur, prononça, dans la cathédrale de Grenoble,
une allocution funèbre retraçant ses vertus, le jour de ses obsèques, le 20 décembre 1860.

CHAPITRE VII

L'ABBÉ LEGRIS-DUVAL.

(1812-1814.)

L'abbé Legris-Duval. — L'année 1813. — Espérances religieuses. — Reprise des réunions de la Congrégation aux Missions étrangères. — Gaultier de Claubry.

Le saint prêtre auquel les congréganistes s'adressaient pour présider leurs réunions, portait un nom que sa parole et sa bienfaisance avaient rendu populaire dans les faubourgs de Paris. Ce n'est pas interrompre notre récit que de nous arrêter à cette figure sympathique, qui apparaît dans toutes les œuvres catholiques des vingt premières années de notre siècle.

En pleine Bretagne, sur ce sol qui produit des hommes tenaces, au diocèse de Saint-Pol de Léon, le 16 août 1765, naquit René-Michel Legris-Duval[1]. Il fut élevé au collège Louis-le-Grand[2] et y laissa une réputation de piété peu com-

---

[1] Dans l'acte de baptême, son père est dénommé « noble homme Jean Marie Le Gris, sieur Duval, conseiller du Roi, contrôleur des deniers d'octroi de la ville ». Sa mère, Marie-Thérèse-Renée de la Fontaine de Truandet, était de la famille de MM. de Querbœuf, dont l'un fut conseiller des finances du comte d'Artois, et l'autre, entré dans la Compagnie de Jésus, fut connu par ses éditions savantes d'ouvrages historiques.

René-Michel était l'aîné de huit enfants; quand il mourut, en 1819, il ne laissait après lui qu'un frère, médecin à Brest, et une sœur, religieuse carmélite à Morlaix.

[2] Collège de Clermont, fondé en 1563 par les Pères Jésuites, la première maison d'éducation de la Compagnie en France. Prit au dix-septième siècle le nom de « Louis-le-Grand ». Il jouissait d'une réputation universelle par la force des études et le nombre des élèves.

mune; sa vocation ne faisait de doute pour personne; il entra
en 1785 à Saint-Sulpice, suivit en Sorbonne les cours de
MM. de la Hogue et du Demaine, et fut ordonné le 20 mars
1790. N'étant pas porté sur les listes d'émigrés, trop jeune
pour avoir encore occupé une position dans l'Église, il n'eut
point à prêter le serment constitutionnel. Il aurait sans doute
passé inaperçu à Versailles, dans les labeurs d'un ministère
caché, ces jours néfastes, sans l'élan de son âme qui le fit
s'exposer au plus grand danger.

Louis XVI venait d'être condamné à mort. On pouvait
craindre, dans l'état où était la religion, qu'il ne fût privé des
secours de l'Église, et le testament de ce prince atteste qu'il s'y
était lui-même attendu. La charité de l'abbé Legris-Duval
s'émut à cette pensée; il prit la résolution d'aller se présenter
pour offrir au Roi les consolations de son ministère. Il faut se
reporter en esprit à cette terrible époque pour sentir à quoi
l'exposait cette démarche courageuse : seul, M. de Malesherbes, défenseur de son Roi, l'appelait encore : « Sire » et
« Majesté »; mais il allait payer de sa tête ce courage de sa
parole [1]. Il ne fallait pas une volonté moins ferme, pour courir,
le 20 janvier 1793, à la Commune de Paris, s'y faire introduire en alléguant une affaire importante et dire, sans effroi,
à ces hommes qui cherchaient partout des suspects : « *Je suis
prêtre; j'ai appris que Louis est condamné à mort, je viens lui
offrir les secours de mon ministère, et je demande que ma proposition lui soit transmise* [2]. » On peut juger de l'étonnement
des membres de la Commune; stupéfaits, ils répondirent
cependant qu'on allait en délibérer. Après plusieurs heures

---

[1] « Qui te rend si hardi, lui criait Treilhard furieux, de prononcer ici des
mots que la Convention a proscrits? — Mon mépris pour vous et pour la vie »,
lui répondait M. de Malesherbes. — L'austère et farouche Treilhard devint
plus tard *comte* de l'Empire!

[2] Récit de M. le comte DE MARCELLUS, dans la *Quotidienne* du 28 janvier 1819.

d'attente pleine d'angoisses, l'abbé Duval, effrayé de voir le temps s'écouler sans résultat, appela de nouveau l'attention sur sa demande. Un des membres l'accusa d'être un « émissaire du tyran » et ordonna de le fouiller; un autre voulait le faire emprisonner sur l'heure; mais un troisième ayant répondu que « Capet » avait déjà un confesseur, le jeune prêtre, rassuré sur le sort religieux du Roi, songea alors à lui-même, et parvint à s'échapper, au milieu du tumulte, grâce à l'obscurité de la nuit.

Ainsi l'abbé Legris-Duval associa son nom à celui de ce courageux Edgeworth de Firmont qui remplit, en cette occasion, une si noble tâche. Ce furent deux prêtres qui, dans un moment où dominait la plus horrible tyrannie et où l'effroi était général, donnèrent cet honorable exemple de dévouement et d'intrépidité.

Il put se soustraire aux dangers sans cesse renaissants en changeant constamment d'asile; dès 1795, il fit une déclaration publique de son intention de remplir les devoirs de son état et depuis lors prodigua son temps sans compter. Le duc de Doudeauville lui offrit le préceptorat de son fils, le vicomte Sosthène de la Rochefoucauld[1]. M. Duval accepta, sans rien abandonner de son premier apostolat. Il avait reporté sur les

[1] Ambroise de la Rochefoucauld (1765-1841), duc de Doudeauville par sa femme, était, en 1789, major au 2e régiment de chasseurs. Il émigra, rentra en France sous le Consulat, mais sans accepter de fonctions publiques, se fixa dans sa terre de Montmirail et répandit autour de lui d'innombrables bienfaits. Président du Conseil général de la Marne, en 1814 pair de France, en 1815 président du Conseil de perfectionnement de l'École polytechnique, en 1821 directeur général des postes, en 1824 ministre de la maison du Roi, il montra partout le caractère le plus noble et le plus élevé. Il prit part à toutes les bonnes œuvres de la Restauration, à la Société des prisons, au Conseil des hospices, etc. Fondateur du Musée des antiquités égyptiennes, il encouragea puissamment l'Institut agronomique de Grignon. Il a laissé des *Mémoires* publiés en 1861-1862.

Son fils, Sosthène de la Rochefoucauld, connu sous le nom du vicomte de la Rochefoucauld, avait épousé la fille de Mathieu de Montmorency.

trop nombreux orphelins faits par la Révolution le zèle qu'il avait déployé pendant la Terreur, et comme il avait accompagné les parents à l'échafaud, il voulut encore recueillir et élever leurs enfants demeurés sans ressource et sans asile. Son dévouement fut puissamment aidé par la comtesse de Carcado[1] et Mme de Saisseval[2]. Cette œuvre des « *Orphelines de la Révolution* » fut la première créée au début de ce siècle; elle forme le trait d'union entre ce qui avait disparu et ce qui allait renaître. L'abbé Duval devint le conseiller d'une foule de personnes; il visitait les malades, catéchisait les enfants, s'intéressait activement à toutes les détresses. La multiplicité de ses relations lui permit de grouper des adhérents nombreux quand, avec Mathieu de Montmorency, il voulut soulager l'infortune des cardinaux privés de traitement pour n'avoir pas assisté à la cérémonie de mariage de l'Empereur.

Mis en rapport avec les membres de la Congrégation par une communauté d'occupations, de devoirs et d'espérances, il avait été vivement apprécié du Père Delpuits, dont lui-même tenait la vertu en haute estime. En 1812, sa réputation et le caractère militant de son zèle le désignaient pour diriger une œuvre qui, en dépit d'une prudence nécessaire, puisait sa force dans l'ardeur de ses membres. Les cœurs courageux ont bien-

---

[1] Adélaïde-Raymonde de Malézieux, comtesse de Carcado, fut, sous la Terreur, détenue aux Carmes; après le Directoire, sous la direction du Père de Clorivière, elle fut l'instigatrice de toutes les bonnes œuvres de Paris. Elle mourut en 1809.

[2] La comtesse de Saisseval (Charlotte-Hélène de Lastic) naquit en 1764; son père était maréchal de camp, sa mère, dame d'honneur de Madame Adélaïde, fille de Louis XV; elle-même, dame d'honneur de Madame Victoire, fut du cercle intime de Marie-Antoinette. Émigrée avec ses sept petits-enfants à Bruxelles et à Londres, elle se lia, à son retour en France (1801), avec Mme de Carcado; sa vie, ainsi que celle de ses filles (Aline de Saisseval, Mme de la Lézardière et la marquise de Leusse), fut dès lors consacrée au soulagement des malheureux; elle fonda l'Œuvre des Petits Séminaires et participa jusqu'à sa mort (12 mai 1850) à toutes les entreprises charitables de son temps.

tôt fait de se comprendre ; l'abbé Legris-Duval n'hésita pas à assumer cette tâche nouvelle, et il répondit affirmativement aux jeunes gens qui n'avaient pas mis en vain leur espoir en lui[1].

Mais il limita sévèrement le nombre des congréganistes, n'admettant aux réunions que les quelques membres particulièrement éprouvés n'ayant jamais cessé de se grouper ensemble. Il ne fit d'exception qu'en faveur d'un jeune séminariste de Saint-Sulpice de nationalité étrangère, souhaitant d'aller porter en Pologne les usages d'une Congrégation : M. Joseph Szsadowski fut reçu, dans l'église Saint-Roch, où les congréganistes se rendaient pour faire le catéchisme aux petits Savoyards.

M. Legris-Duval songeait à trouver un lieu de réunion plus intime qu'une église et à posséder une petite chapelle qui permît d'avoir des exercices de piété réguliers. Habitant l'hôtel de Doudeauville[2] (il occupait une chambre dans la maison du jardinier), il se trouvait en relations constantes avec le pasteur de la paroisse, M. l'abbé Desjardins, curé des Missions étrangères. Celui-ci lui offrit dans les bâtiments du séminaire des Missions (à l'angle de la rue du Bac et de la rue de Babylone) une pièce située au second étage, et qui fut transformée en oratoire.

---

[1] C'est donc par erreur que M. l'abbé PAGUELLE DE FOLLENAY (Vie de M. Teysseyrre, p. 307) cite l'abbé Teysseyrre comme ayant présidé les réunions de la Congrégation à cette époque. Seulement ordonné le 8 juin 1811, il n'a pu remplir les fonctions de directeur spirituel pendant l'année 1810 ; — en 1811, c'est M. Philibert de Bruillard qui fait les réceptions, après même que M. Teysseyrre eut reçu la prêtrise. En 1812, M. l'abbé Legris-Duval dirige l'œuvre. Il n'y a ni interruption, ni lacune, et les expressions de reconnaissance dont, en 1814, se servaient les congréganistes : « Dieu vint à notre secours, en embrasant de zèle et de charité pour nous le cœur du savant, de l'éloquent, du vertueux prêtre que vous aimez tous à entendre », expressions attribuées par M. de Follenay à la personne de l'abbé Teysseyrre, s'appliquent à l'abbé Legris-Duval, et ne semblent pouvoir s'appliquer qu'à lui.

[2] Rue de Varennes, 47 ; il appartient encore à la famille de la Rochefoucauld.

L'année 1813 s'écoula dans le silence et au milieu d'une morne tristesse ; le désastre de la campagne de Russie atteignait toutes les familles ; loin de se ralentir en France, la persécution religieuse s'accentuait ; pour être venu de Savone à Fontainebleau, le Pape était toujours prisonnier ; en gémissant, les chrétiens avaient sujet de craindre plus encore.

Cependant, du milieu même des catastrophes qui se précipitaient, on pressentit la chute de l'ambitieux de génie qui les avait attirées ; on voulut enfin le calme et le repos. Mais qui remplacerait ce pouvoir si longtemps réputé indestructible ? Sans doute, le droit, la raison, le bon sens, l'histoire, tout indiquait le souverain naturel ; le Roi légitime était là, et pour reprendre ses destinées séculaires la France n'avait qu'à rappeler ses princes. Mais le bon sens, la raison et le droit sont rarement les conseillers de la foule. La miséricorde de Dieu permit néanmoins ce retour à la vérité politique ; on vit une nation que la gloire militaire avait éblouie au point de l'aveugler, faire sa confession publique et répudier celui qu'elle avait suivi depuis quinze ans avec moins de logique que d'entraînement. L'universel désir de la paix amena, sans entente préalable, à des conclusions identiques : Bordeaux arborait le drapeau blanc, pendant que le conseil municipal de Paris conviait les communes de France à proclamer avec lui la restauration monarchique ; le Sénat impérial, la Cour de cassation, la Cour des comptes, l'ordre des avocats, l'Institut, le tribunal de commerce, la chambre des notaires acclamaient « l'illustre famille qui avait si longtemps fait le bonheur de la patrie » . C'était un élan spontané, unanime, irrésistible, que Dieu permettait et que les hommes n'avaient en rien préparé. Parmi les royalistes peu nombreux et dispersés, qui aurait osé rêver une restauration si prompte [1] ?

_____

[1] On peut voir, dans les *Mémoires* de M. DE VITROLLES (t. I, ch. 1), sa surprise et ses regrets en 1813, lors de son séjour à Paris, en se heurtant, dans le salon de Mme de Durfort, à l'inaction absolue des très rares royalistes

La foule inquiète et troublée se tournait vers des princes auxquels elle ne songeait pas la veille; un vaillant champion de
la monarchie, jeune alors et qui a vécu ces années inoubliables,
a noté avec justesse ces sensations de tout un peuple :

« Les générations nouvelles qui, depuis vingt ans, avaient
« grandi dans le silence, s'étonnèrent d'entendre des noms
« qui n'étaient point encore venus à leurs oreilles. Nul n'au-
« rait pu dire si la maison de Bourbon avait péri tout entière;
« mais tous s'étaient accoutumés à oublier qu'elle eût jamais
« vécu. La surprise fut plus grande encore lorsqu'on apprit que
« M. le duc d'Angoulême venait de toucher la terre de France.
« Ce nom même du duc d'Angoulême était inconnu des masses
« populaires; mais le nom de Louis XVI était empreint dans
« toutes les mémoires, et lorsqu'on raconta que le duc d'Angou-
« lème était neveu du roi infortuné, qu'il était le mari de sa
« fille, de cette pauvre orpheline, longtemps prisonnière au
« Temple, dont les malheurs, racontés sous des formes di-
« verses, avaient fait couler tant de larmes; lorsqu'on vit ce
« voile du passé se rompre et découvrir des lueurs qu'on
« n'avait pas jusque-là soupçonnées, il y eut dans toutes les
« âmes un frémissement électrique, et un ordre d'événements
« nouveaux se révéla[1]. »

Voilà la vérité sans embellissement et sans phrases; s'il est
certain que le célèbre pamphlet : *De Buonaparte et des Bourbons*, dont Louis XVIII disait : « Il m'a valu une armée »,
ait obtenu un succès prodigieux, c'est pour les besoins de sa
propre glorification que, quatorze ans plus tard, Chateaubriand
s'attribua l'honneur d'avoir préparé de longue main le mouvement légitimiste[2].

qui fréquentaient cette maison, la plus dévouée aux Bourbons cependant, et
où se rencontraient les fidélités les moins oublieuses.
[1] LAURENTIE, *Histoire de France*. Nous ne citons ce témoignage, parmi tant
d'autres, que parce qu'il émane d'un congréganiste.
[2] « Rempli des souvenirs de nos antiques mœurs, de la gloire et des monu-

La France entière acclama la monarchie : les royalistes,
dont les plus chères espérances étaient réalisées; les bonnes
familles du peuple qui avaient toutes gardé le souvenir des
jours d'autrefois; la bourgeoisie, portée par ses aspirations
nouvelles vers un gouvernement constitutionnel; l'armée
elle-même qui aspirait au repos, et jusqu'aux convention-
nels, perdus dans le sentiment général, espérant faire oublier
leur sanglant passé par leur platitude présente [1]. Seuls les alliés
répugnaient au rétablissement de la monarchie légitime, et
c'est ainsi que les Bourbons sont revenus « dans les fourgons
de l'étranger [2] ».

La fière conduite de Louis XVIII vis-à-vis de l'Europe victorieuse satisfaisait l'honneur national; ces sentiments étaient
ceux de tous ses partisans, et Mme de Montmorency ne faisait
que traduire leur opinion lorsqu'elle chassait de ses salons
un émigré français se présentant devant elle en uniforme de
général russe [3].

Plus que d'autres, les catholiques avaient des motifs pour
accueillir la royauté. En acclamant la restauration, ils espéraient sans doute un avenir politique meilleur sous le règne

ments de nos rois, le *Génie du christianisme* respirait l'ancienne monarchie
tout entière : l'héritier légitime était pour ainsi dire caché au fond du sanctuaire dont je soulevais le voile, et la couronne de saint Louis suspendue au-
dessus de l'autel du Dieu de saint Louis. Les Français apprirent à porter avec
regret leur regard sur le passé, les voies de l'avenir furent préparées, et des
espérances presque éteintes se ranimèrent. » (*Génie du christianisme*. Préface de l'édition de 1828.) Rien n'est plus contraire à la vérité historique!

[1] Le 18 avril, Carnot adressait aux troupes d'Anvers un ordre du jour
dithyrambique : « Soldats, aucun doute raisonnable ne peut s'élever sur le
vœu de la nation française en faveur de la dynastie des Bourbons. Ce serait se
mettre en révolte contre l'autorité légitime que de différer plus longtemps à
le reconnaître... Le peuple français ne reçoit cette grande loi que de lui-
même... le vœu unanime des villes éloignées du théâtre de la guerre a dis-
sipé nos craintes, etc. »

[2] La preuve historique en a été faite bien souvent. Voir notamment les
articles de M. le comte DE L'ÉPINOIS, dans la *Revue du monde catholique*,
31 août et 15 septembre 1880.

[3] FORNERON, *Histoire des émigrés*, t. II, p. 358.

du Roi Très Chrétien, mais surtout ils saluaient la fin d'un despotisme qui retenait le Pape prisonnier, dépouillait les cardinaux, proscrivait les évêques, déportait les prêtres, envoyait
aux armées les séminaristes et entravait les moindres manifestations de piété[1]. 89 avait spolié le clergé, 91 l'avait dépos-
sédé, 93 l'avait livré au bourreau, le Directoire l'avait proscrit,
l'Empire l'avait opprimé en voulant l'asservir : quoi de plus
naturel à lui que de tendre les bras vers le seul régime qui
lui ouvrit les siens?

Les congréganistes reprirent leurs réunions dès que dis-
parurent les obstacles qui les avaient interrompues. Ceux
qui, pendant la dispersion, avaient pieusement conservé
les traditions purent enfin dévoiler leur secret aux amis plus
nombreux que, par prudence, on avait éloignés pour un
temps. Il y avait une joie profonde à se retrouver, et, pour
beaucoup, un étonnement non moins vif à voir tout à coup
ressuscitée une association que l'on pensait morte depuis
quatre ans.

La première séance eut lieu dans une salle des Missions
étrangères, le lundi de Pâques, 11 avril 1814, et le 5 juin suivant une nouvelle admission vint renouer la chaîne un moment brisée.

Mais à peine les congréganistes saluaient-ils dans leur
cœur, avec le retour des princes légitimes, le rétablissement
des choses saintes, qu'ils pleuraient un de leurs « anciens ».
La vie de Louis Gaultier de Claubry tient tout entière dans

[1] Nous n'avons pas à tracer ici le sombre tableau des violences exercées
pendant les dernières années de l'Empire contre la religion et ses ministres:
les faits abondent malheureusement. (Comte D'HAUSSONVILLE, l'Église romaine
et le premier Empire, t. V, ch. L et LIV; — FORNERON, Histoire des émigrés,
t. II, p. 357 et suiv., 375.) L'Ami de la religion, en 1814 (t. I, p. 81), insé-
rait une lettre révélatrice sur ce sujet.

cette période de changements soudains et de transformations
violentes qui caractérise mieux qu'une autre la fragilité des
trônes : il naquit au mois de janvier 1789, et il mourut au
lendemain du rétablissement de cette monarchie dont il avait
entendu vanter les bienfaits sans jamais les avoir goûtés :
1789 et 1814 sont les deux dates extrêmes de son existence;
que de spectacles a pu voir se dérouler devant lui ce jeune
homme mort à vingt-cinq ans!

Son père, dénoncé au tribunal révolutionnaire, ayant dû
s'enfuir loin de Paris, sa famille dispersée vécut quelque
temps à Blois; ce fut cependant dans l'église de Saint-Eustache, où il avait déjà reçu le baptême, que le jeune enfant
fit sa première communion, le jour de la Pentecôte de
l'année 1800 [1]. L'ardeur qu'il déployait à ses études chirurgi-
cales à l'hôpital de la Charité ne l'empêchait pas de manier
encore avec succès l'ébauchoir et le pinceau. Ce fut au milieu
de ces occupations multiples que son directeur, l'abbé Debau-
diez, le présenta au Père Delpuits. Sa ferveur subit un temps
d'arrêt pendant les années de dispersion; preuve nouvelle,
s'il en était besoin, de l'heureuse influence des réunions de
piété où un effort réciproque soutient les uns et les autres,
préserve de l'ennui, de la mollesse, des mauvais exemples, où
l'impulsion générale porte naturellement chacun vers tout
ce qui est grand et généreux.

Chirurgien attaché à l'hôpital militaire du Gros-Caillou, il
lui fallut renoncer aux devoirs de sa profession, sous le coup

[1] Nous noterons, comme une particularité historique intéressant les cérémonies religieuses de cette époque où tout était à reconstituer pour le culte
catholique, que ce fut l'évêque de Saint-Papoul, Mgr de Maillé de la Tour-
Landry, qui confirma Louis de Claubry, dans l'église Saint-Thomas d'Aquin,
en octobre 1800. Cette confirmation fut le premier acte public du culte catholique à Saint-Thomas d'Aquin après le schisme constitutionnel. (Voir *l'Église
Saint-Thomas d'Aquin pendant la Révolution*, 1791-1801, par Victor PIERRE.
Brochure in-8°, 1887.)

d'infirmités précoces; une fièvre cérébrale ébranla définitivement sa santé. Son frère Henry a retracé, avec une émotion
communicative, les derniers instants de sa vie, alors qu'il
offrait ses souffrances pour le pardon de ses fautes passées.
Sa pensée se reportait avec complaisance vers les amitiés
chrétiennes formées dans sa première jeunesse :

« Il est impossible, rapporte son frère, d'exprimer la joie
« qu'il éprouva lorsque je lui appris que notre Congrégation
« avait survécu à la grande tempête qui avait menacé l'Église
« de France, et que nous devions nous réunir le lundi de
« Pâques; il se joignit à nous du plus profond de son cœur.
« Ne pouvant assister à nos assemblées, il désira voir notre
« directeur, qui eut la bonté de le venir visiter, et cette visite
« lui procura un plaisir inconcevable [1]. »

Porro unum necessarium. Il parlait sans cesse de la grande
affaire du salut. « Je ne crains pas la mort, ajoutait-il, je l'ai
toujours regardée avec sang-froid, je la vois maintenant avec
espérance; si je regrette la vie, c'est parce que j'y laisse des
parents et des amis bien chers. Je ne m'estime pas malheureux d'avoir souffert; selon le monde, ce serait un sort funeste
d'avoir passé sa jeunesse dans la douleur; mais j'en bénis
Dieu : sans cela j'aurais peut-être oublié mes devoirs. » Malgré son extrême faiblesse, il voulut rester à genoux pendant
le temps des prières de l'extrême-onction qu'il avait demandée
lui-même. Il montra une suprême délicatesse pour ses parents
accablés; se tournant vers ses frères : « Je vous en prie, leur
dit-il, récitons ensemble un *Pater* et un *Ave* pour que je meure
avant que mon père et ma mère se lèvent, afin de leur
épargner la douleur de me voir mourir. » — Cependant, à
l'aube, entouré de ses proches et de ses amis de la Congréga-

[1] *Notice historique sur Nestor-Daniel-Louis Gaultier de Claubry,* lue à la
Congrégation, le 6 novembre 1814, par son frère. (Documents manuscrits et
inédits.)

tion, il demanda d'une voix faible qu'on voulût bien redire avec lui l'acte de consécration à la Sainte Vierge; il serra contre sa poitrine le petit crucifix qu'il tenait dans sa main, et ne le laissa tomber qu'en expirant.

Les congréganistes ne quittèrent pas le cercueil de leur ami, suivant son pieux désir; cette affection dévouée toucha si fortement la famille de Louis de Claubry, que son frère aîné, chirurgien-major en garnison à Paris, demanda peu de jours après à prendre sa place laissée vide et fut reçu congréganiste le 23 octobre 1814 [1].

L'abbé Legris-Duval avait adressé un appel auquel s'étaient empressés de répondre tous les membres de la Congrégation; mais il sentait lui-même que la multiplicité de ses occupations ne lui permettrait pas longtemps de diriger une œuvre nécessitant une assiduité constante; ce qu'il avait pu faire sans nuire aux autres travaux de son ministère quand il groupait une vingtaine de jeunes gens n'était plus possible pour diriger trois cents personnes. Il songeait à qui confier cette mission, quand la bulle *Sollicitudo omnium Ecclesiarum* du 31 juillet 1814, rétablissant la Congrégation de Jésus, lui fit naturellement penser aux frères du Père Delpuits, fondateurs jadis, et directeurs expérimentés des anciennes Congrégations d'hommes. Les Jésuites, immédiatement rappelés en Italie, en Espagne, en Autriche, en Sardaigne, en Sicile et en Suisse, ne le furent pas officiellement en France; mais la « Société des Pères de la Foi », ayant recueilli les traditions de la Compagnie, offrait les premiers éléments de reconstitution possible. C'est à leur

[1] Les trois frères Gaultier de Claubry furent congréganistes : *Louis*, le 20 octobre 1805; *Henri* (l'auteur de la notice qui nous est parvenue), en septembre 1811; *Charles*, le 23 octobre 1814. — Henri Gaultier de Claubry a laissé un nom distingué comme chimiste; il était professeur agrégé à l'École de médecine

supérieur, le Père de Clorivière [1], que M. Legris-Duval
s'adressa.

Après avoir fait part aux congréganistes des motifs qui le
déterminaient, il leur fit apercevoir les espérances d'un développement nouveau dans ce retour à une direction qui avait
toujours porté tant de fruits. Les regrets de tous furent adou-

[1] Pierre-Joseph *Picot de Clorivière* naquit à Saint-Malo, le 29 juin 1735.
Son frère, Picot de Limoëlan, et une de ses nièces, Mme de la Fouchais,
périrent sous la hache révolutionnaire; il était également l'oncle du jeune
chevalier de Silles, officier au régiment du Roi, célèbre par son héroïsme en
face de la révolte des troupes qui occupaient Nancy en 1791, et déchiré à
coups de baïonnette, pendant qu'il fermait de son corps la lumière du
canon pointé sur le maréchal de Bouillé et les premiers rangs du régiment de
Salm. Pierre de Clorivière entra dans la marine, s'occupa ensuite d'études
juridiques, mais, poussé par l'attrait de sa piété, quitta le monde pour
frapper à la porte du noviciat de la Compagnie de Jésus. L'arrêt du parlement
de 1762 le contraignit à s'expatrier; il se réfugia en Belgique. Rappelé en
France par Mgr de Pressigny, qui lui confia la direction du collège de Dinan
et le nomma vicaire général du diocèse de Saint-Malo, il demeura en Bretagne
jusqu'à la fin de 1790. Attiré à Paris par le péril même qu'y rencontrait l'exercice du ministère ecclésiastique, pendant les jours les plus sombres de la Terreur, il brava cent fois la mort pour donner aux fidèles les consolations de la
religion. Il croyait à un apaisement complet de la persécution antichrétienne
et parcourait en missionnaire une partie de la France, quand le despotisme
impérial, prenant ombrage d'un zèle tout apostolique, le fit enfermer sans
jugement dans la prison du Temple. Rendu à la liberté après une détention
de cinq années, il reprit le cours de ses travaux, et lorsque le pape Pie VII
prononça le rétablissement de la Compagnie dans tout l'univers, le Père de
Clorivière fut nommé supérieur en France. Il forma successivement des établissements d'éducation à Saint-Acheul, Bordeaux, Forcalquier, Soissons,
Montmorillon, Sainte-Anne d'Auray, et érigea à Laval une maison de missionnaires. Le grand âge et les labeurs d'une direction si importante l'obligèrent à demander instamment du repos. Déchargé en 1818 du fardeau de la
supériorité, le Père de Clorivière vécut depuis en simple religieux et montra,
par toute sa conduite, qu'il savait obéir aussi bien que commander. Privé de
la vue, il se livrait pendant une grande partie de la journée à l'exercice de la
méditation et de la prière; il mourut le 10 janvier 1820, en adoration
devant le Saint Sacrement, dans la chapelle de la communauté. Il avait beaucoup étudié toute sa vie, mais principalement durant les longues heures de
sa détention. Il a laissé, avec différents opuscules de piété, une *Explication des
Épîtres de saint Pierre*, et une interprétation fort considérable de l'*Apocalypse*
demeurée manuscrite.

cis par la pensée que le saint prêtre n'abandonnait pas ses
amis, et de fait il continua à leur témoigner son attachement, en travaillant à des œuvres communes, bien qu'à un
rang distinct.

Au mois d'août 1814, il remit la conduite de la barque qu'il
avait sau`ée du naufrage, et le Père Ronsin, désigné par ses
supérieurs, prit en main le gouvernail qu'il devait tenir jusqu'à la fin avec tant de prudence et de fermeté.

CHAPITRE VIII

LES PREMIÈRES ANNÉES DE LA RESTAURATION.

(1814-1817.)

Le Père Ronsin. — Nouvelles admissions : Jules de Polignac; Eugène Peltier; le capitaine de Magallon. — Les Cent-jours; la Terreur tricolore.
— Les volontaires royaux de l'École de droit de Paris. — La seconde Restauration. — Mort d'Auguste d'Haranguiers. — Ponton d'Amécourt, préfet
en 1816. — Charles de Lavau, préfet en 1817. — Le salon de Mlle de
Lavau. — Les « honorables amis ».

Pierre Ronsin, qui pendant quinze ans allait diriger la Congrégation avec un dévouement et une vertu qui lui valurent
l'inébranlable estime des catholiques et les attaques les plus
passionnées des libéraux, était né à Soissons, le 18 janvier 1771.
A peine avait-il reçu les ordres, de la main de Mgr d'Aviau,
au moment où la paix était rendue à l'Église de France, qu'il
fut choisi, concurremment avec les abbés Legris-Duval et de
Sambuci, par le duc de Doudeauville pour diriger l'éducation
du vicomte de La Rochefoucauld. Son âme souhaitait des
devoirs plus austères, et il sollicita du Père Varin son admission dans la Société des Pères de la Foi. C'est en cette qualité
que nous le trouvons en 1803 à ce collège de Belley, célèbre
par la régularité de la discipline et la valeur des études. Lamartine en a tracé un tableau qui ne saurait être oublié [1]; en 1804,
M. Teysseyrre, voyageant dans la Franche-Comté, dépeignait à
sa mère son enthousiasme pour les heureux résultats obtenus
par le Père Ronsin et ses confrères :

[1] *Confidences*, liv. VI.

« Ils y font des merveilles, et leur réputation s'étend dans
« toute la France. Leur collège est si nombreux qu'il ne reste
« plus de places. Il est composé de jeunes gens fort bien in-
« struits, pleins de religion, de santé, de cette gaieté si différente
« de celle des écoliers ordinaires. Le collège est beau, vaste,
« bien situé. Les supérieurs aussi remarquables par leur savoir
« que par leur piété. Ils rappellent et remplacent les Jésuites ;
« c'est tout dire. Ils trouvent encore le moyen, avec leurs
« faibles ressources, de faire des distributions aux pauvres et
« sont la providence du pays. Par malheur, un violent orage
« s'est élevé ; on a monté contre eux le premier Consul. Ils
« font trop de bien pour ne pas être abhorrés par les philoso-
« phes de Paris. »

En effet, lors de l'année 1808, il fallut se disperser. Le Père
Ronsin se retira dans son pays natal et pendant six ans accepta
les fonctions de vicaire à la cathédrale de Soissons. A la nouvelle du rétablissement de la Compagnie de Jésus, il accourut
s'enrôler sous son étendard, fut admis le 23 juillet 1814 par
le Père de Clorivière et désigné par lui pour remplir la charge
de directeur de la Congrégation.

Présenté par l'abbé Legris-Duval, le 11 septembre 1814, le
Père Ronsin consacra sans retard son dévouement à l'œuvre
qui s'offrait à lui. Ses débuts furent modestes, trop sans doute,
car les anciens qui avaient connu la rondeur du Père Delpuits
et goûté l'éloquence de l'abbé Duval, se dirent : « Ce n'est
pas là l'homme qui nous convient ; il donne de bonnes homélies,
mais qui n'ont pas le cachet propre à des hommes du
monde [1]. » Ces défiances et ces regrets ne durèrent pas : en
peu de temps, sans rien changer à sa manière personnelle, il
fit sentir à ses auditeurs que la parole de Dieu, partant d'un
cœur qui ne cherche que Lui, n'a pas besoin d'ornements

---

[1] Père GUIDÉE, *Notices historiques sur les Pères du Sacré-Cœur*, t. II.

étrangers; ses entretiens particuliers, où son affabilité se révélait tout entière, sa grande connaissance des hommes, la fermeté de sa direction lui attirèrent des sympathies qui ne devaient plus lui faire défaut. Elles lui étaient doublement nécessaires, car il allait se trouver en présence de difficultés inattendues; il lui fraudrait faire appel à toute sa constance et à tout son tact pour ne pas fléchir sous les coups qui, en s'adressant à la Congrégation, prétendaient atteindre le gouvernement royal lui-même.

Après une crainte salutaire, les adversaires de la monarchie s'étaient promptement rassurés : fonctionnaires compromis, anciens criminels de la Révolution, détenteurs de biens nationaux, tous se rapprochèrent par instinct; le dénigrement et la raillerie leur parurent des armes d'opposition excellentes. Avec mille précautions, et en gardant les portes de sortie, on attaqua les choix du pouvoir, on peignit sous les couleurs les plus sombres les projets qu'on lui prêta, on déplora son manque d'esprit politique. On plaignit tout haut le Roi pour mieux battre en brèche ses partisans; dans un grand zèle pour la religion, on tourna en ridicule ses ministres, afin de sauver des principes que leur imprudence allait compromettre[1].

C'est ainsi que le rideau se leva sur la *Comédie de quinze ans.*

Le nom de Charles Lacretelle se présente ici sous notre plume; il a parlé, sans preuves, mais avec abondance, du rôle de la Congrégation dès 1814 en des termes qui méritent d'être reproduits : « Il existait depuis plus de dix ans une vaste et « puissante société qui attendait les Jésuites pour chefs spiri- « tuels et surtout pour chefs politiques... La Congrégation

---

[1] Dubroca, moine apostat et marié, écrivait : « Un nuage noir se forme à « l'horizon; déjà on entend les accents furieux du fanatisme retentir dans les « temples de la paix. » — Les précurseurs des enterrements civils brisaient, dans leur étonnante logique, les portes de Saint-Roch, pour y introduire par la force le cercueil d'une comédienne qui, vivante, ne voulait pas y entrer.

« recueillit l'héritage des sociétés secrètes royalistes, sancti-
« fiant leurs pensées turbulentes (?). Son trésor était accru par
« les largesses de la piété opulente et par les dons plus abon-
« dants encore que suggère un esprit de parti vivement allumé.
« Le Père Ronsin fut nommé supérieur de la Congrégation;
« tout fut placé sous l'invocation de saint Ignace de Loyola.
« Le club dévot eut ses sociétés affiliées, ses correspondances;
« on eût dit le club des Jacobins. A Paris, la maison des Mis-
« sions étrangères, rendue aux Jésuites sous le nom de Pères
« de la Foi[1], était le principal point de ralliement pour les
« exercices dévots et les conférences politiques, etc.[2]... »

Les congréganistes étaient bien loin de se douter des manœuvres qui devaient leur être attribuées plus tard; ils eussent
été fort en peine d'amasser un « trésor »; ils songeaient bien
plus, dans leurs tranquilles réunions du dimanche, au bonheur
de retrouver d'anciens amis et à la joie d'ouvrir leurs rangs à
de nouvelles recrues. — Mathieu de Montmorency avait mis
en relation avec le Père Ronsin plusieurs personnes distinguées, entre autres Jules de Polignac, rentrant à peine d'exil,
Louis de Rosambo, le colonel de Gontaut, gouverneur des
pages de Monsieur. C'est à cette même époque que furent
admis dans la réunion l'abbé Eliçagaray, recteur de l'Académie de Pau, Dubois de Montlignon, garde du corps de la
compagnie de Noailles, et différents congréganistes de pro-

---

[1] A aucune époque les Pères Jésuites n'ont possédé ni occupé la maison des Missions étrangères; elle ne leur a été ni vendue, ni donnée, ni
rendue.

[2] LACRETELLE, *Histoire de France depuis la Restauration*, t. III, p. 136-137.
Lorsque Frédéric Ozanam soutint, en 1838, sa thèse de docteur ès lettres,
De la Divine Comédie et de la philosophie du Dante, il eut à défendre l'Église
contre les attaques grossières de Charles Lacretelle, l'un des examinateurs, qui
lui demandait quels étaient les maîtres de la langue française au seizième
siècle, et à qui il avait répondu : D'abord saint François de Sales. — Son
talent et sa science intligèrent à la présomption et au manque de tact
du professeur une leçon bien méritée. — Voir la *Vie d'Ozanam* par son
frère, ch. x.

vince venus à Paris à la suite des événements politiques.
Parmi ces derniers, nous citerons : l'abbé Ripoux, secrétaire
du cardinal Fesch et l'un des fondateurs de la Congrégation de
Lyon; le docteur Legouais et son frère, venant de Nantes;
Georges de Griffon-Moulinier, sous-officier dans les volontaires royaux bordelais et le doyen des préfets de la Congrégation de Bordeaux; M. Estebenet, maître de pension. — M. Dubuisson de la Rigaudelle [1], sous-caissier à l'administration du
Trésor de la couronne, conduisit également rue du Bac un
groupe assez nombreux de jeunes gens attachés comme lui
aux bureaux du ministère des finances.

Les nouveaux venus n'apportaient pas un esprit différent
de la cordialité et de la très chrétienne égalité qui avaient
toujours régné dans la réunion. Nous en trouvons la preuve
en parcourant le catalogue d'admission. Le jour même où l'on
ouvrait les portes à M. de Polignac, le grand seigneur de
l'intimité du comte d'Artois, un fabricant de bronzes, un petit
employé de commerce et un dentiste, Eugène Peltier, prononçaient leur acte de consécration. Lorsque ce dernier mourut, le docteur Legouais consacra plusieurs pages à la mémoire de ce jeune homme de condition modeste qui avait montré dans les labeurs de son humble position une piété qui lui
valut d'être choisi pour un des dignitaires de la Congrégation;
et par une sorte d'hommage rendu à l'humilité de sa vertu,
l'éloge de cet enfant du peuple se trouve inséré dans le recueil
manuscrit où nous le lisons, entre la notice du comte de
Loménie de Brienne et celle du marquis de Choiseul, lieutenant général des armées du Roi, ancien menin de Louis XVI.

Il ne saurait être superflu de faire remarquer ces détails,

[1] Les trois frères de la Rigaudelle, Étienne, Joseph et Jean, firent partie de
la Congrégation; ils travaillaient tous trois à la trésorerie des Tuileries. Ils
étaient nés à Saint-Domingue.
Le premier entra, en 1817, dans la Compagnie de Jésus, à Baltimore.

puisque les mots sonores d'ambition, de passe-droit, de curée
des places, d'orgueil aristocratique ont été si souvent pro-
noncés. L'ambition politique! Eugène Peltier sans doute en
était indemne, comme aussi le capitaine de Magallon, quand,
dans la cellule du Père Ronsin, il venait s'agenouiller, à la
veille de quitter une brillante carrière pour se consacrer au
service de Dieu dans ce qu'il offre de plus austère et au service des hommes dans ce qu'il présente de plus héroïque.
Saluons ici le nom de ce noble et saint officier, restaurateur
en France de l'Ordre des Frères de Saint-Jean de Dieu, dont
l'abnégation et le courage recherchent les besognes rebutantes
avec autant de zèle industrieux que d'autres mettent à les éviter; images vivantes des tendresses de l'Église pour les déshérités de la vie.

Pourquoi M. Maxime du Camp, qui a consacré des pages
émues aux Frères de Saint-Jean de Dieu, veut-il absolument
que la vocation de M. de Magallon, qu'il affecte d'appeler un
« brigand de la Loire » (?), ait été inspirée par une obsession
fatigante? Il raconte fort au long [1] l'histoire d'un déserteur
fusillé sur le jugement d'un conseil de guerre auprès duquel
M. de Magallon était rapporteur, et dont le fantôme hantait,
paraît-il, les nuits de l'officier qui avait requis la condamnation. Pour expier ce crime imaginaire et se laver du sang du
coupable, le capitaine rapporteur se fit prêtre! Singulière
façon de comprendre les fonctions de magistrat que de
s'attribuer à crime personnel l'exécution des accusés à qui
les rigueurs de la loi doivent être appliquées! C'est une
variante de l'éternel roman d'un amour contrarié, qui, au dire
des dramaturges modernes, a peuplé tant de monastères; nous
avions le moine par désespoir, c'est ici l'hospitalier par
remords!

[1] La Charité privée à Paris, p. 81 et suiv.

La vie de M. de Magallon n'a point besoin d'être ornée de ces enjolivements de fantaisie; elle est par elle-même assez mouvementée : il avait suivi ses parents dans l'émigration; à quatorze ans il entrait au corps des cadets de Berlin; en 1799 il devint page de la princesse Ferdinand [1]; et nous le trouvons parmi les auditeurs des instructions religieuses que donnait à cette époque le Père Rauzan, émigré et proscrit [2]. Il entra bientôt dans l'intimité de ce saint prêtre, et puisa près de lui une foi religieuse que les événements devaient confirmer; elle se transforma plus tard en une vocation admirable quand, au retour de ses campagnes, il revit en France le premier inspirateur et le premier guide de sa piété.

Il était capitaine d'état-major au moment où la paix de 1814 lui fit des loisirs; il quitta l'armée, attiré vers le sacerdoce, et en s'adonnant au soin des malades, reconnut que sa vocation était là. C'est à cette époque de sa vie qu'il entra à la Congrégation [3], dont les œuvres plaisaient à son dévouement. — Quelques années plus tard, il allait tenter à Marseille la restauration de l'Ordre des Frères Hospitaliers. — Indirectement sans doute, mais par une filiation authentique, la Congrégation se trouvait ainsi avoir contribué à cette entreprise admirable en initiant son fondateur aux pratiques de la charité.

La stupeur universelle qui permit, au mois de mars 1815, le retour de Napoléon, vint brusquement arrêter pendant trois mois le cours régulier de la vie publique en France. Le général était acclamé par ses soldats qui l'apercevaient au travers d'un prisme de gloire; mais le maître était subi par la foule et craint par les politiques qui ne songeaient qu'à lui forger des

---

[1] Belle-sœur de Frédéric II et mère de ce jeune prince Louis de Prusse qui fut tué au combat de Saalfeld, le 6 octobre 1806, huit jours avant Iéna.

[2] Père DELAPORTE, Vie du Père Rauzan, p. 35.

[3] Le 1er janvier 1815.

chaînes pour garantir leur propre liberté. L'acte additionnel naquit de cette mutuelle défiance : l'un accordait peu, comptant sur la victoire prochaine pour reprendre ce qu'il concédait de mauvaise grâce ; les autres demandaient beaucoup, prenant plaisir à prodiguer leurs exigences hautaines au César que pendant quatorze ans ils avaient humblement salué. Le tumulte des armes vint bientôt dominer ces accents discordants, et Empereur, Empire, opposition, fonctionnaires, tout s'écroula dans une catastrophe commune.

Pour les catholiques, les Cent-jours avaient été une rude épreuve, particulièrement dans le Midi.

« Les protestants abattirent des croix ; des cimetières catholiques furent profanés ; des bandes armées parcoururent les campagnes et les dévastèrent, brûlant les maisons et mettant les propriétaires à mort quand ils les rencontraient ; *des hommes appartenant aux classes moyennes* sortaient armés de leur carabine pour faire la chasse aux volontaires de l'armée du duc d'Angoulême, comme s'il se fût agi de bêtes fauves. Dans les villes, les personnes notoirement connues pour leurs opinions royalistes ne pouvaient se montrer dans les rues sans être insultées, poursuivies, menacées par les fédérés... On arrachait la croix du cou des jeunes femmes, et l'on allait jusqu'à insulter les prêtres portant le viatique aux malades. Il y eut de déplorables profanations commises : des têtes furent arrachées de cercueils récemment enfouis dans la terre et jetées devant la porte de deux églises. Si l'on ajoute à cela les meurtres dont le nombre fut considérable, on aura l'idée d'un pays livré au pire des despotismes, celui de l'anarchie, et dans lequel le sang versé préparait une moisson de sanglante représailles [1]. »

L'oppression était partout ; le sentiment de la résistance en

---

[1] NETTEMENT, *Histoire de la Restauration*, t. II, p. 331.

fut naturellement développé. Parmi les membres de la Congrégation, plusieurs voulurent défendre leurs convictions religieuses et les principes politiques qui en assuraient la protection. Nommerons-nous des personnages très en vue, tels que Mathieu et Eugène de Montmorency, M. de Rohan, Jules de Polignac? Il était bien certain que l'honneur les trouverait fidèles. A des rangs plus modestes, d'autres congréganistes firent leur devoir comme le vicomte de Gibon [1], secrétaire du préfet d'Angoulême, qui arracha trois fois, au péril de ses jours, le drapeau de la rébellion que les insurgés voulaient planter sur le château de la ville. On trouverait le nom de membres de la Congrégation parmi les royalistes qui accompagnèrent à Gand Louis XVIII [2]. Au moment où Napoléon arrivait aux barrières de Paris, devant la garde nationale rangée en bataille, on fit l'appel de ceux qui voulaient défendre la royauté les armes à la main. A l'une des compagnies, trois volontaires seuls sortirent des rangs : c'étaient le duc de Rohan, Auguste d'Haranguiers et un jeune homme dont le nom devait briller entre tous les orateurs de ce siècle : Xavier de Ravignan [3].

Les étudiants en droit de Paris, qui avaient acclamé le comte d'Artois lors de son entrée en 1814 et ouvert une souscription pour le rétablissement de la statue de Henri IV, formèrent, en 1815, un bataillon de volontaires royaux qui suivit le Roi en

[1] Issu d'une des premières familles de Bretagne, qui a une commune origine avec les Rohan, Clément de Gibon naquit à Vannes en 1790. Son grand-père était chef d'escadre. Son père mourut jeune, laissant sans fortune une famille nombreuse. Sa santé l'empêcha de suivre la vocation ecclésiastique qui le pressait; successivement professeur de mathématiques et précepteur chez le comte de Chatellux, il fut, en 1814, secrétaire de la préfecture de la Charente, puis attaché au bureau des affaires ecclésiastiques; quand il mourut, en 1822, il était depuis plusieurs années chef du bureau particulier du préfet de police.

[2] Entre autres Emy Poirier de Varennes, en qualité d'officier au régiment de la couronne.

[3] Gustave-Xavier de Ravignan avait dix-neuf ans en 1815; il fut congréganiste le 6 juin 1819.

Belgique. Retenus en France par leur âge, les professeurs de l'École refusèrent du moins de se rendre auprès de Napoléon, et ce ne fut que sur l'invitation expresse du ministre de l'intérieur qu'ils envoyèrent une adresse dans laquelle ils se déclaraient reconnaissants de voir l'Empereur renoncer à tout esprit de conquête.

Le bataillon, à son retour à Paris, le 30 juillet 1815, alla en grande pompe déposer son drapeau fleurdelisé dans une salle de l'école; on prononça des discours enthousiastes salués par les cris unanimes de « Vive le Roi! vivent les Bourbons [1]! »

Ces acclamations n'étaient pas nouvelles : elles avaient éclaté déjà le 22 avril 1814, quand la Faculté en corps était allé trouver Monsieur et lui parla du retour de la monarchie légitime avec « allégresse, bonheur et attendrissement ». On remarqua encore les mêmes sentiments le 25 avril 1816. Le

[1] Dans la séance du 25 juin 1887 de l'Académie des sciences morales et politiques, M. Glasson, professeur à la Faculté de droit de Paris, a donné lecture d'un mémoire de M. Colmet d'Aâge, doyen honoraire, intitulé : l'École de droit de Paris en 1814, 1815, 1816, d'après des documents inédits. — Un congréganiste, Alexandre Guillemin, avocat à la Cour royale de Paris, et qui servit dans le bataillon de l'École de droit en qualité de porte-drapeau, avait publié, en novembre 1822, une brochure de 240 pages fort curieuse et devenue très rare : le Patriotisme des volontaires royaux de l'École de droit de Paris, dédiée à la mémoire du duc de Berry. Ces pages renferment les détails les plus circonstanciés sur le bataillon qui avait pour colonel M. Hyde de Neuville, et pour principaux officiers le marquis de Fougères et le colonel Drouault. — Bertaud du Coin, que nous avons déjà vu à Lyon, en 1809, commandait une compagnie et montra la plus rare intrépidité. La formation eut lieu dès le 14 mars 1814, l'effectif s'élevait à 1,200 hommes; le drapeau du bataillon avait été offert par les dames otages de Louis XVI; il portait sur la cravate cette devise : Pour le bon droit. — Après avoir été exercés à Vincennes, les volontaires, au nombre de sept cents environ, rejoignirent les gardes du corps à Beauvais, le 26 mars, jour de Pâques; ils passèrent la frontière, et furent cantonnés à Ypres; le colonel Pallu du Parc en prit alors le commandement. Louis XVIII les assimila aux officiers de sa maison et fit délivrer des brevets de sous-lieutenants à ceux qui voulurent rester dans l'armée. (Bertaud du Coin fut du nombre et entra avec son grade au 2e régiment d'infanterie de la garde royale.) Le 30 juillet, le bataillon rentrait à Paris, aux applaudissements d'une foule immense venue à sa rencontre.

comte d'Artois, à cheval, avec une brillante escorte, étant
allé rendre visite à l'École de droit, les vivats, les applaudissements retentirent de toutes parts : « N'oubliez pas, disait
Monsieur, n'oubliez pas dans votre enseignement la religion, qui fonde et conserve les empires, et qui, dans toutes les
situations de la vie, doit être le premier et le plus puissant
mobile. »

Un assez grand nombre de congréganistes, avons-nous dit,
faisait partie de ces étudiants; à leur tête marchait un des
vétérans de la réunion (il en fut préfet en 1802, 1812, 1813,
1814 et 1815) : François Régnier, qui professait avec un talent
si sympathique qu'il se trouvait le confident et le conseil de
tous ses élèves. Louis XVIII l'avait distingué et, dès 1814,
nommé juge au tribunal de la Seine.

Ce fut à la même époque que son ami Auguste d'Haranguiers, était appelé à la Cour royale de Paris. Ses vertus avaient
attiré sur lui l'attention du Roi, qui connaissait d'ailleurs
depuis longtemps la fidélité de sa famille.

Son habitude de secourir les détenus dignes d'intérêt, la
sorte de renommée que dans cet apostolat il avait attachée à
son nom le firent également choisir pour faire partie de l'Association pour le soulagement et la délivrance des prisonniers [1],
que les Bourbons se plurent à relever avant tant d'autres institutions utiles et charitables, et nommer au conseil des prisons de Paris [2]. Chaque année il distribuait une quinzaine de

---

[1] Une société « pour la délivrance des détenus pour dettes », fondée en 1697
par Mme la présidente de Lamoignon, dura jusqu'en 1790. Une autre société
portait des secours aux prisonniers et à leurs familles. A la Restauration, ces
utiles institutions n'en formèrent plus qu'une seule. Le président était l'abbé
d'Avaux, instituteur des Enfants de France; la trésorière, Mme la comtesse de
Gibon; Charles de Lavau, préfet de la Congrégation et conseiller à la Cour
royale, en était secrétaire.

[2] Le conseil des prisons, institué en 1816, était composé de neuf membres
et présidé par le préfet de la Seine; il se réunissait chaque semaine à l'Hôtel
de ville pour examiner les affaires relatives au service administratif et écono-

mille francs et faisait vivre ainsi plus de trois cents personnes. Sa charité était industrieuse à conduire ses protégés vers leur relèvement moral; sa peine lui coûtait peu si elle faisait des heureux : on le vit quitter sa demeure et se rendre à Sainte-Pélagie à une heure fort avancée de la nuit, par le froid le plus rigoureux, pour avertir un détenu de son élargissement résolu le soir même. « J'ai voulu, disait-il, ajouter quelques heures d'un paisible sommeil à ses bonnes nuits. »

Louis XVIII voulut récompenser sa fermeté pendant les Cent-jours par la croix de la Légion d'honneur. Mais cette distinction méritée ne servit qu'à orner son cercueil.

Chancelante depuis longtemps, sa santé déclinait; ses forces l'abandonnaient. « Ne me parlez que de Dieu », disait-il à ceux qui l'entouraient pour lui apporter un dernier témoignage d'intérêt et d'estime, tant il craignait d'être distrait des grandes pensées de la mort, qui le frappa le 16 octobre 1816[1].

Sa vie entière n'avait été que l'accomplissement fidèle des préceptes du christianisme et même de ces conseils que l'Évangile propose aux âmes animées du besoin d'une plus haute perfection. Son caractère offrait l'énergie qui porte aux grandes fautes ou produit les plus rares vertus. Ce naturel ardent ne connut que la passion du bien. Doué d'une activité prodigieuse, il avait dans ses vues l'élévation qui fait conce-

mique des prisons. Mathieu de Montmorency, le duc de la Rochefoucauld, l'abbé de la Myre-Mory, le marquis d'Aligre, M. Guéneau de Mussy en faisaient partie. Une ordonnance du 9 avril 1819 créa un « Conseil général des prisons » composé de vingt-quatre membres et présidé par le ministre de l'intérieur. Il était chargé de présenter des vues sur l'administration et le régime intérieur des maisons de force, les divers systèmes à y introduire, l'instruction religieuse et la réforme morale des détenus, etc. — Nous remarquons les noms de MM. de Chabrol, Barbé-Marbois, Chaptal, l'abbé Desjardins, baron Séguier, duc de Doudeauville, de Belleyme, etc.

[1] Son éloge funèbre fut prononcé à la Congrégation, au mois de décembre 1816, par son ami le plus intime et qui allait le suivre de près, Emmery. (*Documents manuscrits et inédits.*) — Une courte notice, due à la même plume, avait paru également dans l'*Ami de la religion* du 9 novembre 1816.

voir les choses utiles, dans sa volonté, la constance qui les
réalise. Portant jusqu'au scrupule le respect de la vérité,
amoureux de l'honneur que lui avaient légué ses ancêtres[1], il
semblait appartenir à un autre siècle, rappeler des jours meilleurs, devancer des temps plus heureux.

Ce retour de 1815 était bien différent de la restauration de
1814. Au lieu d'une France désireuse de jouir sous ses rois
d'une paix chèrement achetée, on rencontrait des partis rivaux
et des ambitions hostiles; la nécessité même des châtiments
fomentait de terribles rancunes. Chacun était dans son rôle;
mais si la logique était satisfaite, l'union était compromise, et
tout voulait qu'il y eût des antagonismes, des malentendus,
des divisions.

Au-dessus des partis, les catholiques allaient trouver un aliment à leur activité dans les blessures à guérir. Les plus éloquentes voix d'entre eux saluaient le retour des Bourbons, et
en face des récents souvenirs de la persécution des Cent-jours,
applaudissaient aux mesures de sécurité sociale qui semblaient
vouloir enchaîner l'impiété. Il n'est que trop vrai, tous les
royalistes n'étaient pas chrétiens; beaucoup avaient été for-

[1] Son père avait plus de quatre-vingts ans quand il perdit son fils. Il lui
survécut de dix années. Un journal lui consacra alors la notice suivante :
« Un vieux serviteur du Roi, M. Charles d'Haranguiers de Quincerot, est
mort à Paris, le 10 novembre, dans sa quatre-vingt-onzième année. Issu d'une
ancienne famille noble de Bourgogne et né au château de Quincerot en 1735,
il entra aux chevau-légers en 1750, et devint écuyer de main de Mesdames
de France, filles de Louis XV. C'est en cette qualité qu'il accompagna Madame Louise à Saint-Denis, lorsque cette princesse entra au couvent des Car-
mélites. Au moment de la Révolution, M. de Quincerot était écuyer de Monsieur, comte de Provence. Il alla, à près de soixante ans, se ranger sous les
drapeaux du prince de Condé. Rentré en 1802, il forma ses enfants à la vertu
par ses leçons et par ses exemples.
« M. de Quincerot joignait à la noblesse des sentiments une piété, une modestie
et une simplicité qui avaient quelque chose de touchant. Le feu roi disait de
lui qu'il n'avait qu'un seul défaut, c'était d'être trop modeste. Il a conservé
jusqu'à la fin sa présence d'esprit, et ses derniers gémissements ont été pour
la monarchie et pour la religion, dont il déplorait amèrement les pertes. »
Ami de la religion, 3 décembre 1825.)

més à l'école de Voltaire sans que les catastrophes publiques
elles-mêmes eussent pu dessiller leurs yeux; mais il était impossible que les bons chrétiens ne fussent pas royalistes; ils pui-
saient dans leurs croyances religieuses des motifs de respect
pour un pouvoir qui s'appuyait sur le droit.

En étudiant la Restauration, vouloir tout aligner selon les
règles inflexibles de la logique et diviser la France exactement
en deux camps, royalistes et opposants, vainqueurs et vain-
cus, serait un détestable moyen d'apprécier à leur valeur les
hommes et les choses de ce temps. Sous une apparente uniformité, peu d'époques offrent autant de contradictions et d'ano-
malies. Tout est troublé, tout est heurté, tout est contradictoire. On se paye de mots sonores; la réalité n'y répond jamais.

Le seul terrain véritablement ouvert à l'action catholique
est le champ des bonnes œuvres; la Restauration voit un fécond épanouissement de ce dévouement et de ce zèle; à
chaque page de l'histoire du bien, nous retrouvons le nom
d'un congréganiste, l'influence de la Congrégation; la charité
privée s'efforce, avec ses largesses forcément restreintes, de
rendre aux pauvres un peu des ressources que la Révolution
leur a enlevées en détruisant les corporations religieuses ou
professionnelles qui assuraient si bien le sort de leurs membres
nécessiteux et des indigents.

L'accroissement notable de la réunion permettait moins
facilement l'intimité des premières années. Pour la retrouver,
des groupes se formèrent spontanément selon les inclinations
personnelles, les goûts, les relations sociales. Les différentes
œuvres entreprises, en particularisant les dévouements, conduisaient à la formation de petites sociétés dans la grande. Un
de ces groupes se réunissait autour d'Antoine de Pouton
d'Amécourt et de Charles de Lavau, préfets de la Congrégation en 1816 et 1817. Ces amitiés résistèrent à la dispersion,

à la distance et au temps; ceux qui s'appelaient familièrement les « honorables amis » se retrouvèrent toujours avec bonheur et furent dignes du nom semi-plaisant, semi-sérieux qu'ils se donnaient dans l'intimité.

Antoine de Ponton d'Amécourt était un « ancien » de la Congrégation du Père Delpuits. A seize ans, en 1796, il était secrétaire d'un général, à une époque où, de près ou de loin, tout le monde appartenait à l'armée; plus âgé, il le fut du général Mortier et prit ainsi part à l'expédition du Hanovre. Il occupa longtemps des fonctions à l'état-major de la place de Paris; pendant la Restauration il fut administrateur des bureaux de bienfaisance, propagateur zélé de toutes les bonnes œuvres, mettant au service du bien ses nombreuses relations. Créé chevalier de la Légion d'honneur par Charles X, il devint candidat du gouvernement à la députation et n'échoua que de treize voix contre son concurrent libéral. — Après 1830, il se retira à la campagne et consacra son temps à des travaux agronomiques[1].

Charles de Lavau, dont le nom devait être en butte aux attaques constantes de la presse libérale, venait de recevoir un siège à la cour royale de Paris; il apportait dans l'exercice de ses fonctions une maturité de talent que ses vingt-huit ans rendaient plus méritoire encore[2], tout en gardant de son âge la gaieté et l'entrain. Louis, son frère aîné, n'avait pas un caractère moins sympathique; leurs relations de parenté, d'amitié, de voisinage avec les Ponton d'Amécourt faisaient de leurs deux maisons un seul centre animé du même esprit.

Leur sœur, Mlle de Lavau, s'intéressant à une associa-

[1] Il avait épousé, en 1811, Mlle de Beaudicourt, fille de M. Colette de Beaudicourt, alors maire de l'arrondissement du Panthéon, plus tard juge au tribunal de la Seine.

[2] Né en 1788. Avocat en 1810; juge auditeur en 1815; conseiller en 1816; en 1821, préfet de police; puis conseiller d'État; il vécut après 1830 dans une retraite absolue.

tion dont Charles était président, voulut bien recevoir chez
elle[1] toute cette jeunesse chrétienne de la Congrégation. On
y vit assidûment les trois frères : Augustin, Auguste et
Louis de Ponton d'Amécourt[2]; Espivent de la Villeboisnet,
conseiller-auditeur à la cour de Paris[3]; Jules d'Haranguiers,
vice-président du Tribunal de la Seine; le docteur Pignier,
M. de Portets, Louis[4] et Paulin Loisson de Guinaumont,
Alphonse de Rainneville, Gaultier de la Chapelle, Delpech et
Guillemin, tous deux avocats de talent; plusieurs étudiants
en droit, parmi lesquels Augustin de Meaux, Henri de Beaumont, Vimont, Hibon, Maillefer, Johannet, de Saint-Romain,
Armand Séguier, Arm .nd de la Porte-Lalanne, de Cambourg,
Borel de Favancourt, Pierre de la Plagne, de Béjarry, de
Montgolfier, Maussion de Candé. Le rédacteur en chef du
journal religieux de l'époque, Pierre Picot, y avait présenté
un jeune écrivain de beaucoup d'espérances auxquelles il ne
devait pas faillir : Sébastien Laurentie. Hennequin, déjà
célèbre, déployait à l'aise les ressources de sa dialectique dans
des causeries où l'illustre Laënnec apportait le tribut de son
caractère enjoué.

Toutes ces réunions étaient cordiales, simples, intimes; il

---

[1] Elle demeurait au numéro 4 de l'impasse Saint-Dominique d'Enfer, située
entre les jardins du Luxembourg et la rue Saint-Jacques, au coin de laquelle
se trouvait l'hôtel des Ponton d'Amécourt et de M. de Beaudicourt.

[2] Augustin de Ponton d'Amécourt (congréganiste le 12 mars 1815), employé
des contributions indirectes, termina sa longue carrière administrative comme
directeur, à Angers. — Auguste (congréganiste le 21 avril 1816), substitut à
Chartres, était, en 1820, procureur du Roi à Nogent-le-Rotrou; il donna sa
démission. — Louis (congréganiste le 28 mai 1820), procureur du Roi à Bar-
sur-Seine, brisa volontairement sa carrière à la même époque.

[3] Congréganiste dès 1808; conseiller à la Cour de Paris; refusa le serment
en 1830.

[4] Admis à la Congrégation le 29 juin 1817, fils de M. de Guinaumont,
député de la Marne. Jeune homme de la plus vive piété et du plus haut
mérite, l'un des fondateurs de la Société des bonnes études, procureur du
Roi à Clamecy; il venait d'être nommé à Troyes quand il mourut, le 14 mai
1824.

y régnait une gaieté de bonne compagnie[1]; la causerie étincelante et la verve intarissable de ces soirées laissaient après elles d'heureux souvenirs; à l'unisson battaient tous les cœurs; les généreuses illusions de la vingtième année faisaient rêver pour la France des jours vraiment prospères; on se sentait fier de lui appartenir en servant des princes qui lui assuraient l'honneur et le repos. Après les entretiens du soir, on se séparait pour se retrouver le lendemain attachés aux mêmes devoirs professionnels, occupés des mêmes œuvres, soucieux des mêmes intérêts; parfois la rencontre avait lieu dans une salle d'hôpital ou dans la mansarde du petit Savoyard, et la charité rendait plus douce encore l'affectueuse estime qu'avaient fait naître des goûts semblables et des plaisirs communs.

L'époque était aux succès de salon; chaque camp avait ses maisons amies où se livraient de belles joutes oratoires qui le lendemain retentissaient dans la presse, et n'étaient souvent que le prélude de combats plus sérieux au Luxembourg ou au Palais-Bourbon. La demeure de Mlle de Lavau et ses habitués — *si parva licet componere magnis!* — pour être dans l'ombre des premiers plans, appartiennent cependant au tableau.

« En France, tout concourt à faire fleurir l'esprit de société. Par instinct, le Français aime à se trouver en compagnie; il n'a pas d'effort à faire pour causer, point de timidité naturelle à contraindre, point de préoccupation habituelle à surmonter. Il cause donc à l'aise et dispos, et il éprouve du plaisir à causer. Agile et sinueuse, la conversation est pour lui comme un vol pour l'oiseau; d'idées en

---

[1] Les assidus du salon de Mlle de Lavau l'appelaient « ma tante », tant ils se sentaient adoptés comme des membres de sa famille; accueillante pour tous, heureuse du bonheur d'autrui, elle aimait à en assurer les bases pour ses jeunes amis; bien des mariages furent l'œuvre de ses soins.

idées, il voyage, alerte, excité par l'élan des autres, avec des
bonds, des circuits, des retours imprévus, au plus bas, au
plus haut, à rase terre ou sur les cimes, sans s'enfoncer dans les
trous, ni s'empêtrer dans les broussailles, ni demander aux
mille objets qu'il effleure autre chose que la diversité et la
gaieté de leurs aspects [1]. »

En cette année 1818, où nous sommes parvenus, Mme Récamier habitait déjà l'Abbaye aux Bois, et si le règne de Chateaubriand y commençait, Mathieu de Montmorency y trouvait toujours amical accueil. Chez Mme de Broglie (Albertine
de Staël), vous eussiez rencontré ces « doctrinaires » Benjamin Constant, Camille Jordan, le duc de Broglie, ceux que
Louis XVIII appelait si justement les « confrères en trahison »
et Metternich les « gardiens du sérail »; ils justifiaient toujours
l'heureuse boutade de la *Renommée :* « Ils sont quatre qui
tantôt se vantent de n'être que trois, parce qu'il leur paraît
impossible qu'il y ait au monde quatre têtes d'une telle force,
et tantôt prétendent qu'ils sont cinq, mais c'est quand ils
veulent effrayer leurs ennemis par leur nombre! » — De pré-
férence allaient chez Mme de Saint-Aulaire : Decazes, Ville-
main, Cousin qui débutait, Guizot bien supérieur comme
valeur morale à ses amis, Bertin de Veaux, Bignon qui gardait, sans modestie, mais avec facilité, un secret qui n'existait pas.

La maison de l'opulent Laffitte s'ouvrait aux libéraux avancés
sans scrupules et... sans argent, qui trouvaient là « bon sou-
per, bon gîte et le reste [2] ». Les rêveurs y rencontraient leur

---

[1] TAINE, *l'Ancien Régime : les Mœurs et le caractère.*
[2] « Devenu le Mécène des opposants de tous bords, il réunissait dans son
salon et autour de sa table, à Paris ou à la campagne, aussi bien les débris du
personnel impérial que les nouveaux venus de la presse de gauche, ayant
d'ailleurs, aux yeux de tous, cet incomparable mérite, d'avoir la bourse constamment ouverte. Cherchant l'importance plus que le pouvoir, moins ambitieux que vain, il voulait surtout être entouré, flatté, et il semblait au comble

maître : le marquis de La Fayette, héros des deux mondes ; les conspirateurs attendaient une occasion favorable avec d'Argenson et Kœchlin ; les esprits haineux, comme Chauvelin et Manuel, y préparaient leurs sarcasmes ; Béranger y chantonnait ses obscénités impies ; les fonctionnaires qui trahissaient le Roi avaient un modèle en M. de Schonen ; les jeunes gens qui se sentaient des dispositions pour les arguties de la basoche suivaient M. Mérilhou et admiraient Dupin aîné ; les plus sots pouvaient espérer justement en la fortune, puisqu'ils avaient sous les yeux le personnage important de Dupont de l'Eure.

De leur côté, les royalistes trouvaient une hospitalité vivement recherchée dans plusieurs salons consacrés à la politique[1], celui de la duchesse d'Escars (Mlle de La Ferrière) ; de Mme de Montcalm (sœur du duc de Richelieu) ; de la duchesse de Duras (Mlle de Kersaint), dont Lamartine a dit : « Académie et conciliabule, ce salon rappelait la Fronde. » Tout en sacrifiant aux questions du jour, d'autres maîtresses de maison conservaient plus volontiers l'apparence mondaine : telles la duchesse de Rauzan, la comtesse de Circourt, la marquise de Bellissen[2].

---

de ses désirs quand, dans son royal château de Maisons, il pouvait raconter à ses convives que M. de Talleyrand lui avait dit : « On est bien important, « monsieur, quand on a comme vous à sa disposition un bourg pourri tel que « Paris. » Il aimait à la fois éblouir par son faste et poser pour l'austérité civique. Dans cette dernière partie du rôle, il apportait de cette niaiserie vaniteuse dont certains railleurs ont fait le ridicule distinctif du bourgeois de 1830 ; c'est à croire parfois qu'il a une sorte de parenté avec Jérôme Paturot et M. Prudhomme. Quelqu'un lui faisait compliment de son château : « C'est une demeure de grand seigneur, lui disait-on. — Non, monsieur, « répondait-il, c'est la demeure d'un citoyen qui possède !!! » THUREAU-DANGIN, *le Parti libéral de la Restauration*, ch. 1ᵉʳ, § 6.

[1] Voir les *Mémoires* du maréchal DE RAGUSE, t. VIII.

[2] Ce fut bien plus tard que s'ouvrit le salon de Mme Swetchine, où régnait, selon le mot de Lacordaire, « le catholicisme le plus conquérant de l'époque », et qui a tenu une place à part dans l'histoire religieuse contemporaine, grâce à la vertu et à l'intelligence de la noble femme qui y recevait.

Réunions qui savaient allier la fermeté des idées à la tolérance des personnes, et qu'avec tant de choses 1830 a dispersées. Ce fut là que se gardèrent les débris de l'esprit français, alerte, vif et brillant. Rien depuis n'a remplacé cet attrait de la société polie; les dernières années de Mme Récamier ont vu une assemblée plus pédante qu'aimable dont la maison de Mme Mohl offrit le pitoyable pastiche[1]; aujourd'hui nous vivons dans « le Monde où l'on s'ennuie » ! — Critique qui voudra l'influence des salons; ils eurent leurs défauts et engendrèrent leurs coteries; tout au moins, ils offraient un charme que nous ne saurions méconnaître, et le sceptre de l'opinion, passé aux rédacteurs des petits journaux et aux Gaudissards de province, n'est pas tenu de façon à amoindrir nos regrets.

Les réceptions de Mlle de Lavau eurent parfois comme conséquence indirecte d'attirer l'attention de personnages influents sur les jeunes gens qui s'y rendaient. Leur conduite, leur intelligence, leur distinction parlaient déjà en leur faveur; leurs convictions religieuses furent appréciées dès qu'elles ne devenaient plus un motif de systématique exclusion. La partialité de M. Decazes contre les véritables royalistes et le scandale qu'il donna à ce sujet pendant sa trop longue administration[2], amenèrent une réaction. Un petit groupe de légitimistes s'efforça de mettre en commun ses relations pour recommander des hommes de mérite et d'une fidélité éprouvée[3]. Leur action, d'ailleurs

[1] O'MEARA, Mme Mohl et ses intimes.
[2] « Quand on allait se plaindre d'un mauvais choix ou proposer un royaliste, on répondait : Nous irions chercher un bonapartiste habile s'il voulait être employé. » (CHATEAUBRIAND, De la monarchie selon la Charte. — Voir NETTEMENT, Histoire de la Restauration, t. V, p. 6 et suiv.)
[3] Nous tenons ces renseignements, absolument inédits, du fils d'un de ceux qui firent parfois quelques démarches; ils nous ont confirmé de précieuses notes manuscrites laissées par le docteur Pignier.

limitée, suivit les fluctuations ministérielles de l'époque; leurs protégés purent être accueillis avec bienveillance par M. de Villèle; il n'y avait plus lieu de rien demander au temps de M. de Martignac, débordé par les sollicitations libérales.

Quand, en 1821, Charles de Lavau devint préfet de police, il fut utile à quelques-uns de ses amis et fit appel à leurs services [1]; mais le nombre de ces faveurs fut restreint, et nous aurions de la peine à en retrouver la trace; du moins, le nom de ceux qui s'efforçaient avec raison de donner au Roi des serviteurs royalistes sont le meilleur garant de l'honnêteté de leur choix : Mathieu de Montmorency, le marquis de Rougé, Alexis de Noailles, de Bonald, Clauzel de Coussergues, de Lavau, Franchet d'Espérey, Pardessus, de Ponton d'Amécourt, Delvincourt, de Rainneville, de Guinaumont, Hennequin, Berryer, etc., ne pouvaient recommander et n'appuyèrent que des candidats honorables et méritants. Plusieurs des personnages que nous venons de citer appartenaient à la Congrégation, d'autres n'en faisaient partie à aucun titre; les congréganistes du Père Ronsin ignoraient totalement ces agissements, et c'est par un scrupule d'exactitude que nous mentionnons ici ces détails. Au reste, il n'y a matière à aucun blâme, rien ne justifie les malveillances et les calomnies, et s'il fallait défendre d'honnêtes gens en recommandant d'autres à l'exclusion d'employés médiocres ou de mauvais sujets, serait-ce aux quémandeurs de métier à montrer tant de rigorisme? Les scandales de la curée des places qui suivirent la révolution de 1830, précisément au bénéfice de ceux-là qui avaient beaucoup parlé des intrigues de la Congrégation, ont soulevé l'indi-

---

[1] Clément de Gibon fut chef du cabinet du préfet de police; Sébastien Laurentie, chef du bureau « des théâtres et de la presse », occupa cette situation trois mois. Voilà les deux exemples que nous avons relevés.

gnation des serviteurs eux-mêmes de la nouvelle monarchie[1].

A toute époque des recommandations ont été produites; heureux le temps où la vertu en est une auprès de l'autorité!

[1] Le feu duc de Broglie, qui a laissé plusieurs volumes de *Souvenirs* d'une partialité regrettable (il faudrait en effacer les deux tiers, a dit M. de Pont-martin), faisait partie du premier ministère de Louis-Philippe. Il n'a pu retenir un joli mot contre les solliciteurs qui l'assaillirent au lendemain des trois *Glorieuses* : « La chasse au *carlisme*, c'est-à-dire, en bon français, la « curée aux places, continua jusqu'au jour où l'un des limiers de cette « meute affamée s'étant écrié d'une voix vibrante : Savez-vous, messieurs les « ministres, ce que c'est qu'un carliste? nous lui repartîmes d'un commun « accord : Un carliste! c'est un homme qui occupe une place dont un autre « a envie! L'éclat de rire fut universel et nous valut quelques jours de « répit. » — Depuis, la France a eu des ministres moins spirituels, mais le nombre des solliciteurs n'a pas décru.

CHAPITRE IX

LA CONGRÉGATION EN 1820.

(1818-1820.)

La chapelle de la rue du Bac. — Nicolas Emmery. — Mort de l'abbé Teysseyrre. — Les pénitents de l'abbé Teysseyrre : le duc de Rohan et M. de
La Mennais. — L'épiscopat à la Congrégation. — Les congréganistes anglais;
Thomas Weld. — Les Mac Carthy. — La jeunesse royaliste. — Mort de
l'abbé Legris-Duval. — Les fêtes de Saint-Denis.

La Congrégation entrait dans une demeure remplie des
souvenirs de ses devanciers : la Société des Missions étrangères avait pris naissance, au dix-septième siècle, parmi les
congréganistes du Père Bagot[1]; les bâtiments du séminaire,
donnés par l'évêque de Babylone, furent, avant d'être
vendus en 1790, le lieu de réunion où les saints abbés de
Pontbriand et de Fénelon évangélisaient les petits Savoyards
de Paris. Tout rappelait les exemples, tout respirait l'esprit
des anciennes Congrégations; la mémoire encore vivante de
leur charité et de leurs bonnes œuvres allait animer le zèle
de leurs continuateurs, heureux de perpétuer, pour ainsi dire,

[1] Le Père Bagot, né à Rennes en 1590, mourut en 1654, après avoir été
cinquante-cinq ans membre de la Compagnie de Jésus; sa vie respire la plus
intelligente charité; ses hautes vertus le rendirent célèbre; Louis XIII le
voulut choisir pour confesseur. Quand son humilité eut obtenu de retourner à
des occupations moins en vue, il dirigea la Congrégation de Paris, qui fut,
sous sa direction, une pépinière d'âmes héroïques. Il forma un nombre considérable de prélats, de religieux, d'hommes d'État. Il conduisait ses jeunes
gens dans les hôpitaux et dans les prisons, et fonda les mêmes œuvres que
deux siècles après les Pères Delpuits et Ronsin s'efforcèrent de restaurer.

jusque dans les détails, les traditions de vertu qui leur étaient léguées.

C'est donc dans cette maison des Missions étrangères, rue du Bac, que pendant toute la Restauration se tinrent les réunions.

Il y avait là, au troisième étage, une petite chapelle intérieure, — elle existe encore : nous l'avons visitée avec respect, en songeant aux prières et aux vœux des âmes chrétiennes qui s'y sont succédé; — sorte d'oratoire modeste et discret, elle présente le même aspect qu'autrefois : des boiseries en chêne rehaussées de filets d'or garnissent les murs. Quelques bancs sont rangés de chaque côté d'un autel que surmonte une statue de sainte Claire; une petite pièce voisine peut servir de sacristie. La chapelle est éclairée par une grande fenêtre donnant sur la rue de Babylone; le seul détail curieux à noter est une petite ouverture assez étroite, taillée dans le vif de la muraille, cachée par un panneau de la boiserie, mais qui, ouverte par un ressort, permet à l'œil de plonger dans l'église et de suivre ainsi les offices qui s'y font.

Le nombre des congréganistes ayant augmenté, il devint nécessaire de quitter la chapelle devenue trop étroite; on monta dans la bibliothèque, vaste pièce située à l'étage supérieur et éclairée de six grandes fenêtres. De chaque côté de larges enfoncements dans les murs forment de petites pièces, qui pouvaient servir de sacristies et au besoin de confessionnaux. Aux réunions du dimanche on tirait les rideaux verts qui cachaient les rayons de livres, et après la messe, la pièce redevenait une salle d'étude. Mais quand Mgr de Quélen répandit ses largesses sur la réunion qu'il avait bénie, on construisit à ses frais un autel surmonté de la légende en lettres d'or : « *Cor unum et anima una.* » Des banquettes de velours bleu, où chacun prenait place sans aucune distinction, et un fauteuil de velours rouge pour le président furent disposés en face de l'autel.

Les réunions de chapelle avaient lieu le dimanche, de
quinzaine en quinzaine, avec une très exacte uniformité. Com-
mencées à sept heures et demie, elles finissaient toujours avant
dix heures; après la lecture d'une page de la *Vie des saints*, le
Père Ronsin faisait l'appel nominal, récitait le *Veni Creator* et
l'*Ave, maris stella*, annonçait les fêtes de l'Église et les jeûnes
d'obligation, proclamait le nom des nouveaux admis. Il célébrait lui-même la grand'messe (à moins qu'un évêque congréganiste ne fût présent); tout le monde répondait à haute
voix avec les servants (l'usage datait du Père Delpuits); la
communion était à peu près générale, et après l'action de
grâces le Père directeur donnait un court sermon. Le *Sub
tuum* récité en commun clôturait les exercices; puis les nouveaux admis étaient présentés au Père Ronsin [1].

Nous avons laissé Nicolas Emmery à l'École polytechnique
après que son retour aux pratiques de la religion en eut fait
un des membres assidus de la réunion du Père Delpuits.
Bien qu'il fût un des premiers de l'École, son imagina-

[1] Dans l'ouvrage qu'il a publié sur les *Deux Restaurations*, M. de Vaulabelle a accumulé les erreurs les plus naïves ou les moins honnêtes sur la Congrégation (t. IV, p. 198 et suiv.; t. V, p. 340). Il confond le Père Delpuits
avec l'abbé Legris-Duval; il indique les Missions étrangères comme le lieu des
réunions sous l'Empire; il cite quelques noms de congréganistes : Louis XVIII(!),
le comte d'Artois, le duc de Bourbon, MM. de Puyvert, de Castelbajac, de
Rougé, le duc de Doudeauville, de Villèle, Corbière, et pas *un seul* n'en fit
partie à aucun titre ni à aucune époque. Il révèle que le salon de M. Piet,
rue Thérèse, était le centre des conciliabules. M. Piet n'a jamais appartenu
à la Congrégation de près ni de loin.
Rien n'est plus curieux que le tableau de pure fantaisie qu'il retrace d'une
séance de la Congrégation : les congréganistes ont le regard obstinément fixé
sur une bannière (?); les servants de messe remplissent des « fonctions très
enviées, prélude habituel de hautes faveurs politiques ou administratives ».
Après la messe, la chapelle se transforme en salon, chacun échange des serre-
ments... de main. Enfin, dernier détail caractéristique : le Père Ronsin porte
une bague en or, et les congréganistes, une bague en argent!!
De semblables puérilités ne méritent pas d'être discutées; nous les relevons
comme la preuve des niaiseries que peut faire écrire l'esprit de parti.

tion ne trouvait pas d'aliment dans l'abstraction des calculs, l'aridité des théorèmes, la sécheresse des analyses; la vivacité de son esprit lui faisait prendre en dégoût ces sciences exactes et monotones qui le ramenaient brutalement vers un ordre inférieur de connaissances. Avec Descartes, il pensait « qu'il « n'y a rien de plus vide que de s'occuper de nombre et de « figures imaginaires, et de s'appliquer à ces démonstrations « superficielles avec tant de soin[1] ». Comme il était d'une famille de robe, il résolut de se consacrer au barreau, qui a bien aussi ses côtés arides et ses soins vulgaires, mais dont l'éclat séduisait sa générosité; il semblait vouloir se placer au centre de toutes les infortunes et avoir le droit de les connaître pour les mieux soulager.

Le 17 juin 1806, il soutint, avec un succès peu commun, sa thèse de licence; les examinateurs lui adressèrent des éloges publics et sur son diplôme voulurent inscrire cette mention : « L'École n'admet à l'unanimité que ceux qui ont soutenu un acte de la manière la plus distinguée; même parmi les candidats reçus à l'unanimité, M. Emmery est du nombre de ceux qui tiennent le premier rang. »

Précédé par la réputation de son talent, Emmery fut accueilli au barreau avec distinction; on espérait beaucoup de ce jeune avocat; l'attente générale ne fut pas trompée : son début fut une sorte d'événement dont on parla longtemps au Palais.

Il possédait le don de la persuasion. L'homme peut résister

---

[1] « Il n'y a dans l'étude des mathématiques ordinaires rien de grand, rien « de spontané, rien de généreux, rien de libre, rien d'original; les jeunes gens « y trouvent toujours quelque chose de borné, de rétréci, de dur, de con- « traint et comme de forcé; c'est la servitude de leur intelligence sous le joug « d'une évidence matérielle et grossière. — Du reste, nulle fécondité géné- « reuse, nul élan possible : le chiffre enfante le chiffre; de la ligne procèdent « les figures, rien de plus; l'esprit voit tout cela et le subit, mais n'admire « point. Il n'y a là nulle grandeur, nulle beauté, nul horizon. L'infini n'y « est pas! » Mgr DUPANLOUP, De la haute éducation intellectuelle, liv. Ier, ch. v.

à tout, hors à la bienveillance : Emmery, convaincu qu'il faut gagner l'esprit par le cœur, savait trouver l'affection des autres en donnant la sienne. Il voulait conquérir les intelligences à la vérité; la parole sortait alors de sa bouche, vive, animée, pénétrante, toute pleine d'esprit et de feu.

Absorbé par les soins de son ministère, l'abbé Teysseyrre pouvait consacrer peu de temps au charme des relations réciproques; tout en gardant avec lui d'affectueux rapports, M. Emmery avait vu ses visites devenir plus rares; mais à cette même époque, il rencontrait à la Congrégation une âme digne de combler le vide qui se faisait dans ses affections, et le liait étroitement avec Auguste d'Haranguiers de Quincerot. Des pensées, des travaux identiques et surtout la même ardeur dans leur foi les avaient instinctivement rapprochés; les vraies affections durent aussi longtemps que les vies qu'elles embellissent, et Dieu se plut à récompenser plus tard des amitiés si étroites en ne les séparant pas, même dans la mort.

Emmery et d'Haranguiers pénétraient par leur position dans les prisons et les hôpitaux; c'est là qu'ils exercèrent leur apostolat le plus fructueux. Nous avons vu qu'ensemble ils défendaient les réfractaires dignes de miséricorde, et les sentiments qui les animaient étaient, à eux seuls, en des milieux si difficiles, une éloquente prédication. Le commerce du monde lui-même ne détournait pas leurs pensées de leur gravité habituelle : un soir qu'ils étaient dans le salon d'un grand personnage autour duquel la foule s'empressait : « Voilà des gens, dit M. Emmery, qui nous montrent comment il faut prier. »

Napoléon était appréciateur du mérite, et quand une passion ou un intérêt ne troublaient pas son choix, il savait aller chercher le talent où il le distinguait. Les catholiques étaient mal en cour en 1810; ce fut cependant à cette époque que l'Empereur désigna Nicolas Emmery pour occuper une des fonctions nouvelles de conseiller auditeur à la Cour de Paris. Il y montra les qualités d'un magistrat de l'ancienne marque, inflexible dans son équité, et ne trouvant rien au-dessus ni au-dessous de lui dans l'accomplissement de ses devoirs. Louis XVIII le nomma, en 1814, substitut auprès du tribunal de la Seine. Le 25 mars 1815, Napoléon, rentrant à Paris, le destitua[1]. Quand, après cette tragique et burlesque épopée, la France eut repris le cours de sa vie régulière, M. Emmery fut l'un des plus fermes soutiens de la Congréga-tion[2]; ses fonctions de magistrat lui firent naturellement prendre une grande part à une œuvre dont nous aurons à par-ler plus en détail : la « Maison de refuge des jeunes prison-niers »; son expérience le désigna au choix de ses confrères quand il leur fallut nommer un président général de la Société des bonnes œuvres, sur qui pût se reposer l'abbé Legris-Duval; le Père Ronsin savait apprécier ses avis et faire appel à ses lumières.

Les deuils de famille[3] et les séparations les plus doulou-reuses de l'amitié vinrent déchirer son cœur et jeter sur ses jours un voile de tristesse, dont les souffrances physiques augmentèrent le poids. En accompagnant le cercueil d'Auguste d'Haranguiers, il tomba évanoui entre les bras de ceux qui l'entouraient, et rentra chez lui mortellement atteint d'un mal de langueur qui lui imposa un long dépérissement.

Il voulut que ses dernières forces fussent consacrées au souvenir de l'amitié : d'une main défaillante, mais d'un cœur ferme, il écrivit l'éloge funèbre d'Auguste de Quincerot. En

---

[1] Décret du 25 mars 1815. « ...Attendu que le sieur Emmery a perdu notre confiance par la conduite qu'il a tenue dans les derniers événements, il cessera ses fonctions à partir de ce jour. »

[2] Il avait déjà été préfet de la réunion pendant 1809, l'année même de la dispersion.

[3] Il perdit son père en 1817; quelques jours après, son frère mourait à la Guadeloupe.

peignant les traits caractéristiques de cette belle existence chrétienne si promptement éteinte, il semblait écrire sa propre vie ; par une sorte d'indéfinissable attrait il s'arrêtait longuement sur la mort paisible de son ami, et dans un élan d'espérance il paraissait s'appliquer à lui-même les paroles de saint Paul à Timothée, qu'il donnait comme épigraphe à son manuscrit : « Ce n'est pas en vain que je travaille, que je « souffre et que j'espère ; car je connais celui en qui j'ai « placé ma confiance. — *Scio cui credidi*[1]. »

Ses derniers jours furent douloureux, mais pleins d'espoir ; il priait Marie, dont il se sentait l'enfant privilégié ; ses yeux se reportaient avec confiance vers une image de la Sainte Vierge qui lui était particulièrement chère et qu'il tenait du bon Père Delpuits. L'amitié avait embelli son existence, elle lui demeura fidèle : le docteur Pignier lui consacrait presque tout son temps, M. de Portets se rendait fréquemment à son chevet, où il trouvait d'ailleurs une résignation plus forte encore que celle qu'il venait inspirer : comme il lui rappelait les paroles divines : *Remittuntur ei peccata multa, quia dilexit multum*, Emmery, saisissant sa main, répéta avec une voix pénétrée : *Multum, multum !* L'abbé Frayssinous lui faisait de fréquentes visites ; à la dernière il sortit en disant cette belle parole : « C'est fini ; il va se réveiller. » Quelques heures après, Emmery retournait à Dieu.

« Tous les amis, dit Fénelon, devraient mourir le même jour. » Ce bonheur si rare fut donné à l'abbé Teysseyrre et à Emmery. Tous deux unis pour combattre le bon combat, ils furent tous deux associés en même temps au triomphe.

Usé par les labeurs apostoliques, M. Teysseyrre sentait, malgré sa jeunesse, ses forces l'abandonner. Une fièvre ardente le saisit ; en proie aux violences du délire, il reprenait ses

[1] IIe Épître à Timothée, I, v. 12.

sens pour parler de Dieu; au milieu d'accès terribles on a
recueilli sur ses lèvres épuisées ces paroles profondes qui
résument toute sa vie : « Je veux faire aimer l'amour! » Les
soins de ses deux amis, Récamier et Fizeau, demeurèrent
impuissants; une crise plus douloureuse brisa les liens qui le
retenaient à la terre, et il alla vers le divin Maître dans cette
même nuit où l'âme du pieux Emmery montait vers les
cieux [1].

« Sa mort eut un retentissement inattendu. M. Duclaux,
supérieur général de Saint-Sulpice, disait à cette occasion
qu'on ne pourrait se faire une idée de la quantité de lettres de
condoléance qu'il recevait de tous les diocèses de France. Il
ajoutait que la mort de l'archevêque de Paris n'aurait pas fait
une impression plus profonde et plus générale [2]. »

Les obsèques eurent lieu à Notre-Dame, au milieu d'un
concours prodigieux de personnes de toutes conditions.
Les membres de la Congrégation marchaient à la suite des
ecclésiastiques de la maison de Saint-Sulpice et des jeunes
enfants, les « petits clercs » que ses soins avaient formés,
personnifiant ainsi les trois grands dévouements qui ani-
mèrent sa vie [3].

Opera illorum sequuntur illos. M. Teysseyrre ne mourut pas

---

[1] Le 22 août 1818. Nous possédons la biographie de M. Emmery faite par
son ami M. de Portets, professeur au Collège de France. (*Documents manuscrits
et inédits.*) A la rentrée de la Cour, le chancelier rappela en termes émus la
perte que venait de faire la magistrature.

Avant que la vie de M. Teysseyrre fût écrite tout récemment, on possédait déjà sur lui de très importantes notices dues au cardinal duc de Rohan,
au docteur Pignier (toutes deux lues à la Congrégation), à M. Jalabert, vicaire
général de Paris; ce dernier éloge fut prononcé à la chapelle des Allemands,
en présence de la petite communauté.

L'Ami de la religion, du 26 août 1818, avait consacré un article nécrologique
à la mémoire de ces deux vaillants chrétiens.

[2] PAGUELLE DE FOLLENAY, *Vie de M. Teysseyrre,* ch. XXI.

[3] Il fut enterré dans le cimetière des Sulpiciens, à Issy. Son cœur fut confié
à la « Petite Communauté », qui le conserva au collège de Vaugirard. (Ce
pieux dépôt fut outragé et spolié en 1871 par les bandes de la Commune.) Le

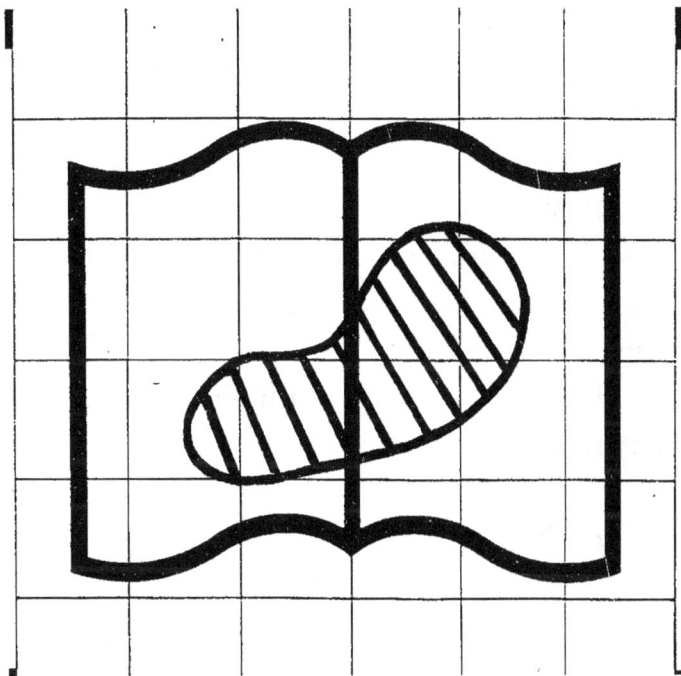

tout entier : il se survécut à lui-même dans ses œuvres et
dans le cœur des chrétiens que ses conseils ici-bas avaient
dirigés, et qu'après sa mort ses prières éclairèrent encore.
L'empreinte de sa direction a principalement marqué deux
hommes illustres à des titres divers : le cardinal de Rohan
et M. de La Mennais; il les rencontra à la Congrégation ou
les y conduisit, et son action sur eux n'est pas étrangère à
cette histoire.

Que de contrastes dans une seule vie! quelle mystérieuse puissance de la volonté divine pour conduire une âme là où elle
veut! Tout est extrême, tout est au comble, tout devient anti-
thèse dans la rapide existence de Louis-François-Auguste de
Rohan-Chabot, prince de Léon, duc de Rohan[1]. Entre toutes,
sa naissance est illustre, mais elle devient le motif de la persécution républicaine et une cause d'ombrage pour le gouvernement impérial. L'éclat de son nom, la distinction de son
caractère, la grâce de sa personne le désignent pour des charges
à la cour, mais il est par ordre chambellan d'un souverain
qu'il regarde comme illégitime et n'accepte les fonctions qui
lui sont à charge que pour payer la rançon de la liberté de ses
parents. Quand les Bourbons rentrent en France, les honneurs viennent trouver naturellement l'héritier d'une des plus
grandes familles de la monarchie : colonel d'état-major, officier des mousquetaires rouges, pair de France, il met par son
mariage avec la fille du duc de Sérent le sceau à sa félicité; peu
de jours après, la jeune duchesse, parée pour une réception de
l'ambassade d'Autriche, meurt, brûlée dans ses vêtements de
fête. L'opulence de sa maison semble rendre plus visible à
M. de Rohan l'horreur de sa solitude : il répond à l'appel de

---

duc de Rohan obtint, pour sa chapelle de la Roche-Guyon, les entrailles de
son ami; Mgr de Salinis composa l'inscription.

[1] Fils d'Alexandre-Louis-Auguste de Rohan-Chabot, duc de Rohan et de
Penhoët, et de Louise-Anne-Élisabeth de Montmorency.

Dieu, qui le conduit vers le sacerdoce; là les dignités l'attendent encore : il est archevêque, il est cardinal; mais l'injustice de ses diocésains n'est que l'avant-coureur de la foule insurgée qui l'insulte aux journées de Juillet; il doit s'exiler volontairement, et quand il rentrera dans son diocèse, s'il peut vaincre par sa charité l'opposition sans cause de son peuple, c'est à la veille du jour où il doit mourir, atteint par le fléau qu'il est venu combattre.

On l'avait vu chrétien fidèle au milieu d'une cour sans religion; il se rendait par nécessité d'état au théâtre, mais à l'écart dans le fond de la loge impériale, il égrenait les dizaines de son chapelet. Quand Pie VII fut interné à Fontainebleau, il avait osé aller lui offrir publiquement ses hommages. C'était là un témoignage non équivoque de la fermeté de ses convictions. Il s'inclina, brisé, mais sans murmure, sous la main de Dieu; sa piété s'affermit, ses aumônes augmentèrent, la pratique exemplaire des devoirs religieux lui devint habituelle : il trouva auprès de l'abbé Teysseyrre un consolateur et un appui [1].

Leurs premières relations dataient de l'année 1806; le prince de Léon venait alors de prendre rang à la Congrégation du Père Delpuits. En 1813 il fréquenta assidûment les réunions dirigées par le Père Ronsin; il s'adonnait à ces œuvres nais-

[1] M. Teysseyrre lui écrivait, au moment de la mort de madame de Rohan : « J'apprends la terrible épreuve qui vient mettre le comble à la générosité de votre âme et de vos sacrifices. O amour de mon Dieu, que vous êtes jaloux ! Quand vous voulez posséder un cœur tout entier, rien ne vous coûte. Vous frappez, vous renversez tout ce qui s'oppose à vos desseins. Mais, en même temps, que vous êtes doux dans vos rigueurs! Vous ne frappez que pour guérir, vous navrez coup sur coup une âme bien profondément affligée. Mais c'est que vous voulez à vous seul faire sa consolation, son bonheur et sa gloire. Ah! que ne m'est-il donné de vous dévoiler en ce moment les adorables secrets de la Providence, et de vous montrer, dans ce coup qui vous accable, le plus grand bienfait peut-être qu'elle pût vous accorder! Adieu, que la Mère du bel amour et de la sainte espérance console et fortifie votre âme. »

santes qui lui semblaient la meilleure espérance de la France chrétienne; à côté des plus modestes, il confondait volontiers sa grandeur et sa renommée.

Comprenant que le chrétien qui souffre « est moins un homme que Dieu a frappé qu'un homme à qui Dieu a parlé [1] », il marchait vers le sacerdoce, sentant que Dieu voulait de lui de grandes choses pour lui avoir déjà tant demandé. Au choix de ses plaisirs, le monde voyait qu'il allait le quitter; devenu plus rare à la cour, il consacrait de longues heures à la prière, et comme en toutes choses il était vraiment magnifique, la pompe religieuse des cérémonies de sa chapelle ne le cédait en rien au luxe passé de ses somptueux équipages [2].

Teysseyrre n'hésitait pas sur la vocation de son noble

---

[1] Louis Veuillot.

[2] M. de Lamartine nous a laissé, dans le commentaire de ses poésies, une page sur M. de Rohan, qui a sa place ici :

« C'était en 1819. Je vis un jour entrer dans ma chambre haute du grand et bel hôtel de Richelieu, rue Neuve-Saint-Augustin, que j'habitais pendant mon séjour à Paris, un jeune homme d'une figure belle, gracieuse, noble, un peu féminine. Il était introduit par le duc Mathieu de Montmorency, depuis ministre et gouverneur du duc de Bordeaux... Ce jeune homme était le duc de Rohan, depuis archevêque de Besançon et cardinal.

« Le duc de Rohan était alors un brillant officier des mousquetaires rouges, admiré et envié pour l'élégance de sa personne, pour l'éclat de ses uniformes, pour la beauté de ses chevaux, pour la magnificence de ses palais et de ses jardins aux environs de Paris, et surtout pour la splendeur de son nom. Il aimait les vers; M. Mathieu de Montmorency lui en avait récité quelques-uns de moi, retenus dans sa mémoire. Il avait désiré me connaître; il me plut au premier coup d'œil; nous nous liâmes d'amitié, sans qu'il me fit sentir jamais et sans que je me permisse d'oublier moi-même la distance qu'il voulut bien franchir, mais qui existait néanmoins entre deux noms que la poésie seule pouvait un moment rapprocher.

« Le duc de Rohan rêvait déjà le sacerdoce; il était né pour l'autel comme d'autres naissent pour le champ de bataille, pour la tribune ou pour la mer. Il aspirait au moment de consacrer à Dieu son âme, sa jeunesse, son grand nom. Il possédait à la Roche-Guyon, sur le rivage escarpé de la Seine, une résidence presque royale de sa famille. Le principal ornement du château était une chapelle creusée dans le roc, véritable catacombe, affectant, dans les circonvolutions caverneuses de la montagne, les formes des nefs, du chœur, des piliers, du jubé d'une cathédrale. Il m'engagea à y aller passer la semaine

pénitent, mais il temporisait pour mieux éprouver sa résolution définitive; il mourut à ce moment et, par une grâce
évidente, obtint aussitôt pour lui la lumière qui lui manquait
encore [1].

M. de Rohan avait réclamé le soin de faire lui-même, à une
séance de la Congrégation, l'éloge funèbre du saint prêtre, et il
ne manqua pas d'exprimer sa gratitude pour des prières si
promptement exaucées. Les allusions à sa vocation affermie
sont frappantes :

« C'est depuis sa mort que se sont fait sentir d'une manière
plus sensibles les effets de son zèle. Les âmes froides, sur la
langueur desquelles il gémissait depuis longtemps, se sont sen-
ties tout à coup ranimées et ferventes; *d'autres, dont il désirait
ardemment la conversion durant sa vie, se sont trouvées entièrement changées peu de jours après sa mort et portées au détache-
ment qu'il leur avait prédit, mais dont elles se croyaient inca-
pables* [2]. »

Le duc de Rohan entrait au séminaire de Saint-Sulpice le
20 mai 1819; prêtre le 1er juin 1822, il devenait presque aus-

---

sainte avec lui. Il m'y conduisit lui-même. J'y trouvai une réunion de jeunes
gens distingués qui sont devenus, pour la plupart, des hommes éminents dans
le clergé, dans la diplomatie, ou des hommes célèbres dans les lettres, depuis
cette époque. Le service religieux, volupté pieuse du duc de Rohan, se faisait
tous les jours dans cette église souterraine avec une pompe, un luxe et des
enchantements sacrés qui enivraient de jeunes imaginations. »

On lit ces lignes après la pièce qui porte le numéro XXXII, dans les *Médi-
tations poétiques*; elle est intitulée : *la Semaine sainte à la Roche-Guyon.*

[1] « Trois jours après la mort de M. Teysseyre, le duc de Rohan, se trouvant seul dans sa chambre, se vit subitement saisi de la pensée de son ancien
ami, et il lui sembla le voir, tout environné de lumière, entrer dans la gloire
des saints. En même temps il sentit toutes ses répugnances s'évanouir subitement et faire place au plus vif attrait pour l'état ecclésiastique. Sans hésiter,
il se rend chez le Roi et lui fait part de ses résolutions. — Pour tout autre
sujet, lui répondit Louis XVIII, — qui voulait lui faire épouser une princesse
de Saxe, — j'aurais de la peine de ce que vous m'annoncez; mais pour celui-ci,
je ne puis que vous louer et vous féliciter. L'épouse que vous allez prendre
est bien préférable à celle que je vous aurais choisie de ma main. »

[2] *Documents manuscrits et inédits.*

sitôt vicaire général de Paris, et ne cessait d'accorder sa bienveillance et son appui à l'association où il avait puisé ses premières pensées sacerdotales. Il ouvrit généreusement ses
appartements aux congréganistes, et nous aurons plus tard
l'occasion de pénétrer, à leur suite, dans son hôtel de la rue de
l'Université.

M. Teysseyre avait conduit au sanctuaire un prêtre éminent
qui ne se montra inférieur à aucune des charges importantes
qui lui furent dévolues, et qui ne pensa pas mieux honorer la
pourpre dont il fut revêtu qu'en donnant sa vie pour le troupeau qui lui était confié. Est-ce encore M. Teysseyre qui décida la vocation religieuse de La Mennais? Il paraîtrait puéril
de jeter sur les épaules d'autrui le lourd manteau de l'apostasie dans lequel se drapait à la fin de ses jours ce grand esprit
dévoyé. Peut-on, à un degré quelconque, rendre responsable
de sa chute le conseiller de sa vocation? Il est tombé, sans
doute, mais le mauvais prêtre ne fut-il pas d'abord, pendant
quinze ans, un admirable champion de la vérité, et doit-on
oublier ici son caractère si personnel, si entier, si absolu?
Certes, il était bien homme à se décider lui-même[1]!

L'abbé Jean de La Mennais, en relation avec les congréganistes pour avoir fondé en Bretagne des réunions analogues à
la leur, connaissait M. Teysseyre; il avait apprécié sa vertu et
ne manqua pas de lui adresser son frère, quand « Féli » vint à
Paris. Le jeune prêtre devint bientôt le conseiller de cette âme
éprise de la vérité, mais hésitante encore et déjà superbe.

Confident de ses pensées, il aimait à le suivre même de loin

---

[1] Chaque auteur repousse, pour son héros, la responsabilité de cette grave
décision : l'abbé PAGUELLE DE FOLLENAY (Vie de M. Teysseyre, ch. xv) dégage
parfaitement, à notre sens, sa mémoire de ce reproche, si reproche il y a.
M. Ropartz établit de son côté comment l'abbé Jean ne fit pas franchir à son
frère ce pas décisif (la Vie et les OEuvres de Jean-Marie de La Mennais,
ch. v). Le vénérable abbé Caron paraît avoir été le promoteur de cette ordination, qui eut lieu aux fêtes de Noël de 1815.

par une correspondance remplie de ferveur et d'affection;
c'est ainsi qu'il lui écrivit une lettre célèbre qui lui a été
parfois vivement reprochée. Sa prudence ordinaire semblerait pouvoir le mettre à l'abri d'une pareille attaque, et
cette lettre, nous osons bien, tout au contraire, la trouver
admirable; loin de la juger imprudente, nous l'estimons
essentiellement digne d'un prêtre et toute remplie de la
science de la croix[1].

« J'adore, cher ami, les desseins de miséricorde du Sauveur
sur votre âme. Je vous félicite de ce qu'il vous prive de tout
bonheur en ce monde, en sorte que vous n'éprouviez pas
même la douceur de son amour et que vous ne ressentiez pas
la gloire du sacerdoce. Vous allez à l'ordination comme une
victime au sacrifice. Le saint autel est dépouillé pour vous de
ses ornements, le calice enivrant a perdu ses délices, et nu,
vous embrassez et suivez la croix toute nue : *Nudus nudam
crucem sequar*. Qu'avez-vous donc fait au Père céleste pour
qu'il daigne vous traiter comme son fils bien-aimé? Par où
avez-vous mérité ce partage qui fut l'objet des plus grandes
âmes? Hélas! pauvres êtres imparfaits que nous sommes, nous
avons célébré notre première messe sur le Thabor; pour vous,
il vous sera donné de la célébrer sur le Calvaire. Votre âme
y sera peut-être comme celle de Jésus dans l'agonie, triste
jusqu'à la mort, délaissée en apparence de Dieu et des
hommes; vous serez tenté de vous plaindre, comme Notre-Seigneur. *Sitio! Utquid dereliquisti me?* Et cependant, vous vous
laisserez étendre de grand cœur sur la croix et vous chanterez,
au milieu de vos ténèbres et de vos angoisses, le cantique de
l'amour et du saint abandon... Vivez donc de confiance et
d'abandon; dans l'optimisme de l'amour, disons avec saint
Ignace : « *Fac de me sicut vis et scis, nam scio quia amator
sis.* » Marchez comme un enfant dans cette nuit de la
foi, dans cette voie royale où ont marché tous les saints.

Eia, frater, pergamus simul, Jesus est nobiscum... », etc.[1]

La confiance que lui témoignait M. de La Mennais ne fit que croître après son entrée dans les ordres, et l'on sait aujourd'hui la part prise par M. Teysseyre à la publication du premier volume de l'*Essai sur l'indifférence*. Il en fut à proprement parler l'instigateur : donnant le plan, fournissant les notes, délimitant le sujet que l'écrivain allait revêtir de son style mâle et vigoureux[2].

Nul n'ignore l'effet magique produit par ce livre : « C'est un coup de tonnerre dans un ciel de plomb! » s'écria M. de Maistre. Planant au-dessus des mensonges philosophiques, la vérité relevait enfin la tête, et lasse de défendre son héritage, elle attaquait à son tour en portant le combat jusque dans le camp ennemi. L'indifférence! Mal des sociétés qui s'écroulent et des peuples qui se décomposent. L'indifférence! Oui, c'était bien là le danger pendant ces années qu'avait préparées la corruption du dix-huitième siècle! Le cri d'alarme retentissait enfin au milieu d'un silence affligeant; d'un mot l'attention de tous était éveillée, d'un geste était déchiré le voile dont l'incrédule couvrait volontairement la plaie de son âme.

« Le siècle le plus malade n'est pas celui qui se passionne pour l'erreur, mais celui qui dédaigne la vérité. Il y a encore de l'espoir là où l'on aperçoit de violents transports. Mais lorsque tout mouvement est éteint, lorsque le pouls a cessé de battre, que le froid a gagné le cœur, qu'attendre alors qu'une prochaine et inévitable dissolution? Il a fallu de longs et persévérants efforts, une lutte infatigable de l'homme contre sa conscience et sa raison, pour parvenir enfin à

[1] Nous ne pouvons partager l'effroi de l'abbé Ricard : « Ces paroles font frissonner », dit-il en ne citant que quelques lignes du passage que nous rétablissons plus haut (l'*École Menaisienne*, ch. 1), et encore moins conclure avec lui que M. Teysseyre décida personnellement de la vocation de La Mennais.

[2] P. DE FOLLENAY, *Vie de M. Teysseyre*, ch. xv.

cette brutale insouciance. Contemplant avec un égal dégoût la vérité et l'erreur, il affecte de croire qu'on ne les saurait discerner afin de les confondre dans un commun mépris : dernier degré de dépravation intellectuelle où il lui soit donné d'arriver. *Impius cum in profundum venerit contemnit.* Quand l'impie est descendu dans les profondeurs du mal, il méprise [1]. »

Le succès de ces pages enflammées fut universel : 40,000 exemplaires du premier volume furent achetés, l'Europe entière se passionna, les esprits les plus distingués applaudirent cet écrivain inconnu la veille, mais qui en un jour était devenu « le plus célèbre et le plus vénéré des prêtres français [2] ». A cette voix éloquente qui vengeait leurs croyances et flagellait ses ennemis, les catholiques sentirent grandir leur dignité; on attendait tout de l'avenir, on espérait pouvoir remédier aux maux du passé. L'Église rassemblait ses enfants autour d'elle, le gouvernement paraissait prendre en main la défense de la vérité, les vieillards échappés à tant de traverses jouissaient d'un calme que les bouleversements récents ne semblaient pas promettre à leurs derniers jours, la jeunesse surtout, avec les ardeurs de son âge, ébauchait le beau rêve d'une félicité assurée par la stabilité du trône et le respect de l'autel.

Les écoles, où l'on compte d'ordinaire peu de courtisans, manifestaient, avec une spontanéité digne de remarque, leurs sentiments royalistes : Louis XVIII était acclamé par les élèves de Saint-Cyr [3]. Le duc d'Angoulême, visitant l'École polytech-

---

[1] LA MENNAIS, *Essai sur l'indifférence en matière de religion*, t. I, p. .t
[2] MONTALEMBERT, *Notice biographique sur le Père Lacordaire.*
[3] Cette scène historique eut lieu le 8 août 1819, dans la cour du château de Saint-Cloud. Saint-Cyr, appelé dès lors « le premier bataillon de France », fut admis tous les ans, le jour de la fête du Roi, aux Tuileries, avec les grands corps de l'État. La fidélité de l'École ne s'était jamais démentie · elle avait protesté avec tant d'énergie le 8 mars 1815 contre le retour de l'île d'Elbe et

nique dont il était le protecteur officiel, se voyait l'objet
d'ovations enthousiastes qui faisaient écho aux transports des
étudiants de l'École de droit entourant le comte d'Artois[1].
Dans tous les rangs de la société l'élan était le même; c'était
véritablement pour la France l'aurore de jours heureux.

Comme on le peut croire, les jeunes gens de la Congrégation ne demeuraient pas indifférents à ce mouvement des esprits; ils voyaient leurs rangs grossir sans cesse par des recrues
d'élite; le 27 avril 1817, Mgr du Bourg, avant de regagner son
diocèse dans la Louisiane, voulut prononcer, dans leur chapelle, son acte de consécration[2]; peu après ce fut Mgr Le-

si noblement refusé de servir l'usurpateur, que Napoléon la licencia le 20 mars
suivant. — En 1830, Saint-Cyr donnait le suprême témoignage de son respect
pour ses serments, en accourant auprès de Charles X pour défendre sa personne contre les émeutiers conduits par le maréchal Maison; il fallut l'ordre
exprès du Roi pour que cette jeunesse fidèle consentit, après l'abdication du
1er août, à regagner ses casernements.

[1] « Le 4 juin, à dix heures du matin, Mgr le duc d'Angoulême arriva inopinément à l'École polytechnique; c'était l'heure à laquelle les élèves,
réunis dans un vaste laboratoire, s'exercent à la pratique des manipula-
tions chimiques. Lorsqu'ils virent entrer le prince, les acclamations de Vive
le Roi! vive Monseigneur! se firent entendre. Son Altesse Royale voulut
que les travaux continuassent et reçut de M. le professeur Gay-Lussac des renseignements très satisfaisants sur les progrès des jeunes gens. Monseigneur, en
rentrant dans la cour, y trouva une artillerie toute scientifique; c'était une
vingtaine de mortiers, dans lesquels ils avaient préparé quelques grains d'une
composition fulminante, et avec lesquels ils saluèrent Son Altesse Royale. Un
des jeunes gens avait été légèrement blessé; Monseigneur, s'en apercevant,
courut à lui, et lui témoigna, avec sensibilité, sa peine. « Ce n'est rien, répondit le jeune Gaulier; j'espère un jour verser plus honorablement mon sang
pour Votre Altesse Royale. » Le prince, ému, lui serra la main et reprit
vivement : « Alors, mon cher, nous le verserions ensemble pour le Roi et
pour la patrie. » (L'Ami de la religion, n° du 11 juin 1817.)

[2] « Avant de commencer la célébration des saints mystères, étant au bas
des marches de l'autel, à genoux, Sa Grandeur a prononcé à haute voix, en
présence de tous les congréganistes, son acte de consécration, et veut être
comptée au nombre des membres de la Congrégation de Paris, à laquelle Elle
se propose d'affilier les Congrégations déjà établies dans son vaste diocèse et
dans tout le Nouveau Monde. » (Catalogue des congréganistes. Documents
manuscrits et inédits.)

Mgr Louis-Guillaume du Bourg, né au Cap français (Saint-Domingue), le

blanc de Beaulieu, attiré par des œuvres de charité communes, qui s'enrôlait dans leur pieuse association, suivi lui-même par les membres les plus éminents de l'épiscopat français.

Des documents manuscrits nous apprennent qu'à la fin de l'année 1820, faisaient partie de la Congrégation : Mgr Perocheau, évêque de Maxula en Chine, reçu à la veille de partir pour l'extrême Orient [1] ; — Mgr de Montblanc, évêque de Saint-Dié [2] ; — Mgr Plessis, évêque de Québec ; — Mgr de La Châtre, évêque de Beauvais ; — l'évêque de Laon, Mgr du Chatellier [3] ; — l'évêque de Bayonne, Mgr d'Astros [4] ; — le nonce, Mgr Macchi ; — Mgr Dubois, évêque de Dijon ; — Mgr de Cosnac, évêque de Meaux [5] ; — Mgr Soyer, évêque de Luçon [6] ; — et deux évêques des Missions étrangères : Mgr Coupperie, évêque de Babylone ; Mgr Glaury, vicaire apostolique des Antilles.

14 février 1766, fut sacré à Rome le 24 septembre 1815. Il parcourut l'Italie, la France et la Flandre, pour recruter des missionnaires. Ayant donné sa démission en 1826, il revint en France et fut nommé évêque de Montauban. Archevêque de Besançon en 1833, il mourut quelques mois après.

[1] En même temps fut admis le Père Thomassin, qui l'accompagnait dans l'extrême Orient.

[2] Mgr de Montblanc, né le 28 mai 1767, fut archevêque de Tours en 1824.

[3] Né en 1761, d'une ancienne famille du Vendômois, Mgr du Chatellier, vicaire général du Mans avant la Révolution, avait émigré en Angleterre ; ses prédications y furent célèbres. Rentré en France avec les Bourbons, il fut successivement appelé aux sièges de Laon, de Mende et d'Évreux, mais n'occupa que ce dernier, de 1822 à 1841. Le comte d'Artois, dont il était l'aumônier, le tenait en singulière estime. C'était un évêque de haute valeur, à qui son grand âge ne permit pas de réaliser tout le bien qu'il se proposait.

[4] Une des âmes les plus énergiques de l'épiscopat contemporain ; il résista courageusement, comme vicaire capitulaire, aux prétentions du cardinal Maury et de Napoléon ; il fut mis en prison à Vincennes. Nommé successivement, en 1817, évêque d'Orange, de Saint-Flour et enfin de Bayonne, il fut, en 1828, appelé au siège archiépiscopal de Toulouse, et mourut cardinal, en 1851. — Sa Vie a été écrite par le Père CAUSSETTE, en 1853. C'est un livre précieux en renseignements et fécond en vues vraiment catholiques sur l'histoire religieuse du siècle.

[5] Mgr de Cosnac, né le 24 mars 1764. En 1817 évêque de Noyon ; en 1819 évêque de Meaux.

[6] Né le 5 septembre 1767 ; ancien vicaire général de Poitiers.

Nous pouvons anticiper quelque peu sur les événements afin de ne pas scinder la liste des prélats qui voulurent se consacrer à Marie dans l'oratoire de la rue du Bac; trente-six évêques, dont trois nonces du Saint-Siège, furent membres de la Congrégation.

En 1821 : Mgr de la Myre, évêque du Mans[1]; — Mgr de Bombelles, évêque d'Amiens; — Mgr de Villefrançon, coadjuteur de Besançon[2]; — Mgr de Chaffoy, évêque de Nîmes, firent leur consécration.

Le dimanche 17 novembre, Mgr de Quélen, dans une démarche significative, prit la parole pour encourager les congréganistes et apporta à la réunion la bénédiction et l'approbation publiques de son pasteur naturel.

En 1822 : le grand aumônier de France, Mgr le prince de Croy, évêque de Strasbourg[3]; — Mgr Maréchal, archevêque de Baltimore; — Mgr de Pins, évêque de Limoges[4].

En 1823 : Mgr Falconieri, ablégat apostolique; — Mgr Millaux, évêque de Nevers; — Mgr de Lalande, évêque de Rodez[5]; — l'évêque de Gap, Mgr d'Arbaud; — l'évêque de Fréjus, Mgr de Richery[6]; — l'archevêque d'Aix, Mgr de Beausset[7].

Successivement, en 1824 : l'évêque de Châlons, Mgr de

[1] Né à Paris le 17 août 1755; évêque de Troyes en 1817; évêque du Mans en 1819.

[2] Mgr Frère de Villefrançon, né le 20 juin 1754; vicaire général de Besançon; en 1817 évêque de Châlons, puis coadjuteur avec future succession de Besançon, sous le titre d'archevêque d'Adana. Il était pair de France. — Par une rencontre touchante, le siège de Besançon fut occupé sans interruption de 1823 à 1874, pendant plus d'un demi-siècle, par quatre membres de la Congrégation : NN. SS. de Villefrançon, de Rohan, du Bourg et Mathieu.

[3] Fut violemment attaqué par la presse libérale, à l'occasion des missions et d'un mandement. Il fut cardinal et archevêque de Rouen.

[4] Mort archevêque de Lyon.

[5] Ancien curé de Saint-Thomas d'Aquin, mort archevêque de Sens.

[6] Mort archevêque d'Arles.

[7] Mgr de Beausset-Roquefort, né à Béziers, le 31 décembre 1757; évêque de Vannes en 1808, — qu'il ne faut pas confondre avec son parent, le célèbre cardinal de Beausset (né à Pondichéry en 1748).

Prilly[1]; — Mgr Jacquemin, évêque de Saint-Dié; — Mgr Tharin, évêque de Strasbourg[2]; — Mgr d'Ordet, évêque de Langres; — Mgr de Cheverus, évêque de Montauban[3].

En 1826 : Mgr du Poulpiquet, évêque de Quimper. — Enfin en 1827 : le nonce, Mgr Lambruschini et le cardinal de Clermont-Tonnerre, archevêque de Toulouse[4]. En 1830, Mgr Cottret, évêque de Carysthe.

Il est inutile d'insister sur l'importance de ces admissions; elles portent leur enseignement avec elles : c'était pour le Père Ronsin l'encouragement le plus précieux et les félicitations les plus hautes pour son œuvre. En se faisant inscrire parmi les congréganistes et en prenant rang au milieu des plus modestes d'entre eux, les membres de l'épiscopat français répondaient par avance aux accusations qui devaient assaillir la réunion. Ces démarches successives peuvent édifier les esprits sans prévention sur le caractère chrétien d'une association qui recevait de tels adhérents, et sur le crédit qu'il convient d'accorder à ses détracteurs.

Si, après avoir énuméré les évêques qui voulurent devenir congréganistes, on établit la liste des congréganistes qui devinrent évêques, on constatera qu'un grand nombre des personnages éminents de l'épiscopat du dix-neuvième siècle ont fait partie de la réunion de la rue du Bac, et en jugeant l'arbre d'après ses fruits on aboutira à la conclusion la plus juste qui doive être tirée.

[1] Ancien officier de cavalerie, Mgr de Prilly se montra prêtre exemplaire et pasteur intrépide. Ses *Lettres* viennent d'être publiées; elles sont du plus haut intérêt.

[2] En 1827, il quitta ses fonctions pour devenir précepteur du duc de Bordeaux.

[3] Les vertus de Mgr de Cheverus sont trop connues pour que nous les rappelions ici. Il mourut cardinal et archevêque de Bordeaux, après avoir édifié les différents diocèses qu'il dirigea, tant en Amérique qu'en France.

[4] Né en 1749, évêque de Châlons en 1782, Mgr de Clermont-Tonnerre montra partout la vertu la plus haute et la plus ferme; les ordonnances de 1828 trouvèrent en lui un adversaire résolu. Il mourut chargé de mérites, en 1830, ayant apporté une illustration de plus à sa maison.

Ici les noms parlent eux-mêmes : NN. SS. Bruté, Philibert
de Bruyard, de Forbin-Janson, de Rohan, Mathieu, Blanquart
de Bailleul, de Jerphanion, de Mazenod, Gerbet, Sibour,
Dupuch, Dumoulin Borie [1], Dufêtre, de Garsignies, de la
Croix d'Azolette, Borderies, figurent sur les catalogues quand
ils étaient séminaristes ou étudiants; leur exemple personnel
témoigne quelle formation leur esprit et leur cœur avaient
reçue dans ces réunions chrétiennes.

Des étrangers de passage à Paris sollicitèrent le même avantage, notamment Thomas Weld de cette illustre famille jaco-
bite et catholique où se transmettait l'héritage de la fidélité
monarchique et de la pureté de la foi [2]. Il demeurait à Paris,
chez l'abbé Caron, qu'il avait connu en Angleterre aux jours de
l'émigration; par lui il fut initié à toutes les œuvres de la capitale. Veuf comme le duc de Rohan, comme lui il était attiré
vers le sanctuaire ; le 20 août 1820 il recevait les ordres mineurs
des mains de Mgr de Latil, alors évêque de Chartres, et le
7 mars de l'année suivante, dans la chapelle de l'archevêché,
Mgr de Quélen l'ordonnait prêtre. Ses mérites furent appréciés : évêque *in partibus* d'Amyclée, coadjuteur de l'évêché
de Kingston dans le haut Canada, il était préconisé cardinal le
15 mars 1830, donnant partout, à Londres, à Paris, à Rome,
le spectacle d'une piété ferme et d'un cœur généreux. Son
père avait reçu dans ses terres, pendant l'émigration, les Trap-

---

[1] Né au diocèse de Tulle le 21 février 1808, congréganiste le 8 décembre 1829,
Pierre Dumoulin Borie, vicaire apostolique du Tonkin occidental, évêque
élu d'Acanthe, mourut martyr, à trente ans, dans la persécution de 1838.

[2] Le 24 août 1817, Thomas Weld était reçu congréganiste, ainsi que Pierre
Middleton ; le catalogue porte cette double mention : « Congréganistes des
Pères Jésuites établis dans le Lancastershire; propriétaires anglais; ont voulu
renouveler parmi nous leur acte de consécration pour faire partie de la Société
de Paris. » Le 21 septembre suivant, Georges Blünt, « propriétaire anglais »,
faisait aussi sa consécration. En 1818, sir Thomas Clifford, baronnet, suivait
ce double exemple. — A son tour, son fils devint congréganiste le 7 septembre 1823. Il épousa plus tard la fille de Thomas Weld. (*Documents manuscrits
et inédits.*)

pistes exilés (ils revinrent en 1817 créer en France la maison
de la Meilleraye), et fondé pour eux le premier monastère
catholique anglais depuis la Réforme. A son exemple, fidèle
aux trônes tombés et au droit méconnu, Thomas Weld ouvrait
en 1830 à Charles X son château de Lullworth. En pénétrant
dans cet asile au fronton duquel était gravée la devise de son
hôte : *Nil sine numine,* le vieux roi pouvait songer aux récompenses promises par la Providence à ceux qui acceptent chré-
tiennement sa volonté[1].

Thomas Weld avait pu rencontrer chez le Père Ronsin trois
frères d'origine irlandaise, mais bien Français par le cœur,
dont les sentiments religieux et politiques concordaient exactement avec les siens : Nicolas, Robert et Justin de Mac Carthy. Leur père avait dû quitter sa patrie pour résister à la
persécution protestante; il s'était fixé à Toulouse, avec ses
enfants[2]. Le comte Robert émigra en 1791, et servit à l'armée
des princes comme aide de camp du prince de Condé. L'aîné
se dirigea vers le sanctuaire et fut ordonné dès les premiers
jours de paix religieuse. En 1806, lors d'un voyage à Paris,
les trois frères furent présentés au Père Delpuits; ils rappor-
tèrent à Toulouse les exemples qu'ils venaient d'admirer et
furent les fondateurs de la Congrégation qui s'y établit. L'abbé
de Mac Carthy entra dans la Compagnie de Jésus dès que les
événements le lui permirent; il devint promptement célèbre,
moins encore par ses talents que par sa piété profonde, les
succès de son ministère, les honneurs qu'il refusa.

« Il fut tout à la fois le Bourdaloue et le Massillon de son

[1] C'est à Lullworth que Charles X prit le titre de duc de Milan. Il accepta
ensuite l'hospitalité du roi d'Angleterre à Holy-Rood, près d'Édimbourg.
[2] Le comte de Mac Carthy fut un des grands bibliophiles de son temps :
il réunit une bibliothèque dont la vente, à sa mort, en 1816, fit sensation dans
le monde savant. Louis XVIII acheta pour 20,000 francs de livres; la Bibliothèque royale fit l'acquisition d'un psautier de 1457 dont le seul exemplaire
identique se trouve à la Bibliothèque de Vienne.

temps, il régna par la parole; il fut écouté parce qu'il était convaincu. Ce fut le prédicateur d'une époque de transition. Tout a changé autour de lui : les lois, les trônes, les mœurs; lui seul est resté immobile dans sa foi et dans les magnificences de son langage. Ce Bourdaloue improvisateur, dont la tête est pleine d'idées, dont l'âme déborde de charité et d'éloquence, s'est abreuvé aux sources les plus pures de l'art de bien dire et surtout de bien faire. Il fut l'apôtre de la France sous le règne des Bourbons, ainsi que Xavier de Ravignan l'est devenu au milieu de la tourmente révolutionnaire [1]. »

Au mois de mars 1819, il prêcha pour la première fois à Paris, aux Missions étrangères, et avec un tel bonheur que trois mois plus tard, quand il ouvrit à Notre-Dame une retraite pour la Pentecôte, deux mille hommes, en tête desquels marchaient les congréganistes, entouraient sa chaire et formaient un auditoire chrétien tel qu'on n'en avait pas vu depuis un demi-siècle.

Pendant dix ans, toutes les œuvres de la Congrégation trouvèrent en lui un prédicateur attitré; il ne refusait jamais sa parole, pas plus que son frère Robert ne refusait son exemple et ses dons. Leur mort à tous deux fut le couronnement de si belles vies : le comte Robert voulut quitter son lit pour se faire étendre sur le plancher de sa chambre et attendit, le crucifix à la main, que Dieu le rappelât à lui [2]. Le Père de Mac Carthy expira quelques années après à Annecy, entre les bras de l'évêque, qui témoignait publiquement de son admiration et déclarait que toute l'éloquence de l'orateur était surpassée

---

[1] CRÉTINEAU-JOLY, Histoire de la Compagnie de Jésus, t. VI.
[2] « Ses obsèques ont eu lieu dans l'église de Saint-François à Lyon, et ses restes ont été transportés dans sa terre, près Valence. Ils y ont été reçus par toute la population avec des témoignages de douleur qui sont le plus bel éloge de celui qui n'est plus. Les habitants quittaient leurs travaux et venaient grossir le cortège. Ils ont voulu porter le corps, qui a été déposé près de celui de Mme de Mac Carthy. » (Ami de la religion, 27 juillet 1827.)

par la prédication victorieuse de sa résignation à la souffrance.

On conçoit comment de tels hommes pouvaient avoir de l'influence sur leurs contemporains et quel empire ils exerçaient sur la jeunesse de la Congrégation disposée à servir l'Église sur tous les champs de bataille. Le Père Ronsin avait ainsi plus besoin de la retenir que de la pousser.

Une des plus chrétiennes de la cour, la famille de la Bouillerie, devait être représentée à la Congrégation ; nous remarquons en effet, comme secrétaire de la réunion à cette époque, Alphonse de la Bouillerie, donnant déjà les marques de cette piété que la voix populaire caractérisait plus tard en l'appelant le « saint de l'Anjou [1] ». Par sa situation sociale, ses relations étendues, sa position personnelle au ministère des finances où il travaillait avec son oncle, le trésorier général de la couronne [2], par l'aménité de son caractère il groupait autour de lui les jeunes chrétiens de la haute société. Signalons son beau-frère, Arnaud de la Porte-Lalanne, Paul de Scorbiac [3], le comte de Faverny, Charles de Briey, le comte

[1] Fils du baron de la Bouillerie, officier de cavalerie, émigré, et, à la Restauration, sous-préfet de la Flèche, Alphonse de la Bouillerie fut attaché, pendant vingt ans, à la personne de son oncle, le comte de la Bouillerie (successivement commissaire aux armées, trésorier général de la couronne, ministre de la maison du Roi, pair de France). Il devint lui-même intendant du Trésor royal et maître des requêtes au Conseil d'État. En 1830, il se démit de toutes ses charges, se consacra exclusivement au bien, fut président de l'œuvre de la Propagation de la foi, et mourut à la Flèche, âgé de cinquante-cinq ans, en 1847. Il avait épousé, en 1817, Mlle de La Porte-Lalanne (morte en 1882), fille du conseiller d'État, révoqué par M. Decazes et replacé par Charles X. — Son fils, le baron Joseph de la Bouillerie, député à l'Assemblée nationale en 1871, ministre des finances sous le maréchal de Mac Mahon, a suivi ces nobles exemples : il est président du Comité de l'OEuvre des cercles catholiques d'ouvriers.

[2] Père de Mgr de la Bouillerie, évêque de Carcassonne, archevêque de Perga, coadjuteur de Bordeaux, l'un des prélats les plus fermes de l'épiscopat français de notre siècle, et du comte Henri de la Bouillerie, ancien élève de l'École polytechnique, tout entier occupé des œuvres catholiques.

[3] Déjà, depuis 1815, son frère aîné était congréganiste. En 1820, l'abbé de Scorbiac fit à son tour sa consécration.

de Lorges, Louis de Foresta, tous jeunes officiers de la garde royale; Ruinart de Brimont, Ernest Berthe de Villers, de Lagrenée, se destinant à la carrière diplomatique; il nous faudrait citer cent noms pour être complet; tous apportaient une politesse et une aménité qui donnaient aux réunions de la rue du Bac un cachet distinctif de bonne compagnie.

D'autres membres de l'aristocratie n'appartenant pas à la société française, mais à qui leurs fonctions donnaient entrée dans le monde officiel, demandèrent et obtinrent leur admission : nous citerons l'un d'eux, car il portait un nom cher à la France et vénéré dans l'Église : Paul-François de Sales [1], attaché à l'ambassade de Sardaigne à Paris et petit-neveu du saint évêque de Genève. Il était déjà congréganiste à Chambéry, et appartenait à la réunion de Lyon; sa présence parmi les jeunes gens du Père Ronsin évoque tout naturellement le souvenir de son illustre ancêtre, quand le jeune écolier était le préfet et le modèle de la Congrégation du collège de Clermont, et qu'il allait prier avec tant de dévote confiance la vierge Marie dans son modeste sanctuaire de Saint-Étienne des Grès.

Le beau-frère de Paul-François de Sales, Félix de Roussy [2],

---

[1] Il était né à Annecy le 17 septembre 1778, et fut admis à la Congrégation le 21 avril 1816.

[2] Né à Montauban le 18 juillet 1785. Congréganiste le 29 juin 1817.
Dans les lettres de M. de Bonald au comte de Maistre, récemment publiées, nous lisons cette page qui concerne M. de Roussy : « Vous avez, Monsieur « le comte, dans votre pays, un de mes parents, excellent homme de tout « point, et destitué de la préfecture de la Vendée pour son royalisme et son « esprit religieux. C'est M. de Roussy, mari de Mlle de Sales, dernière d'une « des branches de la famille de votre saint évêque de Genève. La famille de « Mlle de Sales, petite-fille de la marquise de Gralier, a perdu ses biens dans « la Révolution, situés, je crois, près d'Annecy; il est à la poursuite de l'in- « demnité que votre souverain a promise. J'ose vous recommander ses inté- « rêts. Il est digne de votre bienveillance, et, quoiqu'il ait été sous-préfet à « Annecy, sous Bonaparte, je crois qu'on lui rend justice et qu'il a toujours « fait tout le bien qui dépendait de lui et donné les meilleurs exemples. » (Lettre du vicomte de Bonald, automne de 1819, publiée dans la *Correspon- dance* de Joseph de Maistre, t. VI, p. 349-350.)

fit partie de cette pléiade de chrétiens bien déterminés à
mettre leurs actes en accord avec les maximes de leur religion,
d'autant plus dignes d'éloges que sous le vernis apparent
d'un respect de bon ton, un trop grand nombre d'hommes du
monde, imbus presque inconsciemment des sophismes philosophiques du dix-huitième siècle, ne pratiquaient en réalité
aucun des commandements de l'Église.

Bien qu'il eût remis entre les mains du Père Ronsin l'entière
direction de la Congrégation, l'abbé Legris-Duval restait
attaché par le cœur à une association qu'il considérait comme
des plus utiles, et savait lui consacrer encore ses talents, ses
conseils et son appui.

Il se trouvait mêlé à tout ce qui se faisait de bien à Paris :
actif promoteur de l'œuvre des pauvres Savoyards, il partici-
pait à la visite des malades dans les hôpitaux, à l'instruction des
jeunes prisonniers, à l'établissement d'une maison de refuge
pour les enfants condamnés, à la fondation de l'œuvre des
filles repenties. Sa parole, vivement goûtée dans la chapelle
des Tuileries, se réservait plus volontiers encore aux pauvres
des faubourgs et aux ignorants des quartiers abandonnés. Ces
travaux et ce dévouement avaient fixé l'attention et l'estime
générales.

Simple prêtre, sans place, sans fortune, il était entouré de
cette considération que ne donnent pas toujours la naissance
et les dignités. Le charme de ses discours, sa piété aimable,
sa charité ardente, tout lui avait valu une influence d'autant
plus puissante qu'elle était plus douce. Lorsqu'en 1817, au
moment des négociations du Concordat, Louis XVIII voulut
lui offrir un siège épiscopal, il supplia qu'on ne pensât point
à lui et, pour écarter les instances, fit valoir l'état de sa santé.
Il refusa depuis la place d'aumônier ordinaire du comte
d'Artois, celle de grand vicaire du cardinal de Périgord, arche-

vêque de Paris; il accepta cependant le titre de prédicateur
du Roi, succombant sans doute à cette insatiable ambition
qui dévorait, comme chacun sait, le cœur des congréganistes!

Épuisé par des travaux si multiples, il tomba gravement
malade; et le lundi 18 janvier 1819 il expirait, à peine âgé de
cinquante-trois ans.

Ses obsèques furent célébrées le 20 janvier dans sa paroisse,
l'église des Missions étrangères : l'église suffisait à peine pour
le grand nombre de personnes qui s'étaient empressées d'y
accourir : on y voyait tous les évêques alors présents à Paris,
beaucoup d'ecclésiastiques, des hommes de tous les rangs, des
pairs, des fonctionnaires publics, des officiers, des jeunes gens,
le Père Ronsin et les congréganistes. Les petits Savoyards
occupaient une tribune spéciale.

Le corps fut transporté aux Carmes de la rue de Vaugirard,
l'abbé d'Astros prononça l'éloge du défunt, et le cercueil fut
placé sous la chaire même où il avait souvent fait retentir
son éloquente voix [1].

---

[1] C'est dans cette même église des Carmes que, le 31 mars suivant, Mgr de
Quélen prononça une oraison funèbre en présence d'un grand nombre d'évêques
et de fidèles. — On lit sur la pierre sépulcrale l'épitaphe suivante :

ICI
REPOSE LE CORPS
DE M. RENÉ-MICHEL
LEGRIS-DUVAL
PRÊTRE, PRÉDICATEUR DU ROI,
NÉ LE 16 AOUT 1765
MORT LE 18 JANVIER 1819.

—

Omnium me servum feci
Ut plures lucrifacerem.
Je me suis fait le serviteur de tous
afin de pouvoir les gagner tous à
J. C.

I Cor., IX, 19.

M. le duc de Doudeauville, attaché depuis tant d'années à l'abbé Legris-
Duval, obtint de faire transporter dans son château de Montmirail le cœur de

L'Église perdit en M. Legris-Duval un de ces hommes
d'élite que Dieu suscite pour les grands ministères, le digne
successeur des saints prêtres qui ont le plus honoré le sacerdoce et le mieux servi la cause de la religion, le créateur d'une
foule de bonnes œuvres, qui avait ramené tant d'âmes dans
le chemin du salut, qui en avait conduit plus encore dans la
voie de la perfection.

En voyant ses rangs grossir, la Congrégation sentait son zèle
augmenter. Ses membres suivaient assidûment les conférences
religieuses du Père de Mac Carthy et les éloquents sermons
de l'abbé Frayssinous. Les premières prédications réservées
aux hommes, fondées modestement vers 1818 par l'abbé d'Astros, alors grand vicaire de Paris, et qui ont eu depuis tant
d'éclat avec les Lacordaire, les Ravignan, les Félix et les Mon-
sabré, n'avaient pas d'auditeurs plus fidèles[1].

Au printemps de 1819, le mercredi 26 mai, pendant la neu-
vaine préparatoire de la Pentecôte, les congréganistes prirent
une part remarquée à la translation solennelle des reliques de
saint Denis.

Soustraites pendant la Révolution au vandalisme de l'époque,
elles étaient restées déposées dans l'abbaye voisine de la basi-

son saint ami; son fils, le vicomte Sosthène de la Rochefoucauld, voulut y
conduire lui-même ces restes vénérés.

[1] Ce n'étaient pas, à proprement parler, les retraites pascales que nous connaissons aujourd'hui, mais des retraites à l'occasion de certaines grandes fêtes.
C'est ainsi que l'abbé de Mac Carthy parla à Notre-Dame, en présence d'un
auditoire de 2,000 hommes (fait extraordinaire pour le temps), de l'Ascension
à la Pentecôte, au mois de mai 1819. A l'occasion des mêmes fêtes, en 1820,
le Père Ronsin prêcha dans la même église une retraite de dix jours.
Les *Conférences* de Notre-Dame furent fondées par Mgr de Quélen le
16 février 1834; Lacordaire parla pour la première fois le 8 mars 1835. —
Le Père de Ravignan débuta en 1837, et donna la première *Retraite* pascale
des hommes en 1841, à l'Abbaye aux Bois; la communion générale eut lieu à
Saint-Eustache, car on n'osait espérer qu'il fût possible de la faire dans la
cathédrale; mais dès l'année suivante, elle fut faite pour la première fois à
Notre-Dame pour ne plus cesser désormais.

lique. On résolut de les replacer dans un lieu plus accessible à la piété des fidèles, et d'en prendre occasion pour faire une protestation publique contre les outrages commis envers l'apôtre de Paris. Le gouvernement, trop retenu par des considérations qu'il croyait politiques[1], ne jugea point à propos d'entourer la solennité d'un concours extérieur qui en eût fait un acte de réparation vraiment nationale, mais il donna des ordres pour qu'elle fût accompagnée d'une certaine magnificence.

Le cardinal archevêque de Paris voulut, de son côté, que rien ne manquât de ce qui pouvait en rehausser l'éclat. Des cardinaux, des évêques, un clergé nombreux furent invités. Le discours fut prononcé par Mgr de Boulogne.

Quelques jours auparavant, le Père Ronsin, en annonçant la cérémonie, avait exprimé aux congréganistes le désir manifesté par Son Éminence, qu'ils s'y rendissent en grand nombre et disposés à s'approcher des sacrements. Ils répondirent à son appel, et au jour fixé, bien que la cérémonie, commencée tard, se fût prolongée bien au delà du milieu du jour, on vit au moment de la communion une centaine de jeunes hommes s'avancer dans le sanctuaire, et s'agenouiller à la table sainte. Un spectacle si peu attendu attira tous les regards et causa une émotion profonde dans l'immense assemblée[2].

Ces religieuses journées, trop courtes et trop rares, n'avaient guère de lendemain. Le *Constitutionnel*[3] lançait ses premières attaques contre les Jésuites, et par une vieille habitude de policier impérial « dénonçait » la construction d'un « palais de 400,000 francs » bâti par eux à École, village près de Besançon,

[1] M. Decazes était encore premier ministre.
[2] Cette cérémonie eut lieu le 26 mai 1819, en présence d'un concours considérable de fidèles : trente-cinq évêques y assistaient ; quatre diacres portaient le reliquaire de saint Éleuthère, quatre prêtres, celui de saint Rustique ; les reliques de saint Denis étaient accompagnées de quatre évêques : NN. SS. de la Fare, de Couey, de Clermont-Tonnerre et de Latil.
[3] N° du 13 août 1819.

pour diriger les élections, choisissant avec à-propos un diocèse qui ne possédait, en réalité, ni une seule résidence, ni
même un seul Père.

L'acharnement de la propagande impie arrachait ce cri
de détresse à un journal catholique : « Elle fait arriver le poi-
son jusqu'à la classe la plus ignorante. On y a pourvu par la
lithographie et les caricatures, espèce de mission qui se fait
sur nos quais et dans les rues. On représente des prêtres sous
les formes les plus grotesques, dans les attitudes les plus
ridicules; on tourne en dérision les cardinaux, les prédicateurs... Voilà ce qui se passe sous les yeux de l'autorité; telle
est la protection accordée à la religion et à ses ministres; les
catholiques sont seuls en proie à ces injures dont l'usage semblait passé depuis les beaux temps de la Révolution, et que
Bonaparte lui-même n'eût pas tolérées. »

Les justes espérances des catholiques tombaient une à une.
Le concordat de 1817 était resté lettre morte; sous l'influence
despotique de la maçonnerie, le F.·. Decazes[1] chassait les catholiques des fonctions publiques pour donner leurs places aux
protestants[2], choisissait les magistrats parmi les adversaires dé-
clarés des Bourbons[3], « épurait » le Conseil d'État[4], peuplait
les préfectures des serviteurs de la Révolution[5], faisait renvoyer

---

[1] Decazes fut, depuis son entrée au ministère de la police jusqu'à sa mort,
« grand commandeur du suprême conseil du 33ᵉ degré de l'Écossisme », un
des rites les plus répandus. Il était reçu, dès 1808, membre de la loge d'Ana-
créon. (P. DESCHAMPS, les Sociétés secrètes, t. II, p. 229.)

[2] A Nimes notamment.

[3] MM. Girod de l'Ain et de Schonen furent nommés conseillers à la Cour
royale de Paris; ce dernier devait être un des trois commissaires envoyés par le
duc d'Orléans et les insurgés de l'Hôtel de ville à Rambouillet, le 3 août 1830,
pour persuader à Charles X que l'éloignement de ses troupes fidèles était
nécessaire. Tous trois appartenaient à la franc-maçonnerie. Voir l'Histoire de
dix ans, de Louis Blanc (t. I, p. 431), qui n'est pas suspect!

[4] En janvier 1819 étaient révoqués MM. de Laporte-Lalanne, de Blain, de
Chabrol, de la Bouillerie, etc.

[5] Le Moniteur des 1ᵉʳ, 14, 24, 25 et 27 février 1819 enregistre la révocation
de seize préfets et quarante sous-préfets; vingt-quatre préfets avaient été des-

de la garde les officiers *trop sûrs*[1], confiait la direction des troupes à des chefs compromis dans la trahison de 1815, enfin arrachait au Roi sa signature pour faire rentrer des régicides qui avaient présidé aux massacres de septembre[2].

En présence de ces faiblesses de Louis XVIII, des esprits avisés faisaient remarquer qu'en réhabilitant tout ce qui avait servi le gouvernement usurpateur, et en excluant tout ce qui l'avait combattu, il arriverait un moment où, pour compléter ce système, il ne resterait plus aux Bourbons qu'à se retirer eux-mêmes, puisque leur retour avait été une réaction contre les hommes des Cent-jours.

Un événement tragique arrêta ces détestables manœuvres : l'assassinat du duc de Berry par le franc-maçon Louvel avait eu pour conséquence indirecte, mais immédiate, de faire tomber du pouvoir le ministre franc-maçon[3]. Le second ministère Richelieu était un acheminement vers le gouvernement véritablement royaliste de M. de Villèle, et marquait le pre-

titués précédemment : ils furent tous remplacés par des hommes de la gauche avancée; ce fut le moment où M. Decazes nommait maire de Nîmes M. Cavalier, procureur général pendant les Cent-jours, et conseiller de préfecture M. Jacques, fils d'un régicide. (NETTEMENT, *Histoire de la Restauration*, t. V, liv. VI, § 2.)

[1] MM. de Berthier et d'Arcine, colonels de la garde, durent quitter leurs régiments; par contre, le général Foy obtenait un commandement; les favoris de la gauche étaient placés à la tête de la garde nationale de Paris; les officiers bannis pour trahison après Waterloo, rentrèrent en France et reçurent intégralement leur arriéré de solde; quand il n'y avait pas de fonds suffisants, le Roi les fournissait sur sa liste civile! L'histoire offre rarement de pareils exemples de cécité morale.

[2] Cinquante-deux régicides furent autorisés à revenir en France.

[3] Le sentiment universel qui imposa alors le renvoi de M. Decazes a trouvé depuis des détracteurs; on a beaucoup blâmé la demande d'accusation formulée par l'indignation de M. Clausel de Coussergues. — Sans vouloir entrer dans l'étude d'un problème historique dont les preuves matérielles, si elles ont existé, ont été naturellement détruites par ceux qui y avaient intérêt, il est permis de faire ce rapprochement significatif : la femme qui vivait publiquement avec Louvel reçut, toute sa vie, une *pension* des loges, dont M. Decazes était l'un des chefs suprêmes. (P. DESCHAMPS et Claudio JANNET, *Sociétés secrètes*, t. II, p. 251.)

mier pas fait hors de la voie néfaste suivie jusqu'alors. Éliminés du pouvoir, les ennemis des Bourbons adoptèrent la tactique dont ils ne devaient pas se départir pendant dix ans : l'opposition incessante et la calomnie systématique. Occupant les emplois avec M. Decazes, et maîtres des affaires, ils se couvraient d'un faux zèle pour la défense d'une place qui leur était livrée; maintenant, ils jetaient le masque et marchaient contre les remparts qu'ils n'avaient pas eu le temps de miner tout à fait. Tous les moyens leur furent bons : à la tribune, dans la presse, dans les casernes, au prétoire comme sur la place publique, partout ils confondaient leurs efforts avec une infatigable persévérance et dans un merveilleux unisson. Le second acte de la « comédie de quinze ans » commençait dans un décor tout nouveau. Nous savons aujourd'hui quelles intrigues se tramaient dans les coulisses, et avec quelle habileté les acteurs récitaient leur rôle.

Les attaques dirigées contre le « Trône et l'Autel », pour parler le langage du temps, adoptèrent une expression générique dont l'obscurité fit merveille : on combattait le *parti prêtre;* et comme dans toute campagne il faut un signe de ralliement, on convint d'un double mot de passe : les *Jésuites* et la *Congrégation.*

C'est à la réfutation de ces calomnies, aussi haineuses que niaises, que la fin de ce livre est consacrée. Mais avant d'entreprendre cette tâche, il convient de connaître de plus près l'action de ces congréganistes auxquels on allait prêter tant d'influence pour les charger de tant de méfaits.

« Les œuvres que je fais au nom de mon Père rendent témoignage de moi... J'ai fait devant vous beaucoup d'œuvres par la vertu de mon Père; pour laquelle de ces œuvres me lapidez-vous? » disait Notre-Seigneur aux Juifs qui le menaçaient[1].

---

[1] SAINT JEAN, X, 25, 32.

Pour quelle bonne œuvre m'accusez-vous? auraient pu à
leur tour répondre les congréganistes à leurs détracteurs,
car leur temps, leurs efforts, leurs peines étaient consacrés au
bien; le soulagement moral et matériel des misères qui les
entouraient était leur unique souci; ils en poursuivaient la
réalisation dans les pratiques de la charité.

Voyons donc quelles étaient les « œuvres » de la Congrégation.

CHAPITRE X

OEUVRES DE ZÈLE ET DE CHARITÉ

Les pratiques charitables de la Congrégation sous le Père Delpuits. — Le berceau des œuvres à l'hôpital de la Charité. — M. Legris-Duval fonde la *Société des bonnes œuvres* avec trois sections : Hôpitaux, Savoyards et Prisons. — L'abbé Arnoux et la *Maison de refuge des jeunes condamnés*. — Concours apporté par les congréganistes à toutes les œuvres pendant la Restauration. — Témoignage de M. de Bonald. — L'*Association de Saint-Joseph*. — La *Société des bonnes études* et la Société royale des bonnes lettres. — La *Société catholique des bons livres* et la Bibliothèque catholique. — L'Association pour la défense de la religion catholique.

Au-dessus de la compassion facile, de la pitié banale, plus loin encore de la philanthropie routinière, la charité va droit à la souffrance, s'approche avec précaution, avec douceur, avec amour, et relève le malheureux qu'elle assiste moins encore par la main qu'elle lui tend que par le sourire qu'elle lui adresse.

Le Père Delpuits, en groupant autour de lui de jeunes chrétiens pour les former à la vertu, n'eut garde d'oublier cet élément nécessaire de la vie chrétienne; dès la première heure, il leur indiqua ce grand devoir du disciple de Jésus-Christ. Plusieurs d'entre eux, étudiants en médecine, étaient à même de connaître les misères humaines dans ce qu'elles ont de plus pénible : la souffrance jointe à la pauvreté. En parcourant chaque jour les salles d'hôpital, s'ils pansaient les plaies du corps, ils fermaient aussi les blessures de l'âme par quelque parole compatissante. Sans être le but immédiat de

la Congrégation, les œuvres de zèle en devenaient la conséquence naturelle, et la prudente réserve de M. Delpuits avait
bien plus à modérer qu'à exciter l'ardente flamme de ses
jeunes gens.

A M. Duclaux, alors directeur du séminaire de Saint-Sulpice, lui conseillant de diriger l'activité de ses enfants vers les
bonnes œuvres, il répondait avec sa bonhomie affectueuse :
« Non, Père Duclaux ; j'ai dit à Charles de Janson et aux autres
qui vont avec lui à la Charité, et qui ont tout leur temps à
eux, que je les approuvais fort, mais que je ne voulais pas me
mettre à la tête de cette œuvre comme directeur de la Congrégation ; car, dans ce cas, mes jeunes gens voudraient tous
s'y employer avec l'ardeur qui distingue leur âge, et seraient
peut-être conduits à négliger leurs études qui, en ce moment,
doivent être leur principale occupation. Il en est de même de
ceux qui se livrent au commerce ou aux arts ; il faut avant
tout qu'ils remplissent les devoirs de leur état[1]. »

Ces sages maximes furent, naturellement, moins restrictives
quand la Congrégation s'étant développée, ses nouvelles recrues, plus avancées dans la vie et en possession de situations
sociales, purent donner aux œuvres un temps plus considérable.

Quoi qu'il en soit, ce sont ces pratiques de charité qui sau-
vegardèrent l'existence même de la réunion pendant les jours
difficiles qui suivirent la dispersion de 1809. Les congréganistes n'abandonnèrent jamais leurs visites accoutumées à
l'hôpital de la Charité et purent ainsi transmettre à l'abbé
Legris-Duval des traditions que les événements n'avaient pu
briser. Celui-ci donna aux œuvres de charité une grande
extension ; les circonstances, au reste, dictèrent sa conduite ;
il y avait alors tout à refaire ; avec la restauration du pouvoir

---

[1] *Souvenirs d'une Congrégation de la Sainte Vierge.*

légitime, il fallait relever mille autres ruines et infuser à la société épuisée un peu de ce sang chrétien sans lequel elle allait périr d'anémie.

« La mesure de nos devoirs envers nos frères est le besoin qu'ils ont de nous », a dit très justement le cardinal de la Luzerne. La Congrégation multiplia ses efforts en portant son zèle sur plusieurs points à la fois. Pénétré de la nécessité de la prudence montrée par le Père Delpuits, M. Legris-Duval, en recrutant ses charitables apôtres parmi les seuls congréganistes, ne voulut pas cependant engager dans cette voie ceux d'entre eux qui, en raison de leurs occupations, ne pourraient y coopérer d'une manière active. Il adjoignit alors à la Congrégation la *Société des bonnes œuvres*, corollaire de l'association principale, distincte par son but spécial, mais nullement séparée. Cette division de fait s'accentua quelque peu quand, ayant remis la direction de la Congrégation au Père Ronsin, l'abbé Legris-Duval garda la conduite de la *Société des bonnes œuvres*.

Il pensa que, s'occupant de devoirs extérieurs, nécessitant de fréquents rapports avec l'autorité ecclésiastique, il convenait qu'elle fût administrée par un prêtre séculier nommé directement par l'ordinaire. Mais, comme un accord parfait régnait entre les directeurs, tout marcha constamment avec la plus grande harmonie.

A la mort de l'abbé Legris-Duval, en 1819, Mgr l'archevêque de Paris nomma, pour le remplacer, le prêtre le plus propre à ce rôle important et le plus au courant de la réunion : M. l'abbé Desjardins, vicaire général du diocèse [1].

---

[1] M. l'abbé Philippe Desjardins, né le 6 juin 1753, près de Meung, dans l'Orléanais, après avoir été ordonné à Saint-Sulpice, devint chanoine de la cathédrale et grand vicaire de l'évêque de Bayeux ; il fut ensuite doyen de la collégiale de Meung et grand vicaire d'Orléans. En 1792, il parvint à se réfugier en Angleterre, et de là passa au Canada, avec plusieurs autres ecclésiastiques. Pendant de longues années, il participa très activement à l'administra-

L'organisation et les règles données par M. Duval furent religieusement conservées; il est temps de les faire connaître.

La société comprenait trois sections chargées d'une mission particulière : la première visitait les malades dans les hôpitaux, la seconde les prisonniers dans les maisons de détention, la troisième consacrait ses soins à l'instruction religieuse et à l'éducation morale de ces petits ramoneurs envoyés en si grand nombre à Paris, pendant la saison d'hiver, par l'Auvergne et la Savoie.

Un président général veillait à l'observation des règlements, aidé par le président particulier de chacune des trois divisions. Une assemblée plénière tenue, selon les circonstances, une ou deux fois l'an, donnait l'occasion d'un rapport d'ensemble sur les travaux commencés et les résultats obtenus. Toutes les réunions avaient lieu dans le local des séances de la Congrégation : des dons spontanés, des cotisations volontaires, des

---

tion du séminaire de Montréal et du diocèse de Québec, puis revint en France à la fin de 1802. A Paris, il fut attaché à la légation du cardinal Caprara, et en 1806, nommé curé des Missions étrangères. Au moment de la persécution du Pape, la police trouva matière à incriminer dans ses relations épistolaires avec le duc de Kent, qu'il avait connu au Canada; il fut arrêté au mois d'octobre 1810, conduit à Vincennes, puis transféré de prisons en prisons, à Fenestrelle, à Compiano, à Verceil. Ses amis sollicitaient sa mise en liberté, mais Napoléon leur fit répondre que ces demandes fréquentes l'importunaient et qu'il s'en délivrerait en faisant fusiller M. Desjardins.

En 1814, il reprit sa cure des Missions étrangères. C'est alors qu'il offrit à M. Legris-Duval, dans les bâtiments déserts du séminaire des Missions, l'hospitalité pour la Congrégation, dont lui-même fit partie dans la suite. Il se dévoua complètement aux œuvres de Paris. Lors du concordat de 1817, il refusa l'évêché de Blois; au mois d'octobre 1819, quand le cardinal de Périgord prit possession de l'archevêché, il fut nommé grand vicaire et archidiacre de Sainte-Geneviève en même temps que son ami, M. Borderies. Tous deux donnaient leurs soins à la Société des bonnes œuvres; M. Desjardins dépensa une partie de sa fortune personnelle à l'établissement d'un couvent pour les filles pénitentes, et dirigea plusieurs communautés. Nommé président du Comité des pensions de la maison du Roi et membre du Conseil des prisons, il se trouvait ainsi à même de répandre de nombreux bienfaits et de participer efficacement à toutes les entreprises charitables des congréganistes. Au mois de janvier 1823, Louis XVIII

quêtes après les sermons permettaient d'atténuer en partie les misères dont on tentait le soulagement.

Chaque section était placée sous la protection spéciale d'un saint patron choisi selon l'objet même de l'œuvre entreprise :

Les hôpitaux avaient : saint Vincent de Paul;

Les prisons : saint Pierre aux liens;

Les Savoyards : saint François de Sales.

La section des *Hôpitaux* datait de la fondation même de la Congrégation et des premières visites faites dans les salles de la Charité. Le zèle de ces jeunes gens fut encouragé par l'administration de l'hôpital. Après le retour de Louis XVIII, le gouvernement se plut à lever les derniers obstacles qui pouvaient entraver leur action : Mathieu de Montmorency et le baron Séguier (pair de France et premier président de la Cour royale de Paris), en leur qualité d'administrateurs des hospices, n'y furent pas étrangers. Chaque soir, plusieurs congréganistes se réunissaient dans les salles des malades

le nomma à l'évêché de Châlons; il adressa au grand aumônier une lettre de refus remplie des sentiments d'une touchante humilité (c'était le troisième siège pour lequel il était porté). Le cardinal de Croy le pressa en vain; il persista dans sa modestie.

Lors du sac de l'archevêché, en 1830, son appartement fut pillé de fond en comble par les « héros de Juillet ». Il accompagna Mgr de Quélen, errant et proscrit, et lorsqu'en 1831, au sujet du service de Saint-Germain l'Auxerrois, un mandat d'arrêt fut lancé contre le premier pasteur de Paris, M. Desjardins et l'abbé Mathieu (ils étaient tous deux membres de la Congrégation) s'offrirent pour rester en prison à sa place. Cette démarche courageuse fit tomber le dessein formé contre l'archevêque, et l'affaire n'eut pas de suite. Quand on accorda une indemnité pour les pertes éprouvées pendant la révolution de 1830, une somme de 15,000 francs fut dévolue à M. Desjardins; il alla la recevoir, mais avant la fin de la journée il avait distribué tout cet argent entre divers établissements de bienfaisance.

Il s'était retiré au couvent des Dames de Saint-Michel, dont il était le directeur. C'est là qu'il mourut, entre les bras de Mgr de Quélen, le 18 octobre 1833. C'était un des prêtres les plus vénérés de Paris. Son concours assidu honore la Congrégation; s'il fallait justifier l'action et le rôle des congréganistes, rien ne serait plus propre assurément que sa présence parmi eux pour en démontrer l'utilité et l'honorabilité parfaites.

pour leur apporter quelque consolation. La prière récitée à haute voix, la lecture de quelque trait de la *Vie des saints* ou l'explication d'un passage de l'Évangile remplissaient l'entretien, toujours trop court au gré des auditeurs. Pendant que le « lecteur » était assis au centre de la salle, ses amis allaient de lit en lit porter un mot d'encouragement, une parole d'édification. On se quittait après avoir dit en commun le *Salve Regina*.

En présence de la satisfaction manifestée par les malades de la Charité, l'œuvre s'établit dans les hôpitaux de la Pitié et de Saint-Louis; plus tard, avec la protection de l'illustre Récamier et par les soins du docteur Pignier, tous deux médecins de l'Hôtel-Dieu, elle pénétra dans cette célèbre maison, où elle ne fut pas moins goûtée.

En suivant l'ordre des temps nous trouvons en seconde ligne l'*Instruction des petits Savoyards*.

Il s'était agi de reprendre l'œuvre fondée en 1740 par l'abbé de Pontbriand et développée par l'abbé de Salignac-Fénelon, digne héritier du beau nom qu'il portait. Ces deux grands hommes de Dieu avaient transformé le sort de ces pauvres gens privés, avant eux, de tout appui dans la ville immense où la pauvreté de leurs familles les envoyait se livrer aux plus durs travaux. C'était à une époque où la «sensibilité» était à la mode; elle n'avait là que trop de raison de s'exercer. D'abondantes aumônes furent recueillies par l'abbé de Fénelon; à ces bienfaits extérieurs, le saint prêtre joignait l'exhortation de ses vertus et l'enseignement de son inépuisable bonté. Il était payé de retour par tout ce petit peuple, mais vint un temps où la vertu étant un crime, la reconnaissance fut aussi pour elle un inutile soutien. En vain ce vénérable vieillard (il avait quatre-vingts ans), condamné par le tribunal révolutionnaire, fut réclamé jusqu'à la barre de la Convention par les petits Savoyards. La « justice » démocratique, sourde aux

cris de détresse du véritable peuple de Paris, envoya à l'échafaud le bienfaiteur des malheureux. Le 2 juillet 1794, la fatale
charrette, en s'ébranlant, fut escortée de ces pauvres enfants
dont le courage ne se démentait pas. On le remarqua : le
bourreau s'inclina devant l'abbé de Fénelon, comme s'il désirait être absous par la victime elle-même du crime dont il
devait être l'instrument. Le saint prêtre fut accompagné jusqu'à la fin par la gratitude des petits et des pauvres, qu'aucun danger ne put émouvoir, qu'aucun obstacle ne put
lasser.

L'amour des âmes qui avait fait entreprendre avant la Révolution cette œuvre consacrée maintenant par le sang d'un
martyr, fit naître, vers la fin de l'Empire, le dessein de la restaurer. La nécessité en semblait plus grande encore, les ressources jadis ouvertes par l'Église aux misères de toute sorte
étaient taries; les hommes d'œuvre étaient rares; l'activité et
l'autorité nécessaires pour diriger l'entreprise firent jeter les
yeux sur M. Legris-Duval, qui accepta.

Il alla aussitôt recueillir ces enfants abandonnés et, par un
secret dessein de la Providence, les rassembla précisément
dans ces mêmes salles du séminaire des Missions étrangères où
l'abbé de Fénelon avait jadis évangélisé leurs devanciers.
Après 1814, plusieurs sermons de M. Duval apportèrent à
l'œuvre de généreuses offrandes; l'abbé de Retz s'y employa[1],
et les congréganistes s'y dévouèrent tout entiers.

Les catéchismes faits aux Missions devenaient insuffisants;
on en établit d'autres à Saint-Roch, puis à Saint-Sulpice, à
Sainte-Marguerite, à Saint-Germain des Prés.

---

[1] Après l'abbé Legris-Duval et l'abbé Desjardins, la *Société des bonnes
œuvres* eut comme directeur M. Borderies, vicaire général de Paris, et en
1827 évêque de Versailles.

Les vice-directeurs de l'OEuvre étaient : l'abbé de Retz, mort à Rome
auditeur de Rote, et l'abbé Gourdon, alors vicaire à la paroisse des Missions,
plus tard vicaire général de Rennes. Tous étaient congréganistes.

M. Jean-François Guiton fut l'âme des catéchismes faits dans l'église Saint-Roch. Il était commis dans l'administration des domaines de la couronne avant la Révolution; privé alors de ce modeste emploi, il étudia la médecine; attaché plus tard au ministère de la guerre, il devint chef de bureau au Conseil d'État. Quand il mourut, le 8 juillet 1819, son ami, le vénérable M. Fougeroux, lut son éloge funèbre à l'une des réunions de la Congrégation, dont il faisait partie depuis le 18 décembre 1808. Ces pages renferment les plus édifiants détails sur le zèle de cet homme de bien, modeste et simple, qui consacrait toute sa vie au service des malheureux et des pauvres. Aidé d'un autre congréganiste, M. Choisselat, fabricant de bronzes rue de la Verrerie, il propageait avec joie la dévotion au Sacré-Cœur et le culte du saint rosaire. D'autres noms auront plus d'éclat, aucun n'est plus digne du respect des chrétiens. Comme leur condition, les œuvres de ces hommes étaient humbles aux yeux du monde, mais elles devaient être grandes comme leur cœur devant Dieu. Heureux ceux qui acquièrent de tels titres de noblesse inscrits sur des parchemins « que la rouille n'atteint pas et que les vers ne peuvent détruire » !

On organisa enfin des instructions religieuses pour les Savoyards *hommes* qui n'avaient pas un moindre besoin d'être évangélisés. L'administration des hospices prêta une maison qu'elle possédait rue de Sèvres; des catéchistes volontaires y réunirent, pendant toute la journée du dimanche, les enfants qui, à l'heure du repas, étaient servis par les soins des congréganistes. Des personnages de haut rang, des magistrats, des ecclésiastiques manifestaient ainsi pratiquement leur amour pour les pauvres et leur zèle pour le service de Dieu.

Le marquis de Brandois fut le premier président de l'œuvre; et après lui M. Franchet d'Espérey, ancien préfet de la Con-

grégation de Lyon. M. Bordier leur succéda. C'était un des
« anciens » de la réunion : esprit prime-saulier et original,
dont la rudesse de formes cachait le dévouement le plus entier
et la générosité la plus vive. Il ne craignait pas de prodiguer
les saillies et les boutades de sa bonne humeur; au demeu-
rant il était adoré de tous, et son ardeur faisait des merveilles. A côté de lui, MM. Gaultier de Claubry, de Bangy,
de Lagrenée[1], de Roussy étaient des plus assidus; le duc de
Rivière, M. Borel de Bretizel, conseiller à la Cour de cassation, donnaient des offrandes particulièrement généreuses.

L'œuvre des *Prisonniers* était en germe dans les visites faites
aux malheureux réfractaires de la conscription impériale par
Emmery et Jules d'Haranguiers. Cette pensée de commisération méritait d'être généralisée à une époque où l'organisation
des maisons de force offrait de graves lacunes et laissait régner
parmi les détenus une profonde perversité. On s'occupa
avant tout d'apporter à ces misérables quelques secours pécu-
niaires, puis quelques consolations spirituelles. L'état des
jeunes gens nécessitait particulièrement des réformes; il convenait de les séparer de condamnés plus âgés, trop habiles à
leur enseigner leur science de dépravation.

De tout temps, les Congrégations avaient vivement recom-

---

[1] Il a laissé le souvenir d'un diplomate de grand talent. On connaît le traité
qu'il conclut avec la Chine, à Whampoa, le 24 octobre 1844, où les intérêts
de la religion et de la France étaient si heureusement sauvegardés. Il obtenait
pacifiquement pour son pays tout ce que les armes avaient fait concéder
en 1842 aux Anglais par le traité de Nankin; c'est grâce à lui que notre
commerce a pu pénétrer dans le Céleste Empire.

« M. de Lagrenée, parti de Brest le 12 décembre 1843, emmenant dans
ces contrées lointaines sa femme et ses deux enfants, sut inspirer aux Chinois
un tel respect et une telle sympathie, que lorsque nous arrivâmes à Pékin (1860),
son nom y était encore dans toutes les bouches, et lorsque, trente-cinq ans
plus tard, son fils vint représenter les intérêts de la France à Canton,
il y trouva encore vivant le souvenir de son père, qui lui aplanit les obstacles
de sa tâche patriotique. » (Comte D'HÉRISSON, *Journal d'un interprète en
Chine*, ch. XXVI.)

mandé à leurs membres la visite des prisonniers[1] : « J'étais
« malade, et vous m'avez visité; *j'étais en prison, et vous êtes*
« *venu à moi...* En vérité, je vous le dis : chaque fois que
« vous l'avez fait à l'un des plus petits d'entre mes frères,
« c'est à moi que vous l'avez fait [2]. »

« Si quelque chose peut triompher du cœur des hommes
vicieux, et faire impression sur leur esprit, — disait un
journal de l'époque en relatant avec admiration cette œuvre
d'abnégation courageuse, — c'est sans doute la bonté et le
zèle avec lesquels on se dévoue pour eux, et on vient les
visiter sans autre intention que de leur faire du bien et de
leur apprendre à connaître Dieu et aimer la vertu. La religion seule peut inspirer le désir efficace de se consacrer à ce
ministère; les idées libérales n'ont pas encore eu, que nous
sachions, assez de crédit pour déterminer personne à se
charger d'une mission aussi peu attrayante. Il n'y a rien là
pour la vanité [3]. »

À toute œuvre il faut un audacieux, un homme non pas
plus dévoué, mais plus ardent, plus entreprenant, plus persévérant que les autres; il excitera ses confrères, il leur fera
oser parfois un peu plus qu'ils ne voulaient tout d'abord;
c'est la sainte témérité du bien.

Pour l'œuvre des *Jeunes prisonniers*, l'abbé Arnoux fut cet
homme [4].

Ses parents étaient pauvres; mais son intelligente précocité
avait été remarquée par M. Borderies, curé de Saint-Thomas
d'Aquin, dont il était enfant de chœur. Conduit par quelques
congréganistes à l'hôpital de la Charité, il y reçut les pre-

[1] Le règlement des Congrégations accorde sept années d'indulgences à la
visite des prisonniers.
[2] SAINT MATTHIEU, XXV.
[3] *Ami de la religion*, 14 août 1816.
[4] Il était né à Niort le 4 novembre 1792. Minoré en 1815, prêtre en 1818.

mières leçons de cette bienfaisance dans laquelle il devait passer maître.

Désigné, en 1815, pour faire l'éducation du jeune de Sesmaisons, petit-fils du chancelier Dambray, il eut l'occasion d'entendre parler dans le salon du grand-père de son élève, de la misère morale des détenus de Paris. Ému de pitié, il obtint facilement du comte Anglès, alors préfet de police, l'entrée des prisons. Il vit que le mal n'avait pas été exagéré. Son zèle s'enflamma, il le communiqua à deux congréganistes : MM. Bordier et Fougeroux[1]; visita, en leur compagnie, Sainte-Pélagie et la Force, et en revint bien décidé à

---

[1] Nous trouvons en M. Fougeroux le type accompli de l'homme de bien modeste qui craint avant tout le regard du monde, parce qu'il porterait atteinte à ses scrupules d'humilité. Quand ces âmes délicates quittent la terre, on connaît seulement alors l'étendue de leur mystérieuse et féconde action !

M. Fougeroux, né le 9 novembre 1773, près de Besançon, occupait un très petit emploi de banque, quand les réquisitions républicaines en firent un soldat malgré lui; il assista à la bataille de Fleurus, puis revint chercher une position plus conforme à ses goûts. Il entra en 1805 au ministère des finances, devint chef de bureau en 1817 et garda cette fonction jusqu'au moment de sa retraite, en 1837.

Il avait été admis (le 1er décembre 1816) à la Congrégation, et entra aussitôt dans la section des « prisonniers ». Il aimait les pauvres, les visitait chaque jour, se trouvait heureux en leur compagnie. Il n'ignorait aucune mansarde de son quartier (il habitait rue Vieille-du-Temple); sa bonté était industrieuse : nombre d'enfants l'avaient pour parrain, c'était pour lui une raison de leur témoigner un intérêt spécial; quand il voyait un convoi abandonné, il accompagnait jusqu'au cimetière ce malheureux sans famille, et priait pour cet inconnu délaissé en qui son cœur chrétien apercevait un frère. — Louis XVIII et Charles X aimaient à faire passer par ses mains leurs discrètes munificences, et lui remettaient des sommes considérables pour les malheureux, qu'il connaissait mieux que personne. On a estimé à plus de 100,000 francs les aumônes royales qu'il distribua ainsi. Après la révolution de 1830, Marie-Amélie voulut continuer en partie cette tradition charitable; M. Fougeroux s'y prêta avec beaucoup de tact et de délicatesse, jusqu'au moment de sa mort, en 1838. C'est sur son cercueil que parut pour la première fois la croix de la Légion d'honneur, qu'il avait reçue malgré ses protestations, mais qui convenait à ses services comme à ses vertus.

Son ami M. Gossin a publié en 1839 (à Paris, chez Gaume) une petite brochure : *Vie de M. Fougeroux*, accompagnée de notices sur la vie édifiante de plusieurs personnes vertueuses.

mener de l'avant le petit groupe qui s'adonnait déjà à cette
œuvre méritoire. Démarches, quêtes, visites, rien ne fut
épargné. Grâce à ces efforts intelligents, puissamment aidés
par les magistrats les plus distingués de la Cour royale, on sé-
para les jeunes condamnés des autres plus âgés, de bons
livres leur furent distribués, des instructions religieuses leur
furent faites, des récompenses vinrent exciter leur émulation
et les aider à sortir de la carrière du crime où ils étaient entrés
bien plus par suite des déplorables circonstances de leur
éducation que de leur volonté.

Le président de ce groupe spécial de la *Société des bonnes
œuvres* fut Charles de Lavau, secondé par M. Vuillet, ingénieur des ponts et chaussées, dont la modestie cachait une
science profonde et qui conservait toujours cette ardeur au bien
dont nous avons admiré la générosité quand, à l'École polytechnique, il défendait l'Église outragée par un professeur
ignorant. M. d'Osmond était le trésorier; autour d'eux, avec
M. Fougeroux, MM. de Pineau, Maillefer, de Rainneville,
Blanquart de Bailleul [1], alors étudiants en droit, de Brimont,
étaient parmi les plus assidus. Enfin ces jeunes gens avaient
un soutien autorisé dans M. l'abbé Dupuch, dont le dévouement présageait déjà l'activité apostolique qu'il devait déployer
comme grand vicaire de Bordeaux et surtout quand il fut, à
Alger, le premier évêque français de la terre d'Afrique.

C'était fort bien de moraliser les jeunes détenus, mais au
lendemain de leur sortie de prison qu'adviendrait-il des conseils et des exemples donnés? Une triste expérience ne permettait pas de se faire illusion : sans état, sans soutien, sans
guide, ils retrouvaient dans le monde toutes les sources de

---

[1] Né à Calais le 8 septembre 1775; fit son droit à Paris; entra dans les
ordres; fut fait, le 27 janvier 1833, évêque de Versailles, et mourut archevêque de Rouen.

leurs premières fautes, augmentées encore par de nouvelles causes de désordre. Exposés au vagabondage, à la tentation de la misère, aux suggestions de leurs anciens complices, trouvant même, quelquefois, dans les exemples et les conseils de leur famille des occasions de chute, il était à craindre qu'ils ne reprissent leurs criminelles habitudes.

M. Arnoux voulut remédier à ce mal, en quelque sorte pire que le premier; mais que d'obstacles à vaincre et que de ressources à trouver! Il ne s'agissait rien moins que de créer un établissement qui fût un intermédiaire entre la prison et le monde et qui deviendrait, pour les meilleurs, un motif d'émulation par la perspective qu'il leur présenterait d'y être admis en récompense de leur bonne conduite. Sûr d'être suivi par les congréganistes, M. Arnoux tourna ses efforts vers la charité publique qu'il fallait gagner et l'administration dont il lui était nécessaire d'obtenir le concours.

Sa double mission fut couronnée de succès : d'une part, la marquise de Rougé, la vicomtesse Dambray, la baronne Pasquier recueillirent d'assez fortes sommes pour leurs jeunes protégés; de l'autre, M. Bellart, procureur général près la Cour royale de Paris, grand homme de bien et magistrat éminent, ainsi que M. de Chabrol, préfet de la Seine, frappés de l'importance de ce projet, lui accordèrent leur puissant appui. Emmery et Jules d'Haranguiers, heureux de voir si bien grandir la modeste semence qu'ils avaient déposée en terre dix ans auparavant, lui gagnèrent des sympathies au barreau et dans la magistrature.

L'institution de la Maison de refuge des jeunes condamnés fut autorisée par le ministre de l'intérieur, et, le mardi de Pâques, 8 avril 1817, l'ouverture en eut lieu dans les bâtiments de l'ancien couvent des Dominicains de la rue Saint-Jacques, en présence du garde des sceaux : M. Pasquier; des préfets de la Seine et de police : MM. de Chabrol et Anglès; des premiers présidents de la Cour de cassation et de la Cour

royale : MM. Desèze et Séguier; des procureurs généraux :
MM. Mourre et Bellart, et du procureur du Roi : M. Jacquinot
Pampelune. Une foule de personnages de distinction, de magistrats, les congréganistes assistèrent à la messe célébrée
par Mgr de Clermont-Tonnerre, alors évêque de Châlons.
M. Arnoux monta en chaire, afin de remercier les bienfaiteurs
et d'encourager les jeunes enfants qui prenaient possession de
la maison; sa parole sut trouver des accents touchants pour
exprimer les sentiments dont son cœur était plein.

La direction des enfants fut confiée aux incomparables
maîtres de la jeunesse populaire : les Frères de la Doctrine
chrétienne[1]. Un conseil d'administration fut institué pour
aider les cinq fondateurs : MM. Arnoux, de Lavau, Fougeroux, d'Haranguiers et Emmery. Nous remarquons parmi eux
les noms de plusieurs autres congréganistes : Gossin, Moreau,
de Ponton d'Amécourt, Dubois-Bergeron. La générosité des
bienfaiteurs, non plus que les secours du gouvernement
royal, ne diminuèrent pas. Des prédicateurs célèbres se
plurent à donner le concours de leur parole à une œuvre si
intéressante[2]; pendant toute la Restauration la Maison de

---

[1] Le Frère Gerbaud, supérieur général, aidé de M. Legris-Duval et de Mgr du
Bourg, rédigèrent le règlement intérieur.
[2] Une circonstance particulière marqua la troisième assemblée de charité :
quelques jours auparavant, l'assassinat du duc de Berry avait plongé la France
dans le deuil. On pouvait croire que cette cruelle catastrophe nuirait à la
quête, malgré le talent de l'orateur, le Père de Mac Carthy. Le grand prédicateur se servit avec talent de la position même où l'on se trouvait pour exciter
la charité émue de l'auditoire, qui donna plus largement encore que les années
précédentes. Quelques jours après ce sermon, M. de Mac Carthy reçut de
nouveaux dons, qu'il transmit à l'abbé Arnoux avec la lettre suivante :

« A Paris, ce mercredi matin, 1er mars 1820.

« MONSIEUR L'ABBE,

« Je m'empresse de vous faire passer le nouveau secours que je viens de
recevoir pour vos enfants. Il est juste que vous sachiez, et il serait peut-être
bon que le public apprît comment il m'est parvenu. J'ai reçu, il y a une heure,
la visite d'un monsieur que je n'avais jamais vu, et qui, sans vouloir se faire

refuge assura le salut d'un grand nombre de condamnés.

M. Arnoux fut l'âme de sa chère fondation. « Bon, prévenant, affectueux, il joignait à ces qualités un tact et un aplomb qui faisaient oublier sa jeunesse; ses instructions étaient simples, mais adaptées à son auditoire et animées par un ton de persuasion intime et par quelque chose d'attirant et d'aimable [1]. »

Ordonné prêtre en 1818, il accepta les fonctions d'aumônier de la Force et de Sainte-Pélagie; cette double mission lui permit d'assurer le choix du recrutement de la Maison de refuge. Mais un labeur écrasant détruisait sa santé. Bien que gravement atteint par la maladie, il désobéit aux médecins pour aller voir un prisonnier qui réclamait sa présence et se fit porter à l'infirmerie de la prison. « Mon cher ami, lui disait avec intérêt le chancelier Dambray, vous ne devriez pas sortir dans l'état où vous êtes; celui que vous venez de voir est peut-être moins malade que vous. » Le saint prêtre répondit : « Monseigneur, en sauvant cette âme-là, je sauve la mienne. »

connaître, m'a présenté une lettre cachetée, en me disant qu'il ne pouvait s'arrêter un instant, et qu'il avait rempli tout son objet en me remettant cette lettre en mains propres. Je l'ai ouverte le moment d'après, lorsqu'il avait déjà disparu, et voici ce que j'y ai lu :

« Monsieur, je vous prie de vouloir bien remettre à l'administration du « refuge le billet ci-joint de 1,000 francs. C'est le fruit du discours que vous « avez prononcé lundi; il est bien juste que vous en soyez le dépositaire. « Permettez que je me recommande à vos prières. »

« Ce peu de mots n'étaient suivis d'aucune signature. Je n'ai pas besoin de vous dire, Monsieur l'abbé, quel a été et quel est encore mon attendrissement à un trait si digne d'un siècle meilleur que le nôtre. Je ne serai pas seul à offrir des prières au ciel pour ce respectable inconnu; les vôtres et celles de vos pauvres enfants lui sont acquises, comme les miennes, pour la vie. Son aumône, si bien cachée par la main droite à la main gauche, priera encore plus efficacement pour lui.

« J'envoie modestement une pièce de 5 francs qui m'a encore été remise pour le refuge. Si le don du riche est accepté avec reconnaissance, il ne faut pas que celui du pauvre soit dédaigné.

« Je suis, etc.

« MAC CARTHY. »

[1] *Ami de la religion*, t. XXIV, p. 54.

Ce fut le dernier effort de sa charité. Il mourait, visité et béni par Mgr de Quélen, le 4 juin 1820. Les regrets d'une telle perte furent unanimes; sur sa tombe, la Société royale pour l'amélioration des prisons, présidée par le duc d'Angoulême, voulut déposer une médaille que la modestie de M. Arnoux n'avait certainement pas ambitionnée.

De tels exemples n'étaient pas perdus pour les congréganistes; ils prirent une part active à toutes les œuvres fondées alors, et certes elles furent nombreuses. C'était comme une floraison de la bienfaisance catholique envers toutes les misères et tous les besoins de la société.

Leurs souscriptions étaient généreusement acquises aux établissements d'utilité générale comme les petits séminaires, le noviciat des Frères de la Doctrine chrétienne, alors en butte aux plus vives et aux plus injustes attaques [1]. L'OEuvre de la Propagation de la foi, fondée le 3 mai 1821, dans un milieu tout christianisé par la Congrégation du Père Roger, à Lyon, se répandit comme une traînée de poudre dans les autres diocèses de France et dans la plupart des pays étrangers. Institution admirable, l'honneur du pays qui l'a créée, mais qui n'a pas été à l'abri des injustices, puisque M. de Viel-Castel, avec l'étroitesse d'un légiste, ose bien l'appeler « un *scandale légal* (!) dans un pays où aucune association ne peut s'établir sans la permission du gouvernement [2] ».

Le Père Ronsin encourageait ses amis à participer à toutes les délicates inventions de la charité chrétienne pour : l'*Apprentissage des orphelins*, les *Secours aux ouvriers malades* [3] ou

---

[1] C'était le temps où les libéraux prônaient les *écoles mutuelles*. (Voir l'ouvrage de M. Alexis CHEVALIER, *les Frères des Écoles chrétiennes et l'enseignement primaire après la Révolution* (1797-1830), in-8°, 1888.)

[2] *Histoire de la Restauration*, t. XV, p. 467.

[3] Œuvre établie en 1827, sur la paroisse Saint-Nicolas des Champs.

aux *Pauvres honteux* [1], l'adoucissement du sort des *Prisonniers pour dettes* [2] et des *Orphelines de la Révolution* [3]. A eux encore revient en partie le développement de l'*OEuvre de la marmite des pauvres*, existant sous Louis XVI, rétablie en 1801, et dont le nom dit essentiellement le but; à eux le soin de former pour les campagnes des *Maîtres d'école chrétiens* (M. de Bonald et M. de Ponton d'Amécourt s'y appliquaient avec une grande assiduité); dans leurs rangs les membres les plus actifs de la *Société des Amis de l'enfance* [4], qui prenait à sa charge de jeunes garçons sans parents et sans protecteurs. Ils savaient aussi aider les femmes généreuses qui multipliaient leurs efforts pour procurer du travail aux jeunes filles pauvres ou relever celles qui étaient tombées [5].

Nous retrouvons encore leur action personnelle dans l'*Insti-*

[1] L'*OEuvre de la miséricorde*, fondée en 1801, par Mlle du Martray.

[2] OEuvre organisée sous Louis XIV par Mme de Lamoignon, rétablie par la vicomtesse de Gibon (parente du congréganiste de ce nom), présidée par M. l'abbé d'Avaux, ancien précepteur de Louis XVIII et chanoine de Saint-Denis. — MM. Bérard des Glajeux, Jules et Auguste d'Haranguiers s'occupaient activement de cette œuvre. Charles de Lavau en était secrétaire.

[3] Fondée dès 1803 par Mmes de Carcado et de Saisseval, pour le soulagement des jeunes filles restées sans appui et sans fortune après l'assassinat de leurs parents pendant la Terreur. C'est de là que naquit l'*OEuvre des sujets de province* ou du « 29 septembre » (ainsi nommée en souvenir de la date de la naissance du duc de Bordeaux), honorée de la protection particulière de Charles X, et destinée à soutenir les frais de l'instruction religieuse de jeunes gens de famille sans fortune se préparant au saint ministère.

[4] Le vicomte de Melun, de charitable mémoire, qui a donné à cette œuvre une grande extension, retrace ainsi ses modestes débuts : « Fondée en 1828 « par un pauvre petit libraire du quai des Augustins, elle tenait ses séances « dans son humble boutique. Le soir, à la lueur de deux chandelles, une « dizaine de jeunes gens réunis autour d'une table discutaient, sous la prési- « dence du libraire, sur l'admission par l'œuvre d'un ou deux orphelins placés « à prix réduits dans de pauvres établissements, et dont l'excellente mère du « président raccommodait les pantalons. » (L'abbé BAUNARD, *Vie du vicomte Armand de Melun*, p. 144.)

[5] L'*OEuvre des jeunes économes*, fondée en 1823. — L'*OEuvre de Sainte-Anne*, créée par la comtesse de la Bouillerie, en 1824; — les Écoles gratuites pour les petites filles; — le *Bon Pasteur*, fondé en 1819 par l'abbé Legris-Duval et la marquise de Croissy.

14

tution des Jeunes Aveugles, fondée sous Louis XVI par Valentin Haüy, à peu près ruinée par la Révolution, soutenue pendant ces temps difficiles par un congréganiste modeste et persévérant : M. Bertrand[1], qui mourut à la peine, et restaurée en 1815. Parmi les administrateurs de cet établissement, bien des noms nous sont connus : Alexis de Noailles, le baron de Breteuil, d'Haranguiers, le docteur Pignier, qui en fut, vingt ans, le directeur et le médecin en chef[2].

Soutien discret d'une foule d'œuvres de bienfaisance, Matthieu de Montmorency (en sa qualité de gouverneur de l'hospice des Quinze-Vingts) s'occupait spécialement de cette importante maison, en sorte qu'il n'y avait pas une bonne œuvre à Paris à laquelle la Congrégation ne prît part par l'entremise de quelqu'un des siens.

L'estime publique fut plus forte que leur modestie, et l'on admirait ces jeunes gens courant aux malheureux et aux déshérités de la vie, comme d'autres de leur âge se précipitaient aux plaisirs bruyants. A la suite de la *Correspondance* inédite de Joseph de Maistre, nous trouvons une lettre du vicomte de Bonald adressée, le 15 décembre 1817, à l'auteur des *Soirées de Saint-Pétersbourg*. Il se faisait honneur d'appartenir à la « Société des bonnes œuvres », et il expose trop bien ses charitables travaux pour que nous ne reproduisions pas ici ces lignes tout intimes. C'est une bonne fortune de pouvoir em-

---

[1] Congréganiste le 15 août 1802; mort le 4 mars 1814.

[2] Ce fut en 1784 que Valentin Haüy tenta ses premiers essais d'instruction des aveugles. L'institution était alors située rue Coquillière, près de Notre-Dame des Victoires. En 1790, elle est transférée au couvent des Célestins, à l'Arsenal; l'an III, rue des Lombards, dans l'ancienne maison des Filles de Sainte-Catherine, et l'an IX, aux Quinze-Vingts. La Restauration lui donna une maison rue Saint-Victor. En 1839, on construisit, au boulevard des Invalides, un vaste établissement qui existe toujours.

M. Pignier a publié, en 1860, sans nom d'auteur, un *Essai historique sur l'Institution des jeunes aveugles de Paris*, qui nous a permis de donner ces détails peu connus.

prunter la plume de M. de Bonald pour résumer notre pensée
sur les œuvres de la Congrégation :

« Voici quelques détails sur une œuvre à laquelle j'appar-
tiens moi-même, dirigée, sous l'autorité des ecclésiastiques les
plus recommandables, par un nombre considérable de jeunes
gens ou autres, de toute condition, depuis la pairie jusqu'à
l'humble place de commis, qui se dévouent à cet acte sublime
d'humanité avec une ferveur, un zèle, une tendresse véritablement admirables. Quand on est trop aigri par tout ce qu'on
voit, ce qu'on entend; quand on est prêt à désespérer de la
France, il faut, pour *rasséréner* son âme, aller voir les différentes œuvres entreprises par les jeunes gens, dont mon ami
et parent, M. de Roussy, que je vous ai recommandé, était un
des plus fervents instruments. Ce sont, ici, les petits Savoyards
qu'on catéchise, dont on soigne et la conduite et l'existence;
là, ce sont de petits malheureux condamnés à plusieurs années
de prison, presque avant l'âge de raison, en qui la malice a
devancé l'âge, et qui, dans les prisons, confondus avec de
grands scélérats, sans travail, sans instruction, livrés à la corruption la plus profonde, et à de détestables et trop certaines
leçons de crime, sous des hommes qui, *à la lettre*, le professaient; des malheureux, dis-je, recueillis à l'expiration de leur
peine dans une maison gouvernée par de bons Frères de la
Doctrine chrétienne et toujours par les soins et sous la surveil-
lance de la Société des jeunes gens, instruits des devoirs de la
religion avant d'être rendus à la société et même élevés dans
une profession quelconque, pour leur donner les moyens de
gagner leur vie. Ailleurs, ce sont les malades et les hôpitaux
visités dans tout Paris par ces mêmes jeunes gens, qui sup-
pléent au petit nombre d'ecclésiastiques dans tout ce que peuvent faire des laïques pour instruire, ramener, consoler, servir
cette multitude d'infirmes que cette ville immense et corrompue vomit dans les hospices, où presque tout le bas peuple

va terminer sa misérable existence. L'œuvre des petits Savoyards vous intéressera particulièrement, Monsieur le comte, et nous continuerons ici, envers eux, les soins de votre administration paternelle. On leur ferait beaucoup plus de bien si on avait plus de ressources; mais il y a ici tant d'objets d'un intérêt majeur qui ne sont entretenus que par les aumônes des fidèles, et même on peut dire des *royalistes :* grands et petits séminaires, hospices pour les enfants, secours pour tous les âges, etc., etc., qu'en vérité, au milieu de toutes les pertes qu'ont éprouvées les familles les plus opulentes, et du peu de ressources qu'on trouve généralement dans celles qui se sont enrichies, l'abondance des besoins rappelle tout à fait la cruche inépuisable de la veuve de Sarepta. Si votre gouvernement, Monsieur le comte, voulait nous envoyer quelques secours et coopérer à une bonne œuvre dont tous les fruits ne sont pas perdus pour lui lorsque les braves enfants reviennent dans leur pays, nous les recevrions avec reconnaissance; je sais qu'une autre fois, M. le marquis de Sostegno, votre ambassadeur ici, a fait parvenir quelques secours à la Société[1]. »

L'*Association de Saint-Joseph* mérite une mention particulière moins encore par les résultats qu'elle obtint que par le but qu'elle se proposait. C'est le premier essai d'une œuvre *ouvrière* au dix-neuvième siècle.

L'organisation corporative avait été violemment brisée en 1789; depuis, abandonné à ses seules forces, l'ouvrier restait isolé, sans dignité professionnelle, sans union de métier, sans groupement religieux. Déjà l'on pouvait pressentir les résultats de ces maximes qui, réduisant tout à la loi brutale de l'offre et de la demande, font des travailleurs une marchandise comme une autre. Déjà, il eût été sage de christianiser le monde indus-

---

[1] *Correspondance* du comte Joseph DE MAISTRE, t. VI, p. 324-325.

triel; commencée à temps, cette campagne eût peut-être amorti les crises et adouci les souffrances.

Prétendre que les fondateurs de l'*Association de Saint-Joseph* tentaient une aussi grave réaction contre les doctrines économiques révolutionnaires, et qu'ils prévoyaient les conséquences auxquelles nous faisons allusion, serait sans doute fort exagérer. L'empire des mots, si grand en France, n'aurait pas d'ailleurs permis que l'expression de « corporation » fût employée en 1822; les sophismes de Turgot et des physiocrates n'étaient pas encore démasqués, la crise sociale n'était pas arrivée à l'état aigu qui nous alarme aujourd'hui; bien au contraire, la prospérité matérielle amenée par le gouvernement réparateur des Bourbons était faite pour fermer les yeux sur des misères qui n'étaient pas encore une plaie profonde.

Il ne faut donc voir ici que ce qui exista réellement : une association [1] pour soutenir les ouvriers chrétiens arrivant à Paris, sauvegarder leur foi, défendre leurs mœurs, et leur rendre en partie la vie de famille qu'ils venaient de perdre en quittant leur province.

Un prêtre d'une grande valeur réunit plusieurs maîtres et chefs d'atelier de différents états, gens religieux et bien intentionnés, et en forma le premier noyau de l'association qu'il projetait. Pour trouver les ouvriers dont ils auraient besoin, ces patrons devaient s'adresser au directeur de l'œuvre qui, à son tour, les mettrait en relation avec ceux qu'il connaîtrait comme habiles et consciencieux. En attendant qu'ils pussent gagner leur vie, les ouvriers étaient logés dans une maison disposée à cet effet [2], où ils étaient assurés d'un gîte et d'une table peu coûteuse, de secours en cas de maladie, de distrac-

---

[1] Association. Le mot était déjà hardi à une époque si proche des illusions qui avaient fait proclamer comme un dogme la *liberté du travail;* de toute façon, il était expressif.

[2] Rue Saint-Jacques, 215.

tions honnêtes le dimanche[1]. Ceci se passait au printemps de
1822. En peu de jours plus de deux cents adhésions parvenaient à M. l'abbé Lowenbruck.

Comme toutes celles qui répondent à un besoin véritable,
l'œuvre se développa graduellement; au mois de février 1825,
le Roi lui donnait le duc de Bordeaux comme protecteur officiel, nommait le comte de Brissac vice-président et désignait
comme directeur l'abbé de Bervanger[2]. Au mois de mai suivant, une ordonnance royale affectait les bâtiments du Grand
commun, à Versailles, au logement des ouvriers.

L'Association comprenait différentes catégories de membres:
1° des commerçants et des employés de magasins; 2° des ouvriers; 3° des apprentis; 4° des enfants destinés au commerce
ou à l'industrie. Le premier groupe formait une association
de piété et promettait de maintenir chez soi les règles de la
vie chrétienne; les ouvriers étaient placés dans les maisons
de ces patrons chrétiens, les apprentis et les enfants recevaient,
respectivement, une instruction conforme à leur état.

Pour faciliter l'apprentissage, on créa dans le faubourg
Saint-Marcel, au numéro 18 de la rue des Anglaises, la *Maison de Saint-Nicolas*.

Les fonds principaux étaient donnés par la famille royale et
la Ville de Paris, en une rente annuelle; les frais d'éducation
étaient pris sur la cassette du duc de Bordeaux et fournis par
des jeunes gens de familles aisées, parmi lesquels il faut citer

---

[1] C'était l'organisation des « maisons de famille », créées depuis par l'OEuvre
des Cercles catholiques d'ouvriers. On remarquera bien des analogies entre les
Cercles et l'Association de Saint-Joseph; même but : la moralisation et la
christianisation des ouvriers; — même principe : le dévouement de la classe
dirigeante envers la classe ouvrière. Les deux œuvres ont choisi le même
patron, le grand ouvrier de Nazareth, le modèle de tous les maîtres chrétiens.

[2] Devenu plus tard prélat romain, Mgr de Bervanger, jusqu'à sa mort (en
1865), consacra son temps à l'OEuvre de Saint-Nicolas, qui, après des vicissi-
tudes diverses, a pris le plus heureux développement sous sa direction et celle
des Frères de la Doctrine chrétienne.

en première ligne Alphonse de la Bouillerie; des réunions ou
ventes de charité, tenues au pavillon de Marsan, dans les appartements du duc de Bordeaux, attirant l'élite de la société,
procuraient des ressources assez considérables.

Les congréganistes prirent, dès le début, une part active à
cette œuvre : le baron de Damas en était nommé président en
1828. M. de Pellieux [1] était chargé de surveiller les admissions
à la *Maison de Saint-Nicolas;* le duc de Rohan s'y rendait
fréquemment; le Père Rauzan prêcha plusieurs fois pour
elle à Sainte-Geneviève et donnait des retraites à ses membres; Lamartine écrivait une cantate en son honneur [2]; tout
marchait donc à souhait et permettait d'espérer beaucoup de
cette heureuse tentative de régénération ouvrière, quand les
événements dont nous aurons à parler en arrêtèrent le développement.

Procurer à des jeunes gens sérieux un lieu de réunion où ils
pussent discuter en commun et à armes courtoises des questions de philosophie, de littérature et d'histoire, parfaire ainsi
leur instruction personnelle et les former à l'exercice de la
parole, tel fut le but de la *Société des bonnes études.* Sans
imposer à ses membres aucun devoir particulier de religion,
cette réunion, par son objet même, les détournait des plaisirs
dangereux. Les conditions d'admission étaient fort larges : on
n'exigeait pas que le récipiendaire pratiquât ni même qu'il
eût la foi [3]; il suffisait qu'il parût sincère dans ses doutes et

---

[1] Né le 16 juin 1802; congréganiste le 23 mai 1823. Il fut avocat à Douai,
et son dévouement en fit l'un des principaux appuis de toutes les œuvres catholiques de ce pays.

[2] Cette cantate de Lamartine sur les bienfaits de l'Association fut composée
au mois de septembre 1829, à l'occasion de l'admission dans la maison de
Saint-Nicolas d'un enfant présenté par le jeune poète.

[3] A notre avis, cette « largeur » était trop grande; une société doit être
sévère sur le choix de ses membres, et quand c'est une société chrétienne, la
pratique des devoirs religieux ne devrait pas être considérée comme condi-

disposé à les éclaircir. C'était une sorte de « conférence littéraire ».

Les congréganistes furent loin d'y demeurer étrangers.

Définitivement formée en 1823, la *Société des bonnes études*
s'installa au n° 11 de la rue des Fossés-Saint-Jacques. Le Père
Rauzan, alors dans tout l'éclat de ses succès de missionnaire,
prononça un éloquent discours le jour de l'ouverture[1]. Mathieu
de Montmorency en fut le premier président. A sa mort, le duc
de Rivière lui succéda ; plus tard le baron de Damas et après lui
le duc de Doudeauville devaient accepter les mêmes fonctions.

Le succès de cette réunion fut grand. Nous en trouverions
une preuve dans les imitations qui s'en firent en province : dès
1824, Toulouse et Grenoble organisaient des sociétés analogues.

Le docteur Antoine Bayle[2], vice-président de la Société de
Paris, conduisit rue Saint-Jacques plusieurs élèves en médecine ;
M. de Pineau[3], avocat de talent, y dirigeait les jeunes étudiants
en droit. M. Laurentie y lisait ses travaux sur la philosophie
chrétienne ; Abel de Rémusat, ses études sur les littératures
orientales ; Hennequin[4] et Berryer, avant d'en présider les

tion secondaire. Nous sommes donc ici en présence d'une simple réunion
littéraire. Il est juste de constater que ce que le règlement n'exigeait pas,
l'habitude l'obtint ; l'esprit général de la réunion était véritablement catholique.

[1] P. DELAPORTE, *Vie du Père Rauzan*, liv. III.

[2] *Antoine-Laurent* Bayle, docteur en médecine (congréganiste le 11 mai
1817), né le 13 janvier 1799 au Vernet, près Digne, était le neveu du célèbre
médecin Bayle (*Gaspard-Laurent*), également né au Vernet, également congréganiste (25 juillet 1802), l'un des soutiens de la réunion du Père Delpuits,
que ses talents firent choisir par Corvisart pour être médecin de l'Empereur, et
qui demeurera un des plus grands pathologistes de notre siècle ; il mourut
en 1816. — Enfin, un troisième Bayle (*Louis*), également neveu du grand
médecin, également né au Vernet (19 mai 1804), mais étudiant en droit, fut
admis à la Congrégation le 15 août 1825.

[3] Jules-François de Pineau, né à Bordeaux le 9 juillet 1796, congréganiste
le 11 février 1816.

[4] Hennequin était congréganiste du Père Delpuits (26 juillet 1808). Berryer
ne faisait pas partie de la réunion.

Hennequin a laissé une grande réputation comme avocat. Il prêta son

séances, y avaient déjà soutenu de brillantes joutes oratoires, au grand applaudissement des trois cents jeunes magistrats, avocats et étudiants qui en faisaient partie.

Les séances étaient animées, intéressantes, toujours nombreuses. Malgré la facilité un peu trop grande d'admission, l'esprit s'y maintenait excellent : M. Charles Lacretelle, alors professeur d'histoire à la Faculté des lettres, voulut y faire des conférences sur les lettres de cachet et la révocation de l'édit de Nantes : il fut prié de réserver ses déclamations pour des auditeurs vraiment « libéraux ». Il se le tint pour dit, mais, en auteur sifflé, garda une solide rancune qu'il exhala vingt ans plus tard dans une volumineuse note de son *Histoire de la Restauration* [1].

Puisque nous parlons des attaques dont la *Société des bonnes études* fut l'objet, il nous sera permis d'anticiper sur les événements et de terminer ici ce que nous avons à dire sur ce sujet : au mois d'août 1826, un sieur Duchateau, séduit sans doute par le succès de M. de Montlosier, lançait un pamphlet contre la *Société des bonnes études*, assurant qu'elle était une

concours à toutes les justes causes et son temps : conseiller du duc de Bellune dans le procès des marchés Ouvrard, de la famille de Rohan dans l'affaire de la succession du prince de Condé, défenseur de M. de Peyronnet en 1830, de Mme la duchesse de Berry en 1832, etc., il fut, pendant trente ans, un champion éloquent de la cause royaliste. Ses sentiments religieux l'avaient désigné, en 1826, aux attaques les plus vives du *Constitutionnel*. Né en 1783, il mourut en 1840. La ville de Lille l'avait élu député en 1834.

[1] *Histoire de France pendant la Restauration*, t. III, ch. xx, p. 144 et suiv. — M. Lacretelle raconte là une foule de choses : que les membres de la réunion voulaient absolument l'entendre, mais que les directeurs s'y opposèrent « avec des formes bénignes et polies »; qu'il assista à quelques séances où l'on discutait le rétablissement du droit d'aînesse; que M. Berryer parlait « avec dédain » des « institutions modernes »; que la parole de M. Hennequin était élégante et préparée, etc., etc. Le duc Mathieu de Montmorency et le prince Jules de Polignac étaient présents, paraît-il, et au premier rang se trouvaient assis des ecclésiastiques dont le *maintien*, *à défaut de costume*, *paraissait tout à fait monacal* (??). C'étaient les *Jésuites de Montrouge!!* — M. Lacretelle a pu affronter leur vue sans pâlir, mais il parle de son aventure comme un homme qui a conscience d'avoir échappé à un fort danger.

« affiliation jésuitique », un foyer d'ultramontanisme où l'on
déclamait contre la Charte. « Je ne sais, ajoutait-il avec mystère, si les ministres communiquent d'avance leurs projets de
loi à la Société ou si la Société impose les siens aux ministres
— (doute cruel!) — mais j'affirme que les lois sur le sacrilège,
de l'indemnité aux émigrés et du droit d'aînesse ont été proposées et discutées dans la Société avant d'être proposées aux
Chambres[1]. » Ce M. Duchateau donnait à ses accusations
un tour piquant et un poids tout particulier en révélant qu'il
avait jadis fait partie de la Société.

Le *Constitutionnel* et le *Courrier français* accueillirent,
bien entendu, ces enfantillages comme paroles d'Évangile.

Mais un membre de la *Société des bonnes études* trouva la
plaisanterie un peu forte; il estima que les honnêtes gens
avaient le droit de se défendre, même contre des accusations
ridicules, et publia sans retard une brochure qui mettait à
néant les reproches formulés[2]. Il montrait comment le
« personnel aussi nombreux que celui d'une administration » se composait d'un bibliothécaire et d'un portier, et
comment le « trésor » dont disposait la redoutable association était le produit des cotisations annuelles de vingt-cinq
francs, fournies par ses cinq cents membres pour la location
de salles de réunion et la bibliothèque. Nous apprenons par
lui qu'au rez-de-chaussée de la maison de la rue des Fossés-
Saint-Jacques, se trouvaient les salles de travail et au premier
celles de lecture. Enfin nous avons la liste exacte des journaux que l'on y recevait, c'étaient : le *Moniteur*, l'*Étoile*,

---

[1] *Dénonciation contre la Société des bonnes études comme affiliation
jésuitique*, par J. DUCHATEAU, ex-membre de la Société, pour servir d'Appen-
dice à la *Dénonciation* de M. le comte DE MONTLOSIER. Paris, Ponthieu,
libraire au Palais-Royal, 1826, brochure in-8°.
[2] *Réponse à la dénonciation de M. Duchâteau*, par M. A. HENRION, membre
de la Société des bonnes études, licencié en droit de la Faculté de Paris.
Paris, imprimerie de Béthune, quai Palatine. 1826, brochure in-8°.

a *Gazette de France*, le *Drapeau blanc*, la *Quotidienne*, le *Journal de littérature*, l'*Aristarque*, le *Journal des Voyages*, le *Mémorial catholique* et la *Gazette des Tribunaux*.

Devant des détails si circonstanciés et si précis, pas un seul argument de fait ne demeurait debout. La *Société* continua ses séances habituelles jusqu'aux journées de 1830 qui sonnèrent le glas de tant de choses qui auraient dû vivre pour être remplacées par d'autres qu'il eût été préférable de ne voir naître jamais[1].

Pour être complète notre revue doit mentionner la *Société catholique des bons livres*, fondée d'abord en province à Bordeaux et à Grenoble, approuvée par un rescrit de Léon XII

[1] Il ne faut pas confondre la *Société des bonnes études* avec la *Société des bonnes lettres*, créée au mois de janvier 1821, et dont le siège fut d'abord 27, rue de Grammont, puis 17, rue Neuve-Saint-Augustin. — Patronnée par Chateaubriand, cette dernière avait pour but « d'ouvrir une tribune aux défenseurs de la cause monarchique, de fournir un point de réunion, un centre d'études aux amis de la religion, de la royauté et des lettres, d'attirer et de retenir la jeunesse par le charme de la littérature, par l'attrait de l'instruction et des bons sentiments ».

Les réunions avaient lieu deux fois par semaine (les mardi et vendredi soir). La souscription était de 60 francs; le nombre des fondateurs fut de cent; les principaux d'entre eux étaient : le marquis de Fontanes, président; le marquis d'Herbouville, vice-président; Chateaubriand, duc de Fitz-James, duc de Maillé, Berryer fils, comte François des Cars, comte de Vaublanc, Pardessus, Le Normand fils, Campenon, de l'Académie; de Bourrienne, du Sommerard, conseiller référendaire à la Cour des comptes; duc de Crussol, Michaud, directeur de la *Quotidienne*; Bertin de Veaux, député, directeur des *Débats*; Quatremère de Quincy, député, membre de l'Académie des inscriptions et belles-lettres; vicomte Donadieu, prince de Polignac, baron de Vitrolles, etc.

La séance d'ouverture eut lieu le 15 février 1821. Parmi les adhérents de la première année, nous rencontrons trois congréganistes : Biot, de l'Académie des sciences; l'abbé de Genoude, et Sébastien Laurentie.

M. Edmond Biré, avec la scrupuleuse exactitude qui caractérise tous ses intéressants travaux, a relaté (*Victor Hugo avant 1830*, ch. VII) la présence des frères Hugo à la *Société royale des bonnes lettres*; Abel y donna un travail sur la littérature espagnole; Victor, dans tout l'enthousiasme de ses « convictions » monarchistes, y lut ses Odes sur *Quiberon* (28 février 1821); *Vision* (13 mars 1821); *Louis XVII* (10 décembre 1822).

M. Rio, alors professeur au collège Louis-le-Grand, y traitait les questions

(22 mai 1824) et formée au mois de juillet de la même année, à Paris, par les soins du duc Mathieu de Montmorency[1]. Au bout d'un an elle comptait huit mille souscripteurs, était approuvée par les évêques de Bordeaux, Luçon, Meaux, Rennes, Beauvais, Pamiers, Bayeux, recevait une impulsion particulièrement féconde à Besançon, où l'archevêque, Mgr de Villefrancon (nous avons vu qu'il était congréganiste), en confiait la direction dans son diocèse à trois prêtres qui devaient avoir des noms illustres dans l'Église de France : MM. Gousset, Gaume et Donnet. Le roi Charles X manifestait sa bienveillance en accordant deux médailles de douze cents francs au meilleur ouvrage publié. A la fin de l'année 1826, huit cent mille volumes avaient été distribués.

Certes, une telle propagande était bien nécessaire ; de 1817 à 1824 deux millions sept cent quarante et un mille quatre cents volumes hostiles à la religion et contraires aux mœurs avaient été répandus ; douze éditions de Voltaire et treize éditions de

---

historiques. — La *Société* proposait des sujets et décernait des médailles. — Chateaubriand donna sa démission en 1829 ; la réunion disparut à la chute de la monarchie légitime.

[1] Les bureaux de l'OEuvre étaient situés rue Palatine, près de Saint-Sulpice. On avait choisi le patronage de saint Paul, modèle parfait des écrivains et des polémistes chrétiens. « Si saint Paul vivait à notre époque, disait Pie IX, il se ferait journaliste. » — Vingt-quatre membres composaient le « Conseil général » ; à cinq membres, dont trois prêtres, était confiée la direction pratique. — Les souscriptions étaient de 20 francs par an. — Le prospectus indiquait ainsi le but poursuivi :

« C'est par les livres que la société a été gâtée ; c'est par les livres qu'il faut la guérir. L'impiété a amassé ses trésors pour corrompre les hommes ; que la charité ouvre les siens pour les consoler. On répand des doctrines dégradantes et honteuses ; répandons des doctrines saines et sublimes. Serait-il moins facile à la charité de donner des livres utiles, qu'à la cupidité de vendre des livres pervers ? »

Cette pensée de la propagande des bons livres à bon marché était venue à bien des esprits, après la restauration des trônes légitimes en Europe. Au mois de décembre 1817, Joseph de Maistre écrivait au comte de Stolberg, à Munster, pour solliciter son adhésion à la Société des *Amis catholiques*, fondée à Turin quelques années auparavant, « afin de faire circuler la bonne doctrine

Rousseau (soit en tout deux millions cent cinquante-neuf
mille cinq cents volumes) étaient réimprimées[1]; un journal
jetait ce cri d'alarme trop justifié :

« ...On vient de faire réimprimer le *Tartufe* à cent mille
exemplaires. On le répand dans les collèges et dans les pensions, on le donne pour cinq sous, on engage les enfants à
l'acheter, et s'ils s'y refusent, on se moque d'eux, on les traite
de bigots, de capucins, etc., etc..... Déjà il s'en est répandu,
dit-on, 25,000 exemplaires. Dans quelques institutions, la distribution a été ou ouvertement ou tacitement autorisée; dans
d'autres elle s'est faite à l'insu des maîtres, et avant qu'ils
eussent pu prendre des moyens pour l'empêcher.

« La petitesse du volume, la modicité du prix, l'adresse des
entremetteurs, tout a pu servir à tromper de pauvres enfants.
On a même eu peur qu'ils ne comprissent pas tout ce qu'on
voulait leur dire, et on a joint à la pièce un *mot préliminaire*
pour les prémunir contre la *dévote cabale*, et pour se défier de
ceux qui leur parlent de Dieu, de la religion et des saints. On
les engage à porter toujours avec eux le petit volume comme
« un antidote contre les charlatans », à graver les traits de
Molière dans leur mémoire.. « Que chaque vers heureux, dit
l'éditeur, aille droit au dévôt imposteur et perce son masque...
Le voilà, s'écrieront-ils, c'est lui, c'est Tartufe; nous le reconnaissons d'abord à cette affectation de parler de Dieu à tout
propos... Le voilà avec des roulements d'yeux... Il invoque la
Vierge et les saints; le pauvre homme fait sonner bien haut son
indigence, son désintéressement et ses aumônes[2] », etc...

jusque dans les dernières veines de l'État ». — « Notre but est précisément la
contre-partie de la funeste propagande du siècle dernier; nous sommes parfaitement sûrs de ne pas nous tromper, en faisant précisément pour le bien
ce qu'elle a fait pour le mal avec un si déplorable succès. » (*Correspondance*,
t. VI, p. 116.)

[1] *Rapport* du ministre de l'intérieur. 1825.
[2] *L'Ami de la religion*, 21 décembre 1823.

L'excès du mal encourageait les efforts pour le développement du bien ; à côté de la *Société catholique des bons livres*, fut fondée la *Bibliothèque catholique* pour la publication d'ouvrages irréprochables, mais sans esprit de propagande et de grande diffusion.

Parfois la ressemblance de noms a fait confondre les œuvres ; toutes deux se proposaient de répandre de bons livres, mais ne s'adressaient pas absolument aux mêmes classes de lecteurs. Une circulaire du mois de mai 1825, adressée aux membres de la *Société*, indique clairement ces différences.

« …Il ne peut y avoir entre la *Bibliothèque catholique* et nous qu'une heureuse émulation… Vous remarquerez que les ouvrages qu'elle répand sont plus particulièrement destinés à former la bibliothèque des personnes instruites afin de fortifier et accroître leur foi. Ceux que nous vous envoyons sont plus spécialement destinés à être prêtés ou donnés, à être répandus dans toutes les classes de la société. Vous sentirez donc qu'il est juste et bon de favoriser ces deux œuvres et de faire régner entre elles l'esprit d'union et de charité.

« *Signé :* LOWENBRUCK [1]. »

En 1828, l'audace et les succès des libéraux firent créer une *Association pour la défense de la Religion catholique*. Présidée par le duc d'Havré, ayant comme vice-présidents le maréchal

[1] La *Bibliothèque catholique* publiait deux volumes par mois, suivant un plan uniforme qui comprenait six séries : ecclésiastique, ascétique, apologétique, historique, littéraire et juvénile. Elle avait aussi un petit journal ou bulletin. Elle fit parfois graver et vendre les portraits d'hommes éminents : le Souverain Pontife, le prince de Hohenlohe, etc.

Le tableau comparatif des diverses publications en fera bien saisir la différence. La *Société des bons livres* faisait imprimer : les *Actes des martyrs*; l'*Histoire de la religion* et la *Doctrine chrétienne* de LHOMOND ; les *Anecdotes chrétiennes* de REYRE ; les *Preuves historiques de la religion* de BEAUGÉE, etc.

La *Bibliothèque catholique* éditait les *Œuvres spirituelles* de FÉNELON ; le *Catéchisme philosophique* de FELLER ; les *Mœurs des Israélites* de FLEURY ; les *Pensées* de PASCAL ; le *Discours sur l'Histoire universelle* de BOSSUET, etc.

prince de Hohenlohe, le vicomte Dambray, M. Duplessis de
Grenédan et le comte de la Rochejaquelein, elle comprenait
un Conseil général, des associés correspondants, de simples
associés. La direction effective fut confiée à cinq personnes :
l'abbé Perreau, vicaire général de la Grande Aumônerie,
l'abbé de Salinis, l'abbé des Genettes, Sébastien Laurentie,
Augustin Cauchy. Les trois derniers étaient congréganistes.

Nous pouvons maintenant résumer le rôle de la Congrégation, apprécier la portée de ses œuvres personnelles, faire
sa part dans l'action catholique du temps.

L'objet direct de son institution était de procurer à ses
membres le moyen de défendre contre les mauvais exemples
et les entraînements, leur foi, leur piété et leurs mœurs, par
de solides et régulières pratiques religieuses. Voilà toute la
Congrégation. Mais, comme « il n'y a pas de chrétien sans
amour, il n'y a pas de chrétien sans prosélytisme », et les
œuvres de zèle étant la conséquence naturelle des maximes
catholiques, la *Société des bonnes œuvres* fut formée pour le
soulagement des misères physiques et morales qui se rencon-
trent toujours si nombreuses dans une grande ville comme
Paris; elle était divisée en trois sections : Hôpitaux, Savoyards
et Prisons. L'établissement d'une Maison de refuge pour les
jeunes condamnés assura, en les perpétuant, les bienfaits de
la visite aux prisonniers.

A côté de ces « œuvres » proprement dites, s'était créée,
avec une organisation parfaitement indépendante, la *Société
des bonnes études*, sorte de conférence littéraire dont les aspirations chrétiennes attirèrent, à juste titre, un grand nombre
de congréganistes.

De près ou de loin, toujours au poste d'honneur, qui est
celui du combat, la Congrégation fut donc mêlée à l'action
catholique de la Restauration et, la première, a fourni des sol-

dats au mouvement de la rénovation religieuse du commencement de notre siècle.

Elle a sauvegardé les grandes traditions de la charité française; elle a planté d'une main ferme, sur tous les terrains,
les jalons qui ont montré la route aux hommes de courage et
de persévérance qui depuis ont acquis le respect de leurs
contemporains par leur charitable action ; elle a vraiment été
l'école où se sont formés les ouvriers évangéliques les plus
sages, les plus habiles, les plus zélés. D'autres ont fait mieux
et plus; elle gardera l'honneur d'avoir été sur la brèche
dès la première heure du jour, et le nom du Père Delpuits,
son organisateur et son chef, en acquiert une posthume, mais
légitime renommée.

CHAPITRE XI

LES CONGRÉGATIONS DE PROVINCE.

Les pouvoirs d'affiliation donnés par Pie VII au Père Delpuits. — La Congrégation de Grenoble. — La Congrégation de Lyon et le Père Roger. — Les fondations en Bretagne de l'abbé Jean de La Mennais. — Les missions. — Charles de Forbin-Janson. — Les missionnaires de Laval. — Gabriel de Vaufleury. — Fondation par Mgr l'évêque de Montpellier d'une Congrégation dans sa ville épiscopale. — La mission de Grenoble en 1817. — Une « vigoureuse » Congrégation à Colmar. — Les attaques de la franc-maçonnerie; sa propagande et son action.

Parmi les reproches adressés à la Congrégation, ses détracteurs plaçaient au premier rang un esprit de prosélytisme envahissant. À les croire, ses membres, allant de ville en ville gagner des adhérents nouveaux, couvraient la France entière d'un réseau qui ne laissait plus échapper leur proie.

Ce sombre tableau d'une domination occulte dictant, à Paris, un mot d'ordre uniformément accepté et sans retard mis en œuvre aux quatre coins de la France, était peint avec habileté. Il convenait merveilleusement au « bourgeois » français, d'intelligence prodigieusement naïve, d'humeur essentiellement pacifique, de nature même un peu craintive, et à qui rien ne fait mieux goûter la jouissance de sa sécurité que le récit d'un assassinat dont il frémit ou d'une conspiration dont il tremble. C'est pour avoir bien compris l'organisation de ses concitoyens de la rue Saint-Denis qu'Eugène Suë, avec son *Juif errant*, devint, en 1845, un homme bien plus célèbre que Michelet et Quinet, attachés, comme lui, aux mêmes besognes. C'est aussi là qu'il faut chercher l'explication du succès des calomnies lancées contre la « Congrégation en province », avec une persistance réfléchie.

Quand le Père Delpuits eut reçu du Souverain Pontife[1] les pouvoirs nécessaires à l'érection canonique d'une Congrégation de la Sainte Vierge, il était seul, en France, à les posséder. En remarquant le bien produit par cette association chrétienne, plusieurs personnes désireuses d'obtenir, de la même façon, ces heureux résultats, souhaitèrent d'en connaître les règles pour les suivre, et les maximes, pour s'y conformer. Pie VII avait concédé à M. Delpuits l'autorisation de faire participer aux indulgences qu'il accordait d'autres Congrégations, sous la condition de leur affiliation authentique à celle de Paris[2].

Le Père Delpuits fut donc sollicité de divers côtés, et il était heureux, après examen, de répondre favorablement aux demandes qui lui parvenaient. Parfois aussi, des congréganistes, appelés par leurs affaires personnelles en divers endroits de la province, formaient pendant leur séjour, quelque réunion pieuse. Le fait se produisit notamment à Bourg en Bresse[3], où M. Teysseyrre, alors élève ingénieur à l'École des ponts et chaussées, habita au commencement de l'année 1804.

Rien n'indique mieux la « procédure » des affiliations que la correspondance échangée à ce propos entre le directeur d'une réunion catholique de Grenoble et M. Delpuits. Nous donnons in extenso ces lettres inédites qui sont le plus ancien témoignage de ces sentiments de fraternité chrétienne dont nous évoquons le souvenir :

[1] 18 janvier 1805.
[2] Pour qu'une Congrégation particulière jouisse des privilèges spirituels de la Congrégation mère établie à Rome, il ne suffit pas, en effet, qu'elle en adopte les principes et en observe les règles, il faut qu'elle soit affiliée par qui de droit.
[3] Nous empruntons cet épisode à la *Vie de M. Teysseyrre*, par l'abbé PAGUELLE DE FOLLENAY (ch. v); mais nous devons dire que les documents manuscrits de la Congrégation n'en portent pas trace.

« MONSIEUR,

« Quoique je n'aie pas l'honneur d'être connu de vous, je prends cependant la liberté de vous écrire pour vous prier de vouloir bien prendre sous votre direction la petite Congrégation que je viens d'établir à Grenoble. Connaissant le bien qu'a produit celle de Paris, instruit aussi des succès que vient d'avoir celle de Lyon, dont les bases sont à peu près les mêmes, j'ai osé entreprendre de marcher sur vos traces et j'espère de la miséricorde de Dieu quelque succès. J'ai consulté en cela plus mon zèle que mes lumières, attendu que jeune et nouveau dans le ministère, je manque de l'expérience qu'il faudrait avoir pour conduire une œuvre semblable. Vous trouverez en moi de la docilité ; et si vos occupations vous permettaient de me donner quelques avis de direction et de m'instruire de la méthode que vous avez suivie, je ne manquerais pas de m'y conformer.

« J'ose espérer, Monsieur, que vous ne verrez pas avec indifférence notre zèle et nos travaux, et que vous voudrez bien solliciter en notre faveur la bénédiction du Ciel et nous recommander aux prières de votre fervente société. Nous ambitionnons d'être agrégés à votre association et de participer au bien qui s'y fait, comme aussi nous nous ferions un devoir de vous associer à tout ce que nous ferions ici Je sollicite cette grâce avec instance et avec d'autant plus de confiance que notre œuvre est votre ouvrage. Trois des messieurs de la Congrégation de Paris ont contribué pour beaucoup à notre établissement.

« Je laisse à M. Teysseyrre, qui vous remettra ma lettre, le soin de vous parler de nos commencements. Si jamais il y avait parmi nous des événements qui pussent intéresser la Congrégation de Paris et l'édifier, nous ne manquerions pas de

l'en informer, ce serait aussi pour nous un grand avantage
d'être instruits de ce qui se passe dans celle de Paris; une
ferveur naissante a besoin d'être soutenue et encouragée, et
rien ne sera plus propre pour cela que des exemples récents.

« Veuillez bien, Monsieur, nous regarder comme vos enfants.
J'avoue que ce qui m'encourage dans cette entreprise est l'espoir que vous accueillerez notre demande.

« J'ai l'honneur d'être, très respectueusement, Monsieur,
votre très humble et très obéissant serviteur.

« J. RIVET, prêtre. »

« MONSIEUR,

« Si je n'ai pas eu l'honneur de vous écrire depuis plus
d'un mois que j'ai quitté Paris, je vous prie de m'excuser
à cause du peu de temps que m'ont laissé des affaires que
j'avais été longtemps sans surveiller de près. Des arrangements
de famille m'ayant appelé ici, j'avais prié un de mes amis de
s'informer auprès de M. Rivet s'il était vrai que nous eussions
les mêmes avantages que vous. Je viens de recevoir ce matin
sa réponse, d'après laquelle je vous prie au nom de tous nos
amis de vouloir bien nous accorder les faveurs attachées à
ceux qui vous sont unis. C'est le vœu de tous ceux à qui j'en
ai parlé dans mon séjour à Grenoble. Nous espérons d'après
les promesses que vous avez bien voulu me faire avant mon
départ, que vous ne nous refuserez pas un avantage aussi important dont nous tâcherons de nous rendre dignes de plus en
plus.

« Nous nous recommandons plus que jamais à vos prières et
à celles de nos amis. Je suis fâché que le peu de temps que
j'ai ce matin avant le départ de la poste ne me permette pas de
vous écrire plus longuement, car j'aurais bien des choses à

vous dire, mais j'espère vous en parler en vous remerciant de la faveur que nous attendons de vous. Je vous prie en attendant de me permettre de vous présenter mes respectueux hommages et les sentiments d'estime et d'affection de tous nos amis.

« G. VIDAUX DE LA TOUR[1]. »

Grenoble fut la première Congrégation de province canoniquement agrégée à la Congrégation de Paris; mais antérieurement des réunions analogues à Lyon, Bordeaux, Langres (1803, 1804, 1805), avaient obtenu avec elle une communauté de prières et de mérites.

D'anciens Pères de la Compagnie de Jésus, revenus dans ces villes après les violences de la Terreur, se vouant au ministère des âmes, avaient tout naturellement trouvé dans leurs souvenirs personnels le meilleur moyen de christianiser ces populations à peine sorties de la crise révolutionnaire. Ils tentaient de reformer ces Congrégations grâce auxquelles autrefois tant de bien s'était accompli sous leurs yeux, et, après un premier succès, allaient chercher à Paris, auprès de leur ancien confrère en possession des pouvoirs nécessaires, l'affiliation qui faisait participer leurs réunions aux indulgences les plus précieuses.

Il en fut ainsi pour les Lyonnais.

Ils avaient été vivement touchés des prédications populaires faites dès 1801 à l'église Saint-Georges par un modeste religieux, le Père Roger, qui, entré à Augsbourg, en 1795, dans la *Société des Pères du Sacré-Cœur*, revenait avec le Père Varin en France dès que les portes de la patrie leur furent ouvertes. Il avait d'abord consacré son temps aux malades de la Salpé-

_____
[1] Reçu congréganiste à Paris, le 27 mai 1804.

trière, à Paris, puis acceptait d'aller évangéliser les quartiers pauvres de Lyon. Lorsque quelques jeunes gens de la ville formèrent le projet d'associer leur dévouement et leur charité en travaillant à leur propre sanctification, sous le patronage de Marie[1], ils songèrent aussitôt au Père Roger pour diriger leur bonne volonté. Il avait en effet tout pour réussir.

A un zèle que rien ne rebutait, il joignait une aménité parfaite; vif, gai, doué d'une physionomie et d'une parole sympathiques, il faisait aimer la vertu aux justes et la rendait désirable aux pécheurs. Il était le conseil d'un grand nombre de personnes. On voyait son confessionnal assiégé par les pénitents; il y passait habituellement des journées entières et souvent, pour les hommes, une grande partie de la nuit. Sa rare prudence, son expérience dans les voies de Dieu, sa connaissance du cœur humain, sa charité sans bornes, lui conciliaient le respect et la confiance de tous. On l'écoutait comme un oracle et l'on se conformait avec docilité à ses décisions. Beaucoup de prêtres s'étaient mis sous sa conduite. Il eut même la consolation de réconcilier avec l'Église plusieurs de ceux qui avaient prêté le serment constitutionnel[2].

C'était une de ses maximes que, dans les œuvres de Dieu, il faut éviter le bruit et l'éclat. Ses travaux furent, en effet, connus seulement du Ciel et des âmes fidèles; ils exercèrent néanmoins une influence profonde; on peut dire avec vérité qu'il a été, entre les mains de Dieu, le principal instrument de la régénération religieuse dans la classe moyenne de Lyon.

Par ses soins, à la suite de la Congrégation des jeunes gens, on vit bientôt s'établir une réunion analogue pour les hommes mariés, puis une troisième pour les artisans. Tous rivalisaient de zèle dans leur apostolat laïque : visitant les malades dans

---

[1] Le troisième dimanche de juillet de l'année 1802.
[2] P. GUIDÉE, Notices historiques sur les Pères du Sacré-Cœur, t. I, p. 51.

les hôpitaux, se rendant aux prisons, consolant les pauvres qu'ils allaient chercher jusque dans les réduits les plus misérables.

Les défiances des pouvoirs publics obligèrent, vers la fin de l'année 1808, le Père Roger à se retirer à Coutances, sa ville natale; il mit à profit ces loisirs forcés que lui donnaient les circonstances, laissant aux catholiques lyonnais des enseignements et des exemples qui ne furent pas perdus. En effet, au moment des difficultés les plus graves entre Pie VII et Napoléon I⁰ʳ, le Pape, prisonnier à Savone, trouva à Lyon un centre tout préparé d'activité et de zèle pour aller porter, malgré mille dangers, ses brefs et ses rescrits adressés au monde chrétien.

La police était à l'affût de ces agissements. Un rapport adressé à Napoléon par le ministre Savary dénonça en termes violents les supérieurs des collèges de Lyon, de l'Argentière (près Montbrison), de Montdidier, mesdames de Montjoie et de Soyecourt, « ainsi qu'un M. Bertrand du Coin, qui est un fanatique ». — « Leurs auxiliaires subalternes sont les abbés Recourbet et d'Haulet, Franchet à Lyon, Pallavicini à Paris. Le sieur Alexis de Noailles, à la tête des Confréries du Saint dévouement (*sic*), ne craint pas d'appeler dans ses lettres l'empereur Napoléon *Julien l'Apostat*[1]. »

M. Bertaud du Coin[2], ce « fanatique » selon l'expression de celui qui présida à l'assassinat du duc d'Enghien, était un jeune chrétien d'une grande foi et d'une rare énergie; un des fondateurs de la Congrégation de Lyon, il en était premier assistant (vice-président) en 1807; la même année, de passage à Paris, il avait sollicité et obtenu d'être admis parmi les congréganistes du Père Delpuits[3], d'autant plus facilement que la

[1] Rapport de Savary à l'Empereur, 1ᵉʳ février 1811.
[2] Et non « Bertrand du Coin », comme l'écrit mal le rapport de police.
[3] Le 13 septembre 1807.

Congrégation de Lyon avait demandé, dès le 13 novembre 1803, à la Congrégation de Paris une « union de prières ». Ces liens d'affection réciproque se détendirent quand les circonstances ne permirent plus que de rares réunions de part et d'autre, mais ils furent renoués plus heureusement que jamais en 1814, ainsi que l'indique la lettre suivante, précieuse par les renseignements qu'elle nous donne sur le cordial accueil réservé par les congréganistes de Paris aux amis de province qui venaient y résider :

« MESSIEURS,

« Les membres de la Congrégation de Lyon ont conservé un précieux souvenir de l'union vraiment fraternelle qui a existé entre votre Société et la leur. Des circonstances extraordinaires ont pu seules interrompre des rapports que la religion avait formés et que l'amitié chrétienne avait cimentés. Il a fallu que ces circonstances fussent bien impérieuses pour forcer la Congrégation de Lyon à se priver des ressources que celle de Paris offrait à ceux de ses membres que leurs affaires appelle dans cette ville, où votre charité bienveillante les mettait à l'abri de tant de dangers et leur procurait tant de consolations. Mais, au milieu des peines et des inquiétudes que nous avons réciproquement éprouvées, nous n'avons jamais cessé de prier les uns pour les autres, et le Seigneur nous a enfin exaucés dans sa miséricorde.

« Permettez-nous donc de nous unir à vous pour le bien, Messieurs ; concourons de tous nos efforts aux vues miséricordieuses de la Providence sur notre patrie. Efforçons-nous de nous édifier mutuellement. M. Roger, que nous appelons du doux nom de père et qui mérite à notre égard ce titre de tant de manières, vous remettra cette lettre ; c'est lui que nous chargeons plus particulièrement de renouveler avec vous et

en notre nom cette précieuse alliance. Vous voudrez donc
nous permettre, Messieurs, de vous adresser comme par le
passé ceux de nos membres que leurs affaires appelleront à
Paris ; nous nous estimerons heureux de recevoir ceux de vous
qui viendraient à Lyon et de leur rendre tous les services qui
seront en notre pouvoir.

« Nous nous recommandons tout particulièrement à vos
prières, et nous vous prions de nous considérer toujours en
Jésus et Marie comme vos frères bien affectionnés.

« Pour et au nom de la Congrégation de Lyon,

« Du Coin, préfet[1]. »

Les catholiques de Lyon s'occupaient avec une grande activité de leurs œuvres charitables; ce zèle et ces succès leur
valurent d'implacables ennemis; on le vit bien, en 1817,
lorsque la ville fut ensanglantée par des événements sur
lesquels nous ne nous arrêterons que pour justifier les congréganistes des accusations que la mauvaise foi fit peser alors sur
les bons citoyens de la contrée.

Lyon et ses environs étaient depuis longtemps le foyer
d'une agitation entretenue par d'anciens militaires et d'officiers en demi-solde qui s'y donnaient rendez-vous. Une insurrection y était préparée pour le 8 juin, jour de la Fête-Dieu.
Grâce aux précautions prises par les autorités militaires et
civiles et à de grands déploiements de troupes, les processions
publiques ne furent point troublées; mais le soir même, trois
assassinats furent commis, et plusieurs colonnes d'insurgés
rassemblées par le tocsin dans les communes voisines débou-
chèrent dans la ville aux cris de « Vive Napoléon II! » La
garde nationale et les troupes dispersèrent les émeutiers, on

prit 5,000 fusils et l'on fit 500 prisonniers[1]. Une cour prévôtale fut naturellement instituée, douze condamnés montèrent sur l'échafaud; le ministre de la justice (c'était M. Pasquier, que personne n'a jamais accusé d'exagération royaliste!) approuva hautement la procédure et les jugements. Mais l'agitation produite par les événements ne cessait pas, des deux côtés l'irritation était extrême : les royalistes, pour être sans cesse sous le coup de complots et de conjurations; leurs adversaires, pour voir renverser l'échafaudage de leurs projets. Le Roi envoya le maréchal Marmont comme pacificateur. Celui-ci apporta dans sa mission l'esprit emphatique et vaniteux qu'il mettait en toutes choses; il eut le tort plus grave de choisir pour chef d'état-major un officier notoirement franc-maçon : le colonel Fabvier. Muni de pouvoirs discrétionnaires, il en usa pour ordonner la revision de tous les procès, et confia cette tâche à un ancien représentant de la chambre des Cent-jours!

L'intrigue eut beau jeu; la conclusion fut inattendue : le maréchal Marmont osa bien déclarer que l'insurrection avait été factice, et machinée par les royalistes eux-mêmes pour amener une réaction terrible et obtenir par la suite les bonnes grâces du Roi.

Sauf un long *factum* du très partial colonel Fabvier, le maréchal n'apporta, ni alors ni depuis, la moindre preuve de ces allégations. Dans ses *Mémoires*[2], il parle avec autant d'obscurité que d'insistance du « parti » (?), qu'il charge de mille méfaits. S'il ne dit pas ce qu'il entend par cette dénomination, sa pensée, du moins, se devine à merveille : ce sont les catholiques lyonnais qu'il prétend désigner de la sorte, et

---

[1] M. Rittier, directeur d'un journal républicain à Lyon, sous le gouvernement de Louis-Philippe, affirme que l' « Association des patriotes » comprenait 4,000 membres. Voilà un témoignage peu suspect et qui n'a jamais été démenti.
[2] *Mémoires du duc de Raguse*, t. VII, liv. XXII.

c'est dans le même esprit que les écrivains antireligieux ont voulu profiter plus tard de ces accusations. L'histoire en a fait justice[1]; mais, adressées aux catholiques de Lyon, elles retombent en partie sur les congréganistes, dévoués entre tous, et par suite, entre tous injuriés; il était utile de rappeler l'imposture et de la reporter sur ses auteurs. On ne saurait trop prendre de précautions contre ces accusations vagues et nuageuses; les honnêtes gens les dédaignent quand elles se produisent, mais elles font leur chemin et tout à coup apparaissent au grand jour avec une impudence qui en impose à beaucoup. Je ne sais quel conteur a fait dire à son héros qu'accusé d'avoir volé les tours de Notre-Dame, son premier soin serait de prendre la fuite, malgré le ridicule du reproche. Il n'est, en effet, sottise si forte qui ne rencontre quelque crédule et quelque confiant.

Lors de ces événements, le Père Roger s'était fixé à Paris; mais il fit à Lyon, en 1822, un voyage qui se changea en un véritable triomphe : l'humble religieux fut l'objet d'une respectueuse ovation de la part des catholiques qui conservaient de lui un reconnaissant souvenir. Ce fut donc pour eux un motif de grande joie quand, dix ans plus tard, il revint prendre de nouveau la direction de l'œuvre qu'il avait créée trente ans auparavant. Là, malgré ses soixante-treize ans, il continua, avec toute l'ardeur de ses premières années, l'exercice du plus laborieux apostolat. On le vit, ce qu'il avait toujours été, homme d'une foi agissante, confessant, donnant des retraites, consulté par une foule de pères et de mères de familles, de jeunes gens dont il avait dirigé les parents, exhortant sans cesse à la pratique de la foi. Il venait de solenniser le cinquantième anniversaire de sa prêtrise, lorsqu'il fut enlevé inopinément à ses confrères et à ses amis[2]. La nouvelle de sa

---

[1] NETTEMENT, *Histoire de la Restauration*, t. IV, liv. III, § II.
[2] 15 janvier 1839.

mort se répandit de proche en proche, une foule considérable donna à ses obsèques un caractère particulier de respect et d'émotion. Les œuvres que le Père Roger avait fondées dans sa chère ville de Lyon n'ont pas péri avec lui; elles ont gardé le culte de sa mémoire et la tradition de ses vertus.

Nous nous sommes laissé entraîner à parler tout d'un trait de la Congrégation de Lyon; il nous faut quelque peu revenir en arrière.

Dès le printemps de l'année 1804, un prêtre de haute valeur, habitant Toulouse, M. l'abbé Frédéric de Chièze, incité par Nicolas de Mac Carthy, concevait le projet « d'une pieuse association pour s'encourager mutuellement dans le bien, pour soutenir hautement les intérêts de notre sainte religion, et pour accroître ses conquêtes, en lui gagnant de nouveaux disciples ». Il s'ouvrait de ses désirs au Père Delpuits, avec toute la prudence que nécessitait le temps d'alors [1].

Ces espérances furent plus pleinement réalisées en 1808. Le 3 mars, — M. de Chièze exerçant les fonctions de directeur, — Nicolas de Mac Carthy était nommé préfet; un congréganiste de Paris, revenu au pays natal, M. de Serres de Colombart [2], aidait de sa propre expérience les débuts de l'œuvre, qui fut bientôt le centre de l'activité catholique à Toulouse.

---

[1] Avec quelle réserve mystérieuse on échangeait alors ses lettres, même quand on ne les livrait pas aux indiscrétions de la poste impériale! Nous lisons sur le manuscrit de la lettre de M. de Chièze ces recommandations calculées : « Celui qui a la bonté de vous remettre ma lettre aura l'obli- « geance de me faire passer votre réponse sous le couvert d'un *Nicolas*, son « ami. Veuillez la désigner par cette seule adresse : *Pour Frédéric*. » Telles étaient les libertés de ces jours de gloire où tout était prétexte à perquisition et à défiance.

[2] Antoine-Louis-Auguste de Serres de Colombart, congréganiste du Père Delpuits le 5 mai 1805, mourut à Toulouse au mois de mai 1826.

L'augmentation des membres nécessita même deux divisions : l'une pour les « messieurs », l'autre pour les jeunes gens. L'abbé de Chièze se consacra à cette dernière, jusqu'au jour où il entra chez les missionnaires du Père Rauzan. Son départ, les événements politiques, les circonstances locales avaient peu à peu fait négliger les réunions; au mois de février 1819, elles reprirent sous la direction de l'abbé Henry Berger, qui sollicita à cette époque et obtint aussitôt du Père Ronsin un nouveau diplôme d'agrégation. A l'instar de celle de Paris, la Congrégation de Toulouse fonda une « Société des bonnes études »; elle donna un grand développement à la diffusion des livres de la « Bibliothèque catholique »; en un mot, elle fut la pépinière des hommes d'œuvre du haut Languedoc.

Pendant la direction du Père Delpuits, nous ne comptons que sept réunions de province agrégées par ses soins : Lyon, Bordeaux, Langres, Toulouse, Grenoble, Nantes (21 octobre 1806) et Rennes (27 mars 1808).

D'autres villes, cependant, possédaient, dès cette époque, des Congrégations de jeunes gens; nous n'en saurions douter pour Rennes et Saint-Malo, où leur établissement était dû au zèle de M. Jean de La Mennais. Dans le voyage qu'il fit à Paris, en 1806[1], il avait souvent entretenu son compatriote Gabriel Bruté, qui, au séminaire de Saint-Sulpice, était resté membre actif de la Congrégation du Père Delpuits. M. de La Mennais rapporta en Bretagne le souvenir du bien qu'il avait admiré, et fonda sans plus tarder deux Congrégations, l'une à Saint-Malo, l'autre à Rennes[2]. Ces deux réunions eurent, elles aussi, leurs jours d'épreuves.

Il fallut céder : à Rennes, comme à Paris, les ordres de la

[1] *Vie de M. Jean-Marie de La Mennais,* par Ropartz, p. 50.
[2] La lettre de demande est signée de M. Chef-du-Bois (chanoine honoraire, ancien membre de la Compagnie de Jésus), directeur; de Villeneuve (préfet);

police étaient indentiques : la dispersion fut générale. Mais les racines restaient en terre; et quand les catholiques conçurent pour leurs œuvres de meilleures espérances, elles s'étendirent partout.

Dans l'immense changement qui refaisait la carte d'Europe et rendait à la France les Bourbons, un champ sans limites s'ouvrait à tous ceux qui voulaient travailler à la reconstitution religieuse et morale de notre pays. Mais le nombre des ouvriers répondait bien mal à l'immensité de la tâche; les évêchés étaient peu nombreux, les paroisses manquaient de pasteurs, les Ordres religieux n'existaient plus. Ce fut donc un grand bonheur pour l'Église de France quand on vit se lever des apôtres volontaires, soldats dévoués d'un labeur ingrat, prêts à suppléer au défaut de leur petit nombre par la multiplicité de leurs efforts et la persévérance de leur énergie. A la voix d'un prêtre de haute valeur et de grand mérite, M. l'abbé Rauzan, ils accoururent pour former la *Société des missions de France,* car, hélas! le royaume du Roi Très Chrétien n'avait que trop de ressemblance avec les contrées infidèles, et la Révolution en avait fait une terre serve de la barbarie païenne.

« On a demandé si la France était peuplée d'idolâtres pour qu'il fût nécessaire d'envoyer de ville en ville des missionnaires annoncer la foi. Celui qui a fait cette question aurait pu y répondre plus que personne. Il sait que la France renferme une race d'hommes rejetant avec mépris la religion des ancêtres, se croyant plus sages parce qu'ils doutent, ou plus éclairés parce qu'ils nient. Certes, si on ne s'étonne pas que le zèle conduise les missionnaires au delà des mers pour con-

Ménage, Henri de Saint-Genis, de la Bintinaye, de la Prévalaye, Louis de la Bédoyère (ce dernier était congréganiste de Paris depuis le 22 mars de l'année précédente).

vertir des idolâtres, on doit encore moins s'étonner qu'ils s'occupent parmi nous de soulager une misère plus extrême et plus déplorable. Chose étrange! on répète sans cesse que le christianisme est mort, qu'on ne le ranimera jamais, et dès qu'un prêtre ouvre la bouche pour l'annoncer au peuple, on s'écrie : « A quoi bon? Il n'y a que des chrétiens. » Les missionnaires, ajoute-t-on, troublent les consciences. D'abord ils ne troublent les consciences que de ceux qui viennent les écouter, et personne, assurément, n'est forcé d'y venir. Et comment trouble-t-il les consciences? En prêchant la justice, le pardon des injures, le respect des devoirs, l'obéissance à l'autorité [1]. »

La propagande sceptique, qui s'exerçait par les pamphlets et les journaux, s'irritait de cette propagande chrétienne ; elle trouvait intolérable la liberté que prenaient les missionnaires en donnant, par des cérémonies à ciel ouvert, un aliment à la dévotion des foules. De tous côtés les esprits prévenus jetaient les hauts cris contre les missions; sur plusieurs points on les troubla par des violences. On s'autorisa ensuite de ces troubles qu'on avait fait naître pour demander à la Chambre des députés, par des pétitions, de mettre un terme à des prédications religieuses qu'on avait vainement interrompues par la violence et l'outrage.

Les missionnaires n'en allaient pas moins, à travers mille obstacles, prêchant la parole de Dieu, appelant autour de leur chaire les fidèles et les incrédules, s'efforçant d'affermir la foi des uns et d'émouvoir le cœur des autres.

On a souvent taxé d'hypocrisie le zèle des assistants à ces cérémonies chrétiennes; on a beaucoup parlé d'ambition parée des couleurs de la religion. La constance des catholiques à défendre les croix de missions quand cette énergie ne pouvait

[1] LA MENNAIS, le Conservateur.

que leur attirer mille vexations, est la preuve de leur sincérité première [1].

On n'a pas moins souvent accusé le gouvernement royal d'avoir stipendié les missionnaires; d'autres ont parlé, avec une feinte commisération, de sa dépendance sous le joug d'une terreur mystique; c'est ce que Vaulabelle appelle avec délicatesse « le déplorable abaissement de la puissance publique devant quelques prêtres ignorants et fanatisés [2] ». Plus habile encore est l'accusation d'immoralité : « Des jeunes filles, *enveloppant du voile de la religion le désir d'attirer les regards*, se produisaient en public dans leurs plus gracieux costumes et descendaient au rôle de comparses de théâtre, chargées d'attirer la foule, ou des femmes vêtues de noir se promenaient, une torche à la main, en confessant publiquement leurs fautes [3]. » De tels arguments ne se discutent pas : il suffit de les reproduire pour en faire justice [4].

---

[1] *Vie du Père Rauzan*, p. 443. On avait vu, en Franche-Comté, les fidèles passer la nuit à la porte des églises pour entendre la parole des missionnaires, et attendre trois jours l'écoulement de la foule pour se confesser eux-mêmes. Les exemples de ces faits abondent; on a gardé le souvenir de ce qui se passa à Besançon quand les vainqueurs de Juillet voulurent abattre la croix de mission; on ne trouva pas dans toute la ville un seul homme qui consentit à exécuter ce travail sacrilège; il fallut que les autorités nouvelles allassent chercher, pour l'accomplir, les pionniers d'une compagnie de discipline.

[2] VAULABELLE, *Histoire des deux Restaurations*, t. IV, p. 425.

[3] *Ibid.*

[4] Puisque Vaulabelle parle de « théâtre », et que d'autre part l'arme préférée de l'athéisme contre les missions fut la représentation du *Tartuffe*, il nous sera permis de reproduire ici la curieuse lettre d'un comédien quittant Coutances le 21 février 1822; c'est, *à sa façon*, un témoignage nouveau du bien opéré par les missionnaires.

« A notre départ pour la basse Normandie, nous nous promettions un heureux voyage; nous avons été cruellement déçus. Une révolution s'est opérée l'année dernière dans cette contrée, et elle y continue. A Bayeux, à Saint-Lô, nous n'avons rien fait; les prédications des missionnaires avaient retenti dans ces villes. On nous avait fait espérer que Coutances nous dédommagerait, nous le crûmes; nous nous rappelions qu'il y a quelques années, nous y avions été accueillis avec une sorte d'enthousiasme. Que les temps sont changés! Coutances a eu aussi des missionnaires. Le dimanche de carnaval, nous avons eu

Nous avons voulu peser la valeur des objections faites aux
missions, parce qu'elles ont compté parmi leurs premiers fondateurs l'un des congréganistes les plus pieux et les plus saints :
Charles de Forbin-Janson, et que plusieurs Congrégations ont
été fondées en province après ces grandes journées de prédications populaires, comme le meilleur moyen de perpétuer
le bien opéré en passant.

C'est une famille illustre que celle des Forbin. Dès le
treizième siècle ils sont alliés à Charles d'Anjou ; Palamède
de Forbin, surnommé le Grand, ménage la réunion du comté
de Provence à la couronne de France ; en récompense,
Louis XI lui délègue son autorité souveraine en lui donnant
cette devise qui est encore celle de leur maison : « J'ai fait le
Roi comte, et le comte m'a fait Roi. » Le cardinal de Janson,
évêque de Digne, de Marseille et de Beauvais, grand aumônier de France, fut longtemps ambassadeur de Louis XIV ;
grâce à lui la diète de Pologne de 1674 nomma roi Jean
Sobieski, le sauveur de la chrétienté sous les murs de Vienne.
Le comte de Forbin, grand amiral du Roi de Siam, fut l'un
des officiers qui honorèrent le plus notre marine dans la vieillesse de Louis XIV : en la seule année 1707, il battit cinq
fois les flottes anglaises.

Ce fut sous l'auspice de ces grands souvenirs que Charles
de Forbin-Janson vint au monde en 1785. Après l'émigration
il fut élevé à Paris, et ses premiers pas dans la carrière du bien

---

deux douzaines de spectateurs, dont la moitié étaient Anglais; il n'y avait
qu'une Française. Pourriez-vous l'imaginer? Vingt-quatre personnes à la
comédie un dimanche gras, dans une ville de près de dix mille âmes, quelle
honte! Le lundi, la société fut encore moins nombreuse, et enfin le mardi,
quoique nous eussions annoncé spectacle, il n'y a pas eu moyen de commencer.
Concevez-vous cela? Les dames, les demoiselles, les hommes mêmes lisent des
livres de dévotion, fréquentent les églises, et se réunissent, dit-on, pour des
bonnes œuvres. A peine a-t-on vu quelques masques. Toute la ville semblait
avoir rétrogradé au quinzième siècle. Croyez-moi, Monsieur, si on laisse faire
ces gens-là, c'en est fait des lumières, nous reculons vers la barbarie. »

furent guidés par le Père Delpuits, qui l'admit dans la Congrégation le 5 mai 1805. Il avait vingt-deux ans quand Napoléon le nomma auditeur au conseil d'État. Une amitié profonde, formée par la parité de leur condition sociale, la similitude de leurs fonctions et la communauté de leur foi, unissait Charles de Janson à Charles de Breteuil; mais ni l'amitié, ni l'ambition, ni la famille, ni la gloire ne purent balancer l'appel de Dieu; en 1809, il entrait au séminaire de Saint-Sulpice, où il donnait l'exemple des plus austères mortifications. Son cœur lui faisait ambitionner les labeurs et les périls des missions lointaines, et rien ne put jamais le détourner tout à fait de ces héroïques pensées : par trois fois dans sa vie, il quittera le sol de France pour traverser les mers et aller porter au loin la parole de vérité; même dans sa patrie, son zèle ordinaire se 'plaira au ministère qui lui paraîtra le plus conforme à cette vocation supérieure, et des premiers il s'enrôlera dans les « missionnaires » de M. Rauzan. Son nom fut particulièrement livré aux outrages de la foule impie, et nul plus que lui n'eut à mépriser les clameurs des voltairiens de son temps.

En 1819, au retour d'un pèlerinage en Terre sainte, il prit possession du Mont-Valérien, lieu depuis longtemps consacré par la piété des peuples[1], pour y établir un nouveau Calvaire qui dominerait et sanctifierait Paris tout entier. Chateaubriand

---

[1] En 1400, sous Charles VI, on y voyait un petit Calvaire construit par un ermite nommé Antoine (on a une lettre que lui écrivit Jean Gerson); d'autres solitaires s'y succédèrent sans interruption; sous Louis XIII, une société de prêtres y éleva une assez vaste chapelle; en 1790, le Calvaire fut détruit; en 1792, les religieux furent chassés. Louis XVIII confia le Mont-Valérien aux missionnaires de France; M. Rauzan et M. de Forbin-Janson y déployèrent leur zèle; les foules apprirent le chemin de ce pèlerinage nouveau; des prédications fréquentes y étaient prononcées; la famille royale aimait à s'y rendre. Par contre, Louis-Philippe reprit le terrain aux religieux; on rasa les bâtiments, on abattit le Calvaire, on construisit un fort que l'on arma de canons. Le contraste a bien son éloquence : pour contenir les peuples, le canon à la place de la croix; toute la société moderne est là!

a raconté cette cérémonie imposante[1], qui émut les catholiques et fut le point de départ de nombreux bienfaits religieux. Des neuvaines y furent faites, des retraites y furent données, des prières incessantes y furent dites, la piété parisienne gravissait cette haute colline avec un empressement que rien ne lassait. D'immenses travaux avaient été entrepris par M. de Forbin-Janson; sa fortune et les aumônes qu'il recueillait lui permirent de construire une église, un monastère, une terrasse, de percer des chemins sur le flanc de la montagne, d'élever de nombreuses chapelles sur le parcours de la route des pèlerins.

Les congréganistes s'y rendaient souvent pour y prier Marie et entendre les instructions de leur ancien confrère, resté leur guide et leur ami; on les voyait, entourant le .Père Ronsin, réciter leur chapelet à haute voix avec cette sérénité de la piété fidèle qui ne pense aux railleries qu'afin de prier pour les ignorants qui les profèrent.

Quand la volonté du Roi imposa, en 1824, à M. de Janson la dignité épiscopale qu'il avait déjà par deux fois refusée, son apostolat n'en fut pas diminué. Mais les efforts de son ministère à l'évêché de Nancy ne rentrent plus dans le cadre de ce récit, et nous ne le suivrons pas dans les fortunes diverses de sa vie troublée. A l'ingratitude des peuples, comme son ami le cardinal de Rohan, il répondit par un redoublement de charité; il venait de parcourir en apôtre le Canada, et il se préparait à partir pour la Chine, malgré l'épuisement de sa santé, quand il fut rappelé à Dieu en 1844, à l'heure où il jetait les bases d'une œuvre admirable : celle de la Sainte-Enfance, pour le rachat des enfants chinois abandonnés par leurs parents.

« Le bien qu'ont fait les missions, les Congrégations le

[1] *Le Conservateur*, 3 mai 1819.

conservent », a dit un illustre écrivain; les témoignages du clergé sont unanimes à confirmer cette parole.

Nous possédons les affiliations authentiques de soixante Congrégations de province à la Congrégation de Paris [1]; sur ce nombre, dix-sept durent leur création à des missions. La lettre des congréganistes de Poitiers expose clairement le but et, s'il en était encore besoin, la nécessité de ces agrégations :

« Persuadés que c'est l'union qui fait la force, le but de ces jeunes gens est de s'animer mutuellement au service de Dieu et de travailler de concert à la grande œuvre de leur salut éternel. Ils veulent surtout, et tel est le grand objet de leur institution, rendre à Dieu publiquement le culte qui lui est dû, quels que soient les obstacles et les difficultés qu'ils éprouvent de la part du monde pour exécuter ce pieux dessein [2]. »

À Laval, une maison de missionnaires s'était fondée [3]; une Congrégation ne tarda pas à s'y établir. Le procès-verbal de la première séance où l'agrégation du Père Ronsin fut envoyée donne de minutieux détails sur la simplicité de ces assemblées fraternelles [4]. La foi qui avait présidé à cette fondation ne s'y affaiblit jamais; ce fut comme un rayonnement, une prédication incessante par toute la ville. Il n'en avait pas été toujours ainsi. C'était quelques jours après la première mission prêchée à Laval; une grande croix avait été plantée sur une place publique, et les passants venaient la considérer, les uns

[1] Voir aux *Pièces justificatives*.
[2] *Documents manuscrits et inédits.* Lettre du 12 mars 1817.
[3] Le supérieur était le Père Thomas, prêtre rempli de science et de mérite. Docteur de Sorbonne, il fut emprisonné à Arras, délivré lors du 18 thermidor, entra en 1803 chez les Pères de la Foi, en 1814 dans la Compagnie de Jésus, prêcha de très nombreuses missions, et fut l'âme de la maison de Laval. Né le 23 septembre 1753 en Normandie, il mourut à Laval le 23 mars 1833.
[4] Au mois d'août 1816; parmi les premiers congréganistes, nous voyons le nom de M. de Hercé, maire de Laval, parent du futur évêque de Nantes.

avec curiosité ou indifférence, d'autres pour se moquer.
Il y avait certainement aussi dans la foule quelques catholiques, mais trop embarrassés entre leur désir de ne pas
rougir des choses saintes et leur crainte de passer pour des
« exagérés ». Cependant, voici qu'un tout jeune homme,
presque un enfant, à qui il fallait traverser cette place pour
rentrer à la demeure paternelle, s'avance sans affectation ni
embarras, s'agenouille au pied de la croix, fait une courte
prière et reprend sa route, regardant bien en face le groupe
des railleurs qui ne riait plus. À douze ans, ce trait annonce
une certaine trempe de caractère, et le respect humain est
un maître si puissant qu'on peut louer ceux qui osent s'en
affranchir.

Dans sa courte carrière ici-bas, Gabriel de Vaufleury ne
démentit pas les espérances que la religion avait pu concevoir de sa fermeté juvénile. Comme il avait été courageux
à Laval malgré les sarcasmes, il fut modeste à Saint-Acheul
malgré les succès, et fidèle à Paris malgré les louanges
mondaines. Il refusa respectueusement à Mgr de Bombelles,
évêque d'Amiens, de faire imprimer, ni même de laisser porter
au Roi ses poésies fort admirées sur la mort du duc de Berry,
et ne voulut pas profiter d'une occasion qu'un auteur de quinze
ans semblerait devoir ne pas laisser perdre. Avec la même
simplicité, il répondait à sa mère, tout entière à la pensée
pour lui d'un brillant avenir : « Dieu ne nous a pas fait le
commandement d'être heureux », et au jour de sa vingt et
unième année, il lui écrivait encore : « Maintenant que je
suis *majeur* et que je puis valablement contracter, je renou-
velle de tout mon cœur les engagements de mon baptême.
J'ai bien promis à Notre-Seigneur que je ne m'*émanciperais*
jamais de son service, que je ne m'affranchirais jamais de sa
douce servitude. » Dès ce moment, il voulut consacrer les
dons de son intelligence à la défense exclusive de la vérité :

« Oh! que ne m'est-il donné d'avoir des talents véritables! avec quelle ardeur je soutiendrais la bonne cause! Ma vie entière y serait occupée, et une voix de plus se ferait entendre dans Israël. »

Quand il vint à Paris, il fut bientôt l'exemple des congréganistes de la rue du Bac; il jeta les fondements d'amitiés nombreuses, car sa droiture était si grande, sa vertu si attirante, sa compagnie si gracieuse, qu'il y avait du charme jusque dans les railleries que sa vivacité rendait piquantes, mais que sa bonté tempérait avec soin, en sorte qu'on a pu dire de lui ce joli mot : « Son esprit passait toujours par son cœur. » Il entrait dans la vie, il cueillait les premières fleurs d'une réputation naissante [1]; Dieu le rappela à Lui. Son sacrifice, si c'en était un pour cette âme forte, fut ce qu'on pouvait attendre d'elle. Les regrets de sa ville natale révélèrent les secrets de sa charité; un concours immense vint honorer ses funérailles, comme le juste hommage dû à ce jeune chrétien qui avait paru la charmante image du congréganiste fidèle.

Partout les catholiques appréciaient le bienfait des réunions de piété. M. Jean de La Mennais n'avait rien eu de plus à cœur que de rassembler les débris des Congrégations fondées par lui sous l'Empire, et d'en créer de nouvelles là où son action s'étendait. Grâce à lui, Saint-Brieuc et Tréguier en furent dotées dès 1817; il était fier de ses congréganistes, et se sentait heureux au milieu d'eux.

« Tous les jours notre collège s'améliore. Vous ne vous faites pas idée de la piété, du zèle, de la ferveur de mes con-

[1] Son étude sur la *Messiade* de Klopstock était insérée dans le numéro de décembre 1826 du *Mémorial catholique*, au moment où il mourait.
Gabriel Berset de Vaufleury, né à Laval le 1er janvier 1804, et mort le 27 décembre 1826, avait été reçu membre de la Congrégation du Père Ronsin en 1823.

gréganistes. Oh! non, je n'abandonnerai pas des enfants qui
me sont si chers!... J'oublie tous mes embarras, toutes mes
peines, quand je suis au milieu d'eux[1]. »

La Bretagne entière répondit à ses efforts : Rennes, Auray,
Quimper, Guingamp, Carhaix, Saint-Pol de Léon, Nantes,
Ancenis, Plouguernevel, Fougères demandèrent successive-
ment au Père Ronsin leur agrégation officielle.

L'épiscopat voyait avec une égale satisfaction se fonder ces
centres d'activité catholique à une époque où les soldats du
bien étaient dispersés[2]. Montpellier comptait une nombreuse
jeunesse dans ses Écoles de médecine et de pharmacie;
pour y préserver sa foi et entretenir sa piété, Mgr Fournier[3], par un mandement solennel, procéda à l'érection
d'une Congrégation dans sa ville épiscopale, ne jugeant
aucune institution plus féconde pour le bien.

« Depuis longtemps, nous cherchions un moyen de garantir
la jeunesse des dangers qui l'environnent de toutes parts :
cette génération naissante a toujours été l'objet de notre plus

---

[1] Lettre inédite citée par M. Ropartz, dans la Vie et les OEuvres de
M. Jean-Marie-Robert de La Mennais. — M. Ropartz ajoute : « Ces Congrégations de simple dévotion furent véritablement le grain de sénevé d'où sortirent les Congrégations régulières des Dames de la Providence et des Petits
Frères de Ploërmel. »

[2] Nous avons trouvé une seule opposition faite à l'établissement d'une Congrégation, ou, pour mieux dire, la crainte très justifiée d'un refus si l'autorisation avait été demandée à l'autorité épiscopale : c'est en 1817, à Lille, qui
avait encore pour évêque (à Cambrai) Louis Belmas, ancien évêque constitutionnel de l'Aude, l'un de ceux qui firent le plus de difficultés pour signer
l'acte de rétractation exigé en 1802 par le Saint-Siège. Créé depuis baron de
l'Empire, il parut, au Concile de 1811, créature dévouée de Napoléon. Il gardait, sous les Bourbons, ses rancunes d'autrefois, et les manifestait par mille
chicanes aux prêtres qu'il soupçonnait ne pas les partager. — La Congrégation
de Lille commença donc sans chapelle particulière et tint ses premières réunions dans la demeure de l'un de ses membres, après qu'ils avaient tous été
entendre la messe en commun dans une église de la ville. (Documents manuscrits et inédits.)

[3] Mgr Nicolas-Marie Fournier de la Contamines, né à Gex le 27 décembre
1750, sacré le 8 décembre 1806.

tendre sollicitude : la ville de Montpellier avait des droits particuliers à notre charité et à notre zèle, à cause de cette foule de jeunes gens qui s'y rassemblent de toutes les provinces pour les études de médecine et de chirurgie. La plupart sont catholiques et ont reçu les principes de notre religion sainte dans les collèges ou dans le sein de leurs familles : plusieurs même apportent, avec l'innocence de leurs mœurs, une foi vive, éclairée et agissante; mais les scandales dont ils sont tous les jours les malheureux témoins corrompent bientôt en eux les fruits de l'éducation la plus chrétienne. Effrayés de leur solitude, livrés à leur propre faiblesse, ils commencent à rougir des aimables vertus de l'enfance : devenus timides pour le bien, ils s'enhardissent au mal, ils perdent cette retenue, cette modestie qui nous les rend si chers, et quand ils ont fait naufrage dans les mœurs, ils ne tardent pas à faire naufrage dans la foi. Alors l'étude n'est plus qu'un prétexte qui favorise leurs passions. Les cafés, les jeux, les spectacles, les plaisirs remplissent tous leurs moments. Se réjouir, se corrompre, se ruiner, voilà l'occupation de toute cette brillante jeunesse, l'espérance de la religion et de la société. Peut-on attendre de beaux jours après une semblable aurore? Pourrions-nous nous contenter de gémir et de prier, et le précepte de l'apôtre d'exhorter les jeunes gens à la sagesse chrétienne, et l'intérêt que nous inspire cette portion de notre cher troupeau, viendraient-ils échouer contre les obstacles que pourrait opposer à notre zèle l'ennemi de tout bien? Non sans doute, et nous voulons leur donner un nouveau témoignage de notre bienveillance et de notre tendresse paternelle.

« Nous avons appris qu'il existe à Paris une société pieuse et littéraire qui produit des effets merveilleux dans la classe des jeunes gens, et nous avons formé le projet d'en établir une semblable dans notre ville épiscopale. Après avoir pris des renseignements et en avoir conféré avec nos vicaires généraux, nous avons demandé les règlements à M. Ronsin, prêtre, directeur de cette nombreuse et fervente société. Fruits d'une longue expérience et d'un zèle aussi pur qu'éclairé, ces règlements nous paraissent très propres à produire les heureux résultats que nous désirons.

« A ces causes nous avons ordonné et ordonnons ce qui suit :

« 1° Il sera érigé une Congrégation de jeunes gens à Montpellier, sur le modèle de celle qui existe à Paris, et elle lui sera affiliée.

« 2° La Congrégation de Montpellier ne changera rien aux règlements précités, par nous approuvés, sans notre permission et l'autorisation de M. le directeur de la Congrégation de Paris.

« Donné à Montpellier, en notre palais épiscopal, le septième jour de février 1820.

« † M. V., évêque de Montpellier[1]. »

Les fruits de ces associations devaient durer plus que les attaques qui les assaillirent : trente ans après la restauration d'une Congrégation à Grenoble, Mgr Philibert de Bruillard se félicitait encore de l'heureuse influence qu'elle exerçait dans son diocèse. Il écrivait, à l'occasion de la mort du Père Rauzan, en 1847 : « La mission qu'il a prêchée à Grenoble, en 1817, eut un succès éclatant. Je maintiens avec soin la Congrégation qui fut alors établie et qui continue aujourd'hui, par sa prospérité, à rappeler le souvenir de cette consolante époque[2]. »

Mieux que les chrétiens, mieux que le clergé, mieux que

[1] *Documents manuscrits et inédits.*
[2] P. DELAPORTE, *Vie de M. Rauzan,* p. 439.

les évêques, certains historiens veulent apprécier l'avantage
ou les inconvénients qui résultèrent pour l'Église de France
de l'établissement des Congrégations. C'est ainsi que M. de
Viel-Castel écrit :

« Rarement[1] les missionnaires quittaient une ville sans y
avoir fondé quelqu'une de ces sociétés qui étaient comme des
succursales de la grande Congrégation. Ces sociétés avaient
des formes et des dénominations diverses. Ici, comme à Rouen,
elles se divisaient en centuries; là, comme à Grenoble, en sections présidées chacune par un doyen. Dans cette dernière ville,
l'association, prise dans son ensemble, avait deux directeurs,
un prêtre et un laïque[2]. *On disait* que les affiliés, reçus au
scrutin après un noviciat, *étaient tenus de se mettre en rapport
avec les domestiques* afin d'obtenir par eux des informations
sur les mœurs et les habitudes religieuses de leurs maîtres.
Il est permis de douter qu'un aussi odieux espionnage eût été
positivement organisé; mais, indépendamment des prescriptions
formelles, la nature de ces associations, le mystère qui y présidait, le but vers lequel elles tendaient ne pouvaient manquer
d'entraîner, dans la pratique, quelque chose d'inquisito-
rial[3]. »

L'évêque de Grenoble lui-même a répondu par avance à
ces reproches; l'embarras visible de fournir aucune preuve
sérieuse, les « on dit », les formes vagues, les sous-entendus,
les accusations presque aussitôt retirées qu'avancées, mais dont
l'insinuation reste, manifestent sans doute une grande dexté-
rité dans l'art où l'on fait à Basile l'honneur de le considérer

[1] Cet adverbe est une première exagération. Il y eut, de 1824 à 1830, près
de cent missions données en province; dix-sept seulement furent suivies de
l'établissement d'une Congrégation.
[2] Nous ne voulons pas épiloguer sur les mots, mais pour quiconque connaît
les usages des Congrégations, ceci est un non-sens et prouve que M. de Viel-
Castel n'a ni lu ni vu le règlement dont il parle.
[3] *Histoire de la Restauration*, t. IV, p. 352, 353.

comme un maître; ce n'en sont pas moins de tristes arguments. Quelques passages d'une narration écrite à cette époque
par une personne habitant Grenoble et spectatrice des événements, nous instruiront mieux de ce qui s'est véritablement
passé :

8 *janvier* 1817. — « Les missionnaires sont vus de bien mauvais œil par tous les coquins de la ville, qui ne sont pas en
petit nombre; il s'y joint des jeunes gens dissipés qui avaient
envie de s'amuser; s'ils réussissent à convertir ce monde-là,
ce sera une belle œuvre. Dieu le veuille! Ils cherchent du
moins à les attirer aux conférences.

11 *janvier*. — « Les missionnaires n'ont pas produit grand
effet à Saint-Laurent le premier jour, par la raison que les
habitants de ce faubourg avaient fait un accord entre eux
pour ne pas mettre le pied à la mission... Les mauvais sujets
tiennent des propos, mettent des ordures dans les béni-
tiers et font entendre des ricanements à demi-voix dans
l'église.

15 *janvier*. — « L'empressement est vraiment général. Je
ne sais s'il produira de grands fruits; les cœurs sont bien durs
et bien froids ici.   .   .   .   .

1er *février*. — « Des jeunes gens qui avaient fait une orgie
dans la nuit vinrent à Notre-Dame faire du bruit pendant la
prière du matin. Il n'était pas encore bien jour. Le missionnaire dit : « Je prie ceux qui font du bruit de cesser ou de se
« retirer. » Nos étourdis sortent, mais attendant le Père, le sui-
vent, montent avec lui dans sa chambre, lui disent qu'il les a
offensés et qu'il faut leur en rendre raison. Ils faisaient beaucoup de bruit. Mais des gens du peuple venus pour se confesser entrent, saisissent les tapageurs par les épaules et les
éconduisent de la bonne manière. On a su leurs noms; les
missionnaires ont intercédé pour eux; néanmoins on les a
envoyés, en compagnie d'un commissaire de police, faire des

excuses au jeune prêtre qu'ils avaient outragé. Ce qu'il y a de
plus affligeant pour eux, c'est la publicité de l'aventure qui les
expose à la risée de toute la ville.

« Vendredi, le prédicateur désavoua de petits imprimés ridicules que les malveillants mettaient sur le compte des missionnaires...

4 février. — « ...La conférence de M. Rauzan sur la « conversation » fut faite avec une simplicité que quelques personnes trouvèrent un peu familière ; mais je crois que l'amour-
propre joue encore là de ses tours... ...On commence par blâ-
mer les missionnaires, on finit par les louer. Ils gagnent du
terrain peu à peu, ce qui prouve que leur manière d'agir est
des meilleures.

22 février. — « ...Les plus mauvais sujets de Grenoble sont
venus faire leurs dévotions ; le bien que la mission a produit
parmi les gens de la campagne est incalculable. »

Le père de la femme chrétienne qui écrivit ces notes
(membre de la Cour royale de Grenoble) ajoutait : « Le 27 février, jour de la communion générale, il y a eu 4,000 commu-
nions d'hommes ; 1,200 se sont acquittés isolément de ce
devoir. »

Voilà, à grands traits, une mission peinte au jour le jour et
dans son vif. On y voit le succès croissant des prédicateurs,
l'estime des gens de bien, les manœuvres des « esprits forts »,
la confusion finale des « philosophes », la conversion des âmes
hésitantes et le bonheur des cœurs fidèles. Cela ne devait pas
laisser que de présenter un touchant spectacle ; nous compre-
nons la joie sainte de l'évêque et le souvenir qu'on gardait
encore, trente ans après, de cette « consolante époque ».

Les mésaventures des « libéraux » au sujet des Congrégations
furent nombreuses ; ils ne rencontrèrent pas toujours l'inépuisable patience qui les rendait si braves contre les « dévots » ;

les *Souvenirs* d'un homme politique de ce temps-là nous en
ont laissé un curieux exemple :

En 1821, le général Foy, au cours d'une tournée de propagande révolutionnaire en Alsace pour l'établissement de la
Charbonnerie, devait s'arrêter à Colmar afin d'y voir plusieurs
conjurés. Les libéraux étaient d'autant plus heureux de posséder, même quelques heures seulement, le porte-parole de la
rébellion que les coryphées du parti se tenaient alors prudemment à l'écart depuis que le 19 août précédent on avait arrêté
leurs complices subalternes abandonnés par eux d'un cœur
léger. Ils avaient donc préparé discours, banquet patriotique,
illuminations, et, dans leur respect de la liberté des opinions,
s'apprêtaient joyeusement à briser les carreaux des maisons
qui ne partageraient pas leur joie « spontanée ». Le préfet du
département, M. de Puymaigre, rapporte ainsi la suite de
l'aventure :

« Il y avait une Congrégation, mais ce n'était pas de ces
jeunes gens timides, qui se bornent à chanter des cantiques;
c'étaient de braves cultivateurs, aimant la joie, bons buveurs
et tout dévoués à une religion dont on ne leur faisait pas un
épouvantail. Je contai au curé mon embarras, il n'y avait pas
de temps à perdre : le général était arrivé, et déjà une foule
de petits clercs de notaires et d'avoués, de commis de boutique, la plupart protestants, s'étaient réunis et glapissaient
les cris de : « Vive la Charte ! Vive le loyal député ! Vive le
« côté gauche ! A bas le côté droit ! » etc... Le curé me dit qu'il
se chargeait de faire protester contre cette ovation par la population saine. En effet, il fit courir dans les *bierhaus* où les
bons congréganistes devaient être rassemblés, car c'était heureusement le samedi soir. Un quart d'heure après, deux ou
trois cents de ces braves gens arrivèrent à leur tour dans la
rue en criant : « Vive le Roi ! Vive le côté droit ! A bas le côté
« gauche ! » Les horions allaient être de la partie, si les frères

et amis n'avaient jugé prudent de quitter le champ de bataille. Le général Foy repartit le lendemain matin et se passa d'ovation [1]. »

En vérité, voilà de braves gens, et il est fâcheux que ce bon exemple n'ait pas été plus souvent suivi : pour quelques bourrades de plus, on eût évité d'autres catastrophes et d'autres blessures; le bon sens populaire ne s'y trompait pas. Quoi qu'il en soit, les cultivateurs de Colmar n'appartenaient pas, — on l'a facilement compris, — à la Congrégation du Père Ronsin, et cet épisode n'a pas à nous occuper davantage.

Il nous semble également en avoir assez dit sur les Congrégations établies en province, unies à celle de Paris par les liens de la prière et de la charité. Nous n'avons vu, en dépouillant les documents manuscrits et les pièces authentiques, ni sombres conspirations, ni ténébreuses menées. Les bénédictions de l'épiscopat, la protection du clergé, paraissent d'assez bons garants des principes de ces associations. Leurs membres furent toujours et partout tels que les dépeignait un prêtre breton demandant au Père Ronsin l'agrégation de la petite société qu'il présidait : « des hommes animés d'un même esprit, ne connaissant qu'un même but : travailler à leur salut et au salut de leurs frères [2]. »

Les natures d'un ordre moral élevé sont promptes à s'entendre, et ouvrent leurs rangs à qui leur ressemblent; voilà ce qui peut expliquer le succès des associations catholiques de cette époque.

Par contre, les ambitions coupables ou mal satisfaites trou-

---

[1] Comte DE PUYMAIGRE, *Souvenirs sur l'émigration, l'Empire et la Restauration.*

[2] Lettre de M. de la Motte-Vauvert, du 9 janvier 1817. *Documents manuscrits et inédits.* — Charles-Jean de la Motte-Vauvert, né au château de Launai le 13 août 1782, fut sacré évêque de Vannes le 28 octobre 1827.

vent une facilité singulière à se grouper. Le mystère leur
apporte un attrait surprenant, mais décisif, et les sociétés
secrètes bénéficient largement de cette tendance de l'esprit
humain.

En regard des modestes réunions de charité et de piété dont
nous venons de donner la liste, la franc-maçonnerie dressait
ses batteries avec un talent trop malheureusement réel. Pour
mieux cacher ses agissements et dans la crainte de les voir
découverts, elle détourna d'elle-même l'attention publique en
la portant bruyamment sur autrui. Elle paya d'audace en donnant un mot d'ordre promptement répété. Sapant les bases de
l'autorité légitime, elle accusa l'Église d'envahir la société
civile; enveloppée dans l'ombre de ses conventicules secrets,
elle osa prétendre que la propagande catholique était faite de
fourberie et de duplicité. Nous pouvons aujourd'hui apprécier
l'habileté d'une tactique qui reprochait aux autres exactement
ce dont on se sentait coupable.

Dès les premiers mois de 1821, sous l'inspiration de jeunes
gens qui rapportaient de la péninsule Italique les instructions de
la Charbonnerie, un mouvement uniforme fut organisé. Avec
l'autorisation et l'encouragement du Grand Orient un conciliabule intime fut tenu dans la loge « les Amis de la vérité » ;
le plan des conspirations italiennes fut longuement développé,
on expliqua le mécanisme redoutable de ces « ventes » travaillant dans l'ombre, sans se connaître, à une œuvre commune et mises en rapport par des délégués envoyés à la vente
suprême; de sorte que les dénonciations, s'il y en avait,
ne pouvaient être que partielles, et que le secret de l'association générale restait concentré en un très petit nombre
de mains. Sur le terrain dès longtemps préparé des rancunes bonapartistes et des convoitises républicaines, l'organisation s'étendit. Plus de deux cents ventes fonctionnaient
à la fin de la première année; et comme il fallait une tête de

colonne plus sérieuse que les organisateurs obscurs des premiers jours (Marchais, Boinvillers, Théodore Jouffroy, Trélat, Bayard, Flottard, Buchez, Joubert, etc.), on s'adjoignit les célébrités bruyantes de la gauche parlementaire toujours en quête de popularité : la Fayette, Dupont de l'Eure, Manuel, de Shonen, Mérilhou, d'Argenson, Chauvelin, etc. Chaque membre de la Charbonnerie prenait l'engagement d'avoir toujours à sa disposition un fusil de munition et vingt-cinq cartouches, afin d'être prêt à obéir au premier signal de la haute vente. Un historien a fort justement dit : « C'était l'obéissance aveugle promise à un pouvoir inconnu [1]. »

Si tous les moyens d'excitation, d'irritation et de lutte étaient savamment préparés, le but poursuivi était défini moins clairement; on entrevoyait sans doute le renversement de tout pouvoir héréditaire comme l'idéal ; sur un crucifix et un poignard, on jurait haine aux Bourbons (*Lilia pedibus destrue*) — M. Thiers a prêté ce serment et s'y est montré fidèle ! — mais, tandis que La Fayette, toujours obsédé par le souvenir de Washington, se croyait appelé à établir en Europe une seconde république des États-Unis, Manuel, hanté par la manie constitutionnelle, proposait à la Haute Vente le retour aux lois de 1791, et la grande majorité marchait en aveugle.

Trompée par les déclamations de la tribune, corrompue par les pamphlets du « vertueux » Courier, grisée par la verve licencieuse de Béranger, la foule se prêtait à toutes les indignations factices de ces puritains et de ces Spartiates. Tout était bon pour exciter un soulèvement, et chacune de ces «journées » qui conduisaient aux « trois glorieuses » était menée avec habileté. Mille prétextes divers furent mis en avant; on exploita avec un succès particulier les funérailles

---

[1] NETTEMENT, *Histoire de la Restauration*, t. V, liv. X et XII; t. VI, liv. II.

et les anniversaires; la mise en scène changeait, mais non pas les acteurs.

Voilà les hommes qui assaillaient sans relâche, jusque dans les églises, les missions pacifiques de quelques prêtres dévoués et qui agitaient le fantôme de la persécution religieuse en parlant, sans la connaître d'ailleurs, d'une réunion de piété qui exigeait de ses membres une réputation intacte de probité et de vertu.

Si l'on songe qu'à la même heure, l'Europe était bouleversée par les révolutionnaires de toutes les nations; que Naples, emprisonnant son roi, parodiait la Convention jusqu'au jour où l'armée autrichienne balayait devant elle une populace estimée par Metternich à sa juste valeur[1]; que le Piémont s'insurgeait à la voix du prince de Carignan reçu franc-maçon; que l'Espagne était livrée à l'anarchie des juntes et au despotisme des pronunciamientos; que la Valachie, soulevée par la rébellion du prince Ypsilanti, l'Albanie et la Morée s'armaient contre la Porte, qui appelait à elle Méhémet-Ali et sa cavalerie d'Égypte; que les îles de l'Archipel et les Grecs d'Odessa apportaient le concours de leurs bras à leurs compatriotes insurgés; que les équipages marchands de la marine russe désertaient pour prendre part à la guerre de Moravie; qu'à Varsovie, un comité central égarait les Polonais par de fausses espérances; que l'Allemagne, enfin, encore sous la terreur de l'assassinat de Kotzebuë, était le centre de propagande des loges qui avaient armé le bras du meurtrier, en présence de l'ensemble effrayant de ces soulèvements anarchiques, on demeure persuadé que la paisible et modeste Congrégation ne menaçait pas la France et la liberté aussi formidablement que la presse libérale l'affirmait, et que le danger n'était pas là.

Bien plus était-il dans ces vastes complots qui semblaient

---

[1] « Les carbonari sont purement et simplement de la canaille. » (Prince DE METTERNICH, *Mémoires*, t. III. 1821.)

alors isolés et sans lien direct, mais que l'histoire connait aujourd'hui par l'orgueilleux et cynique aveu qu'en ont fait les francs-maçons eux-mêmes. Witt[1], Louis Blanc[2], Vaulabelle[3], Rebold[4], Mme Rattazzi[5], ont donné les détails circonstanciés de cette agitation incessante qui, après nombre de tentatives heureusement réprimées, devait aboutir, en France, au grand mouvement de 1830. On voit là quels Français conspiraient contre le repos de leur patrie, et nous savons trop les ruines que leurs machinations ont accumulées[6].

[1] *Mémoires pour servir à l'histoire de ma vie.*
[2] *Histoire de dix ans*, t. I, p. 82 et suiv.
[3] *Histoire des deux Restaurations*, t. V, p. 148 et suiv.
[4] *Histoire des trois grandes loges*, p. 142 et suiv.
[5] *Rattazzi et son temps*, t. I.
[6] L'ouvrage capital du Père Deschamps renferme les détails les plus complets sur l'unité du plan maçonnique, t. II, ch. VIII; tome III, ch. IV.

CHAPITRE XII

LA CONGRÉGATION ET LA RENAISSANCE RELIGIEUSE.

(1821-1822.)

Vie intérieure de la Congrégation. — Le marquis de Choiseul-Beaupré. — Mgr Leblanc de Beaulieu. — L'ordination du 1ᵉʳ juin 1822. — Progrès religieux à Paris dus aux congréganistes. — Le Conseil des pensions sur la liste civile. — L'abbé Éliçagaray. — Sébastien Laurentie.

Loin des orages qui se préparaient, au-dessus des calomnies qui se répandaient déjà, la Congrégation menait une vie paisible, ignorant les uns, négligeant les autres. Tout entière à ses réunions de piété, absorbée par les soins de sa charité et de son apostolat, elle suivait paisiblement la route qu'indiquait la main ferme et sage du Père Ronsin.

Il exerçait naturellement sur tous ceux qui l'approchaient l'ascendant de la vertu. Sa parole était si bien en harmonie avec les besoins de ses auditeurs, et d'ailleurs animée d'un sentiment si vrai d'amour de Dieu, qu'elle produisait une impression profonde. Lorsqu'il s'agissait d'obligations graves, il ne transigeait jamais. Loin de vouloir conduire ses pénitents par la même route, il s'adaptait merveilleusement à la disposition de chacun. S'il traitait avec des âmes ardentes et généreuses, il trouvait en lui-même de quoi les comprendre et il savait les tenir dans les bornes de la prudence et de la modération. Quant à celles où le désir du bien était entravé par une nature faible, il se gardait de les pousser plus vite qu'elles ne pouvaient marcher. D'un coup d'œil il voyait le degré de perfection dont elles étaient actuellement capables ;

17.

il s'en contentait et voulait qu'en attendant mieux elles fussent contentes.

Son zèle trouvait une aide précieuse dans les nombreux ecclésiastiques qui s'étaient fait inscrire à la réunion, et en particulier dans l'abbé de la Bourdonnaye, aumônier de la duchesse de Berry, et qui dirigeait alors avec un succès sans égal les catéchismes de Saint-Thomas d'Aquin[1].

Les exemples des membres les plus anciens et les plus distingués de la réunion ne lui étaient pas moins précieux. Quoi de plus éloquent que la vertu de Mathieu de Montmorency, la vocation du duc de Rohan, la piété de M. de Polignac, la modestie du marquis de Choiseul?

Ce noble vieillard était né en 1739; à dix-sept ans le Roi lui confiait un régiment; de brillantes campagnes en Allemagne lui valurent un renom militaire dont il ne voulut profiter que pour obtenir, comme le plus modeste officier de fortune, la croix de Saint-Louis. Menin du Dauphin (depuis Louis XVI), il devint lieutenant général à l'avènement du prince qui l'honorait de son estime et de son affection. Déjà, sous le règne précédent, il avait compris le sérieux de la vie au milieu d'une cour bien peu faite cependant pour inspirer de graves pensées; se souvenant de son éducation chrétienne chez les Pères Jésuites, et fier de reconquérir le titre de congréganiste qu'il avait reçu dans leurs collèges, il vécut à l'écart du monde, où tant d'attraits le pouvaient distraire, et pendant deux ans se consacra à l'étude pour revenir tout armé contre les objections de la philosophie voltairienne[2].

[1] Eugène de la Bourdonnaye, né le 16 octobre 1794, fut ordonné prêtre le 19 décembre 1818. Une douloureuse maladie interrompit ses travaux; il mourut le 26 avril 1826, entre les bras du duc de Rohan, qui voulut donner lui-même les derniers sacrements à son ami.

[2] Il portait partout cette délicatesse. Avant d'épouser Mlle Walsh de Sérent, il avait été marié à une riche héritière de Saint-Domingue; la jeune marquise de Choiseul, atteinte subitement d'une maladie de langueur,

Sa charité était sans bornes, et la reconnaissance populaire, — chose rare, — lui fut fidèle : au commencement des mauvais jours de la Révolution, alors qu'on brûlait les châteaux, il habitait sa terre de Torcy, dans les environs de Paris ; les paysans, comblés de ses bienfaits, surent le garder de tout attentat et placèrent à la grille du parc un écriteau portant ces mots : « *C'est ici le père des pauvres.* » Forcé de quitter la France, il vécut à l'étranger, vendant ses bijoux pour aider ses compagnons d'exil, recevant les preuves sensibles de l'affection inébranlable de son roi, qui, au milieu des angoisses de sa propre infortune, songeait à lui faire passer quelques secours. Ces marques de la générosité royale furent connues des sujets rebelles ; ils osèrent bien imputer à crime cette bonté persévérante envers un émigré ; par un mot plein de douceur qui disait tout sur M. de Choiseul, Louis se contenta de répondre : « C'est mon ami ! »

En 1814, il rentrait en France et se consacrait tout entier aux œuvres de charité, heureux de retrouver après sa longue carrière des réunions analogues à celles dont pendant sa jeunesse il avait goûté l'intimité et le charme. Sa vertu se perfectionnait à mesure qu'il avançait vers le terme, souriant à la douleur parce qu'il savait en faire une expiation. Quand il lui faudra rompre les liens nombreux qui l'attachent à la terre, la mort ne le surprendra pas, et de ses lèvres défaillantes il prononcera une dernière fois le mot qui a été la force de sa vie : « Je crois[1]. »

était l'objet des soins attentifs de son mari, qui, voulant lui conserver plus longtemps l'illusion d'un bonheur qui allait finir, achetait une parure de diamants de quarante mille livres, pour l'offrir à sa femme mourante, alors qu'il n'ignorait pas que ces bijoux allaient appartenir, quelques jours plus tard, à une famille qui n'était pas la sienne. Ce trait de chevaleresque générosité le peint trop bien pour que nous ayons cru pouvoir l'omettre.

[1] « *Notice historique* sur M. Charles-Antoine-Étienne, marquis de Choiseul-Beaupré, lieutenant général des armées du Roi, chevalier de l'ordre royal et militaire de Saint-Louis, ancien menin de Louis XVI, membre de la Congré-

Un autre personnage faisait l'admiration des congréganistes du Père Ronsin; comme pour M. de Choiseul, son caractère rehaussait encore l'humilité toute chrétienne de ses actions. Son rôle actif dans les œuvres charitables de la Congrégation doit fixer notre plume et mérite de nous arrêter ici.

Jean Claude Le Blanc de Beaulieu[1] entra tout jeune dans la congrégation des chanoines réguliers de Sainte-Geneviève. Malheureusement engagé par ses relations dans les erreurs jansénistes, il adopta les maximes de la constitution civile du clergé rédigée par ses amis, prêta le serment et fut nommé en 1791 à la cure de Saint-Séverin de Paris. Il protesta du moins publiquement contre les scandales de l'évêque Gobel, ce qui le fit conduire à l'Abbaye. Appelé, en 1800, par l'élection des prêtres constitutionnels, à la « métropole des côtes de la Manche », comme on s'exprimait alors pour désigner le diocèse de Rouen, M. de Beaulieu fit remarquer son administration par sa charité.

A l'époque du Concordat nommé à l'évêché de Soissons, il se détacha peu à peu de l'ancien parti des constitutionnels, écrivit au Saint-Père (juin 1804), pour exposer les motifs de son erreur, protester de sa soumission et témoigner son regret du passé. Pie VII lui envoya un bref affectueux que l'humilité du prélat fit disparaître pour ne laisser subsister que son repentir. Il ne laissait depuis lors passer aucune occasion de manifester hautement ses sentiments, il était le premier à parler de sa rétractation, et à déclarer qu'il était entièrement revenu de ses préventions en faveur du jansénisme.

Son grand chagrin était d'avoir contribué à entraîner quelques personnes dans l'erreur. Il avait à Paris de nombreux

gation de la Sainte Vierge, mort à Compiègne le 12 août 1820, âgé de quatre-vingts ans et neuf mois. Lue à la Congrégation le 5 août de la même année. » *Documents manuscrits et inédits.*

[1] Né à Paris le 29 mai 1753.

amis dont les sentiments lui étaient bien connus pour les avoir longtemps partagés; il leur adressa un mémoire et se borna depuis à garder avec eux de simples rapports de bienséance.

Au concile de 1811, sa conduite témoigna de son attachement à la chaire de Pierre, il refusa son assentiment aux projets de décrets présentés par le ministre des cultes; cette même fermeté eut l'occasion de se manifester pendant les Cent-jours, quand il ne voulut point assister au « champ de mai », « ne reconnaissant, disait-il, d'autre souverain légitime que Louis XVIII ». Il dut quitter Soissons et passer en Angleterre, d'où il ne rentra en France que plus tard, sans jamais accepter d'autre récompense de sa conduite que la satisfaction d'avoir accompli un devoir.

Il vivait retiré dans son diocèse, tout entier occupé à la fondation d'établissements utiles, quand il fut nommé à l'archevéché d'Arles.

C'est pendant le voyage qu'il fit à Paris, à cette occasion, qu'il demanda à faire solennellement sa consécration à la Sainte Vierge. Le 30 novembre 1817, au pied de l'autel, avant de célébrer la messe, il lut la formule ordinaire au milieu de la joie et de la vénération de ces jeunes gens et de ces hommes vertueux, profondément émus et touchés de la simplicité du pieux évêque. Par suite des obstacles suscités à l'exécution du Concordat, l'archevéché d'Arles ne fut point érigé, et l'évêque de Soissons continua de gouverner son diocèse.

En 1820, le désir de la retraite lui fit adresser ses adieux à son troupeau; il vint demeurer à Paris, et résida au séminaire des Missions étrangères, dans la paisible maison où avaient lieu les réunions de la Congrégation. Il prit la part la plus généreuse à tout ce qui s'y faisait de bien. Son amour de l'humilité et de la faiblesse le portait principalement vers les jeunes Savoyards, dont il se plaisait à présider les exercices; il aidait également Mgr de Paris en donnant la confirmation dans les églises et les communautés. Une courte maladie l'enleva à ses pieuses et discrètes occupations, le 13 juillet 1825.

Telle fut la vie d'un prélat qui eut le courage bien rare de renoncer hautement à une double erreur, et qui depuis, aussi ferme dans ses principes que modeste dans sa vie privée, consola l'Église par son dévouement, édifia son diocèse par son zèle, se concilia de nombreux amis par l'aménité de son caractère, et força par ses qualités l'estime de ceux mêmes dont il s'était détaché.

Vers cette époque, à l'appel d'en haut, — mieux entendu sans doute dans le calme religieux de cette société d'élite, — plusieurs congréganistes se consacrèrent à Dieu. L'ordination de la Trinité du mois de juin 1822 fut remarquable par la condition sociale d'un grand nombre de séminaristes et la générosité particulière de leur renoncement au monde[1].

La Congrégation était dignement représentée par le duc de Rohan, MM. Mathieu[2], de Jerphanion[3], Johannet[4], qui quittaient le barreau pour aller défendre des causes moins périssables. A côté d'eux étaient agenouillés Antoine de Salinis et Philippe Gerbet, congréganiste le 7 janvier 1821[5]; M. Louis,

---

[1] L'ordination eut lieu le 2 juin, à Notre-Dame, par les soins de Mgr de Quélen; elle comprenait 32 prêtres, 23 diacres, 45 sous-diacres, 31 minorés, 46 tonsurés.

[2] Congréganiste le 25 juin 1816; né le 2 janvier 1796; mort cardinal et archevêque de Besançon.

[3] Congréganiste le 12 mars 1815; né au Puy le 8 mars 1796; évêque de Saint-Dié en 1835; archevêque d'Alby le 15 juillet 1842.

[4] Congréganiste le 1er juin 1817; né le 24 août 1796. D'une ancienne famille orléanaise, ami de Henri Lacordaire, entra dans la Compagnie de Saint-Sulpice et mourut directeur du Séminaire d'Orléans.

[5] L'un des prélats les plus distingués de notre temps. Il prit une part active au généreux mouvement de l'École menaisienne, mais quitta la Chesnaie dès que le Pape eut parlé. Après un long séjour en Italie, il publia son *Esquisse de Rome chrétienne*, qui mit en relief un rare talent d'écrivain. —

professeur au collège de Rennes, et le fils du premier président de la Cour de cette ville : M. Dupont des Loges; MM. de
la Roque, de Garnier des Garets, ancien officier de la garde
royale; M. de Ravignan, à peine descendu de son siège de
substitut du procureur du Roi à la Cour de Paris [1].

Talents, naissance, valeur intellectuelle, grandeur morale,
tout était réuni; que d'esprits distingués offrant à la vérité les
prémices de leur jeunesse, consacrant à Dieu les dons qu'Il
leur avait départis, venant recevoir une force surnaturelle
pour les nobles combats qu'ils ambitionnaient! L'Église de
France pouvait être fière des nouveaux volontaires qui gros-
sissaient ses rangs; combien l'espérance déjà grande des
assistants aurait été plus émue encore, s'ils avaient pu devi-
ner dans l'humilité de ces jeunes hommes l'illustration qui
s'attacherait à leur nom! A quelques années de là, deux
d'entre eux, successivement archevêques de Besançon, seront
revêtus de la pourpre romaine, un autre est le futur archevêque d'Alby, un autre l'évêque de Perpignan; il y a là l'archevêque d'Auch, ici l'évêque de Metz, celui-ci doit être le
premier évêque français d'Alger [2], celui-là, l'un des maîtres de

Évêque d'Amiens en 1849, il fut transféré en 1854 sur le siége de Perpignan. Il mourait dix ans après, ayant donné le modèle de toutes les qualités épiscopales. — Son frère aîné, étudiant en droit et attaché au ministère
de l'intérieur, fut admis à la Congrégation le 14 avril 1822. — Une amitié
profonde unissait Mgr Gerbet à Antoine de Salinis.

[1] Après avoir travaillé chez M. Goujon, « jurisconsulte », rue Saint-Guillaume, et obtenu, pour sa conduite militaire parmi les volontaires royaux,
en 1815, le brevet de lieutenant de cavalerie, M. de Ravignan entrait dans la
magistrature, comme conseiller auditeur, en 1817. L'année suivante, il faisait
sa consécration de congréganiste entre les mains du Père Ronsin. Substitut du
procureur du Roi à Paris en 1821, il se montrait digne, par son talent et son
caractère, de ce choix distingué; généreusement disposé à répondre à l'appel
de Dieu, il entrait au séminaire d'Issy le 5 mai 1822. Il fit part de sa résolution par une double lettre au P. Ronsin et à M. Gossin.

[2] Antoine Dupuch, congréganiste en 1818, quitta le barreau pour entrer
au séminaire; fut vicaire général de Bordeaux, son pays natal, puis évêque
d'Alger, après la conquête.

l'éloquence sacrée à notre époque, illustrera la première chaire du monde.

La mission de ces grandes âmes commençait dans la joie, par un radieux soleil d'été, sous les antiques voûtes de l'illustre basilique parisienne, en présence des pouvoirs publics qui se rapprochaient de l'Église pour leur honneur comme pour sa gloire. Leur labeur apostolique devait s'achever plus douloureusement au milieu des attaques de l'impiété, des persécutions ou de l'indifférence des gouvernements; mais leur vie est demeurée enviable : l'espérance avait souri à leur jeunesse, le travail féconda leur âge mûr, leurs derniers jours furent escortés du respect qui s'attache à la vertu.

Le bon exemple impressionne et captive; de sa nature il est conquérant. D'heureuses transformations religieuses s'opéraient dans Paris; un journal le constatait en ces termes :

« ...Bon nombre de chrétiens assistent régulièrement à la messe dans le cours de la semaine. Des jeunes gens surtout sont fidèles à cet exercice de piété, et il n'est pas rare d'en rencontrer dont le maintien seul à l'église est d'un grand exemple. Rien n'est si consolant que de voir ainsi une portion de la jeunesse, au milieu de toutes les séductions de la capitale, se distinguer par un attachement inviolable et pratique au christianisme, et ne connaître le respect humain que pour le fouler aux pieds [1]. »

« Nous saluons avec joie cette aurore d'un meilleur avenir, et nous embrassons les motifs de consolation et d'espérance que nous offre notre situation. S'il y a partout une funeste tendance vers le mal, partout aussi il y a une heureuse impulsion vers le bien. Une grande lutte est établie : d'un côté l'esprit de parti ou d'erreur, toutes les passions s'agitent pour

[1] *Ami de la religion*, 17 août 1822.

troubler et pour séduire; d'un autre côté, le zèle et la charité
se signalent par des efforts en sens contraire; de bons écrits,
de beaux exemples, des traits de dévouement et de générosité, une noble ardeur à réparer les maux de la religion, à
soulager tous les genres d'infortune; non seulement le clergé, mais les fidèles honorant leur foi par de grands services
rendus au prochain; les évêques, les pasteurs ordinaires,
des sociétés de missionnaires, de pieux laïques, des femmes
charitables, travaillent tous de concert, et chacun selon sa
mesure, à étendre la gloire de Dieu et à procurer le salut
des âmes; des associations respectables, des asiles de paix et
de piété, des fondations rappelant à l'Église les jours de la
ferveur ancienne; enfin dans toutes les classes, depuis le
rang le plus auguste jusqu'aux plus humbles conditions, une
louable émulation pour les bonnes œuvres : voilà ce qu'offre
encore notre époque au milieu des progrès de la corruption;
voilà ce que nous accorde la Providence pour combattre le
génie du mal [1]. »

Leur science et leur intelligence de la charité donnaient
aux congréganistes une certaine renommée auprès des gens
de bien : quand, le 26 septembre 1824, Charles X institua un
« Conseil des pensions sur la liste civile », il ne crut pouvoir
mieux faire que d'y appeler plusieurs membres de la Congrégation : l'abbé Desjardins, vicaire général de Paris; l'abbé de
Retz, depuis auditeur de rote; Alphonse de la Bouillerie,
maître des requêtes au Conseil d'État; le marquis de Saint-
Géry, conseiller d'État; Espivent de la Villeboisnet, conseiller
à la Cour royale; le chevalier de Lavau; M. d'Infreville;
Jules d'Haranguiers, président de chambre à la Cour de Paris [2].

[1] *Ami de la religion*, 8 février 1823.
[2] Les autres membres du Conseil étaient : le colonel baron de Charette; le
comte de la Rochejaquelein, maréchal de camp; M. Mazoyer, maître des
requêtes; le comte de Belbeuf; le marquis de Puy-Montbrun; le comte de

Tels sont les exemples les plus authentiques que nous ayons constatés du « favoritisme » de la Congrégation; voilà quelles « places » ses membres savaient obtenir. Du moins les dispensateurs des aumônes et des bienfaits du roi Charles X n'exerçaient pas une sinécure; jamais monarque ne fut plus généreux, aussi prodigue de ses biens personnels qu'il se montrait justement économe de la fortune de la France [1].

Ce grand amour des places n'empêcha pas l'abbé Éliçagaray, — un congréganiste lui aussi, — de donner sa démission de la sienne quand il ne pensa plus y avoir la liberté de

---

Partouneaux, député et lieutenant général; le baron de la Rochefoucauld; M. Terray.

[1] Sans parler des aumônes du comte d'Artois, on a constaté que Charles X, depuis son avénement, avait fait distribuer environ 50 millions sur sa cassette. En quittant la France, le Roi laissait dans les caisses du Trésor, malgré les dépenses de l'expédition d'Alger, une avance considérable.

Voici, sur la charité du Roi, le très touchant témoignage d'un homme placé pour bien voir :

« ...Charles X avait conservé de bien faibles ressources dans son exil. Jamais, devant une infortune ou un malheur, il n'avait songé à une économie. *La liste civile était regardée par lui comme le patrimoine des infortunés.* Dans le temps où j'ai été au ministère des finances, j'étais en fréquents rapports avec un homme respectable, qui jouissait justement de toute la confiance du Roi, le baron de la Bouillerie. Il m'a dit souvent : « Je tiens beaucoup au payement de la liste civile par douzièmes, comme un moyen d'arrêter la générosité du Roi, et cependant je n'y parviens pas. Outre les pensions fixes et les secours, qui absorbent plus du quart de toutes nos ressources, il donne tout ce qu'il a dès qu'il se présente quelque nouvelle infortune. Quelquefois il me dit : La Bouillerie, j'ai tout donné, il ne me reste pas même une pièce de vingt francs, et cependant il y a des pauvres qui souffrent. Prêtez-moi de votre argent pour les secourir, je vous le rendrai le mois prochain. — Aussi, ajoutait M. de la Bouillerie, s'il arrivait une catastrophe, il n'aurait pas une obole. » La catastrophe est arrivée, et sans les soins prévoyants d'un serviteur fidèle, il n'aurait pas eu effectivement une obole. Il lui resta strictement de quoi vivre sans être à charge à personne, et il sut prendre sur ce strict nécessaire de quoi donner avec noblesse et générosité. Combien de fois lui avons-nous entendu dire dans son exil : « Je ne regrette rien de ce que j'ai perdu « pour moi-même; j'ai besoin de si peu de chose; mais je ne voudrais pas « que mes serviteurs fussent en souffrance, et je plains les infortunés que je « ne puis plus secourir. » (Le comte DE MONTBEL, *Dernière époque de l'histoire de Charles X,* p. 89, 90, 91.)

son zèle : ancien professeur de philosophie et recteur de l'Académie de Pau, il fut nommé en 1816 membre du Conseil royal de l'instruction publique. Il eut bientôt fait d'apprécier les tendances antireligieuses de l'Université; dès 1819, il écrivait familièrement au jeune Antoine de Salinis :

« Nous perdons Royer-Collard [1]. Qui et quoi aurons-nous à sa place? Vous savez que je ne suis pas dans la bouteille à l'encre. Ce qu'il y a de sûr, c'est que nous n'aurons pas pis, pas mieux, si mal. Il ne peut y avoir deux hommes de cet acabit; la nature s'est épuisée en en produisant un seul. Aussi l'a-t-elle formé parfait dans son genre. »

Avec sa verve méridionale, il disait en riant : « Dans le « Conseil royal de l'instruction publique, nous sommes sept, « juste les sept péchés capitaux; je suis la colère! »

Sa fermeté à revendiquer les droits de l'Église en matière d'enseignement lui fit mille ennemis; les sarcasmes et les railleries l'accompagnèrent dans ses tournées d'inspection; il sut tenir tête publiquement à des attaques sans bonne foi, mais il ne conserva pas ses hautes fonctions et mourut presque de chagrin en 1822 [2]. Il appartient à l'histoire de la Congrégation, par ses talents et par son rôle important; son panégyrique fut prononcé par un jeune écrivain de ses compatriotes qu'il avait conduit au Père Ronsin et qui devait faire honneur à son patron : Sébastien Laurentie.

Saluons au passage le nom de ce vaillant homme, chrétien dans la force du terme, courageux défenseur des principes

---

[1] Il venait de sortir du Conseil royal.

[2] Né en 1760 à Bayonne, l'abbé Éliçagaray, professeur avant la Révolution, le fut aussi sous l'Empire. Pendant les Cent-jours, il devint aumônier de la duchesse d'Angoulême. Ses mérites firent penser à lui confier, en 1820, le portefeuille de l'instruction publique; mais il refusa. Il était chevalier de la Légion d'honneur, chanoine honoraire de Paris, grand vicaire de Reims, administrateur de l'hospice des Quinze-Vingts. Son entrée à la Congrégation date du 11 septembre 1814.

politiques qui ont été la règle immuable de sa conduite, en même temps que l'honneur de sa vie[1].

Il était né dans la petite ville *libre* ou *royale*[2] du Houga (près d'Auch) le 21 janvier 1793, le jour même de la mort du roi Louis XVI (comme M. le comte de Chambord le rappelait dans la lettre qu'il lui adressa à l'occasion de son quatre-vingt-unième anniversaire). Dans les *Souvenirs* inédits qu'il a laissés, il rapporte ainsi les premières impressions de son enfance :

« Ma mère était une femme de grand sens et de grand esprit, je lui dois le peu que je suis; elle épuisa les restes d'une petite fortune pour me donner de l'éducation, elle eut le bonheur d'être en cela secondée par un prêtre dont je dois dire le nom avec amour : l'abbé Jourdan, qui dirigeait le petit collège de Saint-Sever dans les Landes.

« J'entrai au collège le 4 novembre 1806. Je savais un peu de latin, on me mit en troisième et on disait que j'étais *fort*.

« L'abbé Jourdan fut mon maître dans toutes les classes. L'Université s'était ouverte à moi comme un asile. En 1811, je figurais dans ses cadres comme régent de quatrième; en 1815, comme professeur de rhétorique. J'avais fait des discours, des odes, des tragédies; les inspecteurs généraux m'avaient laissé croire que cela était beau; mon bon abbé Jourdan me le laissait croire comme eux. Il arriva de là que je lui échappai et m'en allai à Paris. »

Lors des événements de 1814, la logique de son esprit, le bon sens de sa raison lui firent acclamer le retour des Bour-

---

[1] En bon catholique, il a été mêlé à toutes les luttes religieuses de la Restauration, et à ce titre seul mériterait ici une mention spéciale; l'intérêt des renseignements inédits que son fils, M. Sébastien Laurentie, a bien voulu nous fournir, nous invite également à les faire connaître.

[2] Les habitants, que l'on nommait dans le pays les « Messieurs du Houga », tenaient beaucoup à cette particularité.

bons. « Alors, dit-il, il se fit dans mon imagination une véritable tempête d'idées indéfinies, j'étais dans une exaltation extrême, le royalisme naquit en moi comme une inspiration. » Une ode à la duchesse d'Angoulême et son entrée dans le corps des volontaires royaux furent les premiers gages donnés à la cause qu'il devait défendre désormais.

À la fin de 1816 il partait pour Paris, avec une lettre de recommandation de l'abbé Jourdan pour M. Lainé ; celui-ci le mit en relation avec Michaud, directeur de la *Quotidienne*. Il entra comme professeur de rhétorique dans l'importante maison d'éducation dirigée par l'abbé Liautard et devint répétiteur du cours « d'histoire et belles-lettres » à l'École polytechnique. Présenté au Père Ronsin, il fut congréganiste le 15 juin 1817.

Après quelques articles dans l'*Ami de la religion* que lui avait demandés son directeur, M. Picot[1], membre comme lui de la Congrégation, il entra au journal la *Quotidienne*, qui était la tribune du royalisme sans épithète. Lorsque M. de Lavau fut nommé préfet de police, il appela auprès de lui Sébastien Laurentie et lui confia le « bureau des théâtres et de la presse ».

[1] Michel-Joseph-Pierre Picot naquit en 1770 à Neuville-aux-Bois (Loiret) ; il entra au séminaire, mais la Révolution ne lui permit pas d'être ordonné ; c'est donc à tort que beaucoup lui donnent le titre d' « abbé ». Il rédigea, de concert avec M. de Boulogne (1810-1811), les *Mélanges de philosophie, d'histoire, de morale et de littérature*, et, en 1814, fonda l'*Ami de la religion et du Roi*, qu'il dirigea jusqu'en 1840. — Le 1er juin 1817, il fit sa consécration de congréganiste. — Il publia des *Mémoires pour servir à l'histoire ecclésiastique pendant le dix-huitième siècle* (1825), et un *Essai sur l'influence de la religion en France pendant le dix-septième siècle* (1824). — Il mourut en 1841.

M. Picot avait véritablement le tempérament d'un écrivain ; l'*Ami de la religion* a été, en date, le premier journal religieux de ce siècle ; sous une forme modeste, son directeur y a déployé des qualités essentielles : de la verve, de l'érudition, le respect de ses lecteurs, un grand amour de la vérité.

Les *Mémoires ecclésiastiques du dix-huitième siècle*, dont le style n'est pas toujours égal, offrent des documents très précieux et sont encore une des sources les plus sûres où l'historien peut puiser.

Cette situation convenait peu à ses habitudes ; après trois mois il démissionnait et redevint journaliste jusqu'au jour [1] où un poste d'inspecteur général des études, tout à fait en rapport avec ses aptitudes et ses talents, lui permit de prendre une part directe aux questions d'enseignement, dans lesquelles il passa bientôt maître.

La fermeté de ses convictions religieuses, se faisant jour dans différents travaux historiques, lui valut de nombreuses attaques de la part des libéraux ; les fâcheuses péripéties des polémiques ministérielles d'alors lui créèrent des adversaires parmi les royalistes ; ce fut pour son honneur qu'il soutint un procès contre M. de Corbière, ministre de l'intérieur [2] ; il fut moins bien inspiré en participant à la campagne conduite par Chateaubriand ; lui-même a regretté cet excès, et l'historien a vu de plus haut que le journaliste le jour où il a écrit : « Alors éclata une opposition étrange : celle du parti royaliste emporté par la colère de Chateaubriand et se substituant aux passions du parti révolutionnaire. Ce dernier n'eut qu'à laisser les royalistes faire son œuvre de destruction. » Une conséquence immédiate de cette opposition fut pour M. Laurentie la perte de son emploi d'inspecteur des études ; mais il n'en eut souci, car

[1] 12 avril 1823.

[2] M. de Corbière, magistrat intègre et homme privé irréprochable, avait eu le tort grave, pour la défense du cabinet dont il faisait partie, de participer aux combinaisons qui voulaient se rendre maîtres de la *Quotidienne*, journal opposé au ministère Villèle. Il avait fait tomber M. Laurentie dans un piège, en lui proposant de lui acheter sa part de rédacteur propriétaire, et avait prononcé un mot malheureux : « Vendez-nous un procès. » — M. Laurentie, éloigné habilement de Paris par une mission spéciale, revint en hâte dès qu'il aperçut l'intrigue, réclama bien haut ; Michaud et lui intentèrent une action. Berryer plaida pour eux, ils eurent gain de cause. Cette affaire fit scandale à l'époque (juin 1824) et se rattachait à ce qui fut appelé la « caisse d'amortissement des journaux », dirigée par le vicomte Sosthène de la Rochefoucauld. Mathieu de Montmorency était loin de partager la manière de voir de son gendre (lettre à Mme Récamier, 21 juillet 1824); M. de Villèle exprima également son mécontentement.

il portait partout, même en ses erreurs passagères, le désintéressement d'un noble cœur.

Libre envers le gouvernement, il voulait lui éviter ce qu'il considérait avec raison comme de lourdes fautes ; il combattit contre le monopole universitaire et se rangea, des premiers, parmi les défenseurs des droits de l'épiscopat pour la direction des petits séminaires. — Il ne se contente pas de protester énergiquement dans la presse. Il ne lui suffit pas non plus d'affirmer et de défendre théoriquement la liberté d'enseignement ; il prend l'initiative de la mise en pratique de cette précieuse liberté. Les décrets constitutifs de l'Université impériale ont laissé subsister quatre établissements anciens : Pont-Levoy, Vendôme, Juilly, Sorrèze ; il veut que les catholiques s'en emparent, et lui-même, pour le rouvrir, achète Pont-Levoy[1].

C'est dans la presse que M. Laurentie a conquis ses meilleurs titres de gloire, c'est à ce labeur quotidien qu'il a con-

---

[1] Catholique et royaliste, il ne voulut jamais séparer les deux causes : ultramontain déclaré, ami de M. de La Mennais sous la Restauration, il ne prit pas place, plus tard, dans le groupe d'hommes éminents qui formaient le parti catholique ; il ne les trouvait pas assez « bourboniens », et sa foi royaliste se révoltait de l'indifférence professée sur ce point par Montalembert et ses amis. Nous constatons le fait sans l'apprécier.

Cette indépendance, il l'a gardée vis-à-vis même de son propre parti. C'est pour cela qu'après 1830, il quitta parfois la direction de la *Quotidienne* et de l'*Union*, et fonda des journaux à lui : le *Courrier de l'Europe* et le *Rénovateur*. Aux luttes religieuses et politiques qu'il a soutenues sans interruption soixante années durant, M. Laurentie n'a cessé d'associer le culte des lettres. Ses ouvrages d'histoire, de philosophie, de littérature sont très nombreux, et il a collaboré à beaucoup de publications périodiques ou autres, notamment à l'*Encyclopédie du dix-neuvième siècle*, dont il a écrit l'Introduction sous le titre de *Théorie catholique des sciences*.

Il était poète et musicien. Travailleur infatigable, son repos consistait à passer d'une occupation à une autre. Il a écrit des lettres innombrables, mais, sauf une ou deux exceptions, il n'a pas même gardé copie de ses notes à M. le comte de Chambord.

Toute sa vie il fut chrétien pratiquant, comme il l'était à l'époque où il s'enrôlait dans la Congrégation, et n'a point connu le respect humain, si fréquent au temps de sa jeunesse.

sacré ses forces et par lui a entouré le nom qu'il portait d'un respect qui ne s'attache jamais qu'aux nobles caractères; ce renom d'honorabilité vertueuse et de talent distingué, les siens ne l'ont pas laissé dégénérer après lui. Il appartenait ainsi au grand journaliste catholique de notre siècle d'en faire la remarque et d'en célébrer le mérite; sur sa tombe encore ouverte, Louis Veuillot écrivait :

« M. Laurentie est mort en chrétien comme il devait mourir et comme l'a mérité toute sa longue et courageuse vie. Un mot suffit à son éloge, et toutes les opinions le prononcent dans toute la force et la splendeur du mot : M. Laurentie fut un honnête homme. Par son talent, par son rare savoir, par sa raison, par la droiture, la constance, le désintéressement et la probité de ses sentiments, il fut l'honneur de sa cause, il est resté l'honneur de la presse. Un demi-siècle de polémique n'a pu jeter sur son caractère ni un doute ni l'ombre d'une ombre... Il est mort plein d'honneur, de vertus et d'années, dans la double majesté de la foi qu'il a professée et défendue jusqu'au dernier jour. Toujours modéré, il était devenu plus clément sans être moins ferme. S'il fallait choisir une devise pour cet esprit si militant et si indulgent, il faudrait écrire sur sa tombe : *Gloire à Dieu, paix aux hommes de bonne volonté.* La vie ne laisse rien autre chose à dire aux chrétiens qui ont longtemps vécu.

« M. Laurentie était né le 21 janvier 1793. La Providence semblait l'avoir choisi pour pleurer, honorer et défendre le sang innocent répandu ce jour-là. Durant quatre-vingt-trois ans il a rempli cette mission[1]. »

---

[1] *Univers,* 11 février 1876.

CHAPITRE XIII

LE « FAVORITISME » ET LA CONGRÉGATION.

(1822-1826.)

Augustin Cauchy à l'Académie des sciences. — M. de Portets au Collège de France. — Les erreurs du maréchal Marmont. — Mathieu de Montmorency au ministère. — Les encouragements de Léon XII. — La Congrégation militaire de « Notre-Dame des Victoires ». — M. de Villèle et la Congrégation. — Mort du duc Mathieu de Montmorency.

Quand M. de Villèle, prenant en main le timon des affaires, eut commencé l'ingrate mais salutaire besogne de purifier l'administration des révolutionnaires et des régicides que M. Decazes y avait appelés, il suscita d'ardentes rancunes. Royaliste, il choisissait des royalistes; honnête homme, il n'admettait pas comme un titre à sa bienveillance la notoriété qui s'attachait à un nom marquant des fastes républicains; honoré de la confiance du Roi, il pensait la justifier en éloignant les assassins de son frère; cette conduite peut paraître logique, mais elle était nouvelle en 1820.

De ce jour, l'opposition prétendit que le pouvoir était vendu au « parti prêtre », et qu'un mot de passe suffisait pour obtenir places, dignités et faveurs : « Je suis de la Congrégation! » L'argument était commode. Il n'y eut pas tel petit commis des douanes qui, s'estimant lésé dans son avancement, ne pût expliquer le passe-droit dont il était l'innocente victime : on lui préférait un congréganiste.

Répétée dix ans sans relâche, depuis soigneusement reproduite par des historiens qui n'ont de grave que la pesanteur de leur style, l'accusation a fait fortune, et sa fréquence a dû impressionner bien des esprits. Tout au moins, si pour beaucoup l'exagération est manifeste, le reproche ne semble pas être dénué de tout fondement.

Voilà l'erreur capitale.

Prétendre que le gouvernement de la Restauration n'a jamais cédé à une recommandation ni accordé aux catholiques de faveurs serait puéril (depuis nous avons pu devenir sceptique sur la moralité incorruptible des pouvoirs). Mais ce fut très certainement toujours à mérite égal, et aucune influence ne peut être imputée d'une manière spéciale, en tant que congréganistes, aux membres de la Congrégation.

Nous pensons pouvoir affirmer qu'elle demeura toujours une association de piété et une société de bonnes œuvres ; rien de plus, rien de moins. Ceux qui la dirigèrent, loin de solliciter, furent d'une scrupuleuse discrétion, même pour leurs parents les plus proches. Les exemples abondent sur ce point.

A aucun moment, la Congrégation, modeste réunion de chrétiens, n'eut d'influence soit publique, soit occulte, sur la marche des affaires ; le bon sens l'indique et l'histoire le prouve. Les principes mêmes qui y étaient professés auraient été en contradiction directe avec de tels agissements.

Les talents de ses membres suffisaient amplement à justifier les succès que beaucoup d'entre eux obtinrent dans les carrières libérales, et la désignation des emplois qui leur furent confiés ; leur valeur et leur vertu, remarquées déjà sous Napoléon Iᵉʳ, ne pouvaient l'être moins pendant le règne des Bourbons.

L'examen des plus fameuses accusations portées de ce chef nous en fera toucher l'inanité.

Une des premières en date fut celle de la nomination d'Augustin Cauchy à l'Académie des sciences.

L'ordonnance royale du 21 mars 1816 réorganisant l'In-

stitut mutilé depuis la Convention, rétablissait les anciennes
Académies et remplaçait quelques personnages à qui leur conduite politique ne permettait pas de demeurer pensionnaires
du Roi. A côté de Merlin de Douai, de Sieyès, de Maury, de
Lucien Bonaparte, l'Académie des sciences voyait deux de
ses membres rayés des cadres officiels : Carnot, qui venait
d'injurier publiquement Louis XVIII dans son « Mémoire au
Roi », et Monge, plus faible que coupable, mais qui avait été,
— quelque envie qu'on ait eu de l'oublier, — ministre
pendant la Terreur. Pour mieux honorer ses partisans disgra-
ciés, l'opposition jugea bon d'attaquer avec la dernière violence leurs remplaçants : Bréguet et Cauchy. L'orage se
déchaîna particulièrement sur le second ; sa qualité de catholique pratiquant fut un excellent prétexte pour parler de
l' « influence théocratique », et puisqu'il était congréganiste,
rien de plus naturel que d'attribuer sa nomination à la toute-
puissance de la Congrégation. L'invraisemblance d'un groupe
de jeunes gens dictant au chef de l'État le nom des académiciens mériterait qu'on ne s'y arrêtât pas ; mais une remarque
capitale permettra de justifier tout ensemble le choix éclairé
de Louis XVIII et la valeur personnelle du jeune savant qui
en fut l'objet.

Ce que les critiques se gardaient de dire, c'est que dès 1813,
Cauchy, malgré ses vingt-quatre ans, obtenait déjà, par le
suffrage des membres de l'Institut, le second rang pour succéder à Lagrange, et que l'année suivante, honoré des mêmes
témoignages d'estime, il voyait son extrême jeunesse être la
seule cause d'un semblable retard ; il recevait à ce propos les
assurances les plus flatteuses de Cuvier, de Laplace[1] et d'un

[1] « Il est, parmi tous ceux qui prétendent à la place actuellement vacante
dans l'Institut, celui qui me paraît avoir le plus de droits, et je le crois destiné à remplacer dignement les géomètres de cet illustre corps. Je me fais un
vrai plaisir de lui rendre ce témoignage. » (Lettre du comte Laplace à M. de
Sémonville, grand référendaire de la Chambre des pairs.)

grand nombre d'académiciens, dont les noms pourraient honorablement être mis en parallèle avec les inconnus qui critiquèrent, en 1816, sa nomination.

Les attaques contre M. de Portets, nous offrent un trait analogue. Après de très brillantes études littéraires, il avait enseigné la rhétorique. Ayant fait son droit avec le même succès, il concourut pour une chaire alors vacante; celui qui fut nommé l'emporta sur lui par la seule voix prépondérante du président (les procès-verbaux du concours le témoignent [1]), et les juges demandèrent aussitôt en sa faveur le grade de docteur, qu'il obtint. Le 9 octobre 1819, la Commission de l'Instruction publique, présidée par M. Cuvier, le nomma suppléant des cours de droit naturel. La chaire de procédure civile ayant été mise au concours, M. de Portets sollicita l'autorisation de suspendre ses leçons afin de courir les chances de la nouvelle lutte qui allait s'ouvrir. La Commission répondit à sa requête par la lettre suivante :

« Vous aviez demandé, Monsieur, la permission de suspendre vos leçons afin d'avoir le temps de concourir à la chaire vacante par le décès de M. Pigeau.

« La Commission aurait vu deux grands inconvénients à ce parti : le premier, d'interrompre un cours nécessaire aux élèves et honorable pour la Faculté; le second, de vous détourner d'une carrière où vos talents vous appellent. Elle espère que vous serez content de la solution qu'elle a trouvée : elle vous nomme professeur titulaire. Vous recevrez incessamment l'arrêté de votre nomination.

« Recevez, etc.

« Le conseiller d'État, président de la Commission,

« CUVIER. »

[1] Congréganiste le 22 mars 1807.
[2] *Souvenirs d'une Congrégation de la Sainte Vierge.* Note supplémentaire.

Il est peu probable que la Congrégation ait dicté cette lettre signée par un protestant; il est non moins certain que les pratiques religieuses de ses membres ne semblaient pas affaiblir leur valeur intellectuelle.

Sur le rapport du comte Siméon, alors inspecteur général des études, M. de Portets fut nommé professeur titulaire de droit naturel à l'école de Paris; au mois de septembre 1822, il occupa une chaire de Code civil; quelques mois auparavant, ses talents l'avaient désigné aux suffrages de l'Académie des inscriptions et belles-lettres, pour succéder au Collège de France, comme professeur de droit des gens, au marquis de Pastoret.

Si l'intrigue avait dicté ces choix, il est à souhaiter qu'elle ne rencontre jamais des sujets qui en soient moins dignes; les témoignages de tant d'hommes respectables et désintéressés parlent plus haut que les clameurs des étudiants qui fomentèrent une sédition tapageuse contre leur professeur et interrompirent le cours de M. de Portets, aux cris de : « A bas le jésuite! A bas le congréganiste! »

Dans ses *Mémoires*, où il parle de tant de choses, un peu à tort et à travers, le maréchal Marmont, après une violente diatribe contre M. de Corbière, écrit les lignes suivantes : « La « chaire d'astronomie au Collège de France (remplie par « M. Delambre) devint vacante par sa mort. L'état de sa « santé avait forcé à nommer depuis cinq ans un membre du « bureau des longitudes (M. Mathieu), pour le suppléer. « Malgré les droits incontestables de celui-ci, malgré les « efforts de tout le monde pour le faire choisir, M. de Cor- « bière préféra, pour remplir cette place, un individu qui peut- « être ne connaissait pas le nom et l'usage des instruments « d'astronomie (M. Nicolette); mais c'était un protégé de la « Congrégation [1]. »

---

[1] *Mémoires*, t. VIII, liv. XXIV, p. 339.

Voilà certes une accusation bien en règle; quoi de plus
probant que le témoignage d'un contemporain, d'un maréchal
de France, accompagné de noms, de dates, de circonstances
détaillées? Un homme en si belle position pour bien voir ne
cite qu'un exemple de la toute-puissante influence de la Congrégation pendant quinze années; un seul, c'est peu sans
doute, mais il va être entouré de preuves si authentiques
que le cas isolé permettra de conclure du particulier au général.

Le malheur veut que cette historiette, fausse dans le fond,
manque également de véracité jusque dans les moindres
détails.

Le duc de Raguse ignore tout d'abord le nom même de
celui dont il parle : « M. Nicolette. » Il veut sans doute dire :
Nicollet. Effectivement on trouve portant ce nom un astro-
nome adjoint, chevalier de la Légion d'honneur, habitant
l'Observatoire[1], ce qui peut permettre de penser qu'il connaissait, au moins de nom et de vue, les instruments dont il se
servait. Marquons les deux premières erreurs.

Après la mort de Delambre (1822), son successeur fut
M. Binet, inspecteur des études à l'École polytechnique, et
nul autre. Troisième erreur qui, à elle seule, ruine d'un coup
l'assertion du duc de Raguse.

Rien n'indique que M. Mathieu fût suppléant du chevalier
Delambre; mais il n'aurait pu, sans un grand passe-droit, être
en 1822 nommé titulaire du poste important de professeur
d'astronomie au Collège de France, étant à cette époque le
dernier des sept astronomes adjoints parmi lesquels se trouvaient des savants comme Biot et Arago. Quatrième erreur.

Il est à croire qu'il ne fut pas non plus la victime de
M. Nicollet, puisqu'en 1830, sous le ministère Polignac, il

_____
[1] *Almanach royal*, années 1824 à 1830.

était, comme M. Nicollet, chevalier de la Légion d'honneur,
logé à l'Observatoire, et occupait même, sur le tableau d'avancement, le rang immédiatement supérieur au sien. Cinquième
erreur.

Enfin le nom de M. Nicollet ne figure sur aucun catalogue
des congréganistes. Sixième et dernière erreur.

Et quand le plus chétif adversaire de l'Église voudra prononcer une facile élégie sur les empiétements du clergé pendant
la Restauration, il ne manquera pas de parler de la Congrégation distribuant jusqu'aux places d'astronomes du Collège de
France ; et il aurait mauvaise grâce à ne le pas faire, puisqu'il
peut abriter sa parole derrière l'autorité du maréchal duc de
Raguse, pair de France, ministre d'État du Roi !

Nous aurions pu multiplier les exemples ; les différents traits
qui précèdent sembleront sans doute concluants : nous avons
relevé les imputations dans ce qu'elles offraient de plus caractéristique ; parmi les accusateurs nous n'avons pas choisi les
moindres. Il paraîtra superflu de réfuter successivement les
mille et une billevesées du même genre répétées à satiété par
les écrivains de parti ; ce qui précède suffit pour juger la
valeur des « on dit » et la bonne foi de ceux qui les propa-
gèrent. Chez tous, une prodigieuse audace, d'imperturbables
affirmations ; courez aux preuves, demandez de préciser un
fait, de citer un nom, d'apporter un témoignage, vous ne ren-
contrez plus personne, tout se dérobe, tout disparaît, tout
s'évanouit ; ce sont « bâtons flottant sur l'onde » !

Toutefois, les puritains du libéralisme triomphent en citant
le nom de Mathieu de Montmorency. Ici, nul doute possible :
il fut ministre des affaires étrangères, il était bien de la Congrégation.

Nous sera-t-il permis de présenter quelques réflexions?
Lorsqu'on est un Montmorency, on n'a guère besoin d'être

protégé par personne; sans l'apostille d'une réunion de piété, sans « mettre la main dans un bénitier », le premier baron chrétien peut recevoir un portefeuille de la confiance du Roi; un pair de France, doué de sérieux talents, universellement estimé, entre au ministère, quoi de plus naturel?

Chateaubriand, peu disposé à la flatterie envers ses contemporains, et désireux de ne point partager les rayons de la gloire, a porté sur son prédécesseur aux affaires étrangères un jugement qui restera :

« M. de Montmorency n'était pas sans ambition, passion légitime dans un homme de son nom et de son mérite : il avait de l'esprit et de l'instruction; son élocution était naturelle et persuasive; on croyait entendre la voix de ses bonnes actions. Noble et calme à la tribune, il appartenait à une race qui ne se trouble point et qui, forcée seulement de changer de grandeur, était allée des Rois à Dieu. S'il parlait avec autorité de la foi du Connétable, ses convictions religieuses étaient tempérées par la douceur de son caractère et par sa bienveillance. Sa figure était pâle et sereine, un charme de jeunesse ne s'était point effacé de son front demi-chauve; une imagination caressante et vive répandait sur ses mœurs sérieuses la gracieuseté du sourire. Il conservait des amitiés illustres dont il combattait les opinions avec une austérité tolérante qui accroissait l'attachement par l'estime [1]. »

C'est ce mélange heureux de grâce et de fermeté qui le rendit aimable à tous ceux qui furent destinés à suivre avec lui la carrière des affaires publiques. Nous n'entrons pas ici dans le récit de son action au congrès de Vérone, de sa politique dans la guerre d'Espagne. Plus apte que M. de Villèle aux grandes considérations diplomatiques, moins entouré d'hommes de finance, plus défiant envers le cabinet

---

[1] *Congrès de Vérone*, XXXV, p. 122.

de Saint-James, il mit son honneur à ne pas abandonner la ligne de conduite qu'il avait d'abord adoptée. Un historien de la Restauration a très heureusement fait ressortir le caractère élevé de cette conduite si digne d'un gentilhomme : « Le pouvoir pour ces nobles cœurs, pour ces honnêtes intelligences, n'était qu'un moyen de servir la France, et ils l'exerçaient dignement parce qu'ils savaient le quitter. Le chevaleresque duc de Montmorency s'était livré au noble idéal d'une politique empreinte de générosité et de dévouement, qui abaisserait les barrières nationales, confondrait tous les rois comme tous les peuples dans une alliance vraiment sainte, dont la religion et la morale seraient les suprêmes mobiles [1]... »

Quand le duc Mathieu rendit au Roi son portefeuille, le duc de Laval pouvait écrire en toute vérité à Mme Récamier :

« Sa position est belle, sa considération immense, et plane sur toutes les autres. Il est calme, il attend, il ne sera pas pressé; il n'a pas d'ennemis, il a beaucoup d'admirateurs. Personne au monde n'a plus de loyauté dans la conduite et plus de dévouement à la chose publique, sans intérêt personnel. Ce que je dis là n'est que le rabâchage de ce qu'on entend dans toutes les conversations [2]. »

Heureux temps où les ministres quittaient le pouvoir par point d'honneur et scrupule de leur dignité; il était réservé au nôtre de les voir passer sans transition de leur fauteuil du conseil au banc de la police correctionnelle.

Les préventions contre la Congrégation sont d'une nature si singulière et si tenace qu'elles font dévier le jugement d'écrivains cependant catholiques et animés d'intentions excellentes. C'est ainsi que M. Dareste, dont l'*Histoire de France* offre à tant de titres des mérites sérieux et une incontestable probité,

---

[1] NETTEMENT, *Histoire de la Restauration*, t. VI, p. 341.
[2] Lettre du 19 juillet 1824.

accepte sans preuves les plus puériles accusations et ne craint pas d'écrire une page comme celle-ci :

« La Congrégation surtout mettait à profit la présence de Montmorency au ministère et dictait des choix à l'administration. La nomination la plus importante fut celle du président du conseil de l'instruction publique, dont on étendit les attributions. Villèle écarta de Lalot, très appuyé par Chateaubriand, et donna ce poste au premier aumônier du Roi, Frayssinous, évêque d'Hermopolis, prélat modéré, mais dont le choix, en raison même de l'habit qu'il portait, avait un caractère significatif[1]. »

Que d'erreurs en quelques lignes ! Combien l'auteur entasse avec légèreté les contradictions ! Pas un fait à l'appui de ces soi-disant abus de pouvoir, de cette pression exercée sur les ministres ; il y aurait en effet quelque embarras à en apporter. On avance, et avec restriction, le nom de Mgr Frayssinous. Le choix est malheureux. Si l'on veut absolument voir dans sa nomination du favoritisme et de l'ambition, il semblerait plus naturel d'admettre que le premier aumônier du Roi ait eu, par lui-même, une influence suffisante pour obtenir un poste où ses mérites n'étaient pas déplacés, sans aller chercher l'appui d'une modeste assemblée occupée à catéchiser de petits Savoyards ; son caractère épiscopal était au reste une garantie de plus pour la difficile et importante mission qui lui était confiée. Mais citer Mgr Frayssinous comme un protégé de la Congrégation, c'est ignorer les pièces les plus décisives du procès. N'est-ce pas l'évêque d'Hermopolis qui, à la Chambre des pairs, dans un discours demeuré célèbre, exposait à ses collègues, avec un luxe de précautions oratoires qui font quelque peu sourire, son refus d'entrer dans les rangs des congréganistes, et donnait ainsi par avance le plus grave

---

[1] *Histoire de France*, t. IX, p. 329.

démenti à ceux qui porteraient contre lui cette « accusation » ?

Un autre auteur écrit avec un imperturbable sang-froid :

« J'ai dit ce qu'était la Congrégation : elle prenait, à l'avènement de Charles X, un plus vaste développement; elle se rattachait à la cour, au ministère; on la trouvait au Conseil d'État,
dans le conseil privé; *elle obtenait un ministre spécial :*
M. l'évêque d'Hermopolis prenait les cultes!... »

Et il ajoute avec gravité :

« On n'attend pas de moi que je ramasse les mille et une
niaiseries qu'on débita contre les Jésuites en France; de sales
pamphlets furent publiés; tout est bon pour les partis, pourvu
qu'ils arrivent à leurs fins; je laisse dans la boue toutes ces
confessions et ces *révélations* qui furent faites; les passions
ont besoin d'épouvantail; on jeta les Jésuites au peuple; ce
ne furent pas seulement des prêtres ambitieux s'emparant
d'une société qui ne voulait plus d'eux et d'une royauté qu'ils
allaient perdre, mais des hommes pervers, couverts de crimes,
des monstres, dans l'ordre des sentiments humains[1]. »

Rejetant ces fables, M. Capefigue en invente de singulières
à son tour. Gageons qu'il s'est cru fort impartial en ajoutant
ces dernières lignes. L'impartialité de l'historien ne serait-elle
pas de vérifier avec scrupule ce qu'il avance et de contrôler
les assertions de ses devanciers?

Rien ne devant manquer à la « Comédie de quinze ans »,
il fut avéré que la Congrégation distribuait à son gré les grades
dans l'armée et qu'elle dirigeait les régiments. Cette nouvelle
accusation nous oblige à entrer dans quelques détails tout à
fait inédits et touchant un point d'histoire jusqu'à ce jour
complètement laissé dans l'ombre; ils offriront sans doute un
certain intérêt.

---

[1] CAPEFIGUE, *Histoire de la Restauration*, t. II, p. 280 (édition de 1837).

Pendant les douze années qu'il passa à Paris (1818 à 1830), le Père Roger, dont nous avons déjà apprécié le zèle auprès des Lyonnais, ne resta pas inactif. Il évangélisa les pauvres les plus abandonnés du faubourg Saint-Marceau, mais son action se manifesta surtout sur le terrain qui nous intéresse particulièrement en fondant une Congrégation militaire. Il y fut aidé par celui qui avait été, à Lyon, son collaborateur le plus dévoué, M. Bertaud du Coin, alors capitaine au 2e régiment de la garde royale.

Une Congrégation militaire ne pouvait paraître chose nouvelle en France, ce n'était qu'une rénovation.

Il y avait longtemps que le maréchal de Villars, bon juge en fait de bravoure, s'élevait avec force contre ceux qui prenaient ombrage des associations de piété formées au sein de l'armée :

« Quels sont, disait-il, les téméraires qui osent s'attaquer aux soldats engagés dans les Congrégations? J'ai entre les mains les rapports des généraux et des gouverneurs de places; tous attestent la forte discipline de ceux qui en font partie. Au reste, pour moi, tant que j'ai été chef des armées du Roi, je n'ai jamais trouvé guerriers plus actifs, plus dociles, plus intrépides que les soldats congréganistes. »

C'était pour faire revivre ces vertus, apanage du soldat chrétien, que fut fondée en octobre 1821 la « Congrégation de Notre-Dame des Victoires ».

La première page de son règlement particulier indique bien nettement le but :

« Des officiers français et chrétiens, voulant dans les jours d'irréligion faire revivre les nobles sentiments de tant de chevaliers qui se faisaient gloire de servir leur Dieu et leur roi, ont résolu de former, sous les auspices de Marie, patronne de la France, une association militaire et chrétienne pour se fortifier dans les principes de la foi et dans l'amour de leurs devoirs; pour s'animer et s'encourager les uns les autres; pour faire aimer et respecter la religion, et montrer au monde qu'on peut être et militaire et chrétien.

« La religion catholique qu'ils professent a moins besoin de preuves que de bons exemples. Puisque les méchants se réunissent et s'accordent pour attaquer cette religion divine et ravir avec elle à la société sa paix, son bonheur et ses espérances, pourquoi les bons ne se réuniraient-ils pas pour défendre cette religion qui fait leur gloire, contribuant par là à l'affermissement du trône et à la prospérité de la patrie? Ainsi, pleins de confiance en la bonté de Dieu, qui a manifesté et manifeste encore tous les jours ses grandes miséricordes sur la France, appuyés sur la puissante protection de Marie, qu'ils prennent dès ce moment pour leur mère et leur patronne spéciale, ils se constituent en Congrégation [1]. »

Ces fiers accents trouvèrent de l'écho chez plusieurs officiers de la garde royale; peu après, un certain nombre d'officiers d'infanterie se joignirent à eux [2]. M. du Coin étant mort en 1823 [3], le duc de Rivière vint présider les réunions qui avaient lieu dans une chapelle de l'église Saint-Thomas d'Aquin; là on priait en commun, on échangeait ses idées sur la situation morale de l'armée, on cherchait à grandir la destinée du soldat en lui rappelant ses devoirs envers Dieu, bien négligés, bien ignorés pendant les rudes jours des campagnes de l'Empire.

Cette association, comme on le peut penser, était parfaitement distincte de la Congrégation dirigée par le Père Ronsin. Nous avons soigneusement relevé dans le catalogue les noms des congréganistes des Missions étrangères apparte-

[1] Documents manuscrits et inédits.
[2] CRÉTINEAU-JOLY, Histoire de la Compagnie de Jésus, t. VI, ch. III.
[3] En 1822, le Père Barat aida le Père Roger dans la direction de cette Congrégation; il prêchait des retraites; le succès de ses sermons à la garnison de Versailles fit sensation à l'époque

nant à l'armée, cinquante-deux seulement étaient soldats[1].

Dans la pensée des fondateurs, l'association militaire devait toujours conserver une scrupuleuse prudence, afin de ne blesser personne. Des indiscrétions firent cependant connaître le nom de plusieurs membres. La presse irréligieuse, alors fort animée contre la « Congrégation », accueillit cette nouvelle comme une bonne fortune ; d'un juste sentiment de prudence elle fit un mystère et un complot. Ses attaques eurent le triste pouvoir d'influencer les personnages les plus considérables : le Dauphin, toujours prompt aux exagérations qui lui paraissaient

[1] MM. Bertaud du Coin, capitaine au 2e régiment de la garde royale ;
Louis Dubois de Montlignon (garde du corps, compagnie de Noailles) ;
Jacques de Gombaud-Rasac, colonel gouverneur des pages de Monsieur ;
Dupérier (Edmond), garde de la porte du Roi ;
Eugène Ferron du Quengo, garde du corps ;
Guichard de Scorbiac, mousquetaire noir ;
Gallard, chirurgien-major au 1er régiment des grenadiers à cheval de la garde ;
Augnet, officier de la garde royale ;
L. François d'Isle de Beauchêne, officier au 3e régiment de la garde ;
Brad, mousquetaire ;
Jacques de Cathelineau, porte-drapeau au 3e régiment de la garde ;
De Francqueville d'Abancourt, lieutenant au 3e régiment de la garde ;
Charles Cassin de la Loge, garde du corps (compagnie de Luxembourg) ;
Hamel, garde du corps de la compagnie d'Havré ;
Gaston de Perronil de Montgaillard, garde du corps de Monsieur (compagnie de Puységur) ;
Louis Hervé, frère servant d'armes dans l'ordre de Malte, garde du corps du Roi (compagnie écossaise, depuis d'Havré) ;
Auguste Marais, garde du corps de la compagnie de Grammont ;
Armand-Louis de Rouvroy, capitaine des Cent-Suisses de la garde ;
Hamel de la Berquerie, garde du corps ;
Paul de Scorbiac, garde du corps ;
Comte de Champagne, officier, garde du corps ;
Philippe de Villeneuve, garde du corps ;
Samet, garde du corps ;
De Narp, sous-intendant militaire ;
Comte de Modène, colonel d'état-major à la garde royale ;
Noury, capitaine au régiment de la Mayenne ;
Comte de Faverny, lieutenant aux dragons de la garde ;

propres à prouver son impartialité, et du reste trop porté à se laisser glisser sur la pente des idées libérales, s'empressa, sans autre information, d'accueillir ces bruits malveillants; il déclara publiquement qu'il ne recevrait jamais chez lui un officier convaincu d'être congréganiste, alors qu'il eût semblé plus logique de voir un prince de la maison de Bourbon repousser loin de lui les soldats vendus à la maçonnerie; mais *quos vult perdere Jupiter dementat !*

Ce qu'on avait tant redouté menaçait d'avoir lieu, un antagonisme pouvant conduire, grâce aux règlements militaires, à de sanglants conflits. Les officiers chrétiens résolurent de dis-

MM. Laman, porte-drapeau aux dragons de la garde;
    D'Isarn de Villefort, sous-lieutenant au 5e régiment de la garde;
    Herbrand de Briey, officier aux chasseurs à cheval de la garde;
    De Martel, garde du corps;
    Leflon de Ruelle, garde du corps;
    Orière, garde de Monsieur;
    Audigé-Descotières, garde de Monsieur;
    De Renneville, officier d'infanterie;
    Guy de Durfort, comte de Lorges, lieutenant au 8e chasseurs de la
      garde;
    O'Mahony, lieutenant-colonel de cavalerie;
    Le Roy, sous-lieutenant, 5e régiment de la garde;
    Conflans, garde du corps de Monsieur;
    De Foresta, sous-lieutenant au 4e régiment de la garde;
    Rolland de Roscoat, capitaine au 5e régiment de la garde;
    Théodore de Kergos, capitaine de frégate;
    Henri de Gallon, garde du corps;
    Thévenot, garde du corps;
    Faist,   de du corps;
    Durey de Noinville, colonel d'état-major;
    De Baillon, porte-drapeau au 6e régiment de la garde;
    Amédée de Clermont-Tonnerre, lieutenant-colonel, commandant en
      second l'École d'état-major;
    Rogatien de Sesmaisons, lieutenant des gardes du corps;
    Dufour, garde du corps;
    De la Brousse, lieutenant-colonel, garde du corps;
    De Lort de Sérignan, capitaine d'infanterie.
Nous devons faire remarquer, en donnant cette liste, que plusieurs de ceux qui y figurent étaient congréganistes avant d'appartenir à l'armée et venaient des Congrégations de province.

soudre leur association, c'était d'ailleurs au moment où le Père Ronsin lui-même cédait à l'orage ; les deux Congrégations firent ensemble ce sacrifice à Dieu.

Les calomnies des journaux de l'époque trouvèrent encore de l'écho longtemps après chez des écrivains qui ne se piquent pas d'exactitude. Nous pensons que M. Lacretelle voulait faire allusion à la Congrégation de « Notre-Dame des Victoires » (dont il semble d'ailleurs ignorer totalement le but), quand il a écrit : « Ce fut surtout dans l'armée que l'on « voulut multiplier les confessions. Le ministre de la guerre, « M. de Clermont-Tonnerre, neveu de l'archevêque de Tou- « louse, le plus fougueux et le plus arrogant des prélats, fai- « sait catéchiser le régiments [1]. »

La meilleure réponse à faire à ces exagérations fantaisistes, en ce qui concerne la personne de M. de Clermont-Tonnerre, c'est de citer ses propres expressions ; on sentira, dans la simplicité de la forme, avec toute la dignité de la race et la franchise du soldat, ce je ne sais quoi de convaincant et d'irréfutable qui donne tant de poids à la parole d'un homme de bien :

« … A l'époque où j'étais ministre, je ne connaissais pas un Jésuite ; je n'en avais pas vu un, et le premier auquel j'ai parlé dans ma vie a été le Père Mac Carthy, que j'ai vu à Toulouse, en 1830, au mois de février, lorsque j'y fus avec mon père à l'occasion de la mort de mon oncle le cardinal.

« On disait aussi, dans ce temps-là, que j'étais congréganiste, c'est-à-dire membre de ce qu'on appelait la Congrégation, et l'on disait que la Congrégation disposait de tout dans les ministères ; même dans ma propre famille, il y avait des personnes qui ne faisaient aucun doute que je fusse membre de la Congrégation, à tel point qu'un jour la duchesse de Clermont-

---

[1] *Histoire de France depuis la Restauration*, t. IV, p. 135.

Tonnerre, ma cousine, en me parlant de je ne sais plus quelle affaire, me dit : « Vous devez connaître cela, vous qui êtes de « la Congrégation. — La Congrégation! dis-je, en partant d'un « éclat de rire, je ne sais pas ce que c'est. » La vérité est que je ne l'ai su que quelques années après, par M. de Carvoisin, l'oncle de ma femme, qui en faisait partie[1], et qui m'apprit que la Congrégation était une association religieuse formée du temps de l'Empereur, dont les fondateurs étaient le bon duc de Doudeauville et l'abbé Legris-Duval, et dont le but était de ramener les jeunes gens et les ouvriers à la religion. On comprend parfaitement comment la Congrégation était pour les libéraux un objet d'aversion et de haine, et comment ils s'en servaient, à l'aide de la calomnie, pour dépopulariser le gouvernement du Roi. Quant à moi, je n'ai jamais fait partie d'une association religieuse quelconque. J'ai toujours, grâce à Dieu, fait profession de la foi catholique, sans embarras comme sans ostentation, et j'ai pratiqué ma religion autant que je l'ai pu faire, dans les circonstances difficiles que j'ai eu à traverser... Mais sous la Restauration, la haine des hommes du libéralisme pour la religion était devenue tellement intolérante, que, dans le dessein de lui nuire et de nuire à la royauté, ils accusaient de fanatisme, de superstition et d'intrigue, quiconque ne rougissait pas de la foi de Jésus-Christ[2]. »

Les quelques erreurs de détail que l'on peut relever dans les lignes qui précèdent, comme celle qui donne au duc de Doudeauville la place de Mathieu de Montmorency, sont une nouvelle preuve de l'ignorance personnelle dans laquelle était M. de Clermont-Tonnerre de la vie de la Congrégation.

---

[1] C'est une erreur : le nom de M. de Carvoisin ne figure pas sur les listes de la Congrégation. — Deux personnes du nom de Clermont-Tonnerre appartenaient à la réunion : le cardinal (reçu le 15 août 1827) et le marquis Amédée, colonel d'état-major (reçu le 4 décembre 1824).

[2] *Mémoires* manuscrits du duc de Clermont-Tonnerre, publiés par Camille

Les congréganistes, se tournant vers leurs détracteurs, n'auraient-ils pas été quelque peu fondés à dire :

« Si nous avions aussi nos espions, nous pourrions savoir ce qu'on fait et ce qu'on dit dans tel salon, dans tel bureau de journal, dans telle réunion soi-disant littéraire. Mais nous respectons le secret des asiles domestiques, nous pratiquons la tolérance sans l'afficher. D'autres se contentent de l'avoir sur les lèvres, et de semer contre les Français les soupçons, les plus noires calomnies, et tout cela au nom de la philosophie et de la liberté[1]! »

Les congréganistes s'inquiétaient moins de tout ce vain bruit attaché à leur nom en écoutant les encouragements du Souverain Pontife. Dans le bref *Cum multa in urbe* (17 mai 1824), qui restitue à la Compagnie le Collège Romain fondé par saint Ignace, Léon XII rappelait les services rendus par les Jésuites et ajoutait :

« Nous leur recommandons, d'après le zèle pour la religion dont il convient qu'ils soient animés, et conformément au but

ROUSSET, dans son très remarquable livre : *Un ministre de la Restauration*, p. 313.

[1] Un journal se faisait le porte-voix du bon sens :

« Est-ce que la piété doit être un titre d'exclusion pour les places? Est-ce que l'on ne pourrait se réjouir de voir appeler aux honneurs des hommes de principes sûrs et qui à leurs talents et à leur équité naturelle ajoutent la garantie d'une religion pratique? Du reste, on peut être tranquille, la Congrégation est bien loin d'accaparer les dignités; les ministres et la plupart des premiers fonctionnaires n'appartiennent pas à cette réunion; comment se ferait-il qu'ils réservassent toutes les faveurs à un corps auquel eux-mêmes sont étrangers? Est-ce par ambition que des hommes riches ou d'un nom illustre, que des avocats, des médecins, des gens de lettres, des militaires sont entrés dans la Cong   ;ation?

« Les uns ne demandent rien, les autres peuvent savoir que ce n'est pas là le moyen de capter la bienveillance de leurs chefs. Et ces jeunes gens qui se livrent aux bonnes œuvres, qui visitent les hôpitaux et les prisons, qui instruisent les Savoyards, est-ce aussi ambition de leur part? Hélas! Dieu veuille que nous ayons beaucoup de tels ambitieux, qui aspirent à soulager les misères publiques! Du temps qui court, ce n'est pas le genre d'ambition le plus contagieux. » (*Ami de la religion*, nº du 26 octobre 1825.)

de la Société qui est de travailler au salut des âmes, que non seulement ils s'efforcent d'instruire les jeunes gens dans les lettres, mais qu'ils les forment aux exercices de la piété dans *les congrégations établies.* »

Il est vrai que ces témoignages précieux attiraient des foudres nouvelles; c'était tomber sous d'autres reproches, susciter d'autres griefs. M. Tabaraud s'écriait avec une douleur farouche : « L'ultramontanisme nous enveloppe de toutes parts! *In quo vivimus, movemur et sumus !* » L'ultramontanisme! Grand mot et plus terrible chose en 1825! C'était l'épouvantail dont on se servait pour endormir les gouvernements sur les projets d'un autre parti; c'était le champ de bataille où descendaient journellement les journalistes qui cherchaient à faire une heureuse diversion. Crier à l'ultramontanisme, c'était à peu près, suivant l'expression ingénieuse d'un homme de beaucoup de sens, l'anglican Johnson, crier : Au feu! du temps du déluge.

L'excès d'attachement au Saint-Siège ne semblait pourtant pas être la maladie la plus contagieuse de la première moitié de ce siècle, et les salons, les académies, les gens de lettres, les journaux ne péchaient pas par un dévouement exagéré pour les pontifes romains. A force de parler de la théocratie pontificale, on finissait peut-être par y croire, on persuadait au moins quelques bonnes gens.

La campagne menée contre le ministère de Villèle trouvait son compte dans ces exagérations.

Au milieu d'une prospérité depuis longtemps inconnue, après le succès de nos armes, au début d'un règne salué par les acclamations et les sympathies de l'Europe, sous un prince dont la bonté justifiait toutes les espérances que son avénement avait pu faire concevoir, l'esprit public, par une singulière anomalie, ne voyait que persécution, ne rêvait que catastrophes, ne présageait que sinistres événements[1]. L'étranger parcourant la France constatait avec surprise et effroi cette situation morale indéfinissable[2]. Les violences contre le clergé augmentaient chaque jour, excitées par une presse malheureusement impunie. Le *Constitutionnel* et le *Courrier français* se prévalaient de complicités puissantes pour ne mettre aucun frein à leurs calomnies; leurs colonnes étaient habituellement remplies d'accusations de ce genre :

« ..... Les missionnaires ne cherchent, dans leur vie ambu-« lante, que des distractions gaies et aventureuses. Des cara-« vanes mondaines de jeunes filles à qui ils apprennent des can-« tiques, des prédications *nocturnes*, des dîners *somptueux*, où « se succèdent les mets renommés des pays qu'ils parcourent! « Voilà ce qui a des attraits pour eux, voilà leur but et leur « mobile. »

Un livre d'examen de conscience effarouche la pudeur du *Constitutionnel* et du *Courrier*. « C'est un recueil d'obscénités

---

[1] Le *Constitutionnel* du 21 mars 1825 parlait des « projets de loi dont « l'humanité s'épouvante, de révélations téméraires, d'emportements... On « s'apprête à *flanquer nos églises d'échafauds.* »(!!!) — Dans la crainte que ces images lugubres ne fissent pas assez d'impression, le véridique journal avertissait encore ses lecteurs que « le ministère *faisait agiotage de tout, du* « *crucifix comme de l'échafaud* ».(???)

[2] Pendant son voyage à Paris (mars 1825), Metternich écrivait à l'empereur François Ier : « Il est difficile de se faire une idée de la démoralisation du « peuple... La seule chose qui puisse agir ici, ce sont des missions comme « celles qui travaillent à convertir les peuples sauvages... Depuis la Restaura-« tion et la proclamation de la liberté de la presse, on a vendu à peu près « deux millions sept cent mille exemplaires d'écrits athées, antireligieux, « obscènes, immoraux. Ce qui prouve que le parti révolutionnaire favorise ce « débit par les moyens dont il dispose, c'est que ces ouvrages sont livrés à « moitié prix aux jeunes gens des deux sexes; souvent même ils sont donnés « purement et simplement... Le ministère actuel est le premier, depuis la « Restauration, qui reconnaisse l'existence du mal. Le Roi pense à cet égard « comme les ministres. Le Dauphin est entièrement la dupe de la faction. « L'administration cherche à obtenir de bons résultats. Ce qui est possible se « fait. » (*Mémoires*, t. IV, p. 168.)

qui doit faire horreur aux pères de famille, ainsi que les prêtres qui les distribuent. »

Quelques commodités offertes par les ermites du mont Valérien aux fidèles qui, selon un antique usage, vont y adorer la croix, deviennent « des caravansérails, des retraites voluptueuses. C'est une honte de tolérer une telle licence[1]. »

Au moment où tant d'adversaires ligués contre les choses religieuses redoublaient leurs attaques envers la Congrégation, quand un péril plus grand que jamais allait la menacer, Dieu sembla vouloir lui enlever un puissant appui et éteindre la voix autorisée qui aurait si bien plaidé sa cause.

Le 24 mars 1826, jour du vendredi saint, malgré les fatigues d'un grave étourdissement qui l'avait frappé, dans la rue du Bac, en se rendant, la semaine précédente, à la messe de la Congrégation, le duc Mathieu de Montmorency voulut aller prier au tombeau dressé dans sa paroisse. Il vint à Saint-Thomas d'Aquin, dans l'après-midi; mais à peine s'était-il agenouillé pour adorer la croix, qu'il perdit connaissance : il chancela, on accourut près de lui, il n'était plus.

Mourir quelques jours après une confession générale pour gagner les indulgences du jubilé; mourir dans la maison de Dieu, au pied de la croix, à l'instant et au jour précis auxquels expirait le Sauveur, quelle manière extraordinairement touchante de quitter la terre pour l'âme d'un tel chrétien! Ces pieuses coïncidences ne pouvaient pas ne pas être remarquées; la duchesse de Broglie écrivait à Mme Récamier :

[1] Toutes ces expressions sont tirées du remarquable réquisitoire prononcé au mois d'août 1825 par M. Bellart. L'avocat général, M. de Broë, soutint l'accusation avec talent. Dupin et Mérilhou, avocats des deux journaux, invoquèrent la liberté accordée par la Charte! De pareils outrages à la religion parurent indifférents à la Cour de Paris; les 3 et 5 décembre 1825, elle prononça deux arrêts d'acquittement et se contenta d'enjoindre aux éditeurs et rédacteurs d'être plus « circonspects » à l'avenir!

« Quelle belle mort! Ainsi lui-même l'aurait choisie, le lieu, le jour, l'heure. La main de Dieu, de ce Dieu sauveur dont il célébrait le sacrifice, est là! Il est à présent avec Lui! »

Et le duc de Laval, son cousin :

« Lui seul est heureux, il l'est, sans doute; il voit du ciel nos pleurs, nos désolations, nos hommages; il sera notre protecteur là-haut, comme il était notre ami, notre appui sur la terre. »

Ses obsèques eurent lieu le lundi de Pâques. Dans l'hôtel de Luynes étaient réunis les pairs, les députés, les grands officiers de la maison du Roi et des princes, une députation de l'Académie française[1]. Le deuil était conduit par le duc de Chevreuse, son beau-père, et son gendre le vicomte de La Rochefoucauld. Les ducs de Rivière et de Reggio, les marquis de Béthisy et de Pastoret portaient les cordons du char. Une longue suite de pauvres avec un cierge à la main précédait le convoi, et ce cortège n'était point une vaine décoration.

Après l'absoute, le char, suivi des domestiques à la livrée du Roi, se dirigea vers le faubourg Saint-Antoine. Un concours immense l'accompagnait; à côté de l'abbé Lowenbruck et de l'association de Saint-Joseph, marchaient les congréganistes et le Père Ronsin, tous récitant le chapelet à haute voix. Aux Quinze-Vingts, le convoi s'arrêta pour permettre aux pauvres aveugles de saluer une dernière fois leur bienfaiteur. On parvint enfin à Picpus, dans ce petit cimetière doublement funèbre par les souvenirs qu'il évoque et le trépas de ceux qui y dorment : c'est là que reposent les treize cents victimes assassinées sur la place du Trône, en moins de six semaines, et

---

[1] Académicien le 3 novembre 1825, en remplacement de Bigot-Préameneu, M. de Montmorency, pour ne froisser personne, accepta le traitement ordinaire, mais il donnait sa pension à un homme de lettres sans fortune.

Il prononça son discours de réception au mois de janvier 1826; le comte Daru lui répondit. (A cette même séance, Chateaubriand donna lecture de la première partie de son « Introduction à l'Histoire de France ».)

jetées sous cette herbe qui recouvre d'un uniforme linceul ces malheureux égorgés sans cause, sans défense, sans témoins et sans jugement [1] !

Dans le caveau de la famille de la Rochefoucauld, on déposa le corps du duc Mathieu [2], et la foule se retira avec un profond sentiment de tristesse en songeant à la perte que venait de faire, avec la France, l'enfant royal sur qui reposaient toutes les espérances de l'avenir; en pensant aussi combien avaient de justes motifs de douleur les catholiques et les malheureux de toutes conditions.

Rien n'honora plus sa mémoire que l'unanimité des regrets qu'il laissait après lui. Tous les partis semblèrent s'unir un

---

[1] Par les soins pieux de Mme de Montagu (dont la grand'mère, la mère et la sœur, montées ensemble sur l'échafaud, furent enterrées dans cette fosse commune), le misérable charnier de la Révolution, acheté en 1802, se transforma en cimetière. Sa petite chapelle est devenue depuis une vaste église; de saintes religieuses et des missionnaires y prient pour les victimes et implorent pour les bourreaux, ou, pour mieux dire, y priaient, car une persécution administrative est venue à son tour disperser ces paisibles hôtes avec la même justice que le tribunal révolutionnaire avait mis dans ses décrets. On lira avec intérêt des détails sur le cimetière de Picpus, au XVIe chapitre de la *Vie de Mlle de Noailles, marquise de Montagu.*

[2] On lit sur la muraille l'épitaphe suivante :

MATHIEU-JEAN-FÉLICITÉ DE MONTMORENCY-LAVAL
DUC MATHIEU DE MONTMORENCY
PAIR DE FRANCE
ANCIEN MINISTRE DES AFFAIRES ÉTRANGÈRES
GOUVERNEUR DE Mgr LE DUC DE BORDEAUX
GOUVERNEUR DU CHATEAU DE COMPIÈGNE
MARÉCHAL DE CAMP
MEMBRE DE L'ACADÉMIE FRANÇAISE
CHEVALIER DE SAINT-LOUIS
GRAND-CROIX DE L'ORDRE ROYAL DE SAINT-ÉTIENNE DE HONGRIE
GRAND-CROIX DES ORDRES DE SAINT-ANDRÉ ET SAINTE-ANNE DE RUSSIE
GRAND-CROIX DE L'ORDRE DE CHARLES III D'ESPAGNE
NÉ A PARIS LE 10 JUILLET 1767
DÉCÉDÉ A PARIS LE VENDREDI SAINT
24 MARS 1826
A TROIS HEURES DANS L'ÉGLISE SAINT-THOMAS D'AQUIN
DEVANT LE TOMBEAU DE NOTRE-SEIGNEUR JÉSUS-CHRIST.

instant pour célébrer ses mérites et reconnaître la source élevée où il puisait sa vertu[1]. Ses manières simples et aimables, son esprit de douceur et de modération, tiraient un nouvel avantage de sa piété si profonde et si vraie. On découvrit chaque jour des traits cachés de son inépuisable charité.

Son éloge funèbre fut prononcé en divers lieux et en différentes circonstances :

Le jour du service funèbre, M. le curé de Saint-Thomas d'Aquin (M. l'abbé Suchet de Latour) caractérisa en peu de mots, mais d'une manière aussi vraie que touchante, les vertus de son illustre paroissien[2].

Le duc de Doudeauville esquissa le portrait de son ami à la Chambre des pairs.

Eugène de Montmorency retraça les particularités pieuses de la vie de leur ancien président aux congréganistes en deuil.

Sébastien Laurentie résuma avec éloquence cette existence si belle à l'une des séances de la Société des bonnes études.

De nombreux services funèbres célébrés à son intention, notamment à Marseille et en Vendée, où Mgr l'évêque de Luçon, son confrère de la Congrégation, voulut officier lui-même[3].

---

[1] Par une fâcheuse exception, peut-être dans le désir de se singulariser encore, M. de Montlosier estima que Mathieu de Montmorency avait « conspiré doublement contre la religion et la royauté ».(?)

[2] Nous sera-t-il permis de faire ici un rapprochement entre les funérailles de ce noble chrétien et les deux cérémonies, d'une grandeur si parfaitement semblable, qui, dans cette même église de Saint-Thomas d'Aquin, eurent lieu, de notre temps, pour Mgr de Ségur et Louis Veuillot?

Même concours prodigieux d'amis, spontanément accourus, mêmes prières, mêmes larmes, même sincérité; ceux qui assistèrent à ces obsèques n'ont pas oublié la pauvre croix de bois des tertiaires de Saint-François d'Assise qui précédait le modeste char du prélat, ni le cortège des Petites Sœurs des Pauvres, escorte d'honneur du courageux écrivain. Les années s'enfuient, les hommes passent, mais Dieu suscite toujours à sa juste cause de nouveaux défenseurs, et la reconnaissance du peuple catholique demeure plus forte que la mort.

[3] Après sa mort, on vendit son portrait lithographié au profit des œuvres de

En consacrant un souvenir ému au comte Henri de Mérode,
M. de Montalembert, vingt ans après, semblait tracer un portrait exact de celui dont nous parlons :

« Jamais peut-être les hommes de hautes conditions n'ont
« eu un rôle plus difficile et plus délicat à remplir qu'à des
« époques de transition où une société s'écroule et disparaît
« pour faire place à un monde nouveau. Heureux ceux qui,
« soumis à la rude épreuve des bouleversements politiques
« et sociaux de nos jours, ont su parcourir leur carrière au
« milieu du respect et de la sympathie de tous, continuer, en
« l'adaptant aux conditions de leur époque, la grande exis-
« tence qu'ils ont reçue de leurs pères, et conserver ainsi,
« pour la société moderne, le type de ce qu'on appelait au-
« trefois avec une si parfaite justesse *un homme bien né*[1]. »

charité. Le Roi en fit acheter un grand nombre d'exemplaires. En outre, une
médaille de Barré reproduisit ses traits.

[1] DE MONTALEMBERT, *le Comte Henri de Mérode*. 1847.

CHAPITRE XIV

LA CAMPAGNE DE M. DE MONTLOSIER.

(1826-1827.)

Le comte de Montlosier. — Le *Mémoire à consulter*. — Succès de ce pamphlet. — Campagne entreprise par la presse libérale. — Mgr Frayssinous et la Congrégation. — Condamnation à Rome du livre de M. de Montlosier. — La *Dénonciation aux Cours royales*. — Le discours de M. Gossin. — Violences contre le Père Ronsin et les congréganistes. — Émeute au quartier latin; le docteur Récamier. — Réponses des catholiques aux attaques de M. de Montlosier.

L'année 1826 marque une date précise dans l'histoire des attaques antireligieuses sous la Restauration. Elle est le point de départ de la dernière compagne des libéraux; aux sourdes menées succèdent les dénonciations bruyantes; les protestations de fidélité monarchique cessent tout à coup, remplacées par une agitation factice, mais persévérante.

« L'un des incidents les plus curieux de cette lutte à la fois politique, religieuse et judiciaire fut, sans contredit, la campagne entreprise par le comte de Montlosier, ce vieillard septuagénaire, ce gentilhomme catholique et royaliste, qu'on vit tout à coup se placer à l'avant-garde des adversaires de MM. de Villèle et de Mgr Frayssinous, se faire le dénonciateur le plus âpre et le plus implacable des Jésuites et du parti prêtre. Nature originale et bizarre entre toutes, ayant dans les manières et dans l'esprit la sauvagerie forte, rude, abrupte du coin de l'Auvergne où il était né et où il aimait à s'enfermer, batailleur, l'épée ou la plume à la main, ergoteur, brise-raison, soutenant les thèses qu'il s'était formées dans la solitude

avec l'énergie obstinée du montagnard qui défend son sol;
non sans générosité, mais trop souvent possédé par l'orgueil ou
la haine; ayant à certains moments, on dirait par poussées,
des idées belles, surtout fortes, des vues perspicaces; mais
écrivain presque toujours confus, embrouillé, disparate, tu-
multueux par excès de passion, tenant à la fois du fou et de
l'homme supérieur, et après une longue vie très laborieuse et
très agitée, n'aboutissant qu'à des œuvres manquées et ne laissant qu'une mémoire trouble[1]. »

Le portrait est plutôt flatté, mais il demeure ressemblant.

Antoine-Dominique de Reynaud, comte[2] de Montlosier, était
né près de Riom, en 1760. Sa jeunesse fort orageuse n'empêcha pas les suffrages d'un bailliage d'Auvergne de se porter
sur lui lors des élections complémentaires aux États généraux. A
Versailles, il manifesta des opinions très exaltées : d'humeur
bizarre et souvent contradictoire, il ne serait pas impossible
qu'il eût prononcé, lors de la discussion sur la constitution
civile du clergé, la phrase fameuse qui lui valut... plus tard,
de la célébrité : « Vous ôtez aux évêques leur croix d'or, ils
« prendront une croix de bois, et c'est une croix de bois qui a
« sauvé le monde ! » Mais chacune de ses actions semble
marquée déjà d'un signe louche et d'une apparence douteuse :
le *Moniteur* de l'époque est muet sur cette parole éloquente;
Chateaubriand, qui y fait allusion dans ses *Mémoires*, se vante
de l'avoir « un peu *ratissée* » ; elle n'a, pour appuyer son
authenticité, que le souvenir lointain de Talleyrand[3]; c'est
peu pour qui pèse la valeur morale des témoignages.

M. de Montlosier émigra à Coblentz; il y fut promptement
insupportable à ses compagnons d'exil ; après plusieurs duels,

---

[1] THUREAU-DANGIN, *le Parti libéral sous la Restauration*, p. 386.
[2] Ce titre lui a été souvent contesté; Louis XVIII lui en accorda a confirmation.
[3] HENRION, *Vie du Père Loriquet*, ch. XVI.

il passa en Angleterre, et fonda à Londres un journal. C'est en
ces jours-là qu'il eut l'inspiration de vouloir « réunir en troupe
« tous les Capucins d'Europe et de les faire entrer procession-
« nellement en France, en portant la croix pour étendard ».
Entre temps, il publiait un ouvrage physico-politico-philoso-
phique pour prouver que le *bleu* est la couleur de la vie, par
la raison que les veines bleuissent après la mort, la vie venant
à la surface du corps pour s'évaporer et retourner au ciel bleu!

Au milieu de ces rêveries, son esprit très pratique pour ses
intérêts personnels lui fait avoir avec Fouché de longs entretiens, au sortir desquels ses embarras d'argent semblent
disparaître; quand il repasse le détroit pour rentrer à
Londres, il se montre beaucoup plus calme dans l'expression de son royalisme d'antan. Après un second voyage, il
accepte de Napoléon des fonctions au ministère des affaires
étrangères[1], dédie à son nouveau protecteur son livre *De la
monarchie française depuis son établissement* et reçoit une
pension que, plus tard, le Roi légitime aura la bonté de ne pas
révoquer.

En 1814, « comme Agar, il se retira, dit-il, dans le désert,
avec sa cruche et son morceau de pain, pour semer l'orge
dans son petit champ de cailloux », mais non sans avoir préalablement reçu la confirmation officielle de son titre de comte
et le don d'une seconde pension. Aux Cent-jours, il salua
l'Empereur « comme un astre à qui l'on devait élever des
colonnes », puis s'en fut de nouveau dans sa solitude d'Auvergne et commença dès lors à combattre pour et contre toutes
choses avec une misanthropie digne d'Alceste. Ses coups,
d'abord frappés au hasard, se réservèrent bientôt pour un seul
but : les Jésuites. Hanté par ce fantôme redoutable, il publia

[1] Pendant la guerre d'Espagne, il adressait à l'Empereur des rapports de
police et ses impressions sur les événements. (Voir THIERS, *Histoire du Consulat et de l'Empire*, t. X.)

plusieurs articles peu remarqués malgré leur violence; quelques compliments intéressés des journaux libéraux lui enlevèrent le peu de retenue qu'il mettait encore à ses polémiques, et recueillant toutes les contradictions de son esprit, il fit paraître, au commencement de 1826, un *Mémoire à consulter sur un système politique et religieux tendant à renverser la religion, la société et le trône.*

Ni plus, ni moins.

Comment ces pages absolument ridicules de forme et sans aucune valeur de fond furent-elles prises au sérieux et trouvèrent-elles des milliers de lecteurs, ce serait un problème psychologique curieux si l'on ignorait ce que vaut l'engouement populaire excité par la passion. L'effet fut extraordinaire, injustifiable, honteux pour le bon sens, déshonorant pour l'esprit français, mais il ne peut être mis en doute : en quelques jours, M. de Montlosier devint l'homme à la mode; il se grisa « de cette popularité nouvelle et étrange qui faisait d'un féodal le héros favori de l'opposition démocratique[1] ». Malgré son outrecuidance gasconne, il n'était sans doute pas le moins surpris du succès : quand il était venu leur apporter son manuscrit, aucun libraire parisien n'avait voulu se charger des frais d'impression, et ce fut à grand'peine que l'imprimeur Tastu consentit à le publier, de compte à demi avec l'éditeur Ambroise Dupont, loin, tous deux, de prévoir l'excellente affaire commerciale qu'ils entreprenaient.

Il y eut tout aussitôt grande rumeur au camp d'Agramant : les *Débats*, le *Constitutionnel*, le *Courrier*, embouchèrent la trompette dans un unisson parfait; à la rescousse s'élancèrent les jansénistes, conduits par Tabaraud et Lanjuinais ; les éditions succédèrent aux éditions; on dévora ces pages curieuses : personne, cependant, n'a jamais dit qu'il les ait relues.

---

[1] TURNEAU-DANGIN, *le Parti libéral*, p. 390.

La *Quotidienne*, l'*Étoile*, l'*Ami de la religion*, le *Journal de Paris*, le *Mémorial catholique* relevèrent facilement les puérilités, les contradictions, les mensonges de ce livre ; quelque peu effrayés par les clameurs, mais indignés, les catholiques formulèrent des protestations dont le vicomte Dambray se fit l'interprète à la Chambre des pairs :

« Sans autre mission que le sentiment de sa propre importance, d'autant plus grande à ses yeux qu'il a plus longtemps souffert de ne l'avoir pas vue suffisamment appréciée, M. de Montlosier prétend non pas offrir, mais imposer le fruit de ses réflexions, aigries sans doute par l'inaction dans laquelle on laisse ses talents. Nous l'avons vu, préférant aux utiles travaux qui, dans ses montagnes, faisaient, *dit-on*, bénir ses loisirs, quitter sa retraite pour s'attaquer à des fantômes ; nous l'avons vu, non pas se borner à interroger sans mission les opinions du monarque et de ses ministres, celles même des hommes d'État appelés à exercer quelque influence dans l'examen des questions graves, mais encore éveiller et provoquer les passions du peuple, en empruntant à l'esprit d'irréligion dont son *Mémoire* ne parle que trop le langage, ces presses que la plus mensongère calomnie occupait à produire, concurremment avec son *Mémoire*, des biographies scandaleuses qui partageaient avec lui un succès de mode. Les mêmes prix, les mêmes formats, les mêmes distributeurs, les mêmes prôneurs ont assuré place au fameux *Mémoire* dans les mêmes ballots, dans les mêmes bibliothèques, dans les mêmes salons, dans les mêmes tavernes. »

Que disait donc ce curieux *Mémoire* ?

Il dénonçait « un vaste système, une vaste conspiration contre la religion, contre le Roi, contre la société ». L'ayant aperçue à son origine, l'esprit perspicace de M. de Montlosier la suivait dans ses progrès et la dévoilait heureuse-

ment « au moment où elle allait couvrir la France de ruines ».
« Cette situation m'étant connue, ajoutait-il, selon ma conscience, je dois la combattre; selon nos lois, je dois la révéler. » — Rien de plus juste.

Dans la première partie, il exposait « nûment les faits » ;
dans la seconde, les dangers qui en étaient la fâcheuse conséquence ; dans la troisième, il rendait compte « du plan du
système » ; dans la quatrième, il passait en revue les moyens
d'en prévenir les effets.

Quatre *fléaux* étaient la source du danger : 1° la Congrégation ; 2° les Jésuites ; 3° l'ultramontanisme ; 4° l'esprit d'envahissement des prêtres. Nous aurions l'occasion facile de
réfuter ces quatre chefs d'accusation ; mais ne nous écartons
pas de notre sujet, et fixons nos remarques sur le premier
fléau : la Congrégation.

« La puissance mystérieuse qui, sous le nom de *Congrégation*, figure aujourd'hui sur la scène du monde, me paraît aussi
confuse dans sa composition que dans son objet, dans son objet
que dans son origine. Il m'est aussi difficile de dire avec précision ce qu'elle est, que de montrer, au temps passé, comment
elle s'est successivement formée, étendue, organisée. Je dis :
organisée, avec cette restriction que quelquefois son corps est
entier, et alors on y voit un tronc et des membres : d'autres
fois, une partie de ses membres s'en retire, il paraît comme
mutilé. Le corps lui-même s'est composé de manière à pouvoir, quand cela lui convient, se dissiper comme une ombre,
et alors on s'interroge, pour savoir s'il est vrai qu'il existe une
Congrégation.

« Son objet n'est pas moins difficile à déterminer que sa
nature ; ce sera, quand il le faudra, de simples réunions
pieuses ; vous aurez là des anges ; ce sera aussi, quand on
voudra, un Sénat, une assemblée délibérante ; vous aurez des
sages. Enfin ce sera, quand les circonstances le demanderont,

un bon foyer d'intrigue, d'espionnage, de délation; vous aurez des démons [1]. »

Avec des données aussi exactes, des aperçus aussi clairs, des définitions aussi précises, M. de Montlosier entreprend le procès de la Congrégation : il lui découvre des « connexions » avec la Compagnie de Jésus, qui, possédant « le système d'affi-« liation le plus perfectionné depuis Pythagore », a « porté au delà des mers le joug tantôt fleuri, tantôt sanglant de sa domination [2] (?) ». Un résumé historique des dangers courus par les gouvernements lui paraît utile; il prend la date de 1604 « expressément », comme point de départ, car c'est à Gênes, en 1604, que le Sénat publia un édit prohibant les Congrégations de la Sainte Vierge. L'événement, la date, le lieu, tout est inexact. Nous pensons que M. de Montlosier, aussi mal informé des faits historiques qu'il rapporte que peu instruit des principes qu'il condamne, a voulu parler de Venise, où, en 1606, le trop célèbre moine apostat Fra Paolo Sarpi, à force d'intrigues et de menaces, obtint du Conseil des Dix l'expulsion des Jésuites et la rupture avec le Saint-Siège, dont ils avaient courageusement défendu les droits.

Quittant l'Italie pour passer en France, d'un bond, M. de Montlosier franchit cent années et déclare qu'il « paraît certain que Louis XIV s'affilia [3] ». Ne demandez ni preuves, ni ni dates, ni faits; « il paraît certain », et c'est tout.

Encouragés par une si importante recrue, les Jésuites s'appliquèrent à former des Congrégations pour gagner les soldats; ceux qui en faisaient partie promettaient de « défendre jusqu'à la mort la bulle *Unigenitus*, les droits du Pape et le testament du feu Roi [4] ». Le témoignage du maréchal de Vil-

[1] *Mémoire à consulter*, p. 20 et 21.
[2] *Ibid.*, p. 22.
[3] *Ibid.*, p. 23.
[4] *Ibid.*, p. 24.

lars et de tant d'autres officiers en faveur des soldats congréganistes nous dispense de reprendre une inutile réfutation ; au surplus, de l'aveu même de l'accusateur, c'était
très spontanément et avec une entière liberté que les soldats français souhaitaient de fortifier leur foi dans ces associations pieuses, car si « partout où il y avait des Jésuites, les
« connexions des soldats avec ses maisons étaient remar-
« quables », d'autre part, « là où il n'y en avait pas, les soldats
« associés se réunissaient d'eux-mêmes dans des églises par-
« ticulières [1] ».

En 1742, il y avait deux cents villes ou bourgs du royaume
« infectés » par sept cents institutions où « il était recom-
« mandé, comme dans celle d'aujourd'hui, d'être soumis au
« prince, aux magistrats, et de faire toutes sortes de bonnes
« œuvres [2] ». Le voilà donc connu, ce secret plein d'horreur !
et l'on voit, en effet, ce « spectacle nouveau et hideux
de la dépravation dans le bien, de la difformité dans le
beau [3] ».

Au reste, ce qui indique toute la profondeur du danger qui
menaçait la France, c'est qu'on peut lire dans les *Mémoires
d'une dame célèbre* [4], qu'un ministre du Roi fut trouvé, à sa
mort, « revêtu des insignes consacrés par les affiliations [5] ».
Si M. de Montlosier n'ignorait pas si complètement les choses
dont il parle, on serait en droit de lui demander ce que sont
les « insignes consacrés par les affiliations ». Mais quels raisonnements tenir contre un visionnaire ?

C'est avec le même imperturbable aplomb et la même science
historique qu'il nous apprend que le cardinal Fesch et M. Em-

[1] *Mémoire à consulter*, p. 25.
[2] *Ibid.*, p. 26.
[3] *Dénonciation aux Cours royales*, Préface.
[4] C'est madame de Genlis.
[5] *Mémoire à consulter*, p. 27.

mery (car « Saint-Sulpice est, *comme on sait*, une création et
« une affiliation des Jésuites [1] ») — fondèrent de nouvelles
Congrégations. Dans l'habitude invétérée où il est de ne dire
rien d'exact, l'auteur cite l'année 1808 — au lieu de 1801, —
comme la date de la fondation d'une Congrégation sous
l'invocation de la Vierge, « dénomination qu'elle portait au
« temps de la Ligue [2] ». — On voit très bien le P. Ronsin
armé du couteau de Jacques Clément !

Avec une modestie digne d'éloge, M. de Montlosier, qui ne
parle que de ce qu'il sait incontestablement, prend ici un ton
dubitatif plein d'à-propos : « Je ne puis dire si ces engage-
« ments sont aujourd'hui pour toutes les catégories des vœux
« ou de simples promesses. J'ai quelques raisons de doute sur
« ce point. Au temps dont je parle, *je suis assuré* qu'au moins
« pour les hauts grades, les engagements étaient des ser-
« ments; que ces serments étaient d'obéissance passive, et
« qu'ils étaient reçus par des Jésuites [3]. »

Mais voici le retour des Bourbons, les affiliations se multi-
plièrent « dans les villes du second et du troisième ordre
« (quelle est cette classification?), les postes furent si bien
« distribués que, dans les provinces les plus éloignées, la Con-
« grégation était informée de divers événements (lesquels??)
« qui souvent n'étaient connus du gouvernement et consignés
« dans le *Moniteur* que huit jours après. Je ne puis douter de
« ce fait [4]. » Certes, qui aurait, sur une organisation aussi naturelle, le moindre doute?

---

[1] *Mémoire à consulter*, p. 27.
[2] *Ibid.*, p. 28.
[3] *Ibid.*, p. 29.
[4] *Ibid.*, p. 30. — M. de Montlosier prend la peine de détruire lui-même
toutes ses assertions, en ajoutant : « C'est alors que commence à se montrer
ce que la malveillance a appelé le *gouvernement occulte*, dénomination fausse
en tout point, car, dans ce qu'on a appelé ainsi, il n'y eut rien d'*occulte*, il n'y
eut surtout pas de gouvernement. Des étourdis, pour se donner de l'importance,
ont pu, dans leur correspondance particulière, donner à une réunion habituelle

Ainsi armé, M. de Montlosier continue ses récits : « Les
« mouvements de la Congrégation ne pouvaient échapper à
« l'agent secret de la Sainte-Alliance (qui???); il est à ma
« connaissance qu'un état détaillé de sa composition et de son
« objet, avec le nom des principaux chefs dirigeants, fut
« envoyé aux diverses cours[1]. »

Louis XVIII meurt; « il y a lieu de croire que des négocia-
« tions furent ouvertes à l'effet d'apaiser (?) la Congrégation.
« On *imagina* de faire entrer tout à la fois le ministère dans la
« Congrégation et la Congrégation dans le ministère. » Il
fallait en effet beaucoup d'*imagination* pour confier à quelques centaines de personnes huit portefeuilles. « Déjà, les
« postes, la police de Paris, sa direction générale, avaient été
« données aux affiliés[2]. Il ne manquait plus que d'enrôler les
« principaux ministres eux-mêmes. Je ne puis ou ne veux
« rien affirmer de positif. Je sais seulement que les bruits les
« plus ridicules en ce genre ont couru[3]... » Nous le voyons
aussi.

M. de Montlosier, en un long réquisitoire, s'étend sur les
agissements particuliers de la Congrégation; suivons-le sur ce
nouveau terrain, nous constaterons un manque de véracité
aussi absolu que lorsqu'il aborde le domaine de l'histoire et
se tient dans les vues d'ensemble.

---

auprès de l'héritier du trône, un caractère qu'elle n'avait pas... En beaucoup
de cas, elle a pu s'aider aussi du zèle et des efforts de la Congrégation. Voilà,
dans l'ensemble *des contes qui ont été faits*, ce que je puis reconnaître de réalité. » Les contes qui ont été faits; enfin voilà une parole de vérité!

[1] *Mémoire à consulter*, p. 34, 35.

[2] Reconnaissons pour la première fois le bien fondé *relatif* des assertions
du *Mémoire* : le directeur général des postes, le marquis de Vaulchier,
député du Jura; le préfet de police, Charles de Lavau, et le directeur de la
police générale au ministère de l'intérieur, M. Franchet d'Espérey, étaient
tous trois congréganistes, et tous trois conseillers d'État. Qu'est-ce que cela
prouve?

[3] *Mémoire à consulter*, p. 34 et 35.

« Au moyen d'une association dite de Saint-Joseph, tous les
ouvriers sont aujourd'hui enregimentés et disciplinés ; il y a
dans chaque quartier une espèce de centenier qui est un bourgeois considéré dans l'arrondissement. Le général en chef est
M. l'abbé Lœven..., Jésuite secret. Sous les auspices d'un
grand personnage, il vient de se faire livrer le grand commun de
Versailles. Là, il se propose de réunir dans un quartier général huit ou dix mille ouvriers des départements. D'énormes
dépenses ont déjà été faites pour mettre ce bâtiment en état de
loger les enrégimentés. Après avoir peint en blanc rosé l'intérieur comme l'extérieur de ce vaste édifice, on en refait à neuf
la toiture. Un million suffira à peine pour tout ce qu'on consent à faire au gré de M. l'abbé Lœven [1]... »

Quelle puissance mystérieuse semble glacer d'effroi la main
de M. de Montlosier au point qu'il ne peut achever d'écrire
le nom du directeur de l'association de Saint-Joseph? « M. l'abbé
Lœven... » est-ce un mot moins dangereux à prononcer que
l'abbé Lovenbruck? « Jésuite secret. » Cela dit tout; pourquoi secret? M. de Montlosier semble avoir eu la prescience du
roman-feuilleton : ce sont les mêmes procédés, la même sa-
veur littéraire, la même science historique et aussi les mêmes
lecteurs. — Les énormes dépenses, le *million* qui suffira à
peine à M. l'abbé Lœven... (parlez bas!) atteignaient en réalité
le chiffre de 26,000 francs [2], dépensés après l'ordonnance
royale du 7 mai 1825, qui affectait les bâtiments dits du grand
commun à Versailles aux enfants pauvres logés trop étroitement à Vaugirard. Le péril serait-il dans la couleur adoptée
pour la peinture de « ce vaste édifice »? Du bleu, du
jaune, du gris, du vert, il n'y aurait rien à craindre ; mais du

[1] *Mémoire à consulter*, p. 35 et 36.
[2] *Réfutation complète du mémoire de M. de Montlosier*, par M. SAINTES,
de la Société royale académique des sciences de Paris, p. 183. Brochure,
Paris, 1826.

blanc rosé, « à l'intérieur comme à l'extérieur », coïncidence aggravante, et preuve sans réplique d'un épouvantable complot !

La Mennais connaissait bien les intelligences libérales quand il écrivait à cette époque :

« Sans doute, ce sont là d'énormes absurdités. Il ne faut pas croire cependant qu'elles paraissent telles aux hommes de ce temps. Rien n'est trop fort, rien n'est trop sot pour le public qu'on nous fait, et c'est ce qui doit faire trembler pour l'avenir. J'ai vu en Angleterre l'effet de ces conspirations générales contre la vérité; à l'aide d'un système d'impostures suivi, on parvient à vicier l'intelligence de tout un peuple, à l'abuser sur les faits les mieux connus et les plus palpables, et je ne serais nullement surpris qu'on en vînt là dans le royaume constitutionnel du Roi Très Chrétien. »

M. de Montlosier continue : « En même temps que les « ouvriers ont été disciplinés, on n'a pas négligé les marchands « de vin. Quelques-uns d'entre eux ont été désignés pour don- « ner leurs boissons à meilleur marché. Tout en s'enivrant, « on a des formules faites de bons propos à tenir et de prières « à réciter[1]. » M. de Montlosier a-t-il compris ce qu'il prétendait dire ici? Ces phrases incohérentes, aux mots sonores accolés les uns aux autres sans aucun sens sérieux, défient toute rectification.

« Il n'y a pas jusqu'au placement des domestiques dont on « a eu soin de s'emparer. J'ai vu à Paris des femmes de « chambre et des laquais qui se disaient approuvés par la « Congrégation[2]. »

---

[1] *Mémoire*, p. 36.

[2] *Mémoire*, p. 37. — Encore une erreur... involontaire; il ne peut s'agir, dans l'espèce, que de la Congrégation fondée aux Feuillantines par le saint abbé Caron, et transportée ensuite à Saint-Germain des Prés; elle comprenait des personnes de condition modeste, et, tout naturellement, des domes-

« Je ne sais rien de positif sur la Chambre des pairs. Pour
« la Chambre des députés, au mois d'avril dernier, le public
« comptait tantôt cent trente membres de la Congrégation,
« tantôt cent cinquante. Un député, membre de la Congréga-
« tion, que j'ai pu interroger, ne m'en a accusé que cent cinq.
« Depuis ce temps, on assure que le nombre a augmenté[1]. »
Ces appréciations variables et incertaines indiquent toute la
fragilité des calculs et des affirmations du « public ». M. de
Montlosier aura mal entendu son interlocuteur député et congréganiste, quand celui-ci lui aura *révélé* le nombre de ses
amis siégeant au Palais-Bourbon; ce n'est pas cent cinq,
c'est *cinq* qu'il faut dire.

« Il y a tout juste cinq membres de la Chambre actuelle des
députés qui ont fait ou font partie de la Congrégation, et leur
concours est d'autant moins dangereux qu'ils ne votent pas
tous les cinq de la même manière[2]. »

Et cette puissante association, par quels bras est-elle servie?

« Sous un rapport, les forces de la Congrégation sont im-
« menses : elle se compose d'abord du parti jésuitique dont le

tiques. Nous pensons honorer les mânes de M. de Montlosier, en *révélant* ici
un fait tout à fait secondaire, mais qu'il eût été certainement bien aise
d'apprendre en 1826; c'eût été du moins *une* preuve pour tout son livre.
Nous avons entre les mains un petit billet signé de Mme la marquise de Clermont-Tonnerre (Mlle de Carvoisin), femme du ministre de la guerre, qui
demande à M. Ploque, président de la Congrégation de Saint-Germain des
Prés, et employé à l'hôtel des monnaies, de lui indiquer un jeune homme
probe et bon chrétien qui pût être garçon de cuisine. Nous ne savons si son
désir fut satisfait, mais nous avouons que ce laquais devait être *approuvé* par
la Congrégation!

[1] *Mémoire*, p. 37.

[2] *Du Croquemitaine de M. le comte de Montlosier, de M. de Pradt et de
bien d'autres*, par le vicomte DE SAINT-CHAMANS, maître des requêtes au Conseil d'État, membre de la Chambre des députés. — Brochure; à Paris, chez
Dentu, juillet 1826.
Ces cinq députés étaient le comte Alexis de Noailles, député de la Corrèze,
congréganiste du Père Delpuits en 1804; le chevalier de Berbis, député de la
Côte-d'Or; le marquis de Vaulchier, député du Jura (tous deux reçus le
15 juillet 1821); le marquis de Saint-Géry, député du Tarn (congréganiste le

« centre est à Rome, à l'École de Sapience ¹... J'apprends en ce
« moment, par un recensement nouvellement fait, que la Con-
« grégation renferme en France 48,000 individus. Le moyen,
« a dit un grand personnage congréganiste, de résister à une
« semblable puissance ². » Ah! qu'il avait raison, ce grand personnage, et combien il est regrettable que ce chiffre fabuleux
révélé à M. de Montlosier par ce « recensement nouvellement
fait » soit purement fantastique; peut-être que les mauvaises
mœurs et les « doctrines de pestilence » dont parlait alors
Mgr de Quélen, n'auraient pas perverti tant d'âmes. Mais quit-
tons ce domaine de la fantaisie pour aborder les chiffres
exacts.

Le nombre précis des congréganistes pendant trente ans fut
rigoureusement de 1373. Nous possédons le catalogue complet des admissions; et ce manuscrit précieux, qui nous a déjà
fourni tant de renseignements sur les congréganistes, nous
donnera ici encore la réponse la plus formelle.

Toutes les imaginations, tous les on dit, toutes les supposi-
tions erronées ou malveillantes tombent devant cette preuve
matérielle : en 1826, au moment où M. de Montlosier écrivait
son livre, le nombre des admissions depuis 1801 avait été de

23 février 1823); M. Hersart de la Villemarquée, député du Finistère (9 mars
de la même année).

A côté d'eux, nous pouvons nommer : le chevalier de Hercé, député de la
Mayenne, congréganiste à Laval; M. Borel de Brétizel, député de l'Oise,
membre de la Société des Bonnes Œuvres; le marquis de Villeneuve, député
des Basses-Alpes, qui assistait aux premières réunions, bien que le catalogue ne porte pas la date exacte de son admission. — En élargissant ainsi le
cadre, nous arriverions donc au nombre de *huit*. Nous sommes encore loin du
chiffre de M. de Montlosier.

¹ L'École de sapience?? Quelle est cette école? Elle est probablement située
à côté de ce « Collège de Rome » dont parlait un député républicain, s'inspi-
rant du « Collège de France », et désignant de la sorte le « Collège Romain »
des Pères Jésuites. L'ignorance du singe de La Fontaine n'est pas seule à
provoquer le sourire.

² *Mémoire à consulter*, p. 38-128.

1,219, et de ce chiffre il faut naturellement retrancher les membres décédés, environ 150; ce qui donne un millier de congréganistes [1].

De 1,000 à 48,000 il y a une marge; M. de Montlosier, ici comme ailleurs, ignorait ce dont il parlait, et se mettait peu en peine de vérifier ses assertions. Les libéraux applaudissaient, et à l'appui de cet enthousiasme de commande, qui dispensait d'arguments ou de preuves, M. Lacretelle a trouvé une réponse topique pour les incrédules; comment, direz-vous, justifier ce nombre considérable de congréganistes en si manifeste disproportion avec le but de leur société? Ah! répond bravement M. Lacretelle, c'est bien simple : « On devenait congréganiste *sans le savoir*[2]. » Après ce trait, il faut s'arrêter; il eût fourni à Sedaine un excellent sujet de tragi-comédie.

M. de Bonald n'avait-il pas raison?

« On éprouve quelque embarras à saisir des points d'attaque dans cette foule de raisonnements hasardés, de fausses consé-

[1] Voici le tableau de l'accroissement de la Congrégation :

ANNÉES.	NOUVEAUX.	TOTAL DES MEMBRES.	ANNÉES.	NOUVEAUX.	TOTAL DES MEMBRES.
1801	»	59	1816	73	530
1802	49	108	1817	68	598
1803	42	150	1818	66	664
1804	43	193	1819	79	743
1805	44	237	1820	85	828
1806	47	284	1821	75	903
1807	53	337	1822	98	1,001
1808	30	367	1823	83	1,084
1809	28	395	1824	81	1,165
1810	»	»	1825	54	1,219
1811	3	398	1826	65	1,284
1812	2	400	1827	56	1,340
1813	»	»	1828	9	1,349
1814	23	423	1829	10	1,359
1815	34	457	1830	14	1,373

[2] LACRETELLE, *Histoire de la Restauration*, t. III, p. 143.

quences, d'inductions téméraires, de vagues inculpations, de
contes, de rumeurs populaires; le moyen de suivre un homme
qui, dans sa marche vagabonde, se jette perpétuellement à
droite et à gauche, revient sur ses pas, brouille et confond
toutes ses voies et ne remplit jamais en entier le titre de ses
paragraphes [1]? »

Nous avons vu la valeur morale et le bien fondé de l'ouvrage; auprès du public, quelle fortune lui advint? Elle fut
prodigieuse. « Quand on étudie de près une de ces énormes
et violentes erreurs qui naissent principalement de la haine
du bien, — disait Louis Veuillot, — ce qui étonne, ce n'est
pas leur popularité, c'est l'excès d'impudence qu'il a fallu
pour les mettre en circulation, et la bonne volonté d'ignorance
dont certaines gens ont besoin pour les croire [2]. »

Un concert d'éloges s'éleva pour enivrer l'amour-propre de
l'auteur que les *Débats* appelèrent le «flambeau de la France».
Afin de donner à ses accusations une portée plus grande, les
journaux libéraux vinrent travestir sa personne comme lui-
même avait altéré les faits. M. de Montlosier fut réputé catholique fervent, royaliste dévoué. On feignit d'oublier ses services policiers sous l'Empire, ses palinodies multipliées, ses
prétentions aristocratiques; et pour que l'auréole de la persécution vînt couronner sa gloire, le *Constitutionnel* se lamenta
publiquement sur l'ingratitude du gouvernement royal, qui
supprimait la pension d'un si bon serviteur de la monarchie [3].

[1] *Réflexions sur le Mémoire à consulter.*
[2] *Le Droit du seigneur au moyen âge*, Préface.
[3] Le ministre des affaires étrangères se privait des « services » de l'auteur
d'un scandale public en ces termes : « Paris, le 31 mars 1826. — Monsieur
« le comte, il a été jugé à propos de vous dispenser du soin que vous avez pris
« jusqu'à présent d'adresser au ministre des affaires étrangères vos observa-
« tions sur les principaux ouvrages politiques et sur ceux d'administration

Avec cet allié relativement inattendu, on reprit allégrement la campagne. En gens pratiques et qui vont droit aux faits sans s'embarrasser des subtilités de la procédure, les libéraux de Rouen profitèrent de la première occasion : une mission donnée à la cathédrale, pour envahir l'église, interrompre les cérémonies, insulter les fidèles et essayer d'étrangler, à la faveur de la nuit, le « Jésuite secret » M. l'abbé Lœven..., comme disait M. de Montlosier[1]. En même temps, M. de Magallon, l'ami des pauvres, l'admirable restaurateur de l'Ordre des Frères de Saint-Jean de Dieu, était poursuivi, rue du Bac, par une bande de forcenés[2]. Le *Constitutionnel*, toujours digne de son fondateur[3], sonnait la charge chaque matin; pour lui la « Congrégation » était à la fois un prétexte, un épouvantail et une arme de guerre.

M. de Viel-Castel, malgré son antipathie très caractérisée

« intérieure qui vous étaient envoyés du ministère. Ces envois cesseront, en « conséquence, à dater de ce jour.

« A dater de la même époque, vous cesserez également de recevoir le trai- « tement de six mille francs qui vous était payé sur l'article des dépenses « accidentelles du ministère, et qui, depuis le 1er janvier dernier, avait été « imputé sur le fonds dévolu aux traitements du service intérieur.

« Recevez, etc.   *Signé* : le baron DE DAMAS. »

[1] « Il a suffi à M. Lovenbruck que vous l'ayez désigné par l'initiale de son nom et comme directeur de l'établissement de Saint-Joseph (mis cependant sous les auspices de Mgr le duc de Bordeaux), pour que ce saint prêtre se soit vu sur le point d'être étouffé, étranglé par sa propre ceinture (il fut sauvé par un boucher, au péril de sa propre vie). Vous avez la main malheureuse, Monsieur le comte. Vous indiquez un homme, cela lui vaut presque la mort : votre plume se change en un poignard, et après ces scènes tragiques, cette même plume écrit tranquillement sur la colère des prêtres. » (*Nouvelle Lettre à M. le comte de Montlosier*, brochure. Imprimerie Thibaud-Landriot, Clermont, 1826.)

[2] M. de Magallon avait dû, une première fois déjà, son salut à sa présence d'esprit et à son sang-froid. Passant rue de la Harpe, vêtu de son costume d'Hospitalier, il fut entouré par des étudiants et accablé d'injures ; il se dégagea, monta sur une borne : « J'ai fait vœu, dit-il, de me consacrer au service des fous; messieurs, je suis prêt à vous donner mes soins. » Les rieurs furent de son côté, il put continuer son chemin.

[3] Fouché.

au cours de ses vingt volumes, a la loyauté de remarquer que
« les qualifications de *Jésuite, Congréganiste,* appliquées indistinctement à quiconque professait des sentiments religieux et
monarchiques, devinrent des armes puissantes entre les mains
de l'opposition pour discréditer, pour perdre moralement ses
adversaires. *Ces mots produisaient d'autant plus d'effet, qu'on
ne savait pas précisément ce que c'était que la Congrégation...* »
« On est stupéfait, ajoute-t-il, lorsqu'on lit les contes absurdes
que débitait, à ce sujet le *Constitutionnel;* on éprouve un sentiment de dégoût en se rappelant les chansons licencieuses et
obscènes par lesquelles Béranger livrait les disciples de saint
Ignace de Loyola au ridicule, à la haine et au mépris; mais
tout cela portait coup, tout cela trouvait créance dans le
peuple, dans la petite bourgeoisie et peut-être plus haut. »

Ces violences calculées eurent un résultat immédiat : elles
effrayèrent les faibles. La timidité de Mgr Frayssinous, ministre des affaires ecclésiastiques, s'en émut, et dans la discussion du budget des cultes, le 25 mai 1826, il crut devoir
prendre la parole pour dissiper des doutes qui n'existaient que
dans l'esprit de ceux qui voulaient bien en avoir. Les bonnes
intentions du ministre étaient évidentes, son manque d'adresse
ne fut pas moins incontestable, et M. de Villèle peut qualifier à
bon droit son action de « naïve imprudence[1] ». Très gallican,
Mgr Frayssinous vint saluer la déclaration de 1682, — c'était
logique, quoique parfaitement hors de propos; — n'ayant jamais été reçu membre de la Congrégation, il affirma qu'il

---

[1] « Il parle de la Congrégation, des missions; réfute le reproche d'ultramontanisme, et dans sa *confiante béatitude,* avoue l'existence de sept établissements
d'instruction publique dirigés par les Jésuites. Il fournit ainsi une arme au
machiavélisme incrédule masqué de gallicanisme et de zèle pour la loi. On
peut juger par là le parti qu'on tira à la Chambre, et depuis dans le pays, du
discours inimaginable de *naïve imprudence* du saint évêque. Il n'en avait
parlé à personne; il ouvrit, par cette faute, le champ le plus vaste aux préventions qui ont aidé à renverser le trône. » (*Papiers de M. de Villèle.*)

n'en faisait pas partie, — c'était son droit; — mais il s'en défendit avec une terreur si plaisante, il sut si bien envelopper ses paroles sincères de réticences et de sous-entendus, que la gauche saisit l'occasion de fulminer contre le péril religieux *déclaré, reconnu, avoué*, à la tribune par un évêque.

Mgr d'Hermopolis avait dit :

« . ... Craignons de prendre pour une réalité un fantôme qui s'enfuit et qui s'échappe de nos mains à mesure qu'on veut le saisir. Oui, messieurs, il y a vingt-sept ou vingt-huit ans qu'il existe, au sein même de cette capitale, une réunion pieuse qui, depuis son origine, n'a pas cessé un seul jour d'exister. J'en parle avec d'autant plus de désintéressement que je n'en ai jamais été membre; j'ai même refusé d'en faire partie, quoique la chose m'ait été plus d'une fois proposée, non que je n'aie toujours été rempli d'estime et de respect pour elle; j'ai même contribué à y faire entrer des jeunes gens, soit sur leur demande, soit sur celle de leurs familles, et je n'ai jamais eu qu'à m'en féliciter. Mais exerçant alors un ministère public dans une des églises de cette grande cité, j'ai voulu rester parfaitement libre, conserver l'indépendance qui, d'ailleurs, est dans mes goûts, et enfin ne connaître d'autres liens que ceux qui m'attachaient à mes supérieurs ecclésiastiques et à mes fonctions. Voici l'origine et l'histoire de cette tant redoutable Congrégation. »

Suit le récit assez exact des débuts.

« Le même esprit, qui est uniquement et exclusivement un esprit de charité et de bonnes œuvres, n'a cessé de l'animer jusqu'à nos jours; elle se fait gloire en particulier d'avoir compté parmi ses membres ce noble duc, cher à la France par un nom qu'on peut bien appeler national, non moins cher encore par la pureté de ses vertus, et qui a emporté dans la tombe les regrets de son Roi et de sa patrie.

« Il est fort naturel que des jeunes gens qui se connaissaient

et se voyaient souvent aient fini par s'estimer et s'aimer réciproquement, et qu'en conséquence ils aient cherché à se rendre
utiles les uns aux autres. D'ailleurs, parmi ces jeunes gens qui
professaient hautement et pratiquaient la religion, il s'en est
trouvé qui joignaient à une piété solide un véritable talent.
J'en ai connu plusieurs de ce genre. Dès lors, est-il étonnant
qu'ils soient arrivés à des postes assez élevés sous un gouvernement où la carrière est ouverte à tous les Français? Sans
doute la capacité est le premier titre pour tous les emplois;
mais sans doute, aussi, la piété n'est pas un titre d'exclusion.

« Qu'il se soit mêlé dans les rangs de cette Congrégation
quelque intrigant, cela peut être, mais je l'ignore. Que quelques-uns aient pris le masque de la piété, cela se peut encore,
mais je n'en ai connu aucun de ce caractère. Mais, au contraire, j'ai connu beaucoup de ces jeunes gens qui ont fait la
consolation et l'honneur de leurs familles et qui ont dû à la
Congrégation de se conserver purs de toute mauvaise doctrine
et de tout écart dans la conduite..... »

« ..... Qu'à cette tribune on attaque les ministres et leurs
opérations, je le conçois, c'est une espèce de droit public parmi
nous. Mais qu'on les accuse indistinctement de se laisser conduire, égarer, dominer par je ne sais quelle puissance occulte
qui cependant trouve le secret d'aboutir jusqu'à eux, c'est là,
messieurs, une accusation à laquelle je ne vois aucun fondement. Qu'il me soit permis de m'exprimer ici sans détours; si
quelqu'un des ministres du Roi devait être sous le charme de
cette puissance magique, ce serait probablement, par la nature même de ses fonctions, le ministre des affaires ecclésiastiques et de l'instruction publique. Eh bien, messieurs, j'ai
beau revenir sur les actes de mon administration, j'ai beau
sonder ma conscience et m'interroger moi-même, je déclare
que je n'ai jamais senti le joug de cet empire mystérieux. »

A peine Mgr Frayssinous avait-il quitté la tribune, que Casimir Périer, terrifié par les révélations qu'il venait d'entendre, et blême d'horreur après les aveux du ministre, s'écriait :

« La voilà donc reconnue officiellement, cette Congrégation mystérieuse dont l'existence a été si souvent, si formellement niée à cette tribune et par les feuilles ministérielles[1]. Prenons donc acte de cette déclaration par l'autorité compétente. Le fait matériel existe donc. Ce n'est point un fantôme ; seulement on a oublié de nous dire son nom de famille. Une preuve qu'elle est dangereuse, c'est que l'évêque éclairé qui vient de parler a refusé d'en faire partie[2]. Elle a pris naissance dans des temps de troubles, elle est donc politique[3], etc., etc. »

La presse fit aussitôt chorus ; le *Constitutionnel* s'empressa d'écrire :

« L'existence de la Congrégation et celle des Jésuites sont reconnues ; toutes les inquiétudes de l'opposition sont officiellement justifiées. »

Les *Débats*, dans un style digne d'être remarqué, s'écriaient :

« Le nom sinistre des Jésuites est dans toutes les bouches, oui, pour y être maudit ; il est répété dans les feuilles publiques, mais avec l'expression de l'épouvante ; il parcourt la France entière, mais sur l'aile de la terreur qu'il inspire... Le ministère n'a qu'un objet en vue : le rétablissement d'un Ordre dont l'orageuse carrière est renfermée entre la pyra-

---

[1] Les épithètes « officiellement », « mystérieuse », « formellement », servent à embellir la phrase et à lui donner, dès le début, un air terrible et vainqueur ; mais quand un fait déjà public est reconnu une fois de plus, il n'y a rien de découvert après, pas plus qu'il n'était « mystérieux » avant.

[2] L'apparence de réticence de l'évêque d'Hermopolis permettait malheureusement cette déduction ; comme conclusion, cela ne prouvait qu'une chose, c'est que Mgr Frayssinous n'était pas congréganiste, et voilà tout ; mais au point de vue de la fantasmagorie libérale, c'était une arme dont on aimait d'autant mieux à se servir qu'elle était empoisonnée.

[3] Ce raisonnement est un véritable chef-d'œuvre, et le mot « donc » est une merveille de mauvaise foi. Il est impossible de trouver le moindre rapport entre le premier membre de la phrase et le second.

mide de Jean Chatel et l'échafaud de Damiens; un Ordre dont le nom a retenti parmi les clameurs factieuses des Seize, les gémissements des dragonnades et les orgies de Mme Dubarry[1]. »

Les violences du *Mémoire* indignaient à bon droit les catholiques. A Rome, il parut nécessaire d'éclairer les esprits : le 2 juin 1826, un décret de la Congrégation de l'Index porta contre le libelle une condamnation aussitôt confirmée par Léon XII. Le *Courrier français*[2] prétendit insolemment qu'il aurait ainsi auprès des intelligences éclairées un titre de recommandation de plus, mais le voile était déchiré pour les honnêtes gens, et les sentiments affectés d'une dévotion extraordinaire ne firent que jeter un ridicule nouveau sur M. de Montlosier et ses palinodies[3].

Tant de bruit autour d'un homme pleinement inconnu la veille est fait pour l'animer : M. de Montlosier poussa sa pointe. Il était du pays de Pascal et d'Arnaud, il avait dans les veines de ce sang processif et chicanier qui est naturellement porté à lier l'Église au nom des « lois » ; il rédigea une *Dénonciation aux Cours royales relativement au système religieux et politique signalé dans le* MÉMOIRE A CONSULTER, *précédée de nouvelles observations sur ce système et sur les apologies qu'on en a récemment publiées*[4].

Les légistes de l'époque, attirés par ce *factum*, se firent un devoir d'aider cette nouvelle manifestation; on se serait cru

[1] Il est à supposer qu'après avoir écrit de cette façon, les rédacteurs des *Débats* avaient la persuasion que le *Constitutionnel* ne possédait pas le monopole des « articles bêtes ».

[2] Numéro du 26 juillet 1826.

[3] Il affecta tout à coup de se rendre à la grand'messe du dimanche, à laquelle il allait fort rarement auparavant; il assistait dévotement à tous les offices; il vint se confesser en grande pompe; il conviait le clergé à bénir solennellement sa ferme de Randane, ses moissons et ses champs!

[4] Chez A. Dupont, in-8°, juillet 1826.

revenu aux beaux jours de l'avocat général Joly de Fleury;
l'ombre de la Chalotais fut évoquée[1], et le Palais retentit une
fois encore des déclamations qui, soixante années auparavant,
avaient valu tant de gloire aux Parlements. Plusieurs avocats,
préalablement pressentis, *proposèrent* une « consultation » à
M. de Montlosier, qui se donna de garde de refuser; à leur tête
marchait maitre Dupin. Dès sa jeunesse, M. Dupin avait parlé
pour, contre et sur toutes choses, il avait étudié pour parler,
il s'était étudié à parler; plus tard, il devait écrire pour attes-
ter qu'il avait parlé : *terribilis est in civitate homo linguosus !*
Il créa, sous la Restauration, le personnage de l'avocat politique.

« La belle chose qu'un cabinet d'avocat politique ! C'est un
jardin pour la gloire, un potager pour le profit, une forteresse
pour la sécurité. Il y a de tous côtés des avenues et des issues.
Ce drapeau n'éloigne pas les plaideurs d'un autre parti, il les
attire plutôt par l'éclat même des victoires remportées sur leur
opinion. Un cabinet d'avocat politique est tout à la fois fort
militaire et fort neutre. On y trafique, en tout bien tout honneur, avec ceux contre qui l'on combat; d'un côté l'on fournit des munitions, de l'autre des vivres. On se jette sur un
navire qui passe, on le prend, et, le lendemain, on plaide
au civil pour le capitaine, trop heureux de confier ses intérêts privés à son vainqueur politique; et celui-ci ne refuse

---

[1] Elle fut évoquée si bien et si habilement exploitée, que l'*Étoile*, journal
royaliste, ayant répondu aux violences répétées chaque matin dans les journaux
opposants, et pour la plupart empruntées au réquisitoire de la Chalotais, en dirigeant une vive attaque contre la Chalotais lui-même, dont la
vieillesse et la postérité avaient été éprouvées par des catastrophes qui pouvaient
être regardées comme un châtiment de Dieu, la famille de la Chalotais, prenant fait et cause pour sa mémoire, intenta à l'*Étoile* un procès en diffama-
tion. Ce procès n'avait pas de raison d'être, à moins qu'on ne prétendit abolir
la liberté des jugements en histoire et soustraire le passé à l'appréciation du
présent. Ce fut la thèse plaidée par Hennequin et que sanctionna, par son
jugement, le tribunal, présidé par M. de Belleyme, malgré le réquisitoire du
procureur, qui concluait à la condamnation de l'*Étoile*.

même pas de faire invalider la prise, du moins en partie[1]. »

Maître Dupin possédait cette habileté au suprême degré; il conduisit allègrement le bataillon des consultants[2], et comme il avait à se faire pardonner un gros péché de jeunesse, ayant porté un cordon à la procession de la Fête-Dieu, à Saint-Acheul, chez les Jésuites, à côté du Père Loriquet, il mettait dans la lutte une ardeur personnelle qui se manifesta par la publication d'un écrit de circonstance.

Il traduisit de Tite-Live l'épisode des *Bacchanales*[3], prenant soin d'y faire entrer tous les mots qui avaient cours dans la polémique contre les Jésuites : *Congrégation, affiliation, doctrines secrètes, morale relâchée*, etc.; « quoique ce ne fût, dit-« il[4], qu'une traduction presque littérale de l'historien latin, « *les analogies parurent frappantes*. Deux éditions en petit for-« mat, tirées à un grand nombre d'exemplaires, se succédèrent « et furent épuisées rapidement. » Veut-on connaître quel-ques-unes de ces *analogies* qui parurent *frappantes?* Voici les premières : « La confrérie des Bacchanales, sorte de dévotion « grecque dont les mystères se célébraient la nuit, séminaire « de toutes sortes de crimes et de débauches, ayant déjà en-« gagé dans sa Congrégation un grand nombre de citoyens, « fut recherchée par le Consul et réprimée par la punition de « plusieurs coupables. » Analogie frappante, en effet! C'est bien cela que M. Dupin avait dû voir à Saint-Acheul.

Le 18 août, toutes les chambres de la Cour royale étant assemblées pour délibérer sur la dénonciation de M. de Mont-losier, un conseiller demanda la parole, et avec une franchise que lui permettait l'honorabilité de sa vie, exposa mieux que

---

[1] Louis VEUILLOT, *Mélanges.*
[2] MM. Mérilhou, Pasquin, Mullost, Barthe, Persil, Target, Plougoulm, Tardif, Boudet, Rigal, Lanjuinais, Delangle, Renouard, Isambert. Ils firent tous leur fortune politique sous tous les régimes qui suivirent.
[3] *Procès fait à la Congrégation des Bacchanales.*
[4] *Mémoires* publiés en 1855.

personne à ses collègues ce qu'était la Congrégation, étant lui-même congréganiste.

C'était M. Jules Gossin [1], de charitable mémoire, déjà connu par son dévouement envers les malheureux et son intégrité de magistrat. Son intervention fut digne et calme; elle n'en pouvait avoir que plus de poids :

« ...Je suis congréganiste. Je le dis hautement, aujourd'hui que cette dénomination appelle dans le monde la calomnie et l'outrage. Si ce titre que j'avoue m'être dû n'est pas, aux yeux de plusieurs de ceux qui me font l'honneur de m'écouter, un gage d'impartialité, qu'il soit du moins pour tous l'assurance de la pleine et parfaite sincérité de mes paroles. Malgré l'exaspération toujours croissante des esprits, du moins en dehors de cette enceinte, nous n'en sommes pas encore, je le pense du moins, arrivés au point que la qualification de congréganiste et le titre d'honnête homme soient réputés incompatibles. En vous parlant donc de ce que j'ai vu et entendu depuis huit ans, vous me croirez. Si vous ne me croyiez, je désespérerais d'une époque où un magistrat affirmant à ses collègues des faits dont il a été le témoin et auxquels il a pris une part personnelle, provoquerait le sourire de l'incrédulité; je dis que j'en désespérerais, parce qu'alors tout serait perdu en France, avec la sainteté de la foi magistrale, c'est-à-dire avec l'honneur lui-même, sans lequel il n'y a plus de justice...

« ...Quand on parle de la Congrégation, on tombe dans une erreur malheureusement presque générale. C'est de cette erreur que provient la malignité des jugements portés contre elle. On croit qu'elle délibère, qu'elle dirige, qu'elle gouverne; quelques personnes vont plus loin et l'accusent d'être en état

[1] Auguste-Sébastien-Jules Gossin était né à Bar-le-Duc le 20 janvier 1789; il fut substitut du procureur du Roi à Troyes, puis à Paris, vice-président du tribunal de la Seine, et nommé, en 1826, conseiller à la Cour royale.

de conspiration flagrante et permanente contre le trône et les libertés publiques.

« Mais que deviennent ces reproches si (ce qui est littéralement vrai) depuis huit ans que j'en suis avec assiduité les exercices [1], je n'ai pas entendu proférer dans son enceinte, je ne dirai pas une phrase, mais un seul mot qui ait eu un trait, même détourné, avec la politique et les événements du jour, ou qui se soit appliqué à toute autre chose qu'à la pratique des devoirs religieux pris dans leur sens le plus étroit ?

« Que deviennent ces détestables soupçons de conspiration, si ceux qui s'appellent congréganistes non seulement n'ont jamais délibéré, mais encore n'ont jamais eu la possibilité physique de le faire ? Ils ont une chapelle ouverte, autorisée, bénie et ornée par leur pasteur légitime, Mgr l'archevêque de Paris; mais ils n'ont point de salle de réunion séculière. Ils ne se voient qu'au pied des autels, et ils s'y voient sans pouvoir se parler. Jamais ils ne se réunissent autre part. Ils entendent la messe, ils prient de tout leur cœur Dieu qui les voit et les jugera, mais ils ne dirigent pas, ne gouvernent pas, ne conspirent pas. Ils ont un autel, point de tribune; des livres d'heures, point d'ordre du jour. Le prêtre qui les dirige leur adresse, d'après le texte des saints livres, des exhortations propres à les corriger de leurs défauts et à leur faire acquérir les vertus qu'ils n'ont pas. Jamais il ne leur a suggéré même l'ombre d'une pensée relative à leur avancement temporel. Ils n'ont pas de signe de reconnaissance, parce qu'ils n'ont pas besoin de se reconnaître, ni même de se connaître...

« ...Quant à moi, si après seize ans de magistrature j'ai eu l'honneur de rentrer dans la Cour, avec le titre si précieux et si cher de votre collègue, ç'a été non pas parce que j'étais

---

[1] Il avait été reçu le 20 décembre 1819.

de la Congrégation, *mais malgré que j'en fusse*, et à cet égard,
je pourrais citer des faits irrécusables. Je tenais, messieurs, à
vous donner ces explications, parce que, émanant d'un témoin
qui, depuis huit ans, voit ce qui se passe dans la Congrégation,
j'ai cru avoir des droits tout particuliers à votre foi. Quelles
que puissent être pour moi les conséquences de ce discours, je
me féliciterai toute ma vie d'avoir rempli un devoir, celui de
vous parler le langage de la franchise et de la vérité, et ce
langage, vous étiez, messieurs, tous dignes de l'entendre [1]. »

L'impression produite par ces accents sincères fut profonde;
la vérité parlait tout à coup plus haut que les préjugés et faisait taire les préventions en éclairant les consciences. M. Gossin remporta un beau triomphe dont son cœur de chrétien
pouvait se réjouir. La Cour royale, avec une fâcheuse complaisance pour la phraséologie de l'époque, fit précéder son
arrêt de considérants sur « l'incompatibilité des principes de
« la Compagnie de Jésus avec l'indépendance des gouverne-
« ments », mais repoussa les prétentions du *Mémoire* et rendit hommage au bon sens en se déclarant incompétente [2].

---

[1] Ce discours, remarquable à tant de titres, renferme les détails les plus
précieux sur la Congrégation; son étendue ne nous a pas permis de l'insérer
en entier dans notre récit.

[2] L'arrêt fut adopté par 38 conseillers sur 54.

« La Cour, après avoir entendu les observations sur les faits contenus dans
un écrit intitulé : *Dénonciation*, etc., signé par le comte de Montlosier, et
adressé à tous et à chacun des membres de la Cour;

« Après avoir également entendu M. le procureur général du Roi dans son
réquisitoire, tendant à ce qu'il fût dit par la Cour qu'il *n'y avait lieu à délibérer*;

« Vu les arrêts du Parlement de Paris du 9 mai 1760; les arrêts conformes
des autres parlements du royaume, l'édit de Louis XV de novembre 1764;
l'édit de Louis XVI du mois de mai 1777; la loi du 18 août 1792; le décret
du 3 messidor an XII;

« Attendu qu'il résulte desdits arrêts et édits que l'état de la législation
s'oppose formellement au rétablissement de la Compagnie dite de Jésus, sous
quelque dénomination qu'elle puisse se présenter; que ces édits et arrêts sont
fondés sur l'incompatibilité reconnue entre les principes professés par
ladite Compagnie et l'indépendance des gouvernements, principes bien plus

Les honnêtes gens furent heureux de voir moralement condamnés les belliqueux écrits[1] de M. de Montlosier; de son côté, la gauche salua de ses applaudissements les considérants qui rappelaient les arrêts de l'ancien Parlement contre les Jésuites, et la faiblesse de la Cour de Paris, loin de calmer les esprits, donna un aliment nouveau à l'effervescence générale. L'auteur feignit de ne pas se sentir atteint par le jugement qui le renvoyait aux ministres, et ne recevant d'eux aucune réponse, il en prit prétexte pour présenter à la Chambre des pairs une pétition[2].

En attendant le jour des débats publics devant cette juridiction nouvelle, rien ne fut omis pour préparer l'opinion : les brochures furent prodiguées, des troubles éclatèrent dans différentes villes du royaume avec des circonstances qui ne laissaient aucun doute sur leur connexité. A Brest, le scandale fut à son comble[3]; partout, c'était le mot d'ordre, les émeutiers demandaient impérieusement la représentation du *Tartuffe*[4]. Les journaux de l'opposition, sauf le *Globe*, entre-

incompatibles encore avec la Charte constitutionnelle, qui fait aujourd'hui le droit public des Français;

« Mais attendu qu'il résulte de cette même législation qu'il n'appartient qu'à la haute police du royaume de supprimer et de dissoudre les congrégations, associations ou autres établissements de ce genre, qui sont ou se seraient formés au mépris des arrêts, édits, lois et décrets susénoncés;

« En ce qui touche les autres faits contenus dans ledit écrit du comte de Montlosier :

« Attendu que, quelle que puisse être leur gravité, ils ne constituent quant à présent ni crime, ni délit, ni contravention dont la poursuite appartienne à la Cour;

« La Cour se déclare incompétente. »

[1] « Si l'on compte, pour réprimer l'opinion publique, sur la gendarmerie, un jour viendra où l'on verra couler, dans la rue du Bac et la rue Saint-Honoré, un ruisseau qui sera d'une autre couleur que le ruisseau d'eau trouble et noirâtre qui y coule aujourd'hui. » *Dénonciation aux Cours royales.*

[2] Le 26 décembre 1826.

[3] NETTEMENT, *Histoire de la Restauration*, t. VII, p. 398 et suiv.

[4] « Toutes les fois que, pour une cause ou pour une autre, les libres penseurs ont pu ameuter l'opinion contre l'Église, aussitôt, à Paris et dans les

tenaient quotidiennement cette agitation qui leur paraissait
une forme commode d'attaque contre le ministère de Villèle.

« Il y avait, au *Constitutionnel*, un rédacteur attitré, chargé
de mettre en lumière et d'inventer au besoin les actes d'intolérance commis ou pouvant être commis par les curés ou les
vicaires des paroisses rurales, qu'on avait soin d'indiquer uniquement par des initiales, afin d'éviter les rectifications et les
démentis[1]. » Cet écrivain spécial était désigné sous le nom de
rédacteur des articles bêtes (jamais qualificatif ne fut plus
justifié), et quand le niveau des abonnements baissait, on faisait donner le rédacteur des articles bêtes plus souvent[2].

C'était, au reste, une aberration universelle, et le mot de

provinces, *Tartuffe* reparaît. On le joue, on en fait des éditions populaires
avec préface, éclaircissements et vignettes. Dans les derniers temps de Louis-
Philippe, le *Tartuffe* eut l'honneur d'être, avec le *Juif errant*, l'une des principales réponses de la philosophie officielle aux réclamations des catholiques
contre le monopole de l'enseignement. Sous la Restauration, il était l'antidote
des missions. La partie *penseuse* de la bonne bourgeoisie s'entassait au théâtre
pour écouter la satire des « dévots » et des « nobles » qui osaient suivre les
prédicateurs. Là, les rentiers et les négociants libéraux, leurs commis, leurs
filles, leurs épouses, troupe chaste, goûtaient les leçons de la vraie morale, —
celle qui n'empêche pas de vendre à faux poids. » L. VEUILLOT, *Molière et
Bourdaloue*, Préface.

[1] NETTEMENT, *Histoire de la Restauration*, t. VII, p. 180.
[2] Le sobriquet indique parfaitement la valeur intellectuelle des abonnés du
Constitutionnel; mais si MM. Étienne, Jay, Cauchois-Lemaire, Évariste
Dumoulin, avaient, selon l'opinion très bienveillante de M. Nettement, « trop
« d'esprit pour prendre au sérieux les fables qu'ils faisaient raconter à leurs
« lecteurs », on doit avoir une triste opinion de leur honnêteté, qui sollicitait
le concours de ces moyens misérables.
Pour apprécier le genre de polémique du *Constitutionnel*, prenons au hasard
les numéros d'un seul mois, celui de septembre 1826, par exemple :
Numéro du 1ᵉʳ septembre. Accusation contre la Congrégation qui a fait
faire les *biographies* antireligieuses condamnées par les tribunaux.
2 *septembre.* Article contre les Liguoristes.
3. — Attaques contre un curé des environs de Tours.
4. — Contre l'inquisition en Espagne.
5. — Contre les Liguoristes.
6. — Lettre contre la Congrégation et les hypocrites.
7. — Attaque contre les communautés religieuses, « lèpre du pays ». —
Article contre les missionnaires.

Mme de Staël ne fut jamais si vrai : « Il est inouï combien
« il est facile de faire prendre pour étendard une bétise au
« peuple le plus spirituel de la terre. »

Le 18 janvier 1827, à la Chambre des pairs, un rapport du
comte Portalis ouvrit le débat : il se plaçait au même point de
vue que l'arrêt de la Cour royale, écartant les prétentions
de M. de Montlosier, mais retenant ce nom de « Jésuite »,
qui servait de thème à tant de déclamations, pour conclure à
la nomination d'une commission devant rechercher les lois du
royaume qui « défendent la religion contre ses ministres ».
Ces vieilles théories gallicanes et parlementaires furent
appuyées par Pasquier, Lainé, Choiseul ; la Compagnie de
Jésus trouva d'éloquents apologistes chez le cardinal de la
Fare, M. de Bonald, le vicomte Dambray [1], le duc de Fitz-

---

8 *septembre.* Nouvel article contre l'inquisition d'Espagne (faits faux et
démentis). — Attaques contre les Jésuites, à Vitry.

9. — Attaques contre les Jésuites, à Clermont.

10. — Lettre contre une dame qui aurait converti des enfants protestants.
— Lettre contre un prêtre de Saint-Symphorien d'Ozon.

11. — Article contre la Congrégation et les Jésuites (2 colonnes).

12. — Article contre l'évêque de Nancy (Mgr de Forbin-Janson), con-
cluant à son bannissement.

13. — Discours contre les Jésuites.

14. — 3e article sur l'inquisition à Valence.

15. — Mémoire contre l'évêque d'Angers. — Article contre les Liguoristes.
— Refus d'insérer les lettres de démentis adressées au journal sur les faits
mensongers reprochés au curé de Tauxigny, près Tours.

16. — Les Jésuites « assassins de Henri IV ». — Dénonciation contre le
clergé de Clermont.

17. — Article contre les Liguoristes. — Éloge d'un ouvrage condamné et
mis au pilon.

18. — Contre un curé de Savoie qui empêche de danser (faits faux et
démentis). — Contre les missionnaires de Langres.

19. — Plaintes du journal, qui se prétend poursuivi par la rage du parti
prêtre.

20. — Dénonciation des curés des diocèses d'Agen, de Chartres, Limoges,
Coutances (faits travestis et faux), etc., etc.

[1] VAULABELLE (*Histoire des deux Restaurations*, t. VII, p. 249) attribue au
vicomte Dambray, qui combattit le rapport, le discours de M. Lainé, qui le
soutint ; singulière façon d'écrire l'histoire.

James[1]. Ce dernier résuma toute l'affaire d'une parole : « On présente des mots au lieu de choses; les uns croient, les autres feignent de croire. »

Au jour du scrutin, 113 voix adoptèrent les conclusions de Portalis, 73 les repoussèrent, et, par suite, la pétition fut renvoyée au ministre. M. de Montlosier était heureusement parvenu à ses fins; il était aussi arrivé au dernier paroxysme de la folie furieuse, et écrivait à M. de Villèle : « Je vous le « déclare dans toute la sincérité de mon âme; au moment où « il me faudrait prononcer sur votre accusation, je ne pour- « rais faire autrement *que de vous condamner à mort !* »

Tant de violence devait avoir une conséquence immédiate; les foules sont grossières, mais logiques; elles avaient répondu aux injures du *Mémoire* par les troubles de Rouen, de Brest, de Lyon; elles passèrent sans retard à la pratique des maximes de la *Dénonciation.*

Le nom du Père Ronsin, déjà fameux auprès des malheureux par sa bonté et auprès des gens du monde par sa sagesse, acquit une célébrité toute nouvelle chez les libéraux qui en firent le but de leurs injures quotidiennes. Un pamphlet satirique, inspiré par le délire irréligieux, *la Ronsiade*, contenait les attaques les plus misérables[2]; nous citerons un seul trait des violences dont le Père fut l'objet : un jeune homme, d'une mise assez recherchée, le fit appeler au parloir de la rue de Sèvres, et après lui avoir demandé « si c'est bien lui qu'on nommait Ronsin », se répandit en injures grossières. Le reli-

---

[1] « C'était un orateur de haute mine, chez lequel il y avait de l'homme de cour et du chevalier, et dont l'éloquence, à la fois spirituelle et impétueuse, se précipitait à la charge avec une ardeur militaire qui rappelait que le sang du maréchal de Berwick coulait dans ses veines. » NETTEMENT.

[2] Nous l'avons vainement cherché à la Bibliothèque nationale, et nous n'en parlons que sur l'autorité du Père GUIDÉE, *Notice sur les Pères du Sacré-Cœur*, t. II.

gieux demeurait impassible, sans laisser paraître la moindre
émotion; quand le souffle manqua à l'insolent, irrité de ce
silence plus écrasant qu'une riposte, il lança cette question :
« Pourquoi ne me répondez-vous pas? — Mais, reprit le
Père, vous m'avez fait venir pour vous entendre : j'écoute. »
Cette patience invincible fit rougir le jeune fou, il baissa la
tête et termina sa visite par une confession.

L'insulte aux catholiques était malheureusement habituelle
aux étudiants de l'École de médecine de Paris, enrôlés dans
les loges et satisfaits de couvrir l'immoralité de leurs mœurs
du prétexte de l'indépendance de leurs pensées [1]. La guerre
aux congréganistes leur fournit l'occasion d'un tumulte habilement préparé.

Au mois d'avril 1827, le docteur Récamier, médecin à
l'Hôtel-Dieu, fut nommé professeur au Collège de France
pour remplacer son ami l'illustre Laënnec, qui venait de
mourir.

Récamier était lui-même célèbre, ses talents lui avaient
valu une clientèle immense et une réputation européenne [2].

« ...Levé avant le jour, il répondait par écrit aux nombreuses
consultations qui lui étaient demandées, lisait quelques passages de l'Écriture sainte, recevait les malades pauvres et se
rendait à l'Hôtel-Dieu. Le reste de son temps était absorbé par
des visites en ville et surtout par des consultations qui ne lui

---

[1] Dès 1825, un jeune étudiant catholique (ils étaient devenus bien rares à
l'École de médecine) ayant pris la défense des Jésuites, fut frappé le lendemain d'un coup de couteau. (Ami de la religion, n° du 2 juillet 1825.)

[2] On connaît ce trait piquant arrivé à Mme Récamier, sa parente :

Elle était aux eaux de Plombières, un voyageur lui fit demander l'honneur
de la voir. Habituée à la curiosité de ses admirateurs, elle y consent; le
visiteur entre, salue, s'assoit et la contemple sans mot dire; après un assez
long silence, elle lui demande s'il la connaît. — « Non, madame, répond
candidement l'étranger, jamais on ne m'avait parlé de vous; mais pour rien
au monde je n'aurais voulu retourner en Allemagne sans avoir vu une femme
qui porte le nom de l'illustre docteur Récamier. »

laissaient aucun moment de repos. Malgré des occupations si multiples, Récamier passait souvent plusieurs heures au chevet d'un malade, riche ou pauvre, afin de résoudre le difficile problème d'une affection obscure et grave... Il trouvait toujours le temps de se rendre d'une manière ponctuelle auprès des indigents, qui étaient ses clients préférés... C'était un homme d'un désintéressement absolu; non seulement il donnait aux malheureux le dixième de ce qu'il gagnait, mais il allait leur porter lui-même cet argent dans les mansardes, leur prodiguant en même temps les secours de son art et les consolations de son âme religieuse. Il refusa la place de médecin du Roi, parce que, disait-il, le temps lui manquait. Cette réponse d'un homme qui ne sut jamais refuser ses soins à un pauvre suffirait à elle seule pour le caractériser. Dans l'intimité, entouré de sa famille et de ses nombreux amis, Récamier était un causeur d'un grand charme, dépensant avec une abondance extrême les richesses de sa vive imagination. Ses études médicales avaient corroboré ses opinions religieuses et avaient créé en lui une foi savante, lui faisant proclamer que tout dans la nature est sous l'empire d'une loi providentielle, harmonique, conservatrice [1]. »

Ses convictions étaient connues, il n'en fallait pas davantage pour lui attirer des inimitiés nombreuses, et comme le Roi l'avait préféré à Magendie, présenté par l'Institut, il devint « avéré » que le nouveau titulaire était un Congréganiste [2].

Les étudiants firent un épouvantable tumulte à sa leçon d'ouverture; la police procéda à quelques arrestations. Le docteur

---

[1] *Biographie universelle.* — Né en 1774, il avait été élevé fort religieusement par sa mère; chirurgien militaire dans l'armée des Alpes, puis sur les escadres françaises, il vint à Paris, se lia avec Bichat, et fut nommé en 1801 médecin de l'Hôtel-Dieu; devint membre de l'Académie de médecine et professeur au Collége de France.

[2] Les étudiants révoltés ne pensaient sans doute pas dire si juste : le docteur Récamier faisait partie de la Congrégation depuis le 29 juin 1817.

Récamier, en quittant l'École, fut assailli, rue de la Harpe, par une foule considérable grossie d'indifférents ; on brisa sa voiture, en réclamant la liberté des étudiants mis en prison. Sur le refus du préfet de police, la sédition augmenta ; l'effroi fut dans le quartier latin. Par prudence on interrompit le cours de M. Récamier, bien que la qualité des émeutiers arrêtés (ouvriers, commis de magasin, officiers en demi-solde, etc.) montrât manifestement la portée politique d'un mouvement qui ne concernait en rien la science médicale, et que les journaux de l'opposition excitaient encore par leurs articles.

Benjamin Constant, portant déjà à cette époque, « sur ses traits ravagés, la marque des passions qui l'avaient épuisé, ruiné à tous les points de vue, par les dettes et par les maladies que sa vie de désordre lui avait fait contracter[1] », vint accuser le ministère d'avoir provoqué les troubles et lut une lettre sans signature où l'anonyme déclarait prudemment « qu'il ne s'exposerait plus aux charges furieuses d'une cohorte émissaire de la faction usurpatrice qui gouverne » ; M. de Corbière, ministre de l'intérieur, répondit avec fermeté à cet « aventurier politique d'origine et d'éducation cosmopolites[2] », qui appelait les blessures faites par les émeutiers aux gendarmes des « irrégularités[3] » ! La sagesse du gouvernement sut apaiser ces désordres fomentés à plaisir, la patience du docteur Récamier et sa présence d'esprit firent le reste ; les étudiants, après avoir fourni à M. Benjamin Constant l'occasion d'une interpellation et d'un échec, furent mis en liberté ; on ne se montra pas moins clément envers les ouvriers fourvoyés dans la « jeunesse

---

[1] THUREAU-DANGIN, le Parti libéral sous la Restauration, ch. I.

[2] Ibid.

[3] Dans son apostrophe, Benjamin Constant avait parlé des persécutions des protestants ; un député, protestant lui-même, l'illustre Cuvier, se leva et répondit : « Jamais pareille liberté n'a été donnée à mes coreligionnaires ; j'adjure mes collègues appartenant comme moi à cette religion de déclarer si M. Constant n'a pas, dans ses accusations, trahi la vérité ! »

studieuse des écoles » ; le *Constitutionnel* paya une légère amende pour avoir diffamé les agents de police, et les argus qui veillaient sur les empiètements de la Congrégation tournèrent leur sollicitude d'un autre côté [1].

« Vous faites très bien, mon Révérend Père, d'écrire quelque chose pour vous défendre; *cura de bono nomine*, disait saint Paul. » Ainsi parlait Joseph de Maistre au Père Rosaven, persécuté en Russie [2].

Ce même soin n'est pas toujours pris par les catholiques, et ils ont raison en partie, puisqu'il vient toujours un temps où leur patience triomphe des outrages; cependant, le mensonge mérite d'être réfuté et les menteurs d'être confondus.

Pendant toute cette violente campagne dont nous retraçons quelques traits, les religieux attaqués parlèrent peu et laissèrent l'épiscopat défendre la vérité outragée en leurs personnes; les pamphlets de M. de Montlosier rencontrèrent d'autres justiciers, et plusieurs laïques de talent écrasèrent le venin caché dans ces pages trop applaudies.

Nous citerons surtout le petit livre du vicomte de Saint-Chamans, auquel nous avons déjà fait quelques emprunts; les *Réflexions sur le Mémoire à consulter*, du vicomte de Bonald, la *Réfutation* de M. Saintes, etc. [3]. Il y eut pendant trois ans une

[1] Le docteur Récamier refusa le serment en 1830 et quitta sa chaire de professeur; il reprit ses leçons de clinique à l'Hôtel-Dieu en 1837; le 28 juin 1852, il succomba à une affection pulmonaire, entre les bras de l'abbé Ratisbonne, en rentrant de visiter ses malades et s'entretenant avec son élève et son ami, le docteur Cruveilhier, comme lui un chrétien résolu, un savant de premier ordre et un ancien membre de la Congrégation.

[2] Lettre du 16 mai 1817.

[3] *L'Anti-Montlosier, ou les Jésuites défendus, justifiés et vengés*, par BIROTEAU. 1827, à Aix; — *Apologie du clergé* (Montlosier réfuté par ses propres paroles). Paris, 1827; — *Mémoire à consulter au Roi et aux Chambres*, où l'on considère la Congrégation comme le premier moyen d'ordre ou de désordre dans l'État. In-8°, 1826, chez Dondey-Dupré; — *Appel à la sollicitude du Roi*, par MAGNIER; — *Lettre aux rédacteurs des Débats*, par COLLIN DE PLANCY, etc.

véritable guerre de brochures, et peu méritent d'être exhumées de leur poussière; toutes les attaques aboutissent à des arguments d'une crédulité inconcevable ou d'une mauvaise foi sans excuse; les défenses empruntent généralement la forme ironique, et véritablement leur verve avait beau jeu.

Sous l'aiguillon de l'injure, les catholiques apprirent à se connaître, à se grouper, à se défendre; ils se formèrent ainsi aux luttes qui, naissant alors, devaient se continuer jusqu'à nos jours; mais leurs ripostes, bien que décisives, étaient loin d'avoir l'habileté de leurs adversaires toujours prompts à se dérober, peu soucieux des moyens, silencieux sur les réfutations, bruyants dans les calomnies et d'un enthousiasme de commande pour les plus obscurs des calomniateurs.

CHAPITRE XV

Nouvelles admissions à la Congrégation. — M. Gossin fonde l'Œuvre de Saint-François Régis. — La jeunesse catholique et M. de La Mennais. — Émeutes de novembre 1827; le baron Franchet d'Espérey. — Les ordonnances du 16 juin 1828; Mgr Feutrier. — Le Père Ronsin quitte la Congrégation; sa dernière messe, le 2 février 1828. — L'abbé Mathieu, l'abbé Borderies et M. de Haller. — Mgr de Rohan reçoit les congréganistes dans son hôtel. — Les dernières admissions; le 18 juillet 1830.

Avec l'exagération, mais aussi la pénétration de son esprit original, La Mennais résumait ainsi la situation de la France, en 1827 : « Il y a une frayeur générale; on s'inquiète et l'on ne sait de quoi. *C'est comme la terreur d'un rêve.* » Le mot est singulier; mais il rend parfaitement cet état presque incompréhensible d'un pays qui pourrait être heureux, qui, en réalité, est prospère sous une administration honnête et qui néanmoins se sent incertain de sa voie sans connaître exactement l'obstacle qui l'empêche d'y rentrer. Les pouvoirs publics ne se désintéressaient pas de leur propre défense, mais tout paraissait tourner contre eux : indulgence ou sévérité; ils possédaient presque tous les avantages, sauf un seul : la confiance en eux-mêmes, et cette lacune suffisait pour paralyser tous les autres; c'était une ville assiégée, bien approvisionnée de munitions, mais défendue par des hésitants alors que l'assaillant avait mille intelligences dans la place.

Néanmoins, la Congrégation semblait devoir continuer la

tenue paisible de ses séances et la marche de ses œuvres, les attaques violentes dont elle était l'objet rendant particulièrement circonspects ceux qui avaient la charge de sa direction. Au plus fort de la campagne de M. de Montlosier, M. le marquis de Saint-Gery était préfet : il n'était pas très ancien dans la réunion [1], mais il alliait à un grand tact une profonde connaissance du monde, qui faisait de lui un auxiliaire précieux en ces jours difficiles où la vertu osait à peine marcher tête levée.

En 1827, Eugène de Montmorency lui succéda. Lui, au contraire, était des premiers congréganistes du Père Delpuits; il mettait à s'acquitter des devoirs de sa charge un double point d'honneur, par respect des traditions et en souvenir des vertus de son illustre cousin le duc Mathieu [2]; son zèle ne craignait pas de s'affirmer en public, et les journaux du temps ont mentionné la fête religieuse qu'il donna, le 30 septembre 1827, à sa terre de Beaumesnil, pour l'inauguration de l'église paroissiale bâtie à ses frais.

Les admissions avaient lieu comme de coutume; de 1826 à 1828, les nouveaux venus étaient en majorité des étudiants en droit, jeunes gens de bonne famille sortant pour la plupart du collège de Saint-Acheul et du petit séminaire de Montmorillon. Nous remarquons à côté de leurs noms celui de quelques personnages importants : Mgr de Poulpiquet, évêque de Quimper; le cardinal de Clermont-Tonnerre; le nonce du Saint-Siège, Mgr Lambruschini, qui devait être le meilleur

---

[1] Congréganiste le 23 février 1823, Augustin Rey, marquis de Saint-Gery, né à Toulouse en 1771, était député du Tarn et conseiller d'État. Son âge, son rang, sa position sociale rendaient sa direction sage et ferme.

[2] Eugène, marquis de Montmorency-Laval, était lieutenant général. Il était fils du duc de Laval, pair de France, et de Marie-Louise de Montmorency-Luxembourg. Il naquit en 1773; il avait épousé Maximilienne de Béthune-Sully, veuve du comte de Charost, et, en secondes noces, Anne-Constance de Maistre, fille du comte Joseph.

auxiliaire du pape Grégoire XVI ; le frère du Roi d'Espagne, l'infant don Francisco.de Paula[1], qui, de passage à Paris, prononça, le 15 décembre 1826, son acte de consécration, « après sa demande réitérée », mentionne le catalogue.

Pendant que la réunion faisait ces nobles recrues, elle éprouvait plusieurs pertes sensibles, particulièrement en la personne du duc de Rivière[2] : fort lié avec Mathieu de Montmorency, pour s'être dévoué, à la fin de l'Empire, à l'œuvre des Cardinaux noirs, il lui avait succédé dans sa charge de gouverneur du duc de Bordeaux. Il présidait la Congrégation des militaires et la section des petits Savoyards, et ouvrait sa bourse à toutes les infortunes avec une générosité peu commune. Il fut remplacé auprès du jeune prince par un chrétien non moins vertueux : le baron de Damas, qui, en prenant sa place dans les œuvres, continua ses traditions de bienfaisance.

Rien n'était plus nécessaire que de recueillir des aumônes abondantes, car, loin de ralentir leur zèle pour leurs premières entreprises, les congréganistes étendaient leur sphère d'action à toutes les misères morales. M. Gossin, que nous avons vu magistrat si éminent et catholique si résolu, avait groupé autour de lui quelques amis pour se dévouer à une tâche bien délicate, rendue très nécessaire par le malheur des temps : procurer aux indigents la facilité de régulariser leur union illégitime et retirer ainsi d'une existence dégradée une foule de misérables. Les troubles de la Révolution, les guerres de l'Empire, la licence que fait naître l'absence de toute éducation religieuse, avaient trop facilité des

---

[1] François de Paule-Antoine-Marie, infant d'Espagne, né le 17 mars 1794, mourut en 1865. Il s'était marié, le 19 juin 1819, à Louise-Charlotte, princesse des Deux-Siciles ; son fils aîné, François d'Assise, fut le mari de la reine Isabelle ; son petit-fils fut Alphonse XII.

[2] Avril 1828.

mœurs païennes ; la démoralisation du peuple des faubourgs parisiens était épouvantable ; la plaie paraissait si hideuse, qu'elle avait fait reculer les plus hardis[1]. M. Gossin se mit courageusement à l'œuvre pour vaincre le respect humain dans ce qu'il a de plus tenace ; il apportait là sa double compétence de chrétien que la compassion rend indulgent et de magistrat pouvant donner un conseil nécessaire dans ces questions juridiques de mariage et d'état civil. Il choisit pour patron saint François Régis ; voici à quelle occasion :

Atteint d'infirmités graves, il s'était rendu au village de la Louvesc[2] (près de Viviers) en pèlerinage au tombeau de saint François Régis, le 29 juin 1824, promettant à Dieu de consacrer son temps à l'extirpation du concubinage, s'il Lui plaisait, par l'intercession de l'apôtre du Vivarais, de lui rendre ses anciennes forces. A son retour à Paris, il put reprendre ses fonctions au Palais ; fidèle à son vœu, il mit sans retard à exécution le projet qu'il avait ébauché dès 1816, quand il était à Troyes, procureur du Roi. « Au mois de mars 1825, — dit-il dans une précieuse note manuscrite, qui nous est parvenue, — j'eus l'honneur d'adresser à Mgr de Quélen un plan fort détaillé de la manière dont il me semblait que la société pourrait être conçue et organisée. Ce plan resta environ onze mois à l'examen du conseil de l'Archevêché. Enfin, le 13 février 1826, M. Borderies, alors vicaire général de Paris

---

[1] En visitant Paris, au mois de mars 1825, M. de Metternich en avait été vivement frappé : « Il est difficile de se faire une idée de la démoralisation du peuple... Près du tiers de la population de Paris n'a pas reçu le baptême. La véritable affaire aujourd'hui est d'*introduire* la religion. Dans le quartier Sainte-Geneviève, habité par la lie de la populace, on peut admettre que sur vingt ménages, il y en a *un* qui vit dans l'état de mariage ; la moitié au moins ne figure pas même sur les registres civils. » (*Mémoires*, t. IV, p. 168.)

[2] Il n'est peut-être pas sans intérêt de remarquer que dans ce village de la Louvesc, dont son père était maire, Régis Buisson (le premier membre de la Congrégation) et ses trois frères sauvèrent, en 1792, les reliques de saint François Régis, les gardèrent avec vénération dans leur famille et les reportèrent solennellement en 1802 dans le sanctuaire restauré.

et depuis évêque de Versailles, m'annonça par écrit que le premier pasteur du diocèse donnait son approbation à l'œuvre projetée. »

Dieu voulut bénir cette œuvre en lui accordant de grands résultats : par ses soins, de 1826 à 1885, 62,967 mariages ont été célébrés, et elle a obtenu la légitimation de 32,841 enfants naturels. Mais M. Gossin ne rêvait pas alors de si belles conquêtes, il se bornait à semer le bon grain qui a levé si heureusement sous l'action de sa patience et de ses labeurs.

Cette moralisation de la classe la plus déshéritée ne devait pas faire oublier la propagande religieuse auprès des membres de la société. C'était là où excellait le Père Ronsin. Il menait de front la direction de la Congrégation, des Sœurs de Saint-Thomas de Villeneuve, du couvent des Oiseaux; il entretenait une correspondance « spirituelle » avec une foule de personnes, et sans négliger ses devoirs de supérieur de la maison de la rue de Sèvres, trouvait encore le temps, soit de prêcher des retraites, soit de passer de longues heures avec ses pénitents à son confessional de Saint-Thomas d'Aquin. Il comptait si peu ses peines et ses soins, qu'on serait en droit de lui adresser le reproche d'avoir, à cette époque de sa vie, voulu trop étendre son action, au risque de la rendre moins profonde.

Il possédait éminemment la science si difficile, faite de tact et de sainteté, de la direction des âmes, et eut ainsi la rare consolation de ramener à la vérité des personnages considérables des sectes protestantes. Le comte de Senfft Pilsach, ministre du Roi de Saxe, avait été fort impressionné en entendant un sermon du Père de Mac Carthy, aux Missions étrangères; les conseils du Père Ronsin achevèrent d'éclairer cet esprit distingué; sa femme et sa fille abjurèrent en même temps que lui, et, le 2 mai 1819, il demandait à faire partie de la Congrégation. Son zèle et sa piété en firent promptement

un catholique éminent, si bien qu'en 1821, il avait été
nommé préfet de la réunion.

Albert de Haza Radlitz, conseiller de légation du duché
d'Anhalt, abjura, lui aussi, entre les mains du Père Ronsin et
fut prendre rang parmi les congréganistes, le 10 juillet 1825[1].
Par lui, le duc et la duchesse d'Anhalt, mis en rapport avec le
P. Ronsin, ne tardèrent pas à suivre son exemple et gardèrent
au saint prêtre la plus entière reconnaissance pour sa prudente direction[2].

Un souffle d'espérance ou tout au moins de renouveau
accompagnait l'action si ardente de M. de La Mennais. Mais à
côté et en dehors des tenants encore très nombreux de l'école
gallicane, de bons esprits, sans le repousser systématiquement,
s'effrayaient déjà de ses témérités et osaient même lui mesurer
les éloges qu'on lui accordait avec trop peu de réserve[3].

Quoi qu'il en soit, il avait su animer du feu de son activité
de jeunes âmes d'élite dont la générosité, en ce temps d'apathie,
était excitée au plus haut point. Dans le salon d'un de ses
disciples, l'abbé de Salinis, aumônier du collège Henri IV, se
groupaient : Melchior du Lac, Eugène de la Gournerie (congréganiste le 29 février 1824), Delahaye, Léon et Eugène Boré,
Emmanuel d'Alzon, Foisset, Edmond de Cazalès, de Carné,
Franz de Champagny.

[1] Albert de Haza était le gendre de M. Adam de Müller, écrivain allemand
célèbre, consul général d'Autriche, également converti à la foi catholique.
[2] Le Père GUIDÉE (*Notice sur le Père Ronsin*) a donné les détails les plus
circonstanciés sur cette conversion. — Ferdinand, duc de Anhalt-Coethen,
était né en 1769 et avait épousé Julie de Brandebourg. Il annonça publiquement, le 13 janvier 1826, son retour à l'unité catholique, et, tout entier au
gouvernement de son peuple, dédaigna les injures que lui prodiguèrent à cette
occasion les gazettes allemandes.
[3] Après un dîner chez le comte de Simplin, on demandait à M. des Genettes :
« Que dites-vous de notre Père de l'Église? — Un Père de l'Église! Mais il ne sait
pas son catéchisme! Il me fait peur; c'est Luther qui recommence; il fera beaucoup de mal, et c'est vous qui aurez à vous le reprocher, parce que vous le gâtez. »

« On apportait dans ces réunions, a dit l'un des survivants de ce petit cénacle, un grand amour pour la vérité, un amour passionné pour la cause de la sainte Église. Je ne crois pas qu'il y ait jamais eu dans la jeunesse catholique plus d'entrain, de mouvement, de vie. L'action exercée alors par quelques hommes sur la jeunesse ne fut pas stérile, et peut-être ne se rend-on pas suffisamment compte du bien qu'elle a produit. Il est permis de penser que le mouvement de retour qui se manifesta après 1830, et qui depuis a pris de si grandes proportions, n'est qu'une suite, et comme la transmission de l'impulsion donnée à la jeunesse chrétienne des dernières années de la Restauration [1]. »

Elle attendait la bataille avec impatience, et le parti antireligieux multipliait trop ses attaques pour ne pas confirmer son zèle.

La chute du ministère de Villèle était le but immédiat poursuivi par les libéraux ; suivant la méthode déjà expérimentée, ils exploitaient toutes les circonstances qui se présentaient : l'enterrement civil de Talma (21 octobre 1826), les funérailles du duc de Liancourt (30 mars 1827), la revue du Champ de Mars (29 avril 1827), les obsèques de Manuel (24 août 1827), furent un prétexte à agitation et surtout à déclamations révolutionnaires. On arriva de la sorte aux élections législatives du mois de novembre, que M. de Villèle avait eu l'imprudence de faire avancer. Les résultats furent déplorables pour le ministère, par suite de l'inqualifiable coalition de royalistes avec la gauche [2] ; aussitôt à Paris éclatèrent des troubles sur lesquels nous n'aurions pas à nous arrêter si deux congréganistes n'avaient été vilipendés à cette occasion.

---

[1] Melchior DU LAC, *Notice sur M. l'abbé de Scorbiac. Université catholique*, t. XXIII, p. 12.

[2] La gauche n'avait que 147 députés contre 280 royalistes, mais parmi ces derniers, 70 appartenaient à la « défection ».

Dès le 19 novembre, une grande animation, excitée par la
presse libérale, se manifesta dans les quartiers Saint-Martin et
Saint-Denis; des bandes armées criant : « Vive Napoléon! » brisèrent les fenêtres des maisons qui n'illuminaient pas, et com-
mencèrent des barricades au marché des Innocents. La gendarmerie, lapidée par les émeutiers, ne tira pas un coup de feu ;
à minuit, sur de nouveaux ordres, la garde royale et la troupe
de ligne, après les sommations légales, enlevèrent les barricades devant l'église Saint-Leu. Le lendemain, les mêmes
scènes reproduisirent les mêmes désordres ; mais les troupes,
massées aux Tuileries, étaient préparées aux événements :
elles occupèrent les boulevards et la place du Châtelet dès le
commencement de la soirée, et le colonel de Fitz-James fit
exécuter des feux de peloton pour dégager la rue Grenéta. On
fit près de deux cents arrestations. Sans retard, et en évo-
quant les souvenirs de la Saint-Barthélemy, les journaux de
l'opposition accusèrent la police d'avoir préparé elle-même
l'émeute : le premier soir, la longanimité de sa répression dé-
notait un piège pour permettre à un désordre factice de se
propager; le second soir, la vigueur de ses mesures avait conduit à une hécatombe attendue et préméditée [1] : au surplus,
c'étaient les congréganistes qui, par leurs chefs, avaient dirigé
tout le mouvement.

L'instruction de l'affaire commença aussitôt, et le ministère
étant tombé sur ces entrefaites, les dénonciations les plus violentes visèrent le directeur général de la police, M. Franchet
d'Espérey, et le préfet de police, M. de Lavau. Comme don de

---

[1] C'était exactement le contraire : il existe, dans l'instruction sur les
troubles des 19 et 20 novembre, une lettre de M. de Lavau qui recommandait au général de Montgardé, commandant la division, « de ne pas mettre
ses troupes en mouvement avant onze heures, afin de ne pas gêner les manifestations de la joie populaire et de ne pas compromettre les patrouilles ».
On voulait donc donner aux curieux le temps de se retirer et n'avoir affaire
qu'aux véritables émeutiers.

joyeux avènement, la nouvelle administration s'empressa de supprimer l'emploi du premier et de donner à un des siens l'emploi du second. Le 3 avril 1828, la Cour royale ordonna la mise en liberté de tous les insurgés pris sur les barricades et ne donna pas suite aux attaques visant MM. de Lavau et Franchet, « considérant qu'il n'existait rien au procès qui pût indiquer que les mesures prises par ces fonctionnaires eussent été adoptées dans une intention criminelle, seul cas où elle pût s'en occuper ».

Royalistes dévoués et chrétiens pratiquants, tous deux étaient congréganistes. M. Franchet d'Espérey pour sa vigilance, son intelligence et sa fermeté, était particulièrement haï des libéraux; les francs-maçons ne savaient peut-être pas encore combien ils avaient raison de redouter sa prévoyante administration : à lui, en effet, ayant entrepris de patientes recherches sur les agissements des loges, était due la rédaction d'un rapport sur les dangers qu'elles faisaient courir aux monarchies légitimes. Ce travail si utile avait été communiqué au prince de Metternich, réputé le boulevard des principes conservateurs en Europe.

Il avait connu M. Franchet, lors de son voyage à Paris en 1825, et avait été frappé de sa valeur et de ses capacités [1]; un rapport de lui acquérait à ses yeux une importance toute spé-

---

[1] « A neuf heures, je rentre et je vais voir une société d'hommes que je trouve agréables, tels que Bonald, Franchet, Rivière, Mathieu de Montmorency, etc. Là, nous analysons les perfections des institutions sociales, nous parlons de l'histoire du temps, et ce sont les seules heures où je sois heureux. » (7 avril 1825.)

« ...Au centre de tout le mal, il s'est formé un centre du vrai bien, qui s'étend et se fortifie sans cesse dans un sens vraiment pratique. L'action est ce qui caractérise les Français, et ils ne s'en tiennent jamais à de vaines paroles. Je vois très souvent Bonald; il m'attire beaucoup, et il est bien plus pratique que je ne l'avais cru... Un homme très pratique, c'est Franchet. Il est tout jeune, d'un commerce agréable et même d'un caractère très gai. » (11 avril.) — Mémoires du prince DE METTERNICH, t. IV, § 742-§ 744.

ciale; malheureusement, les circonstances et la complicité des gouvernements protestants ne permirent pas de tirer de ces découvertes heureuses tous les avantages de préservation sociale qu'on devait en attendre [1].

S'il fallait disculper sérieusement la Congrégation de cette nouvelle accusation de fomenter les rébellions, les républicains eux-mêmes ont pris la peine d'établir plus tard leur part de responsabilité dans ces menées révolutionnaires :

« C'est par les soins de notre Société *Aide-toi, le ciel t'aidera,* disait, en 1841, l'un des membres de cette société, que toutes les brochures contre la Restauration étaient publiées et distribuées, dans l'intérieur de la France et à l'étranger, aux associations secrètes, avec lesquelles on correspondait; qu'on créait et qu'on soutenait partout les journaux opposants; que les souscriptions étaient organisées en faveur des condamnés politiques; qu'on donnait le mot d'ordre *qui fut longtemps de se plaindre des Jésuites,* et de crier dans les émeutes : Vive la Charte ! On devait profiter de toutes les occasions pour déconsidérer le pouvoir, pour lui susciter des embarras, pour accroître ceux que le hasard pouvait faire naître [2]. »

[1] L'un des chefs de la maçonnerie, Jean de Witt, a raconté lui-même et fort en détail (*Mémoires secrets pour servir à l'histoire de ma vie*) comment, ayant été arrêté en Allemagne, il rencontra des magistrats francs-maçons qui trahirent leur devoir pour lui donner communication de toutes les pièces graves qui concernaient ses complots, et il ajoute : « Il me fut permis, sur l'ordre « exprès de M. Schulkmann, ministre de la police à Berlin, de prendre copie « d'un rapport que la direction générale de la police française avait confié au « prince de Metternich, et que celui-ci, à cause de l'importance de la commu- « nication, avait envoyé à la commission centrale d'enquête et à tous les gou- « vernements particuliers. *Ce rapport était du baron Franchet d'Espérey.* »

[2] Louis Blanc n'est pas moins explicite :

« Il existait à Paris une association, véritable club de la franc-maçonnerie, et dont les puérilités solennelles du Grand-Orient ne servaient qu'à masquer l'action politique. Fondé par quatre commis de l'octroi : Bazard, Flottard, Buchez et Joubert, ce club, sous le nom de loge des *Amis de la vérité,* s'était d'abord recruté dans les Écoles de droit, de médecine, de pharmacie, puis, sur la proposition de Bazard, avait appelé à lui un grand nombre de jeunes

Nous avons nommé M. Franchet d'Espérey; sa personna-
lité mérite que nous complétions nos renseignements sur lui :
il appartenait à la branche cadette des marquis de Franchet
de Ranz, fixés au dix-huitième siècle dans le Forez. Il était
né à Lyon, le 14 décembre 1778; pendant le siège de la ville,
il servit sous les ordres du marquis de Précy; à la chute de la
République, il prit une part active au mouvement catholique
dans son pays et fut nommé président de la Congrégation du
Père Roger; arrêté par ordre de l'Empereur comme l'un des
intermédiaires du Saint-Père pour répandre la bulle qui interdisait au cardinal Maury d'accepter le siège de Paris, il fut
conduit à Sainte-Pélagie en 1811 et n'en sortit qu'à l'arrivée
des alliés, sans avoir jamais pu obtenir de passer en jugement. Il accompagna son ami Alexis de Noailles comme commissaire royal à Lyon, fut envoyé au congrès de Vienne
en qualité de secrétaire d'ambassade, travailla à la réunion
des États de Gênes à la couronne de Piémont, et lorsque
M. d'Herbouville fut nommé ministre des postes, devint chef
du personnel. C'est à cette époque qu'habitant Paris, il demanda, le 25 février 1816, à faire partie de la Congrégation
du Père Ronsin. M. de Villèle l'appela à la direction générale de la police du royaume, qui lui donnait ses entrées
au cabinet du Roi. Sa vigilance lui attira les insultes de

hommes voués à l'apprentissage du commerce. La loge des *Amis de la vérité*
était ainsi parvenue à se créer, dans la jeunesse parisienne, une influence
puissante, et elle était en mesure de commander à l'agitation.
« La discussion de la loi qui devait changer le système électoral avait commencé à la Chambre des députés. L'occasion était favorable pour exciter le
peuple. La loge des *Amis de la vérité* s'en empare; les membres qui la com-
posent se répandent dans la capitale pour y souffler l'esprit qui les anime.
Les écoles s'ébranlent, et des groupes nombreux d'étudiants viennent se former autour du palais des délibérations, en criant : *Vive la Charte!* Il y eut
des rixes, des charges de cavalerie, et pendant que les Laffitte, les Manuel, les
Demarçay, les Casimir Périer faisaient des peintures émouvantes contre les
troupes, qu'on flétrissait du nom d'assassins, les journaux publiaient le sombre
interrogatoire de Louvel. » (*Histoire de dix ans*, t. 1, p. 82, 83, 84.)

tous les pamphlétaires du temps : P. L. Courier, Béranger
et consorts. Il quitta la France avec Charles X, et fut envoyé
à Berlin pour représenter, à la Cour de Prusse, la branche
aînée des Bourbons. Il ne quitta ses fonctions qu'en 1846,
atteint par une cécité presque complète, et vint finir ses jours
à Versailles, où il mourut le 22 juin 1853, entouré de respect
et de considération [1].

En laissant partir M. de Villèle, Charles X, suivant le mot
profondément vrai de la Dauphine, venait de « descendre la
première marche de son trône ». Le 5 janvier 1828, M. de
Martignac était nommé président du conseil; Portalis, rapporteur de la pétition Montlosier, reçut sa part des dépouilles
opimes en devenant garde des sceaux.

Le nouveau ministère s'empressa de tirer des cartons des
bureaux où M. de Peyronnet l'avait sagement laissée dormir,
cette fameuse pétition. M. de Martignac, esprit doux et affa-
ble, répugnait personnellement à toute violence, mais Portalis, janséniste et parlementaire, était fort disposé à « écraser »
les Jésuites. Nommer une commission pour « assurer dans les
écoles ecclésiastiques l'exécution des lois du royaume » fut un
de ses premiers soins, et il comptait bien sur la soumission de
ses membres, pour prêter la main à ses propres désirs. L'événement trahit son attente : après une sérieuse discussion pendant laquelle on ne put que constater le droit commun pour
les Jésuites d'enseigner dans les maisons d'éducation sous
l'autorité des évêques (ce qui était le cas de huit petits séminaires en France), la commission remit, le 28 mai, un rapport
longuement motivé où elle se déclarait « dans l'impossibilité
de proposer aucune mesure qui ne pût être exécutée que par

[1] Il était commandeur de la Légion d'honneur et des Saints Maurice et
Lazare, grand officier de Charles III d'Espagne et de l'ordre du Christ.

des moyens et dans des formes arbitraires et vexatoires[1] ».

M. Portalis était pris dans ses propres filets; il avait voulu se couvrir de la décision d'une commission qu'il estimait devoir être complaisante, et la majorité refusait de donner la réponse qui lui était demandée. Dès lors, le garde des sceaux affecta de ne lui plus reconnaître aucune autorité, et prépara les mesures dont l'odieux allait retomber sur lui seul.

Ce furent les trop fameuses ordonnances du 16 juin 1828 : la première soumettait à l'Université les petits séminaires dirigés par des « personnes appartenant à une Congrégation religieuse non autorisée », en exigeant à l'avenir des professeurs l'affirmation par écrit qu'ils n'appartenaient pas à ces mêmes Congrégations; elle était contresignée de Portalis. Mgr Feutrier consentit à mettre son nom au bas de la seconde qui limitait le nombre d'élèves que pourraient recevoir les petits séminaires[2].

« Il y avait, au point de vue des idées religieuses, trois conséquences fâcheuses dans les ordonnances du 16 juin : on ôtait à l'enseignement religieux une ressource; on mettait l'épiscopat en prévention en matière d'éducation par les mesures prises contre lui; on accréditait dans l'esprit du vulgaire toutes

[1] La Commission, nommée le 28 janvier, comprenait neuf membres : Mgr de Quélen, Mgr Feutrier; trois pairs : Lainé, Séguier, Monnier; trois députés : Alexis de Noailles, M. de la Bourdonnaye et Dupin; enfin, M. de Courville, membre du Conseil de l'Université. Les trois pairs et M. Dupin étaient notoirement hostiles; l'espoir de Portalis reposait sur eux, comme aussi sur M. de Courville, dont la voix devait faire la majorité, et qui, en sa qualité d'universitaire, ne saurait se refuser à une persécution contre les Jésuites. Mais M. de Courville était honnête homme, et il se rangea de l'avis des catholiques. Lainé, Séguier, Monnier et Dupin se déclarèrent « trahis », montrant ainsi assez maladroitement le bout de l'oreille, « bondissant de surprise comme des gens pris pour dupes, — a dit un témoin oculaire; — la Commission mit fin à ses séances au milieu des menaces et des protestations de la minorité. » (Note manuscrite d'Alexis de Noailles.)

[2] Les détails les plus circonstanciés ont été donnés sur cette grave affaire dans le livre d'Antonin Lhac, les Jésuites et la liberté religieuse sous la Restauration. Nous renvoyons à cet ouvrage, qui a tout dit sur la question.

les calomnies accumulées contre un Ordre religieux respectable, en proclamant la nécessité de l'éloigner, et les masses,
qui confondent tout, ne séparaient point le clergé ordinaire
des Jésuites et étendaient au sacerdoce tout entier cette note
de blâme. Au point de vue politique, les inconvénients n'étaient
pas moins graves : le gouvernement s'accusait dans le passé,
en cherchant à se justifier dans le présent; il donnait raison,
devant les esprits prévenus, à cette opposition passionnée et
injuste qui l'avait accusé de vouloir éteindre le flambeau des
lumières pour appesantir son joug sur la France; il apprenait
à tous le moyen de lui arracher des concessions, et l'opposition,
à laquelle il avait cru donner satisfaction, se sentit encouragée
à exiger davantage. Aussi les esprits les plus modérés virent-
ils avec une profonde douleur les ordonnances du 16 juin
1828[1]. »

Par une rencontre singulière, Mgr Frayssinous, qui s'était
défendu bien haut de faire partie de la Congrégation, avait
quitté les affaires pour ne pas être l'instrument de ce qu'il considérait comme une iniquité[2], et le prélat courtisan qui acceptait trop facilement de prêter la main à cette faiblesse, était
congréganiste; l'abbé Feutrier avait vingt-deux ans et terminait ses études de théologie au séminaire de Saint-Sulpice,
quand il fit son acte de consécration entre les mains du Père
Delpuits, le 20 septembre 1807. Depuis, vicaire général de la
grande Aumônerie, curé de la Madeleine, évêque de Beauvais
et enfin ministre des affaires ecclésiastiques, il avait toujours
tempéré par une grande circonspection les obligations de son
ministère. « Prêtre mondain qu'on croyait libéral[3] », il était

---

[1] NETTEMENT, *Histoire de la Restauration*, t. VIII, p. 128.
[2] Mgr Frayssinous a publié plus tard : *Récit abrégé de ce que j'ai fait et dit
au sujet des ordonnances du 16 juin 1828.* (Voir *l'Ami de la religion*, du
27 février 1844.)
[3] Louis BLANC, *Histoire de dix ans*, t. Ier, p. 137.

homme de bon ton, d'un commerce agréable, accommodant et doux, mais on ne trouvait peut-être pas, autant qu'on l'eût souhaité, dans ce caractère indécis, « les qualités indispensables à un ministre des affaires ecclésiastiques, dans les circonstances difficiles où l'on se trouvait[1] ».

L'épiscopat français protesta avec la dernière énergie contre les ordonnances royales; nous aimons à reconnaître un congréganiste chez le plus courageux de ces évêques : le cardinal de Clermont-Tonnerre[2]. Soixante-treize évêques adressèrent un « Mémoire » au Roi, un seul refusa de le signer parce qu'il ne s'agissait dans les ordonnances royales « ni du dogme ni de la discipline de l'Église » : c'était Mgr Raillon, évêque de Dijon, ancien prêtre jureur qui avait fait jadis la même remarque lors de la constitution civile du clergé. L'épiscopat, après avoir formulé son « non possumus », consulta le Saint-Siège. Lettres et mémoires, tout fut intercepté! Le gouvernement envoya à Rome un jurisconsulte pour exposer à Léon XII le « véritable état des choses », et quand le Souverain Pontife eut fait écrire par le cardinal Bernetti une note où il « ne savait pas prévoir que des circonstances malheureuses pussent l'obliger à rompre un silence si conforme aux vœux de Sa Majesté Très Chrétienne », les ministres gardèrent soigneusement la note et répandirent le bruit que le Pape approuvait leur conduite[3].

Tout en s'efforçant d'atténuer dans la pratique les mesures qui venaient de lui être arrachées, Charles X trompait sa con-

---

[1] NETTEMENT, t. VIII, p. 39.

[2] On connaît la lettre laconique et fière qu'il adressa au ministre, exigeant l'exécution des ordonnances : « La devise de ma famille, qui lui a été donnée « par Caliste II, en 1120, est celle-ci : *Etiam si omnes, ego non*. C'est aussi « celle de ma conscience. » — Une lettre pastorale de Mgr de Clermont-Tonnerre fut déférée au Conseil d'État.

[3] Voir *les Jésuites et la liberté religieuse sous la Restauration*. Le texte de la note du cardinal Bernetti ne fut connu qu'en 1846.

science par le faux point d'honneur de la pacification religieuse; il ne sentait pas encore que sa condescendance dé-
chainait des convoitises qu'elle prétendait éteindre; il allait
promptement voir se justifier pour lui-même et pour sa race
la dernière parole de M. de Villèle : « Sire, il me paraît
impossible de maintenir l'autorité par des concessions et en
s'appuyant sur ceux qui veulent la renverser. »

Le contre-coup des ordonnances s'étendit plus loin encore
qu'on ne le pensait et atteignit d'autres intérêts que ceux des
huit petits séminaires incriminés. A vrai dire, toutes les œuvres
catholiques furent frappées.

La Congrégation avait été la première à en subir le choc,
et même d'une façon préventive. On vivait en des temps
où la prudence était si nécessaire, qu'il parut bon de la
pousser à l'extrême. Les autorités ecclésiastiques de Paris,
effrayées de ce cri d'alarme qui était aussi un cri de ralliement : « La Congrégation et les Jésuites! » engagèrent le
Père provincial à éloigner de la réunion de la rue du Bac
le Père Ronsin, dont le nom était le point de mire des libéraux. On juge du sacrifice imposé de part et d'autre; le Père
Ronsin était directeur depuis quatorze ans et avait reçu lui-
même neuf cents congréganistes; les liens les plus étroits l'attachaient à ses jeunes gens, à leurs œuvres, à la direction de
leur âme. Il n'hésita pas un instant et s'inclina devant l'ordre
de son supérieur et le désir de l'archevêché. Il célébra le 2 février 1828 l'anniversaire de la fondation de la Congrégation
avec une pompe et au milieu d'un concours extraordinaires;
la chapelle était trop petite pour contenir la foule des congréganistes accourus témoigner à leur Père leur respect et leurs
regrets. On procéda encore à quelques consécrations, et,
pour la dernière fois, le directeur vénéré reçut de nouveaux

membres[1]. En quelques mots, le Père Ronsin fit des adieux qu'il voulut abréger pour couper court à l'émotion qui lui montait au cœur, et alla d'un pas ferme remettre lui-même sa démission entre les mains de Mgr de Quélen. Pour éviter le moindre malentendu et afin de se soustraire aux témoignages qui, en se multipliant, n'auraient pas manqué d'attirer encore l'attention, il prit la précaution de s'absenter de Paris pour plusieurs mois.

Ce départ n'était que le prélude d'une dispersion générale. On fit bien deux admissions les 3 et 7 février[2], mais il n'y eut plus de séances et de messes solennelles. Mgr de Quélen appréciait trop les avantages spirituels de la Congrégation, pour ne pas tout tenter, la prudence étant sauve, afin de conserver la réunion : il en confia la direction au duc de Rohan, grand vicaire de Paris, et si parfaitement au courant de l'œuvre. Mais au bout de peu de jours, d'autres soins réclamèrent tout entier ce dernier : le 13 mars 1828, il était nommé à l'archevêché d'Auch.

Ce fut un autre vicaire général, congréganiste également, et dont le nom a marqué dans l'Église de France avant même qu'il fût archevêque de Besançon et cardinal, l'abbé Ma-thieu, qui fut chargé de lui succéder. Mgr de Quélen donnait là une « nouvelle preuve du tact qu'il avait toujours montré dans le choix des hommes et dans l'emploi de leur talent. Il faisait voir que les marques de confiance et les dignités ecclésiastiques n'étaient pas exclusivement réservées à la naissance

---

[1] Julien Cardon, parfumeur du Roi, rue Saint-Honoré, 319; — Louis Hédouin, étudiant en droit; — Germain Crozes, avocat; — Gabriel-Félix de Vigan, né à Cernières, diocèse d'Évreux, le 3 mai 1807; congréganiste de Saint-Acheul, étudiant en droit, rue des Fossés-Saint-Victor, n° 30. Il était fils de Victor de Vigan et de Charlotte-Sophie-Antoinette de la Fare, fille du comte de la Fare, brigadier des armées du Roi, et de Gabrielle de Riquet de Caraman.

[2] Florin Rivin, étudiant en droit (n° 1348), et Joseph Stadniski (n° 1349). (Documents manuscrits et inédits.)

et que sous un régime qu'on accusait d'être hostile aux classes moyennes, l'archevêque de Paris, tout fier gentilhomme qu'il était, savait chercher le mérite partout et le récompenser dignement[1] ».

L'abbé Mathieu s'efforça de soutenir l'esprit de la Congrégation autant que les circonstances le permettaient; à défaut des réunions de chapelle, il maintint la régularité des œuvres de charité : visites dans les hôpitaux et dans les prisons, instruction des petits Savoyards; il donna surtout ses soins à la *Société des Bonnes Études*, dont le caractère littéraire offrait moins de prise aux soupçons et aux calomnies[2].

La section des *Bonnes OEuvres* fut confiée à M. l'abbé Borderies, vicaire général de Paris, prêtre d'un grand tact, d'une sage prudence et d'une charité sans limites. — Le préfet de la Congrégation les secondait de son mieux; en ces jours difficiles, il était nécessaire de rencontrer une tête bien organisée, il eût été malaisé de trouver un esprit plus élevé que celui du baron de Haller, déjà âgé, mais ayant conservé toute l'ardeur de convictions catholiques chèrement achetées. Il était membre du conseil souverain de la République helvétique, quand ses études philosophiques lui firent toucher le néant des sophismes de la religion protestante; il abandonna généreusement honneurs et fortune pour mettre sa vie au service de la véritable Église de Dieu. Il vint à Paris et consacra un talent héréditaire[3] à la défense des grands principes

[1] Mgr Besson, *Vie du cardinal Mathieu*, t. Ier, ch. v.

[2] Dans sa très intéressante *Vie du cardinal Mathieu*, Mgr Besson a donné quelques détails sur son rôle à cette époque; faute d'avoir connu les documents manuscrits, il a nécessairement commis plusieurs inexactitudes, particulièrement au sujet de la *Société des Bonnes Études* et des jeunes gens qui en faisaient partie.

[3] Son grand-père, Albert de Haller, fut d'une précocité extraordinaire, et cultiva presque toutes les sciences humaines avec un égal succès : poésie, chirurgie, médecine, botanique, anatomie, philosophie; il a laissé deux cents écrits pleins de découvertes scientifiques; adversaire de l'athéisme, il combattit

de droit social. Le Roi l'attacha au ministère des affaires
étrangères pour assurer la dignité de son existence. Sa piété
le fit entrer à la Congrégation en 1822. La confiance et
l'estime de ses confrères l'appelèrent, en 1828, à la présidence,
et tous les intérêts de la société furent réunis entre ses mains[1].

Les libéraux avaient beaucoup attaqué la Congrégation
sans connaître son organisation ni son fonctionnement; quand
la prudence conduisit à sa dispersion partielle, ils continuèrent leurs violences, ignorant qu'elles n'avaient même plus
de but. Les esprits les moins ardents et les plus enclins à la
patience s'indignaient à la longue de ces calomnies sans cesse
démenties et sans cesse renaissantes; les jeunes gens surtout
sentaient bondir leurs cœurs en présence de ces dénis de justice répétés; l'un d'eux écrivait : « Le *Courrier français*
s'acharne avec une véritable rage contre le clergé, admettant
sans discernement et sans preuves tout ce que ses correspondants veulent lui écrire sur l'esprit du clergé et sur des actions
souvent imaginaires, débitant avec audace des calomnies
que le bruit public met sur le compte de quelques prêtres. Il
est démenti le lendemain; eh bien, il recommence le surlen-
demain; c'est vraiment une infamie[2]! »

Par contre, mille félicitations outrageantes atteignaient le
Roi en pleine poitrine, avec une sincérité dont l'aveu cynique
a été fait quand la feinte n'était plus utile :

« Lorsque nous avons juré fidélité à Charles X et obéissance
à la Charte, lorsque nous avons étourdi ce monarque de nos
protestations d'amour, lorsque nous couvrions pour lui nos

victorieusement Voltaire. Il faisait partie de presque toutes les sociétés savantes
européennes. Il mourut en 1777.

[1] Charles-Louis de Haller écrivit la *Restauration de la politique*, ouvrage
considérable par la hauteur des vues et la force des déductions. Né en 1768, il
mourut en 1854.

[2] Lettre de Léon Cornudet (il avait alors vingt ans) à Charles de Montalembert, 24 décembre 1826. — Ni l'un ni l'autre n'étaient congréganistes.

routes d'arcs de triomphe, lorsque nous semions l'adulation sur ses pas, lorsque nos poëtes chantaient ses vertus, lorsqu'ils s'épanchaient en allusions louangeuses sur la bravoure de ce nouvel Henri IV, la grâce de cet autre François Iᵉʳ, tout cela n'était qu'une feinte à l'aide de laquelle nous tâchions de nous dérober aux chaînes dans lesquelles il s'efforçait de nous enlacer. Vous avez été comme un de ces spectateurs novices qui, assis au parterre pour la première fois, prennent pour des réalités la scène que l'on joue devant eux. Détrompez-vous, pairs, députés, magistrats, simples citoyens, *nous avons tous joué une comédie de quinze ans*[1]. »

La fin de l'année 1829 marqua une période d'accalmie dont profita indirectement la Congrégation : le Roi confiait à M. de Polignac la direction des affaires auxquelles il apportait plus de bons désirs que de grands talents. D'autres blâmeront sa prévoyance incomplète, son honnêteté personnelle trop facile à s'endormir sur les agissements d'adversaires sans scrupules, son esprit plus vif que persévérant, son activité plus entreprenante que perspicace ; nous constaterons seulement qu'il était appelé en des circonstances particulièrement difficiles, et que ses forces étaient insuffisantes pour remonter la pente descendue si mal à propos par ses prédécesseurs.

Jules de Polignac, « éprouvé par de grands dangers et de longs malheurs, était connu par sa fidélité, par son dévouement absolu à la dynastie, par son attachement sans bornes à la personne du Roi Charles X. Cet homme, doué d'une piété vive et sincère, dont les mœurs étaient pures, les manières affables et polies, était toutefois capable de résolution et de ténacité. Les difficultés les plus sérieuses ne l'arrêtaient pas, non qu'il eût en lui ni même qu'il se sentît la force suffisante

---

[1] *Le Globe,* numéro du jeudi 25 novembre 1830.

pour les vaincre, mais quand une détermination considérée comme un devoir avait été prise par lui, il était plein de confiance dans le sentiment qui la lui avait suggérée. Il croyait aisément ce qu'il sentait, et il marchait avec assurance vers son but, fermant les yeux sur les obstacles[1]. »

Avec ce nouveau ministère, les catholiques purent justement espérer la fin des préventions que les pouvoirs euxmêmes avaient nourries depuis le 1er janvier 1828 ; les congréganistes songèrent à reprendre leurs réunions de chapelle ; une circonstance particulière favorisa leur dessein : Mgr de Rohan, qui n'avait occupé que nominativement le siège d'Auch, était devenu archevêque de Besançon, et la cérémonie de son sacre, qui eut lieu à Notre-Dame au mois de janvier 1829, l'avait rappelé à Paris. Il y passa même tout l'hiver, et ouvrit les salons de son hôtel de la rue de l'Université à une société d'élite composée d'hommes haut placés, de jeunes gens bien élevés, d'opinions essentiellement religieuses et monarchiques. Tous appréciaient « ce grand seigneur que l'élégance de ses manières, de sa mise, de ses meubles avait naguère rendu si célèbre à la Cour. Même sous l'habit ecclésiastique, il en gardait quelque chose, et, par ce côté, était resté duc et peut-être trop homme du monde. Mais le prêtre primait le prince ; et, soit dans son cabinet si soigné et si élégant, soit dans sa chapelle d'une grâce toute italienne, on trouvait l'homme de Dieu : un cœur d'une piété fervente, une âme ardente au bien et une intelligence solidement meublée[2]. »

---

[1] *Défense de M. le prince de Polignac*, prononcée devant la Cour des pairs, le 18 décembre 1830, par M. le vicomte de Martignac.

Congréganiste le 9 octobre 1814, M. de Polignac fut préfet de la réunion pendant l'année 1820. Son long séjour comme ambassadeur en Angleterre ne lui permit pas de prendre une grande part dans les œuvres charitables de la Congrégation.

[2] Mgr Baunard, *le Vicomte Armand de Melun*, p. 39.

Le vicomte Armand de Melun, bien jeune alors, éprouvait personnellement ces impressions attachantes, et ses souvenirs nous sont particulièrement précieux par les détails qu'ils relatent :

« Il y avait encore dans son cabinet, dit-il, des réunions plus nombreuses, mais dont je ne faisais pas partie. Introduit néanmoins une fois dans ce cénacle, je fus un peu saisi de voir tant de monde à genoux. L'abbé de Rohan récitait, pour terminer la séance, une prière à laquelle l'assistance paraissait s'associer avec ferveur. La prière dite, chacun salua et sortit. Resté seul avec lui, je lui demandai quelle assemblée il venait de présider. « Vous venez de voir, me dit-il, cette Congrégation dont on dit tant de mal ! Je ne vous ai jamais proposé d'en faire partie, parce que votre esprit critique et raisonneur s'accommoderait mal de l'obéissance que nous demandons à nos associés et des pratiques auxquelles il faut qu'on s'engage. Mais je regrette que vous n'ayez pas assisté à la séance entière. Vous auriez vu là des hommes presque tous jeunes, réunis pour s'édifier, se soutenir contre le respect humain, mettre en commun leurs bonnes œuvres et leurs prières, en dehors de toute préoccupation politique, d'intérêt personnel et de vue d'ambition. »

En effet, à côté de son salon, qui pouvait passer pour politique, M. de Rohan avait offert l'hospitalité de sa demeure à ses amis de la Congrégation. La ferveur des assistants, la simplicité des réunions, les encouragements de l'archevêque, sa réserve pour accroître le nombre des membres, tout dans le récit de M. de Melun, et jusqu'à son étonnement même, indique le caractère exclusivement religieux de ses séances intimes. Comme pendant la première dispersion, quelques congréganistes avaient trouvé un asile chez leur confrère Mgr de Bruyard, alors curé de Saint-Nicolas, ainsi, pendant la seconde épreuve, un des leurs, par sa situation, fort en mesure de les accueillir et de les grouper, leur ouvrait sa demeure. Les feuilles volantes qui forment le catalogue de ces derniers mois de réunion mentionnent 23 admissions nouvelles concernant presque toutes de jeunes ecclésiastiques ; le séminaire des Missions étrangères fournit le plus fort contingent, parmi lequel nous devons distinguer un sous-diacre de vingt et un ans, qui devait mourir évêque et martyr, à dix ans de là, Pierre Dumoulin-Borie. La première de ces consécrations eut lieu le 26 juillet 1829, et la dernière le 18 juillet 1830. Cette date en dit long ; le nouveau congréganiste qui, avec le numéro 1373, vient clôturer la liste de la réunion, était M. Claude-Gustave Séré de Rivière, clerc minoré du séminaire de Saint-Sulpice [1].

On sait quelle catastrophe eut lieu la semaine suivante : ce n'est point ici le lieu d'examiner la légalité des ordonnances ni le sens de l'article 14 de la Charte ; les sanglantes conquêtes de ceux qui préparaient de longue main un changement de dynastie, justifieraient les mesures prises pour sauvegarder la société de leur atteinte ; le véritable reproche qui puisse être fait à M. de Polignac, c'est de n'avoir pas pris de mesures militaires sérieuses. Avec beaucoup d'autres institutions, la Congrégation sombra dans le naufrage ; elle disparut à l'heure où Charles X quittait son royaume, au moment où l'on pillait l'archevêché, où l'on ouvrait les prisons, où l'on brûlait vifs les Suisses de la caserne de la rue de Babylone, où l'on tirait sur les missionnaires de la rue de Sèvres, où l'on ravageait le Mont-Valérien, où l'on mettait à sac Montrouge ; à l'heure, en un m⋯ ⋯ où « les vertus du peuple tenaient lieu de toute organisation [2] ».

---

[1] *Documents manuscrits et inédits.*

[2] « Habitants de Paris... Grâce à votre héroïsme, les crimes du pouvoir sont finis... La victoire a fait connaître en vous ces sentiments de modération et d'humanité qui attestent à un si haut degré les progrès de notre civili-

Malgré sa promptitude, ce fut véritablement une révolution
profonde; il y avait tant de choses qui s'en allaient avec la
maison de Bourbon! Les contemporains ont été mal placés
pour apprécier la profondeur de l'abîme entr'ouvert sous leurs
pas; peut-être ne sommes-nous pas encore assez éloignés nous-
mêmes pour juger cette époque de la Restauration, d'apparence si uniforme et en réalité si disparate.

« La royauté, désireuse de rallier les partis par des com-
plaisances, n'avait pas toujours fait le bien qu'elle voulait, et
fit souvent le mal qu'elle ne voulait pas. Oscillant perpétuellement entre ses bonnes intentions et les nécessités politiques, elle penchait un jour d'un côté, un jour de l'autre; et
l'histoire religieuse de ce temps est un jeu de bascule, où l'on
voit dominer tour à tour deux génies opposés. Quand le gouvernement suivait ses instincts, c'étaient, pour le catholicisme,
des mesures réparatrices. Quand il sacrifiait à la paix,
c'étaient la compression et des rigueurs. Durant cette lutte de
quinze ans, on trouve l'asservissement des séminaires à côté
du Concordat de 1817; l'expulsion des Jésuites à côté du
rétablissement des autres Congrégations; la loi qui impose
l'enseignement des quatre articles, à côté de celles qui punis-
saient le sacrilège, dotait les églises et encourageait les missions. Dans les solutions politiques, il vaut mieux consulter
la justice que de puérils équilibres. C'est une folle illusion
de chercher à contenter les colitigeants, comme Salomon les
deux mères, en coupant le droit par le milieu. Inévitable-
ment, les transactions, pour plaire à tout le monde, ne satisfont
personne : la Restauration en fit la triste expérience. Malgré
ses concessions, les révolutionnaires la regardèrent comme un
gouvernement bigot; à cause de ses concessions, quelques

sation. Sans police et sans magistrats, *vos vertus ont tenu lieu de toute organisation...* » Ce manifeste était signé Lobau, Audry de Puyraveau, Mauguin, de
Schonen. — Ces noms appartiennent à l'histoire!

catholiques la traitèrent comme un gouvernement presque
irréligieux : les premiers ont trop oublié ce qu'elle souffrit
pour leur donner satisfaction ; les seconds, ce qu'elle souffrit
pour la leur refuser[1]. »

Nous avons eu l'occasion fréquente d'apprécier la lutte
antireligieuse de cette époque, et plus particulièrement la
campagne menée contre la « Congrégation ». Nous n'y revien-
drons pas. S'il nous faut résumer d'un mot la valeur morale
et la sincérité de ceux qui y prirent part, nous irons emprunter
à deux des principaux acteurs leur opinion réciproque sur
leurs comparses, et nous dirons avec Laffitte : « Quelle
canaille, mon cher Béranger, quelle canaille que la plupart
de nos amis de quinze ans[2] ! »

---

[1] P. CŒSSETTE, *Vie du cardinal d'Astros*, II⁰ partie, ch. I.
[2] Lettre de Laffitte à Béranger, citée par M. THUREAU-DANGIN, dans le *Parti libéral*.

CHAPITRE XVI

LE PRÉSENT.

La Congrégation avait tenu sa dernière séance le dimanche 18 juillet 1830. Deux semaines après, son hôte : le cardinal de Rohan, échappait à grand'peine aux insurgés qui brisèrent sa voiture à la porte de Vaugirard; son protecteur, Mgr de Quélen, menacé de mort après le pillage de l'archevêché, se réfugiait secrètement dans une maison amie; ses directeurs : MM. Mathieu et Borderies, accompagnaient dans sa retraite leur archevêque; le curé des Missions étrangères, dans l'église duquel se trouvaient la chapelle et l'ancienne salle des séances, le saint abbé des Genettes, s'exilait en Suisse; au milieu de ce désarroi général, les catalogues et les archives de la réunion furent sauvés par M. Gossin, qui en conserva longtemps le dépôt avant de le remettre plus tard au Père de Ravignan.

À la rentrée de l'École de droit, par la violence de ses cris, la « jeunesse studieuse » empêcha son professeur, M. de Portets, de prendre la parole, et l'obligea à quitter la salle au milieu des quolibets et des blasphèmes [1]. Le même scandale

---

[1] Le nouveau ministre de l'instruction publique, l'avocat Mérilhou, suspendit le cours de M. de Portets et s'inclina devant l'insolence des étudiants.

se produisait à l'École de médecine, autour de l'illustre Cruveilhier [1], tandis que son ami le docteur Récamier se réfugiait à l'étranger. L'orage qui secouait la terre de France renversait un à un tous les soutiens de la Congrégation de la rue du Bac.

La victoire étant complète, les triomphateurs dédaignèrent comme un moyen devenu inutile, leur ancienne tactique de redire à tous les échos le nom de la « Congrégation ». Ils avaient entre les mains les archives des ministères, les dossiers de la police, les papiers du gouvernement, et cependant ils ne révélèrent pas les odieuses machinations qui avaient mis l'État entre les mains des Jésuites; un tel empire, si absolu pendant dix ans, n'avait donc laissé aucune trace? Des subalternes indisciplinés parlèrent bien encore « de milliers de poignards empoisonnés trouvés dans les mains des Frères ignorantins, dans les séminaires et jusque dans les palais de notre premier prélat. Les prêtres les plus fanatiques de nos campagnes avaient été invités à se rendre à Paris, le 3 août, pour l'exécution de cet infernal projet. Des forts de la halle, des charbonniers *et une foule d'obscurs congréganistes*, que nos tyrans salariaient largement du fruit de nos sueurs, depuis près de deux mois, devaient prendre part, au nom du Ciel, à cette œuvre d'iniquité. Tous avaient juré sur le Christ de surpasser en cruauté les lâches assassins du... vénérable Coligny [2]. »

[1] Le 9 février 1791, Cruveilhier naquit à Limoges. Dupuytren fut son maître; en 1816, il fut reçu docteur après une thèse jugée remarquable par ses examinateurs. Au concours d'agrégation, il fut classé le premier. En 1826, il commença un cours d'anatomie; il a publié nombre d'ouvrages scientifiques dont le plus célèbre est son *Anatomie pathologique du corps humain*. Membre de l'Académie de médecine en 1836, il fut médecin de la Maternité, de la Salpêtrière et de la Charité. Sa renommée a été européenne. Il fut congréganiste le 19 février 1809.

[2] L'*Ami des peuples*, septembre 1830. — Un autre journal, le *Courrier du Havre*, avait déjà fait connaître à ses lecteurs une lettre de M. de Polignac, signée également de plusieurs évêques (entre autres l'archevêque de Rouen), qui autorisait les congréganistes à mettre le feu aux principaux quartiers de la ville!!!

Mais ce furent là des manifestations intempestives et isolées ; il est instructif de constater l'ensemble du silence après l'unanimité des insultes.

Plusieurs congréganistes appartenaient à la magistrature : en gens d'honneur, ils quittèrent des fonctions désormais incompatibles avec leurs serments, et refusèrent de se parjurer en déposant de nouvelles promesses entre les mains de ceux-là mêmes qu'ils avaient tant de fois flétris par de justes condamnations. Jules d'Haranguiers, Alexandre Cauchy, Espivent de la Villeboisnet, Gossin, de Vaufreland, Levavasseur, Bérard des Glajeux[1], rentrèrent dans la vie privée ; tous auraient écrit la lettre si digne que M. Gossin, réfugié à Saint-Dizier, envoyait à la *Quotidienne :*

« Je n'ai point donné et je ne donnerai pas ma démission ; la loi du 31 août m'avertit que j'aurai dans peu de jours un successeur ; je le sais et m'y résigne. Si la vérité doit se trouver dans quelque chose au monde, c'est dans le serment d'un

---

[1] D'une famille qui avait longtemps servi l'État dans la marine, petit-fils du gouverneur de Saint-Domingue, Paul Bérard des Glajeux naquit à Paris en 1797 à une époque où les richesses des siens n'existaient plus qu'à l'état de souvenir et de regret. Son père l'éleva dans les principes de la religion la plus exacte et de la fidélité monarchique la plus scrupuleuse. Ils saluèrent ensemble le retour des Bourbons ; il fit son droit ; en 1816 était admis à la Congrégation. Conseiller auditeur en 1821, il devint rapidement substitut du procureur du Roi, puis du procureur général : au mois de juin 1829, il était avocat général et montrait dans ces hautes fonctions un talent qui justifiait l'opinion de Berryer : « Jamais parole publique n'a mieux rendu la dignité majestueuse et forte de la justice. » Il venait, en épousant Mlle d'Ormesson, d'assurer son bonheur domestique, le plus bel avenir lui était promis, la Révolution de 1830 lui créa d'autres devoirs ; sans hésitation, mais non sans regret, il quitta ses fonctions malgré les efforts du nouveau ministre pour garder un tel magistrat. Nommé membre du conseil de tutelle du duc de Bordeaux, il mit dès lors tous ses soins à cette tâche délicate ; son éloquence conserva Chambord à son royal client. Il s'occupait de toutes les œuvres catholiques avec le zèle qui le signalait parmi les congréganistes ; il mourut le 18 juillet 1865. M. H. de Lacombe a publié un article sur lui dans le *Correspondant* (octobre 1865), sous le titre si justifié d'« *Un magistrat chrétien* ». Ces pages renferment d'intéressants détails.

magistrat. Lié à la branche aînée de l'auguste famille des
Bourbons par des serments que le malheur n'a fait que rendre
plus sacrés, je ne dois pas, et par conséquent je ne veux pas
promettre à un autre prince une fidélité engagée ailleurs et
un dévouement dont il ne m'appartient plus de disposer. Tels
sont les sentiments que j'ai exprimés de vive voix à mes collègues dès le 2 août dernier, et que j'ai fait connaître depuis
par écrit à M. le procureur général. Ces sentiments, tout le
monde les comprendra, et j'aimerai à les conserver pour être
la consolation de ma retraite[1]. »

Ce n'était pas sur leur fortune compromise et leur carrière
brisée que s'attendrissaient ces chrétiens énergiques, mais sur
le mal dont ils étaient les témoins, sur les ruines en face desquelles ils demeuraient impuissants. Ils avaient consacré l'activité de leur jeunesse à des œuvres qui sombraient; l'espérance
de les voir revivre un jour ne luisait même pas à leurs yeux.

---

[1] *Quotidienne* du 8 août 1830. — Le *Dauphiné catholique* (novembre 1887)
retrouvait et publiait une bien jolie lettre de délation envoyée au lendemain
des « trois glorieuses », par un de ceux qui occupèrent avec empressement les
sièges abandonnés par les gens de cœur; elle est adressée à l'un des nouveaux
ministres; après avoir dénoncé le préfet, le sous-préfet, le maire, le président
du tribunal, le juge d'instruction, « congréganiste de force à prêter un nouveau serment et même à solliciter la présidence », les trois juges auditeurs,
« créatures de l'infâme Peyronnet », le signataire ajoute : « Une censure
générale les atteindra sans doute incessamment, sauf à examiner leurs droits
plus tard. Chanueil, gendre de Casimir Faure, est président à Saint-Marcellin;
la Congrégation n'a pas de plus zélés serviteurs que les membres de cette
famille. Le substitut est un enfant de même origine. Ses menaces, au mois de
septembre, empêchèrent plusieurs hommes d'affaires d'assister au banquet
patriotique offert au héros des deux mondes. Vous voyez qu'il y aurait besoin
de faire place nette. Les remplaçants ne manquent pas. *Je ne craindrais pas
moi-même de me dévouer au service du parquet*, si j'y étais secondé par un
homme tel que M. Plantier, qui se rend à Paris pour solliciter un emploi. »
— Nous ne savons si le citoyen Plantier réussit dans ses patriotiques démarches,
mais le signataire, M. Ronjat, n'a pas laissé que de faire son chemin; son fils,
ex-sénateur républicain, suivit les traditions paternelles; depuis le 4 septembre 1870, son avancement a maintes fois soulevé l'étonnement public.
Pour qui voudra peser la valeur morale des congréganistes et de leurs
détracteurs, la comparaison des lettres de M. Ronjat et de M. Gossin suffira.

Le clergé, honni, poursuivi, traqué, était obligé de vaquer aux devoirs de son ministère sous des vêtements d'emprunt, mais les dangers n'ébranlaient pas son courage, pas plus que les outrages n'avaient jadis épuisé sa compassion. Tant qu'il l'avait jugé légitime, il défendit du même cœur « le trône et l'autel », mais il n'ignorait pas que, sur les débris des trônes, les autels peuvent subsister encore.

On a beaucoup reproché au clergé de la Restauration certaines imprudences de langage (on n'en trouverait pas d'autres plus réelles), et l'on essaye parfois de justifier ainsi les violences dont il fut l'objet. Il nous semble que c'est mal connaître le fond haineux de la campagne menée pendant seize ans contre la religion catholique. Si l'épiscopat ou le clergé séculier avaient fourni en quelque manière un prétexte aux attaques, leurs détracteurs n'eussent pas failli au devoir de dévoiler bien haut les scandales découverts, d'énumérer publiquement les fautes commises; mais on ne vit jamais se formuler une accusation sérieuse, tout aboutissait aux « articles bêtes » du *Constitutionnel*, aux pamphlets de Courier, aux refrains de Béranger. Est-ce vraiment assez? Manifestement, la campagne était menée par des habiles, suivant un mot d'ordre rigoureusement déterminé et étroitement obéi[1]. Rencontrant chaque jour des ecclésiastiques respectables par leurs malheurs, leur charité et leurs vertus, ils ne pouvaient sans trop d'impudence les charger d'accusations que la moindre enquête eût facilement démasquées; ils réservèrent leur calomnies pour des religieux à qui leur nombre restreint ne permettait précisément pas d'être en contact avec les foules, sinon dans des

---

[1] M. Thureau-Dangin en a fait la remarque judicieuse : « Par une sorte de « timidité hypocrite qui est un hommage rendu au christianisme, quand on « l'attaque, on ose rarement lui donner son vrai nom : aujourd'hui, les catho- « liques sont pour leurs adversaires des « cléricaux »; sous la Restauration, « ils étaient des « jésuites. » (*Le Parti libéral sous la Restauration.*)

circonstances moins fréquentes et dans des lieux plus limités. Le nom de « Jésuite » était habilement choisi pour réveiller de vieilles rancunes ou fomenter des passions nouvelles, bien qu'aucune exagération de langage ne pût être imputée aux Pères de la Compagnie tout entiers à leurs œuvres d'enseignement, d'apostolat et de prière. On citait les vivacités de certains polémistes catholiques, et l'on en demandait raison à qui ne les avait ni écrites, ni pensées, ni approuvées. D'autre part, on jetait à la face du clergé paroissial l'épithète générique de « Jésuite », bien que s'alliant souvent fort mal avec les restes de l'esprit gallican qui ne se mourait que peu à peu. Cette double manœuvre eut un plein succès : les Pères ne pouvaient répondre des doctrines qu'ils n'avaient point avancées; les séculiers recevaient en pleine poitrine les coups qui ne semblaient pas d'abord leur être destinés.

On n'a pas moins abusé d'un autre argument complaisamment reproduit par des plumes qui n'appartenaient pas toutes à des adversaires, et l'on a dressé le fantôme de la religion d'État! C'est un grand mot. La religion, protégée officiellement par les Bourbons, aurait été ainsi inféodée à un parti et subi les conséquences de sa chute; tandis qu'ayant été, pendant les dix-huit ans de la monarchie de Juillet, moins protégée qu'entravée et plus suspectée que défendue, elle ne rencontra, après l'effondrement de 1848, que respect et bienveillance, indifférence sympathique tout au moins. Ainsi la contrainte avait fait une société athée, la liberté créa une génération respectueuse.

La thèse a été souvent établie, car elle plaît à beaucoup de politiques qu'elle délivre du souci de se montrer chrétiens; les faits ne nous paraissent pas d'une vérité historique indiscutable, et les assassins de Mgr Affre ne semblent pas avoir poussé bien loin cette tolérance envers le clergé qui semblerait l'apanage de la révolution de Février. En elle-même, la thèse est inexacte et fausse dans ses conclusions.

Inexacte : car sous Louis XVIII et sous Charles X, les concessions les plus graves furent trop complaisamment accordées aux ennemis de l'Église; les exemples seraient faciles à multiplier, le Concordat de 1817 resté lettre morte et les ordonnances de 1828 nous dispenseront d'en énoncer d'autres. La foule en a-t-elle moins confondu dans ses attaques ceux qui prirent ces mesures et ceux qui en furent les victimes?

Fausse : car les déductions qu'on en veut tirer sont opposées aux prémisses. Oui, la génération des catholiques qui vécut sous Louis-Philippe fut entre toutes ardente, généreuse, dévouée; qui l'avait donc élevée? qui l'avait instruite? Le clergé de la Restauration. Oui, les erreurs voltairiennes étaient vivaces de 1814 à 1830; qui les avait entretenues et cultivées dans les esprits? La licence de la Révolution et l'Université impériale. Ce sont les familles qui forment en grande partie les convictions des enfants : si la génération parvenue à l'âge d'homme en 1848 se montra relativement plus chrétienne, c'est qu'elle avait été élevée dans les foyers bénis par les prêtres contemporains des Bourbons. Il serait juste de faire honneur des conséquences à qui les a produites, non à qui en a bénéficié.

Charles X était chrétien pratiquant, et l'opposition lui en faisait un grief. L'idéal du prince serait-il d'être athée? Son devoir, quand il est baptisé, n'est-il pas plutôt de mettre en harmonie ses actes publics et ses convictions personnelles? Le droit égal de tous les cultes est en théorie un non-sens. En pratique, il est parfois nécessaire, mais tend toujours aux excès. La protection relative accordée en diverses circonstances au clergé par Louis XVIII et Charles X est à l'honneur de ces princes; ils comprenaient qu'il n'y a pas de pouvoir stable sans une assise religieuse. Leurs ennemis ne s'y trompaient pas davantage : les violences qui renversèrent le trône ébranlèrent un moment l'autel, non pas parce que leur union avait été grande (chose fort à souhaiter), mais parce que les adversaires de la monarchie ne trouvaient pas de meilleur moyen pour saper l'autorité royale que d'amoindrir l'influence de l'Église, source et gardienne de tous les droits.

Les chrétiens formés à la Congrégation ne donnèrent pas seulement à leur foi religieuse et à leurs convictions politiques le témoignage du souvenir et du désintéressement : ils osèrent montrer les sentiments de leur cœur en des jours où ces convictions et cette foi étaient périlleuses à confesser.

A la Chambre, Alexis de Noailles se leva pour défendre les principes de la morale catholique contre les pétitions qui réclamaient le divorce [1], et combattit avec la même énergie le vandalisme révolutionnaire lors du pillage de Saint-Germain l'Auxerrois et de l'archevêché [2]. En 1832, Récamier organisait, pendant le choléra, les secours de l'Hôtel-Dieu, et risqua mille fois sa vie dans les mansardes des pestiférés. La France entière s'émut au spectacle de la charité apostolique du cardinal de Rohan, revenant d'exil sans craindre les violences d'une populace que rien ne semblait toucher, et mourant au service des pauvres en leur abandonnant sa fortune. Comme il ne pouvait plus se dévouer à l'administration d'un diocèse également ingrat, Mgr de Forbin-Janson dépensait les ardeurs de son zèle dans les missions d'Amérique et dans le rachat des enfants païens. Mais si ces exemples ne furent pas isolés, ils ne pouvaient dépasser la sphère d'un dévouement personnel et d'une protestation courageuse; les hommes restaient, les œuvres étaient mortes.

Un rameau cependant subsistait encore : la Société des Bonnes Études. Dès avant 1830, son directeur effectif était M. Emmanuel-Joseph Bailly. Il professait la philosophie à

[1] Le 20 septembre 1830.
[2] Février 1831.

Paris, quand sa piété le conduisit à la Congrégation, où le Père Ronsin l'admit le 9 avril 1820[1]. Son talent personnel, son habitude de l'enseignement et par suite des jeunes gens, lui firent promptement prendre une place à part dans la Société des Bonnes Études. C'est à lui en partie qu'est dû son développement quand l'œuvre fut transférée dans la rue de la Vieille-Estrapade, tout près de l'École de droit. On y discutait, comme nous l'avons vu, des questions de philosophie et d'histoire, de jurisprudence et de littérature; c'était un centre intellectuel et chrétien.

La révolution de Juillet rendit fort précaire l'existence de cette Société composée de catholiques, mais ne la détruisit pas; en présence des craintes trop fondées des familles répugnant à envoyer leurs enfants à Paris, au milieu de l'agitation politique, les écoles étaient presque désertes; afin de pouvoir compter encore des adhérents, M. Bailly modifia un peu le programme, mais, il faut bien l'avouer, au détriment de la qualité; les choix d'admission moins sévères changèrent la physionomie de la société qui, toujours littéraire, n'était plus exclusivement chrétienne : ce fut une maison de famille, une sorte de cercle d'étudiants.

Parmi les élèves de l'École de droit qui s'y montraient assidus, un jeune Lyonnais, Frédéric Ozanam, s'y faisait remarquer par l'habileté et l'ardeur de sa parole. On sait comment, lassé de stériles discussions théoriques avec d'autres membres de la Société, incrédules et voltairiens, il résolut, en compagnie de quelques amis, de passer sans retard à la pratique en entrant dans le domaine des faits, c'est-à-dire de la charité. Le grand obstacle était l'inexpérience : tous ces jeunes cœurs débor-

---

[1] Il demeurait alors rue Cassette, n° 37. — M. Bailly était né à Brias, au diocèse d'Arras, le 9 mars 1794. — Le même jour que lui étaient reçus : Théodore de Guigné, étudiant en droit; Pierre Loras, architecte; le marquis de Saint-Exupéry, et Jacques Noury, capitaine au régiment de la Mayenne.

24

dant de générosité comprirent qu'il leur fallait s'adresser à un homme plus âgé qui leur serait de bon conseil : M. Bailly était tout naturellement désigné ; il possédait les traditions de la charité, ayant longtemps participé aux œuvres et fait partie de la « section des hôpitaux ». Dans son appartement de la rue du Petit-Bourbon Saint-Sulpice [1], la première réunion eut lieu au mois de mai 1833. Il put dire à ces nouveaux soldats de la cause catholique tout ce qu'il savait des anciennes pratiques charitables de la Congrégation — (le nom peut-être n'en fut pas prononcé, tant la calomnie avait jeté de défaveur sur la réunion dans les esprits les meilleurs, mais mal instruits de la vérité), — et confirma de la sorte leurs propres sentiments, car ils étaient déjà tout imprégnés des exemples récents des congréganistes. Ozanam en avait très certainement été instruit par son frère aîné, Alphonse Ozanam, membre de la Congrégation de Lyon, et, depuis 1824, de la réunion du Père Ronsin, et qui avait abandonné la médecine, malgré les brillantes promesses de Dupuytren [2], pour entrer au séminaire [3]. Il se trouvait aussi, depuis les jours du choléra, en rapport direct avec le docteur Récamier, qui donnait de si nobles leçons de charité [4].

[1] C'était dans les bureaux de la *Tribune catholique*.

[2] Après sa thèse, Dupuytren lui avait dit : « Monsieur, si vous continuez de travailler ainsi, vous deviendrez un des premiers chirurgiens de la capitale. »

[3] Au moment où nous écrivions ces lignes, la nouvelle de la mort de Mgr Alphonse Ozanam nous parvenait. Prêtre en 1831, après quelques années de ministère paroissial, il était entré dans la Société des missionnaires lyonnais, dits des Chartreux. Plus tard, il fut aumônier de l'hôpital militaire de Lille, puis se fixa à Paris et à Saint-Cloud. Il était chapelain d'honneur de Sa Sainteté. Le 26 novembre 1888, il s'éteignit, âgé de quatre-vingt-quatre ans ; il a laissé de nombreux ouvrages de piété, une traduction de Taparelli et une *Vie de son frère*, dont il avait été tout à la fois l'auxiliaire et le conseil.

[4] A. DE PONTMARTIN, *Souvenirs d'enfance, de jeunesse et d'âge mûr.* (*Correspondant* du 25 novembre 1881.)

Pour faire le bien il n'y avait donc qu'à se souvenir [1], et M. Bailly reprit l'œuvre de la visite des hôpitaux, interrompue par les événements, en conseillant à ses jeunes amis de placer leurs efforts sous le patronage de saint Vincent de Paul, le patron spécial déjà adopté par cette section de la Congrégation. Ceux-ci gardèrent le mot de « Conférence », bien que ne s'appliquant pas exactement à leur entreprise nouvelle, mais comme une réminiscence de la Société des Bonnes Études, où ils s'étaient connus et groupés pour la première fois. Ils occu-

[1] « Ozanam et ses amis ne vinrent pas combler dans l'Église de Dieu une lacune qui n'existait pas. A Paris même, peu de temps avant cette époque, un nombre infini de bonnes œuvres parfaitement organisées s'efforçaient de soulager les misères de toute espèce qui fourmillaient comme toujours dans la capitale. M. Borderies, vicaire général de Paris, et plus tard évêque de Versailles, présidait et dirigeait encore, en 1830, une pieuse association, dont les membres nombreux visitaient régulièrement les prisons et les hôpitaux, pour y porter les consolations de la religion. Ils instruisaient aussi les petits Savoyards et les préparaient à leur première communion. Les hommes les plus distingués comme les simples étudiants en faisaient également partie, et se trouvaient souvent employés aux mêmes œuvres. C'est ainsi que plusieurs fois nous nous sommes rencontrés au chevet des malades de l'hôpital de la Charité avec M. le duc Mathieu de Montmorency, qui savait, par son humilité et sa charité fraternelles, faire disparaître la distance que sa naissance comme sa fortune semblaient avoir mise entre lui et nous, qui n'étions que de pauvres étudiants. — Le flot impétueux et inattendu de la révolution de 1830, qui fit tant de ruines sur son passage, engloutit du même coup la célèbre Congrégation du Père Ronsin et l'association des Bonnes Œuvres de M. Borderies. Ces deux institutions, qui avaient offert un refuge et un appui précieux à plusieurs générations de jeunes chrétiens pendant leurs études, ne se trouvant plus en harmonie avec les idées politiques et libérales que le nouvel ordre de choses venait de faire éclore, auraient peut-être pu difficilement continuer avec succès leur bienfaisante mission. La divine Providence, toujours féconde en ressources, développa, à l'insu même de ceux qui lui servaient d'instrument, les germes d'une nouvelle association. » (Mgr OZANAM, Vie de Frédéric Ozanam, p. 631.)

Ce témoignage est doublement précieux, parce qu'il émane du frère même d'Ozanam, qui fut le témoin des œuvres de la Congrégation.

Dans une lettre qu'il nous faisait l'honneur de nous adresser sur son vénérable père, le Père Bailly, de l'Assomption, écrivait : « ...M. du Lac estimait que c'est dans cette section de la Congrégation que la Société de Saint-Vincent de Paul a vraiment pris naissance. On y honorait beaucoup ce saint, à cause de la dévotion spéciale de la famille de mon père envers le saint dont elle avait gardé des reliques et les papiers pendant la Révolution. »

pèrent le rez-de-chaussée d'une maison voisine, rue de la Vieille-Estrapade, et quand, en 1835, ils fondèrent une seconde Conférence, sur la paroisse de Saint-Sulpice, ce fut encore un congréganiste, M. Gossin, qui leur offrit, rue Cassette, le modeste local où il avait installé la Société de Saint-François Régis.

Depuis, Dieu a magnifiquement béni ces premiers efforts entrepris pour sa gloire, il a fait éclore ce germe d'humilité et de charité ; la Société de Saint-Vincent de Paul est un arbre gigantesque qui étend ses rameaux sur les deux mondes ; elle a distribué des millions aux malades et aux pauvres, et à côté de l'aumône matérielle, elle a répandu l'aumône morale, plus douce encore et plus féconde. Que les ouvriers de cette œuvre en recueillent tout l'honneur comme ils en ont eu toute la peine ; sans rien ôter de leur juste gloire, on peut constater la filiation intime qui les unit aux congréganistes de la Restauration ; chez eux, ils trouvèrent une organisation, des traditions et des exemples. Avoir été les devanciers de tels continuateurs, n'est point un mérite vulgaire : la Congrégation le peut revendiquer ; au déclin de sa course, elle pressentit les succès de ceux qui devaient lui survivre et, sans pénétrer dans la Terre promise, elle s'arrêta, comme Moïse, sur les hauteurs du mont Nébo.

La discrétion, la charité, la patience de M. Gossin conservèrent et étendirent l'œuvre de Saint-François Régis au delà des premières espérances ; il put développer son action par le concours des membres de la Société de Saint-Vincent de Paul dont il fut président général après M. Bailly. Près de 70,000 unions ont été régularisées à Paris par cette œuvre qui a d'autant mieux conservé l'esprit de son fondateur, qu'elle est encore dirigée par les héritiers de son nom [1].

Est-ce que les petits Savoyards, qui avaient retrouvé un asile

[1] M. Jules Gossin a été inhumé à Picpus, dans ce cimetière qui renferme

à la suite de la tourmente révolutionnaire, ne devaient plus rencontrer un abri après la secousse des journées de Juillet? La Providence veillait sur eux et ne le permit pas. Il fallut cependant tout d'abord restituer à l'administration des hospices la maison de la rue de Sèvres, qui était le siège de l'œuvre; les réunions dans la crypte des Missions étrangères devenaient impossibles; les ressources fournies par tant de personnes de la haute société ne se renouvelaient plus, et les membres les plus actifs se trouvaient dispersés ou hors d'état de consacrer leur temps à leur ancien apostolat. Le président, M. Bordier, était de ce nombre; son absence seule était un désastre. Mais Mgr de Quélen avait trop apprécié le bien effectué pour laisser tomber l'œuvre, et abandonner une partie si intéressante de son troupeau. En dépit des difficultés matérielles et morales, malgré les complications de toute nature, les préventions, les dangers même, il voulut que M. de Kéravenant, curé de Saint-Germain des Prés, ouvrit une chapelle de son église à ces petits malheureux. Il était d'autant plus incité à faire ce choix, que la Congrégation de l'abbé Caron avait pu, en dépit des événements, y tenir encore ses réunions de piété[1]. M. l'abbé Barran, supérieur du séminaire des Missions étrangères, se mit peu après à la tête du mouvement; comme par le passé, on donna à ces pauvres enfants l'instruction religieuse, on les mit en état de gagner leur pain matériel et, comme autrefois aussi, au grand jour de leur première communion, on les habillait du traditionnel vêtement de velours bleu qui était en quelque sorte le costume et l'uniforme de leur humble profession.

Les révolutions se font sous le prétexte de changer quelques institutions et d'en améliorer beaucoup d'autres;

---

tant de souvenirs; sur la pierre, on lit son nom et cette simple mention : Né à Bar-le-Duc, 20 janvier 1789; mort à Paris le 1er avril 1855.

[1] Voir aux pièces justificatives.

leur premier effet est en réalité de détruire simplement ce qui existe : 1848 mutila l'œuvre des Savoyards comme 1830 en avait déjà compromis l'existence; plusieurs chrétiens s'y dévouèrent, entre autres Augustin Cauchy, qui retrouvait là l'apostolat habituel de ses jeunes années, M. le comte de Lambel et les jeunes gens de la conférence de Saint-Vincent de Paul fondée aux Carmes en 1854. M. l'abbé Barran et M. de Lambel en remirent plus tard la direction à Mgr de Ségur, à M. Keller et à M. Fiot. Ceux-ci continuèrent les traditions, et donnèrent tous leurs soins à « la première communion des ramoneurs », avec un dévouement que les événements, les obstacles et la difficulté du recrutement n'ont jamais lassé. C'est un spectacle émouvant que de voir la joie de ces pauvres petits à qui l'on ouvre les yeux sur leur âme, le ciel et Dieu; eux-mêmes deviennent les apôtres de leurs parents touchés de leur bonheur, et c'est un courant de reconnaissance qui s'établit pour jamais entre leurs bienfaiteurs et eux.

Dans ce Paris si railleur et si blasé, mais au fond bien moins sceptique qu'il ne le pense, un dévouement naît toujours à côté du besoin qui surgit : en 1860, un Frère de la Doctrine chrétienne, le Frère Hortulan, résolut de prolonger l'œuvre de la première communion par l'œuvre de la persévérance, et fit ainsi revivre, peut-être à son insu, une seconde tradition qui datait de l'abbé de Fénelon et des congréganistes. Il n'a pas échoué : une école (l'école Pontbriand) et un patronage ont été fondés[1]; de généreuses aumônes ont été recueillies; un martyr, le Père Ducoudray, en versant son sang, a permis d'espérer pour les œuvres qu'il encourageait une protection providentielle; enfin, en 1873, Pie IX a béni l'entreprise et inscrit, au bas d'une gravure représentant un petit ramoneur, cette gracieuse expression d'un cœur paternel :

---

[1] Ils sont dirigés depuis bien des années par le Père Plainemaison.

Non mundi in vultu, Deus faciat vos semper mundos in corde [1].

La Société catholique des Bons Livres, qui avait rendu, sur un terrain spécial, des services importants, disparut en 1830 et sans espoir de retour. Par suite de sa propagande étendue, elle devait, en 1828, près de cent cinquante mille francs; sur les instances du duc de Rivière, M. l'abbé des Genettes entra alors dans le conseil; c'est chez lui, au presbytère des Missions étrangères, que la dernière réunion fut tenue, le 12 août 1830; malgré une dette de soixante-dix mille francs restant encore, il fallut bien abandonner l'entreprise, les directeurs quittaient Paris, M. des Genettes passait en Suisse, et les souscripteurs, effrayés par la révolution, cessaient de fournir des fonds; on distribua ce qui restait en caisse et l'on amortit la dette quelques années plus tard [2].

La « Maison de refuge des jeunes condamnés » subit, au milieu de ces bouleversements regrettables, le sort commun. Après la mort de l'abbé Arnoux, elle avait continué à prospérer grâce au zèle de l'abbé Caron, aux secours du gouvernement royal, aux subventions de la préfecture de police, à la sagesse de son conseil d'administration. A partir des premiers jours du mois d'août 1830, l'entrée des prisons fut refusée à ses administrateurs. La maison ne se recrutant plus, la décadence arriva; on ne lui donna pas d'ailleurs le temps d'être très sensible : le 27 août 1832, le préfet de police d'alors, M. Gisquet, prévint les administrateurs que le conseil général de la Seine supprimait purement et simplement la subven-

---

[1] L'œuvre de la Première Communion et l'œuvre de la Persévérance s'exercent naturellement sur la montagne Sainte-Geneviève, « quartier général » des ramoneurs; les anciennes dénominations de ramoneurs et de Savoyards ne seraient plus exactes : les modifications de nos appartements modernes ont fait disparaître la corporation des ramoneurs, pour lui substituer celle des fumistes; le progrès l'a voulu ainsi, et la Savoie n'est plus seule à en assurer le recrutement; l'Auvergne en revendique l'honneur, que d'autres contrées encore lui disputent.

[2] *Vie de M. l'abbé Dufriche des Genettes.*

tion accordée à « la Maison dite de refuge établie rue des
Grès », et que le ministre du commerce, M. de Montalivet,
regardait, dans sa sagesse, l'extinction de la maison comme
une conséquence de la suppression des secours. La maison
fut rendue à l'administration, les effets mobiliers distribués
aux pauvres et à divers établissements de bienfaisance,
les ornements de la chapelle envoyés aux missions d'Orient[1].

Tout semblait concourir à ne plus laisser le souvenir de cet
établissement charitable et de son fondateur que dans le cœur
des malheureux qu'il avait sauvés ; M. Arnoux avait été inhumé
dans la chapelle de la maison de refuge ; en 1849, le prolon-
gement de la rue Soufflot et sa communication avec la place
de la Sorbonne, firent détruire les bâtiments de l'église ; les
instances entreprises pour la translation du corps de l'humble
prêtre, entravées par les longueurs administratives, n'abou-
tirent que lorsqu'il était trop tard : tous les bâtiments étaient
rasés et la rue était faite[2]. Du moins, la mémoire de l'homme
de bien reste à l'abri de la pioche des démolisseurs, plus forte
que les catastrophes politiques et les fantaisies gouvernemen-
tales, elle demeure gravée dans le livre de vie ; comme la justice et la vérité, la charité est immortelle.

---

[1] L'absence de toute influence religieuse amena les conséquences habituelles :
une profonde immoralité ; dès 1834, plusieurs jeunes gens, qui venaient de
fonder les Conférences de Saint-Vincent de Paul, en présence de cette situation douloureuse, obtinrent de M. de Belleyme, président du tribunal civil,
d'aller donner à ces prisonniers les éléments de l'instruction religieuse. C'était,
là encore, renouer les traditions du bien opéré par la Congrégation. Cet apostolat dans la maison de correction cessa dès 1836, et fut remplacé par l'œuvre
des Apprentis orphelins, quand les détenus de la rue des Grès furent trans-
férés aux Madelonnettes. *Origines de la Société de Saint-Vincent de Paul,
d'après les souvenirs de ses premiers membres.* Brochure in-8°, au secrétariat
de la Société. Paris.

[2] Le cœur de l'abbé Arnoux a été déposé dans les caveaux de l'église des
Carmes, auprès de la sépulture de M. Legris-Duval, qui l'avait formé à la
charité, et du tombeau du cardinal de Beausset, qui avait encouragé son
œuvre.

Par prudence, le Père Ronsin vivait fort à l'écart depuis deux ans quand la révolution de 1830 le contraignit de nouveau à quitter Paris : ses jours n'y eussent pas été en sûreté. Mgr de Poulpiquet, congréganiste et son ami, lui offrit de s'établir dans son diocèse de Quimper, regardant sa venue en Bretagne « comme une bénédiction »; le Père Ronsin suivit aveuglément l'ordre de ses supérieurs qui l'envoyait en Normandie. Deux ans après, il revint à Paris, mais ce fut pour peu de mois; l'effroi ridicule que causait son nom calomnié existait encore; sur la demande de l'archevêque, il quitta pour toujours la capitale où son zèle ne trouvait plus un champ libre à son ministère. « Le Père Ronsin fut sublime d'obéissance : pas un mot, pas la plus petite observation. Il partit sur-le-champ pour Toulouse, et, depuis, jamais de retour sur ce sacrifice; jamais rien, pas un mot pour revenir à Paris[1]. » A Toulouse, pendant treize ans, son apostolat fut immense : on accourait de tous côtés pour suivre sa direction, il passait huit heures chaque jour au confessionnal; les veilles de fête, il préparait quatre cents personnes à la communion du lendemain. C'est dans les sentiments d'une piété grandissante qu'il sentit venir la mort; il retourna à Dieu le 4 novembre 1846, âgé de soixante-treize ans, dont trente-deux de vie religieuse. C'était un esprit supérieur, d'une instruction étendue, d'un cœur ardent, d'un extérieur fait pour plaire; une célébrité de mauvais aloi s'était outrageusement attachée à son nom pendant sa vie; une gloire meilleure lui est réservée : ce fut un des plus grands directeurs d'âme de son temps; il a formé des chrétiens qui apportent à sa mémoire le témoignage indiscutable de leurs talents et de leurs vertus.

[1] Lettre du Père Rénault, provincial. — Avant de se rendre dans le Midi, le Père Ronsin céda à l'appel du cardinal de Rohan, qui se mourait; il alla porter à son ami et ancien pénitent les consolations suprêmes, que celui-ci accueillit avec une joie profonde.

Nous n'avons pas à suivre les congréganistes dans les diffé-rentes phases de leur vie, mais nous voulions accompagner jusqu'au tombeau les directeurs de la réunion. L'abbé Mathieu et l'abbé Borderies, qui prirent à un moment difficile la tête des deux Sociétés des Bonnes Études et des Bonnes Œuvres, moururent revêtus du caractère épiscopal et donnèrent sur les sièges de Besançon et de Versailles l'exemple d'un mérite émi-nent. Partout, du reste, on retrouvait des congréganistes parmi les soldats de l'armée catholique et au premier rang ; leurs œuvres inspirèrent celles que nous admirons aujour-d'hui, leur conduite ne fut jamais inférieure aux grands modèles qui leur avaient été proposés.

Un dernier mot nous reste à dire sur l'adversaire acharné de la Congrégation ; nous ne saurions l'oublier, car lui-même ne s'oublia pas. Dès le mois d'août 1830, M. de Montlosier obtint qu'on lui donnât une pension annuelle de six mille francs sur les fonds secrets du ministère des affaires étrangères ; et il se fit intégralement payer une somme de vingt-cinq mille francs comme « arriéré », disait-il, des arrérages à lui dus depuis quatre ans. Tranquille désormais sur son sort matériel, il se retira dans ses montagnes et demeura muet ; mais par une for-tune fâcheuse, son nom servit, même au delà de la tombe, à exciter les passions antireligieuses de l'époque : des attaques violentes assaillirent Mgr l'évêque de Clermont, qui avait dû refuser les derniers sacrements à l'auteur du « *Mémoire à con-sulter* », décédé[1] dans toute l'impénitence de ses erreurs gal-licanes et dans le refus de désavouer ses imputations men-songères.

Les Congrégations ne sont pas des moyens exceptionnels ni surtout uniques de faire le bien, mais partout où elles existent,

[1] Le 9 décembre 1838.

elles y concourent pour une large part; l'esprit d'association
et de piété qu'elles développent chez leurs membres, les rend
tout à fait propres à devenir des chrétiens d'élite; elles demandent des vertus qui trempent singulièrement les caractères; et leur action est surtout efficace, parce qu'elle s'appuie
sur la prière, seule base assez large pour maintenir le succès.
Sans grand bruit, elles assurent un grand bien; les esprits
clairvoyants en ont fait la remarque, leurs ennemis non plus
ne s'y sont pas trompés.

Les Pères Jésuites ont toujours aimé à développer ces réunions sous le patronage de Marie : ils ont excellé dans la
science de leur direction; les temps difficiles ne sont pas
pour leur faire négliger les moyens de relèvement moral,
tout au contraire; dans les collèges de la Compagnie établis à
l'étranger par suite des exigences et du monopole universi-
taires, aussi bien que dans ceux que la loi de 1850 permit de
multiplier sur le sol de la patrie, les Congrégations n'ont cessé
de fleurir.

En 1852, neuf jeunes gens du collège de Brugelette, venus à
la maison nouvellement fondée à Vaugirard pour saluer un de
leurs anciens maîtres, se rappelant les charmes de leur réunion
d'autrefois, souhaitèrent de ne pas briser ces souvenirs encore
tout récents dans leur cœur, et résolurent d'établir entre eux
une Congrégation. Le Père Jean Gagarin, le généreux confesseur de la foi [1], accueillit cette proposition avec son entrain
accoutumé, et fut le fondateur de cette œuvre de zèle et de
charité qui devait faire si parfaitement revivre les traditions
de son aînée, et qui, — pour ne parler que de ceux qui ne
sont plus, — a eu successivement pour directeur le Père Pierre

---

[1] On sait que le prince Jean Gagarin, premier secrétaire de l'ambassade de
Russie à Paris, converti par le P. de Ravignan et madame Swetchine, entra
dans la Compagnie de Jésus et fut, *pour ce crime*, condamné à un exil qui ne
finit qu'avec sa vie.

Olivaint, le Père Alexis Clerc, deux martyrs, et le Père Hubin, mort au service des jeunes gens qu'il avait tant aimés!

Les congréganistes de la rue de Sèvres, — ce nom leur est resté, — bien que la persécution soit venue les chasser eux aussi de leur chapelle, s'appliquent à suivre les traces de leurs devanciers de la Restauration. La similitude de leurs œuvres est digne de remarque; ils ont une conférence littéraire qui a pris le nom de *Conférence Olivaint*, — un nom militant! — et qui offre bien des analogies avec la « Société des Bonnes Études ». Leur *Conférence Laënnec* est réservée aux étudiants en médecine, qui retrouvent là, à un double titre professionnel et religieux, les exemples des anciens congréganistes Laënnec, Bayle, Récamier, Cruveilhier et tant d'autres. Par les *Conférences Saint-Pierre-Saint-Paul de Plaisance* et *Notre-Dame de Malakoff*, ils visitent les pauvres, ont fondé des patronages, répandent des secours, tout comme on avait coutume de faire à la « Société des Bonnes OEuvres ». Leur concours est acquis aux deux sections des ramoneurs, tradition vivante des petits Savoyards. Jadis la Congrégation subventionnait l'Association de Saint-Joseph, secourable aux ouvriers; aujourd'hui, elle fournit de jeunes recrues au grand mouvement de régénération sociale entrepris par l'OEuvre des cercles catholiques.

Les grossières calomnies et les accusations ridicules ne sont pas venues atteindre directement la « Congrégation de la rue de Sèvres », comme autrefois la « Congrégation de la rue du Bac », mais ses membres sont fiers de mériter cette épithète de « cléricaux » qui s'applique à tous les catholiques sincèrement résolus à se défendre contre les agissements des francs-maçons. En cela, le qualificatif est justifié : les nouveaux congréganistes semblent s'inspirer des sentiments du plus illustre de leurs devanciers : Mathieu de Montmorency, repoussant « une prétendue modération qui redoute ce qu'elle appelle le vernis de la dévotion et ne veut rien ajouter aux

pratiques strictement ordonnées ¹ ». Avec la même discrétion
et la même fermeté qu'autrefois, ils sont prêts à consacrer
leur temps et leurs forces à toutes les nobles causes qui solli-
citent la jeunesse catholique. Le respect humain, peu à peu
disparu, rend peut-être leur tâche plus facile qu'au temps
de la Restauration, du moins leur dévouement est le même,
leur charité est identique, leur affection mutuelle n'est pas
moindre, et ils demeurent fidèles à la devise qu'ils ont choisie : « *Fortes in fide, diligatis invicem !* »

L'analogie des deux réunions, à Paris même, nous a frappé,
et nous l'avons voulu signaler, mais nous eussions pu encore
nommer beaucoup d'autres Congrégations en France, en
Europe, et indiquer nombre de ces centres religieux à qui
les Souverains Pontifes ont daigné de nouveau accorder leurs
bénédictions.

« Rien ne peut nous être plus doux ni plus agréable, disait
Pie IX, que de voir les fidèles et surtout les jeunes gens, que
l'impiété cherche à circonvenir par ses pièges et ses embûches,
s'inscrire dans ces Congrégations dont la fin principale est
d'entretenir et d'exciter la piété et la dévotion envers l'Immaculée Mère de Dieu ². »

En 1884, lors du troisième centenaire de l'institution officielle de la première Congrégation créée par le Père Léon,
des fêtes solennelles ont eu lieu dans le monde entier.
S. S. Léon XIII a parlé de nouveau, et ses faveurs égalent
les indulgences accordées par la *Bulle d'or.*

C'est par ces encouragements et ces éloges du chef de la
chrétienté que nous terminerons ce livre; ils corroborent

¹ Éloge funèbre de Maximilien de Béthune-Sully. *Documents manuscrits et inédits.*
² Décret *Exponendum nuper,* accordé en 1863.

l'histoire que nous avons tenté d'écrire sur des documents authentiques.

En pesant dans la balance exacte des faits toutes les accusations portées jadis contre la Congrégation, nous songions naturellement au mot fameux : « Mentez, mentez, il en restera toujours quelque chose! » Cela est vrai, mais pas au sens où l'entendaient les amis de Voltaire. Le temps étouffe le vain bruit des passions du moment, et quand a sonné l'heure de la réparation, « ce qui reste », c'est la confusion du menteur, c'est l'estime envers les victimes. Le respect leur est acquis au jugement des hommes comme déjà l'était la justice au jugement de Dieu.

PIÈCES JUSTIFICATIVES

CONGRÉGATIONS

AFFILIÉES A LA CONGRÉGATION DE PARIS

Lyon. 13 novembre 1803.
Bordeaux. 1804.
Langres. 1805.
Grenoble. 3 juillet 1805.
Nantes. 21 octobre 1806.
Toulouse. 1808.
Rennes. 29 août 1808.
Maison de Notre-Dame des Champs à Paris. 1808.
Collège d'Avallon. Janvier 1816.
Laval. 16 août 1816.
Tréguier. 21 novembre 1816.
Saint-Brieuc. 8 décembre 1816.
Petite communauté des clercs de Saint-Sulpice. 2 février 1817.
Poitiers. Avril 1817.
Lille. Août 1817.
Le Mans. Mars 1818.
Les deux Congrégations de l'abbé Caron (Paris). Août 1818.
Nevers. Juin 1818.
Besançon (collège royal). Novembre 1818.
Rennes (collège royal). 5 novembre 1818.
Mélesse (près Rennes). 19 décembre 1818.
Toulouse. Mars 1819.
Le Havre. Avril 1819.
Autun. 21 avril 1819.

Luçon. Mai 1819.
Sainte-Anne d'Auray. Novembre 1819.
Montmorillon (petit séminaire). Décembre 1819.
Saint-Acheul (petit séminaire). Janvier 1820.
Montpellier. 20 février 1820.
Tréguier (2 nouvelles Congrégations). Mars 1820.
Quimper. Avril 1820.
Carhaix. Juin 1820.
Lisieux. Juillet 1820.
Chalon-sur-Saône. Juillet 1820.
Saint-Jean d'Angély (petit séminaire). 15 août 1820.
Guingamp. Septembre 1820.
Bordeaux (petit séminaire). 1820.
Le Puy. 20 novembre 1820.
Moulins. 22 novembre 1820.
Langogne. 23 novembre 1820.
Versailles (petit séminaire). 23 novembre 1820.
Moulins (petit séminaire). 14 janvier 1821.
Limoges. 12 février 1821.
Cuiseaux (Saône-et-Loire). 5 mars 1821.
Nantes. 14 juin 1821.
Saint-Pol de Léon (collège). 19 août 1821.

Mende. 1822.

Clermont (Hérault), 2 Congrégations. 18 juin 1822.

Ancenis (collége), 29 juillet 1822

Plouguernevel (petit séminaire). 7 novembre 1822.

Sottevast. 16 novembre 1822.

Cettes. 4 février 1823

Fougères. 19 février 1823.

Nantes (petit séminaire). 26 avril 1823.

La Flèche. 26 avril 1823.

Craon. 30 mai 1823.

Baugé. 7 juillet 1823.

Alençon. 10 novembre 1823.

L'abbaye Blanche (près Coutances). 23 janvier 1824.

Bayonne. 7 février 1824.

Coutances (petit séminaire). 20 août 1824.

Pont-Croix (près Quimper) (petit séminaire). 12 juillet 1824.

Carcassonne (petit séminaire). 30 avril 1824.

Rouen. 18 décembre 1824.

Avranches (2 Congrégations). 20 août 1825.

Saint-Jean d'Angély. 20 août 1825.

Nevers (petit séminaire). 27 juin 1826.

NOTE

SUR LES CONGRÉGATIONS DE L'ABBÉ CARON A PARIS

Dans les dernières années de l'Empire, M. l'abbé d'Astros, vicaire général de Paris, avait formé une Congrégation composée de personnes de condition modeste; il les réunissait dans un local dépendant de Notre-Dame et de l'Archevêché.

Son emprisonnement et les événements politiques avaient successivement contribué à disperser cette petite réunion. En 1817, l'abbé Caron [1] résolut de la faire revivre.

[1] L'abbé Caron, né à Rennes le 26 février 1760, avait déjà rendu de grands services à l'Église par un dévouement sans bornes aux pauvres de sa ville natale, quand il fut jeté en prison en 1792 et transporté peu après à Jersey, avec trois cents prêtres qui, comme lui, refusaient le serment schismatique. Il commença dans cette île les œuvres qui illustrèrent son nom pendant toute l'émigration, construisant des chapelles, établissant des hôpitaux, organisant des bibliothèques et des écoles. En 1796, il alla s'établir à Londres, fonda là deux hospices, ouvrit deux écoles et parvint même à organiser un séminaire français. Son pensionnat de Somerston devint promptement célèbre : il y recevait tous les enfants des émigrés, et sa conduite désintéressée lui mérita les témoignages les plus flatteurs du Roi, du comte d'Artois et de la duchesse d'Angoulème. Il revint en France avec les Bourbons, s'établit dans le quartier Saint-Jacques, près du Val-de-Grâce, et prit la direction d'un pensionnat. Sa charité était inépuisable : il habillait les enfants pauvres, payait l'apprentissage des enfants abandonnés, organisait d'abondantes distributions de pain pour les malheureux de son quartier. — Il était particulièrement lié avec le Père Ronsin. Deux de ses parents, portant le même nom, appartenaient depuis 1803 et 1806 à la Congrégation. — La réunion qu'il avait fondée rue Saint-Jacques le mettait en rapport direct avec la Congrégation de la rue du Bac; il était en outre administrateur de la maison de refuge des Jeunes prisonniers, et ainsi en contact fréquent avec l'abbé Arnoux et les autres congréganistes. — Ses travaux multiples altéraient sa santé. Il mourut le 15 mars 1821, épuisé par les labeurs de son apostolat. — Il avait beaucoup écrit (il a laissé plus de quarante volumes), et plusieurs de ses ouvrages ont eu une grande vogue. Il nous est particulièrement intéressant de remarquer que la vie des congréganistes a été souvent l'objet de ses travaux; il a donné : *Vies des justes dans les plus humbles conditions de la vie;* — *Vies*

Il créa à la fois deux Congrégations, l'une pour les jeunes gens, l'autre pour les jeunes filles; le 2 février 1818, il en commençait les exercices, et le 20 août suivant, le P. Ronsin accordait leur affiliation officielle à la réunion de la rue du Bac. Les séances se tenaient dans la chapelle de l'abbé Caron, aux Feuillantines, dans la rue Saint-Jacques; elles devinrent promptement très nombreuses. A la mort de l'abbé Caron, en 1821, M. Robert de la Mennais accepta la direction momentanée de la Congrégation des hommes, qui portait le titre de « l'Annonciation de la Sainte Vierge »; elle fut confiée aux Pères Jésuites. Le P. Delvaux en fut directeur pendant quelques mois seulement, et le P. Varin le remplaça.

Cette Congrégation vint alors tenir ses séances dans une chapelle de Saint-Germain des Prés. Le P. Ronsin s'y rendait parfois, Mgr de Quélen l'encourageait de ses conseils, de ses largesses et de sa présence.

Moins en vue que la réunion des Missions étrangères, elle put continuer ses séances non seulement après les ordonnances de 1828, mais même après la révolution de 1830. Elle était alors assez peu nombreuse et toujours composée de commerçants, d'artisans, de domestiques et de commis. Le P. Varin en garda la direction jusqu'à la fin; nous ne croyons pas qu'elle ait subsisté beaucoup après l'année 1840.

Nous connaissons les noms de plusieurs de ses présidents :

1821-1822. M. Bonneau.

1823-1827. M. Plocque (c'est l'époque du plus grand développement de l'œuvre).

1828. M. Vallon.

1830. M. Maillot.

1839. M. Emmeran.

1840. M. Parisot.

---

des justes dans la profession des armes; — Vies des justes parmi les filles chrétiennes; — Vies des justes dans la magistrature; — Vies des justes dans les plus hauts rangs de la société, etc. Son histoire des Confesseurs de la foi à la fin du dix-huitième siècle (4 vol. in-8°, 1820) est pleine de détails sur la persécution révolutionnaire.

c

LES PRÉFETS DE LA CONGRÉGATION

1801. Régis Buisson.
1802. François Régnier.
1803. Mathieu de Montmorency.
1804. Eugène de Montmorency.
1805. Philippe Conrad.
1806. Jean de la Bigne-Villeneuve.
1807. Jules d'Harangniers de Quincerot.
1808. Charles de Breteuil.
1809. Nicolas Emmery.
1810. Mathieu de Montmorency.
1811.   *id.*
1812. François Régnier.
1813.   *id.*
1814.   *id.*
1815.   *id.*
1816. Antoine de Ponton d'Amécourt.
1817. Charles de Lavau.
1818. Mathieu de Montmorency.
1819. Duc de Rohan.
1820. Jules de Polignac.
1821. Comte de Senfft-Pilsach.
1822. Louis de Rosambo.
1823. Emmanuel de Cossé-Brissac.
1824. Eugène de Montmorency.
1825. Charles de Breteuil.
1826. Marquis de Saint-Gery.
1827. Eugène de Montmorency.
1828. Baron de Haller.

Pendant quelques années, le nombre des congréganistes obligea
le P. Delpuis à faire deux divisions; les vice-préfets de cette seconde
division furent, en :

1803. Gabriel Bruté.
1804. Louis Fizeau.
1805. Louis Bertrand.
1806. Charles Savary des Brulons.
1807. Hyacinthe Laënnec.
1808. Louis de Montmerqué.
1809. Joseph Perdreau.

LISTE DES MEMBRES DE LA CONGRÉGATION [1]

A

Abel Georges (Louis). 1823.
Abrassart (Émile). 1823.
Albertas (Alfred d'). 1824.
Alexandre (Louis). 1808.
Affrique (marquis de Saint-). 1819.
Allou (Auguste). 1817.
Alouette (Frédéric d'). 1819.
Amyot (Charles). 1817.
Ange (Guillaume Saint-). 1815.
Angèle (Charles de Sainte-). 1826.
Aniéré (Émile). 1817.
Antin (Thomas d'). 1816.
Aragonnef d'Orfet (Mgr). 1824.
Arbaud (Mgr d'). 1823.
Arbel (Joseph). 1814.
Arbois de Jubainville (d'). 1825.
Arboval (Charles d'). 1824.
Arcon (Joseph de Saint-). 1806.
Arnaud. 1801.
Arnaud (Augustin). 1809.
Arnaud d'Argenteuil. 1803.
Arnault (Jean). 1820.
Arnoux (l'abbé). 1818.
Arribaud (Adolphe). 1817.
Assailly (Alfred d'). 1823.
Asselin de Crèvecœur (Alphonse). 1809.
Astros (Mgr d'). 1820.
Atroffe (Guillaume). 1802.
Aubert (l'abbé). 1820.
Aubigné (Alexandre d'). 1826.
Audigé-Descotières (Richard). 1821.
Auffrin (Toussaint). 1801.
Auger (l'abbé). 1817.

Augnet (Xavier). 1816.
Aulnois (Charles d'). 1821.
Aunay de Coursannes (S.). 1806.
Auneix (l'abbé). 1807.
Aymen (J.-B.). 1815.

B

Badé (Joseph). 1801.
Badin (l'abbé). 1821.
Baëtz (Edmond). 1826.
Bailleul (Emmanuel). 1805.
Bailleul (Jacques). 1825.
Bailleul (Joseph). 1804.
Baillon (J.-B. de). 1824.
Bailly de Surey (Emmanuel). 1820.
Balmadié (Arsène). 1817.
Bangy (Jacques de). 1816.
Bandoux (Auguste). 1827.
Barascud (Augustin). 1808.
Barbe (Pierre). 1826.
Bardy (François). 1827.
Barbier (Julien). 1804.
Barie (l'abbé). 1822.
Baron (Denis). 1808.
Baron (J. B.). 1824.
Barot (l'abbé). 1826.
Barre (Étienne de). 1822.
Barrot. 1824.
Barry (Jacques de). 1827.
Barthe (Édouard). 1819.
Bastais (Désiré La). 1801.
Bataille (Gabriel). 1801.
Bauchet (Adrien). 1808.
Bauchet (Gabriel). 1808.

[1] Les dates sont celles de l'admission. — Les noms en italique indiquent les congréganistes cités dans le cours de l'ouvrage.

Baudny (César de). 1819.
Bault (Stanislas Le). 1807.
Baudoux (l'abbé). 1829.
Baumer (Antoine). 1807.
Bauzon (l'abbé). 1820.
Bayle (Antoine-Laurent). 1817.
Bayle (Gaspard-Laurent). 1802.
Bayle (Louis). 1825.
Bazin (Antoine). 1804.
Beaubien (Pierre). 1817.
Beaucé (Jean). 1817.
Beaucousin (Juste). 1824.
Beaumes (Joseph). 1817.
Beaumont (Henri de). 1817.
Beausset-Roquefort (Mgr de). 1823.
Beaussier (Claude). 1822.
Beauvais (Hippolyte). 1820.
Becdelièvre (Gabriel de). 1827.
Becdelièvre (Louis de). 1826.
Bédont (Gratien de). 1822.
Béjarry (Marcel de). 1822.
Belcour (Théodore). 1809.
Belleroche (Louis de). 1824.
Ber (Ferdinand Le). 1818.
Bérard (Charles). 1818.
Bérard des Glajeux (Paul). 1816.
Béraud (Érasme). 1803.
Berbis (chevalier de). 1821.
Berger (l'abbé). 1818.
Berlies (Charles). 1802.
Berlioz (Augustin). 1801.
Bernadoux (François). 1803.
Bernard (Joseph). 1825.
Bernard de la Fortelle (Jean). 1821.
Bernier (Daniel). 1802.
Béroni (l'abbé). 1822.
Berrier (Louis). 1807.
Bertaud du Coin (Claude). 1807.
Berthaud (l'abbé). 1824.
Berthaud (M.). 1805.
Berthe de Villers (Ferdinand). 1819.
Berthe de Villers (Ernest). 1824.
Bertheau (l'abbé). 1826.
Berthier (Gilbert). 1806.
Berthier (Pierre). 1814.
Berthier (Louis de). 1809.
Berthelot (l'abbé). 1806.

Bertrand (Jacques). 1808.
Bertrand (Louis). 1802.
Bertrand de Moleville (Jean). 1816.
Besnier (l'abbé). 1802.
Besse (Gabriel). 1805.
Bésuchet (Joseph). 1808.
Béthune-Sully (Maximilien duc de). 1806.
Béthune (Félix). 1807.
Bézian (Jules). 1818.
Bichier-Desages (Antoine). 1822.
Bidot (l'abbé). 1807.
Bienvenu (Bernard). 1822.
Bigne-Villeneuve (Jean de la). 1802.
Bigot (Joseph). 1830.
Billet (l'abbé). 1824.
Binet (Jacques). 1807.
Biot (Claude). 1808.
Biré (Louis). 1824.
Bisson de la Roque (Gabriel). 1822.
Bitsch (Augustin). 1802.
Blancart de Bailleul (Edmond). 1819.
Blanchart (Guillaume). 1804.
Blanquart (l'abbé). 1820.
Blondeau (Félix). 1829.
Blot (Armand de). 1822.
Blunt (Georges). 1817.
Bobin (Hippolyte). 1823.
Boischevallier (Ambroise de). 1822.
Boisset-Glassac (vicomte de). 1821.
Boisrenaud (Renaud de). 1815.
Boiteux (Joseph). 1823.
Bole (J.-B.). 1823.
Bolle (Louis). 1816.
Bolot (Henri). 1824.
Bombelles (Mgr de). 1821.
Boncour (Olivier de). 1825.
Bonnair (Sébastien). 1806.
Bonnard (J.-B.). 1822.
Bonneau (Vincent). 1822.
Bonneau d'Houët (Eugène de). 1827.
Bonneau du Martray (Charles de). 1826.
Bonnet (Joseph). 1807.
Bonniol (Étienne). 1822.
Bonniot (Étienne). 1822.
Bonniver (Charles). 1822.
Bonvoisin (B.). 1816.

Bonvoisin (Victor). 1815.
Borderies (l'abbé). 1821.
Bordier (Joseph). 1808.
Borel (Charles). 1816.
Borel de Favancourt (Xavier). 1821.
Borie (Adolphe de). 1823.
Bosquillon (Louis). 1808.
Bosmelet (Thomas de). 1827.
Bosredon (Antoine). 1803.
Bossard (l'abbé). 1805.
Bottu (Joseph). 1822.
Boual (Pierre). 1801.
Boucheix (Émile). 1827.
Boucher (Henri Le). 1815.
Bouetté (Louis Le). 1818.
Bougles (Jacques). 1820.
Bouillod (Pierre). 1809.
Boujot (J.-B.). 1816.
Boulion (Charles). 1808.
Boullanger (Raoul Le). 1805.
Boulle (Jean). 1807.
Boullé (Louis). 1820.
Bouriot (Just). 1803.
Bourbon (S. A. R. François-de-Paule de), infant d'Espagne. 1826.
Bourdeaux (Adolphe). 1828.
Bourdeilles (l'abbé de). 1817
Bourg (Mgr du). 1817.
Bourgeois (Louis). 1828.
Boutin (Paul). 1826.
Boutron (Louis). 1815.
Bouvy (Louis). 1827.
Boyard-Cléaz (Antoine). 1818.
Boyer (Gabriel). 1823.
Brad (Étienne). 1816.
Brad (Marie). 1817.
Bralles (Nicolas). 1804.
Bravais (François). 1820.
Bréard de Boisanger (Paul). 1830.
Brébion (Eugène). 1828.
Breteuil (Charles de). 1804.
Brette (François). 1801.
Briand (l'abbé). 1827.
Bridieu (Antoine de). 1822.
Briey (Herbrand de). 1821.
Broissia (Flavien de). 1830.
Brossard (Jacques). 1804.

Brousse (Louis de la). 1826.
Brugères (Guillaume). 1804.
Brugières (Gabriel). 1804.
Bruneau (l'abbé). 1823.
Brun (Louis). 1825.
Brunet du Plantis (Jean). 1822.
Bruni (Martial). 1822.
Brunier (Jean). 1824.
Brutée de Remur (Gabriel). 1802.
Bruzard (Félix). 1818.
Bry (Auguste). 1829.
Buhel (Henry). 1818.
Buisson (Joseph). 1801.
Buisson (Régis). 1801.
Buisson (Blaise de). 1806.
Bully (l'abbé de). 1821.
Burel (Louis). 1823.
Busson (l'abbé). 1820.
Bussy (l'abbé de). 1819
Buteux (Narcisse). 1815.

C

Cabanès (Jean). 1824.
Cade (Augustin). 1826.
Cadoret (l'abbé). 1826.
Cahier (Charles). 1802.
Cahier (Augustin). 1824.
Caillot (Joseph). 1802.
Caire (l'abbé). 1823.
Calvimont (Louis de). 1825.
Cambourg (Adolphe de). 1821.
Candé (Antoine de). 1822.
Capdeville (Félix de). 1826.
Capmas (François). 1821.
Capmas (Pierre). 1819.
Carayon (l'abbé). 1816.
Carcenac (Raymond). 1801.
Cardaillac (Henri de). 1814
Cardon (Isidore). 1828.
Cardon de Montigny (Joseph). 1822.
Caron (Michel). 1815.
Carpot (Sylvestre). 1806.
Carrand (l'abbé). 1821.
Carrière (Auguste de la). 1817
Carron (l'abbé Philippe). 1806.
Cary (l'abbé). 1807.

Cassin de la Loge (Charles). 1816.
Castenay (Pierre). 1819.
Cathelineau (Jacques de). 1816.
Cauchy (Augustin). 1808.
Cauchy (Alexandre). 1816.
Cauchy (Eugène). 1822.
Causans (Paul de). 1824.
Caziot (Philibert). 1805.
Cellier-Soissons (J.-B.). 1818.
Chabenas (Félix de). 1825.
Chabert (J.-B.) 1830.
Chaffoy (Mgr de). 1821.
Chalembert (Alexandre de). 1806.
Chalumeau de Verneuil (Alphonse). 1816.
Champagne-Bouzey (comte de). 1818.
Champgrand (Edmond de). 1825.
Chapellier (Charles). 1802.
Chappuis d'Escolles (Alexis). 1824.
Chardin (Philippe). 1821.
Chardon (Frédéric). 1806.
Chardon (Jules). 1830.
Charlier (Gabriel). 1805.
Charre (Hubert). 1818.
Charrey (Pierre). 1821.
Chasset (l'abbé). 1827.
Chastigny (Étienne de). 1807.
Chatelard (l'abbé). 1821.
Chatelat (Antoine). 1816.
Châtre (Mgr de la). 1820.
Chauffard (Hyacinthe). 1816.
Chauveau (Pierre). 1805.
Chauvel (l'abbé). 1807.
Chauvin (Auguste). 1827.
Chavaudret (Alexandre). 1816.
Chazelle (Jacques). 1824.
Chevalley (Étienne). 1824.
Cheverus (Mgr de). 1824.
Choiselat (Isidore). 1814.
Choiseul (César de). 1828.
Choiseul-Beaupré (marquis de). 1819.
Cholominski (comte). 1819.
Chrestien de Chanteloup (Louis). 1817.
Cirier (J.-B.). 1822.
Citoys (Charles de). 1823.
Civrac (Emmeri de). 1824.
Claeys (Séraphin). 1809.

Clarion (Jacques). 1803.
Clavel (Gilles). 1826.
Claverie de Cassous (Antoine). 1807.
Clerc de Lesseville (René Le). 1814.
Clerget Vaugirnion (Étienne). 1808.
Clermont-Tonnerre (Amédée, marquis de). 1824.
Clermont-Tonnerre (cardinal de). 1826.
Clifford (chevalier). 1818.
Clifford (sir Thomas). 1823.
Cobrat (Antoine). 1823.
Colmache (Charles). 1803.
Conard (Louis). 1802.
Conflans (Louis). 1822.
Contades (M. de). 1805.
Conrad (Philippe). 1802.
Conette de Saint-Cyr (Jean). 1821.
Constant (Pierre). 1822.
Coquerel (Claude). 1803.
Corbin (François). 1817.
Corbie (Victor de). 1820.
Cornu (Augustin). 1819.
Coste (Paulin). 1819.
Coste (Antoine La). 1801.
Cosnac (Mgr de). 1820.
Cossé-Brissac (Emmanuel de). 1816.
Cotteau (Louis). 1823.
Cotteau (Victor). 1818.
Cottenot (Théodore). 1821.
Cottereau (Louis). 1826.
Cottin (Pierre). 1804.
Cottret (Mgr). 1830.
Couasnon (Fortuné). 1803.
Couasnon (Jean). 1826.
Coupat (Louis). 1822.
Coupperie (Mgr). 1820.
Courbon (Barthélemy). 1817.
Courtois (Edme). 1825.
Coyon-Tillois (François). 1801.
Cozon (Hippolyte). 1822.
Crény (Charles de). 1821.
Crespin (Gilles). 1802.
Cresson (Louis). 1801.
Cretel (l'abbé). 1829.
Crétin (l'abbé). 1826.
Croix (Jacques La). 1814.
Croix (Pierre La). 1802.

Croy (S. A. le prince de). 1822.
Crozes (Emmanuel). 1828.
Cruveilhier (Jean). 1809.

D

Dabin (Philippe). 1820.
Dalmas (Antoine). 1822.
Damiani (l'abbé). 1820.
Dangeais (Armand). 1806.
Daniel (René). 1820.
Daprieux (Victor). 1807.
Daudier (Léon). 1819.
David (l'abbé). 1824.
David de Saint-Hilaire (Étienne). 1816.
Daynac (Étienne). 1825.
Deauchez (Joseph). 1809.
Debien (Jacques). 1818.
Debost (Henri). 1827.
Decollard (François). 1824.
Decombes (Zacharie). 1823.
Dectot (Louis). 1816.
Dehée (l'abbé). 1827.
Delacouture (Augustin). 1826.
Delacroix (Charles). 1825.
Delacroix d'Azolettes (Louis). 1826.
Delaplanche (Louis). 1814.
Delassime (Prosper). 1816.
Delbos (Adolphe). 1820.
Delbreil (Philippe). 1821.
Delépine. 1829.
Delor (Martial). 1824.
Delvaux (Charles). 1801.
Delvaux (Joseph). 1806.
Delvaux (Théodore). 1803.
Delpech (Edmond). 1815.
Delzons (Alexis). 1822.
Denarié (Antoine). 1804.
Denieau (Félix). 1823.
Denovau (J.-B.). 1827.
Denis (Lucien). 1824.
Denys (François). 1803.
Denys (P.). 1807.
Desages (Charles). 1822.
Desages (Nicolas). 1821.
Deschamps (François). 1807.
Deschault (Pierre de). 1820.

Descoqs (Alphonse). 1822.
Desfosses (Eugène). 1824.
Desfriches des Genettes (l'abbé). 1819.
Deshayes (J. B.). 1807.
Desjardins (l'abbé). 1818.
Desjardins (Louis). 1806.
Desmazures (François). 1819.
Desplace (Étienne). 1824.
Desquibes (l'abbé). 1821.
Desréaux (Charles). 1806.
Desrousseaux (Auguste). 1825.
Desoye (Paul). 1829.
Dessain (l'abbé). 1823.
Deydés (François). 1807.
Dieu (Benoit). 1817.
Dinault (Henri). 1819.
Domet (Alexandre). 1819.
Dondan (Pierre). 1801.
Drach (Bernard). 1825.
Dreppe (Joseph). 1805.
Drevet (Michel). 1824.
Droillot (J.-B.). 1801.
Dubois (Mgr). 1820.
Dubois (Benoist). 1826.
Dubois (Henri). 1818.
Dubois (Henri). 1823.
Dubois (Paul). 1816.
Dubois (René). 1807.
Dubois-Bergeron (Louis). 1816.
Dubois de Montlignon (Louis). 1814.
Dubuisson (Blaise). 1801.
Dubuisson de la Rigaudelle (Étienne). 1814.
Dubuisson de la Rigaudelle (Jean). 1814.
Dubuisson de la Rigaudelle (Joseph). 1817.
Duboys (Albert). 1822.
Duchainay (l'abbé). 1820.
Duchemin (Louis). 1804.
Duchesne (Auguste). 1803.
Duchier (Joseph). 1801.
Ducrozes (François). 1816.
Dufêtre (l'abbé). 1820.
Dufouleur (Alphonse). 1805.
Dufour (Armand). 1826.
Dulcat (Joseph). 1803.

Dumarsais (l'abbé). 1820.
Dumont (Édouard). 1821.
Dumoulin (Pascal). 1805.
Dumoulin-Borie (Pierre). 1829.
Dupan (Pierre). 1803.
Dupérier (Edmond). 1815.
Dupont (l'abbé). 1820.
Dupuch (Antoine). 1818.
Dupuis (Pierre). 1816.
Dupré (Jérôme). 1820.
Durand (l'abbé). 1817.
Durand (Alexandre). 1821.
Durand (Raphaël). 1821.
Dureuil (Achille). 1821.
Durfort (de), comte de Lorges. 1822.
Durieu (François). 1818.
Durieux du Pradel (Pierre). 1806.
Durnerin (Jean). 1824
Durey de Noinville (Joseph). 1824.
Dussausoy (Stanislas). 1819.
Dusuau de la Croix (Emmanuel). 1821.

E

Eager (Jacques). 1826.
Écarlat (l'abbé). 1826.
Elbos (Théodore d'). 1816.
Éliçagaray (l'abbé). 1814.
Emmery (Nicolas). 1803.
Emmery de Septfontaines (Charles). 1805.
Émy Poirier de Varennes (François). 1808.
Emye (Jean). 1818.
Épine (Philippe de l'). 1824.
Épines (Antoine d'). 1802.
Épines (Félix d'). 1802.
Épines (François d'). 1806.
Esmonde (l'abbé). 1820.
Esparbès de Lussan (Pierre d'). 1820.
Espiaux (Arnauld). 1804.
Espivent (Henri). 1808.
Espivent de la Villeboisnet (Pierre). 1826.
Essards (Eugène des). 1824.
Estébenet (J.-B.). 1814.
Estève (Xavier). 1820.

Estrayez de Dontrien (l'abbé). 1825.
Etchegoyen (Isidore). 1818.
Évelin (Augustin). 1826.
Exupéry (marquis de Saint-). 1820.

F

Fabry (Gervais). 1802.
Fabry (Joseph). 1803.
Fage (Florentin La). 1801.
Fageot (Pierre). 1817.
Faguer (Jean). 1824.
Faist (Ignace). 1824.
Falconet (Amédée de). 1823.
Falconieri (Mgr). 1823.
Falcoz (J. B.). 1804.
Favelli (Étienne). 1819.
Faverny (comte de). 1820.
Faye (Antoine). 1819.
Fer de la Mothe (Henri Le). 1822.
Ferrand (l'abbé). 1827.
Ferrand (Adolphe). 1823.
Ferrières (Adolphe de). 1819.
Ferron du Quengo (Eugène). 1815.
Feuillant de la Glacière (J.-B.). 1817.
Feutrier (Hyacinthe). 1807.
Feytis (Émile). 1824.
Fieulès (Augustin). 1816.
Filtz (Louis). 1804.
Fizeau (Louis). 1801.
Fleurent (François). 1805.
Follye (Louis de la). 1815.
Fontaine (Alexis). 1820.
Fontenot (Mgr). 1826.
Forbin-Janson (Charles de). 1805.
Foresta (Louis de). 1823.
Forgue (l'abbé). 1820.
Fort (Jean Le). 1804.
Foucher de Brandois (Armand). 1808.
Fouchon (Urbain). 1816.
Fougeroux (Charles). 1816.
Fougeroux (François). 1816.
Fournier (Antonin). 1807.
Fournier (Charles). 1803.
Fourdinier (Augustin). 1816.

Frain de la Villegontier. 1801.

Franc (Charles Le), 1807.

Franchet d'Espérey (François de). 1816.

François (Henri). 1809.

François (Augustin Le). 1801.

François (Louis Le). 1803.

Franqueville (d'Abancourt de). 1816.

Fréchon (François). 1802.

Frérot (François-Xavier), 1801.

Freslon (Alexandre de). 1809.

Fresllon (François de). 1805.

Frietsch (J.-B.). 1820.

Friteau (l'abbé). 1823.

Fuzier (Laurent). 1823.

G

Gabet (Arthur). 1827.

Gagelin (l'abbé). 1820.

Gagnet (Jean). 1815.

Gagniard (Edme). 1826.

Gaillard de Saint-Germain (Clément). 1805.

Gaillard-Bancel (Henri de). 1824.

Gallard (Étienne). 1816.

Gallard (l'abbé). 1819.

Gallery de la Servière (Gustave). 1818.

Gallié (François). 1803.

Gallon (Henri de). 1823.

Gareau (Frédéric). 1828.

Garigou (Albert). 1822.

Garnier (François). 1801.

Garnier (S.-M.). 1801.

Garsignies (Armand de). 1824.

Garsignies (Louis de). 1827.

Garun (Théodore). 1818.

Gaube (l'abbé). 1805.

Gaulhait (Louis). 1807.

Gaudechart (Albéric de). 1825.

Gaudin (Nicolas). 1802.

Gaudry (Joseph). 1811.

Gauguet (Ambroise). 1807.

Gautier (Julien). 1822.

Gautier de la Chapelle (Adrien). 1815.

Gaultier de Claubry (Emmanuel). 1814.

Gaultier de Claubry (Henri). 1811.

Gaultier de Claubry (Louis). 1805.

Gauthier (Ambroise). 1820.

Gauthier (Joseph). 1804.

Gauthier (Michel). 1802.

Gase (Charles). 1801.

Gase (Pierre). 1801.

Gay (Louis Le). 1819.

Goyot (Gustave). 1823.

Gerbet (l'abbé). 1821.

Gerbet (François). 1822.

Geland (l'abbé). 1820.

Genelli (Christophe). 1827.

Generès-Sourvillé (Antoine). 1806.

Genoude (Antoine). 1819.

Genoude (l'abbé de). 1818.

Genous de la Roque. 1826.

Georges (Amédée). 1827.

Géraud-Drappeau (l'abbé). 1821.

Germain (Auguste). 1818.

Germain (Clément de Saint-). 1827.

Gérin (Joseph). 1816.

Germiny (Nicolas de). 1820.

Géry (marquis de Saint-). 1823.

Gervais (l'abbé). 1822.

Gervais d'Aldin (Antoine). 1817.

Gervais (Nicolas). 1804.

Gibon (Clément de). 1817.

Giffard (Adrien). 1821.

Gilles (Joseph). 1824.

Gilles (Louis). 1820.

Gilles (Albert de). 1822.

Gillot de Kerharden (Paulin). 1819.

Girard (Thomas). 1803.

Girardeau (Louis). 1816.

Giron de Saint-Rome (Claudin). 1821.

Giresse (Jean). 1809.

Girault (Charles). 1823.

Glaire (l'abbé). 1824.

Glaury (Mgr). 1820.

Gobet (l'abbé). 1827.

Godefroy (l'abbé). 1829.

Godefroy (Charles). 1816.

Godin (l'abbé). 1820.

Gombault-Razac (comte de). 1814.

Gondelin (l'abbé). 1816.

Gondret (Augustin). 1801.

Gondret (Louis). 1801.

Gossin (Jules). 1818.
Goujon de Gasville (Maurice). 1809.
Goujon de Thuisy (Jérôme). 1819.
Goullioud (Philippe). 1808.
Gouraud (l'abbé). 1829.
Gourdain de Thieulloy (Edouard). 1824.
Gourdon (l'abbé). 1819.
Gourgue (Alexis de). 1823.
Gourraud (Charles). 1818.
Gouvernel (l'abbé). 1822.
Grand (Alexandre Le). 1827.
Grandchamp (Victor de). 1827.
Gras (Alphonse Le). 1818.
Gras (Pierre). 1824.
Grégoire (Bernard). 1816.
Greppo (l'abbé). 1806.
Grière (Edme). 1802.
Griffon-Moulinier (Georges de). 1814.
Grimaldi-Monaco (l'abbé de). 1818.
Gros (J.-B). 1824.
Grossetête (Louis). 1805.
Gruau (Hippolyte). 1817.
Gruau (Victor). 1820.
Gruau (Modeste). 1820.
Guédy (l'abbé). 1819.
Guénebaud (Jean). 1817.
Guérin (Louis). 1803.
Gueyffier. 1815.
Guidée (l'abbé). 1825.
Guigné (Théodore de). 1820.
Guillemin (Alexandre). 1815.
Guiller (Victor). 1803.
Guillet-Chatellex (Victor). 1801.
Guilhemanson (Charles). 1826.
Guilhou (Xavier). 1820.
Guillot (Pierre). 1827.
Guippeville (Joseph de), 1827.
Guitard (Barthélemy). 1818.
Guiton (François). 1808.
Guy (Gabriel). 1826.
Guyon (l'abbé). 1824.
Guyot (Pierre). 1815.

H

Haller (baron de). 1822.
Hamel (Louis), 1817.

Hansel de la Besquerie (Eugène). 1818.
Hamelin (Ambroise). 1819.
Haranguiers de Quincerot (Auguste d'). 1803.
Haranguiers de Quincerot (Hippolyte d'). 1803.
Haranguiers de Quincerot (Jules d'). 1803.
Haustète (Joseph). 1808.
Haza-Radlitz (Albert de). 1825.
Hédouville (Nicolas d'). 1827.
Hédouin (Louis). 1828.
Hémery (Frédéric d'). 1824.
Hennequin (Antoine). 1808.
Hercé (chevalier de). 1821.
Hermand (Louis). 1803.
Hermelin (Charles). 1802.
Héricart de Thury (Louis). 1816.
Hérigoyen (Hyacinthe). 1819.
Hériot de Vroil (Théodore). 1809.
Hersch (Nicolas). 1818.
Hersart de la Villemarqué (Pierre). 1823.
Hervé (Ambroise). 1817.
Hesse (Alexandre). 1825.
Heyrauld (l'abbé). 1823.
Heyrauld (J.-B.). 1821.
Hibon (Célestin). 1816.
Hilaire (d'Hémant de Saint-). 1807.
Hoffmann (Alphonse). 1823.
Hombert (Théodore). 1821.
Hontarède (Augustin). 1809.
Houssart (Julien). 1814.
Huchet de la Bédoyère (Charles). 1807.
Humbert (J.-B.). 1802.

I

Imbert (Marius). 1819.
Infreville (René d'). 1805.
Ingenheim (comte d'). 1827.
Inglesi (l'abbé). 1820.
Isarn de Villefort (Jean d'). 1821.
Isle de Beauchêne (Louis d'). 1816.

J

Jacquart (Casimir). 1818.
Jacquart (François). 1822.
Jacquemet (Marcel). 1826.
Jacquemin (Mgr). 1824.
Jacques (l'abbé). 1819.
Jamain (Jean). 1802.
Jaquenies (Joseph). 1823.
Jacqueson de Vauvignolles (Edme). 1802.
Jarrige (François). 1818.
Jassond (Louis). 1822.
Jéanté (Hubert). 1818.
Jerphanion (Eugène *de*). 1814.
Joannet (Michel). 1820.
Johannet (Alexandre). 1817.
Joland de Saint-Maurice (François). 1807.
Jordan (l'abbé). 1808.
Jordan (Frédéric). 1803.
Jourdain (l'abbé). 1826.
Jourdain (Honoré). 1827.
Jourdan (Toussaint). 1821.
Jousserandot (Étienne). 1819.
Jousserandot (Pierre). 1819.
Jumel (l'abbé). 1816.

K

Kergaradec (Alexandre de). 1804.
Kergos (Théodore *de*). 1823.
Kermenguy (Albert de). 1827.
Kersablin (l'abbé de). 1820.
Kohler (Antoine). 1804.
Kratz (Louis). 1825.

L

Laage (Joseph de). 1823.
Labadie (Achille). 1824.
Labbé (Louis). 1825.
Lacombe (Joseph). 1827.
Lacour (Nicolas). 1822.
Lacouture (Jean). 1824.
Lacroix (Gaspard de). 1822.
Laëlan (Alexandre). 1825.

Laënnec (Hyacinthe). 1803.
Lafosse (Charles). 1826.
Lagrenée (Théodore *de*). 1818.
Lahaye (Nicolas). 1816.
Lallart (Louis). 1823.
Laloux (Hilaire). 1819.
Laloux (Pierre). 1821.
Lalouette (Frédéric). 1819.
Laman (J.-B.). 1820.
Lamarque (Clément). 1816.
Lambert (Louis). 1816.
Lambert (l'abbé). 1824.
Lambruschini (Mgr). 1827.
Lamothe (Ernest). 1820.
Lamy (Martial). 1818.
Lanascol (Jacques de). 1823.
Landry (Joseph). 1827.
Langlois (Abel). 1816.
Lanne (Adolphe). 1824.
Lapostolle (Jacques). 1830.
Laporte-Lalanne (Armand *de*). 1821.
Larcher d'Aubencourt (J.-B.). 1804.
Lardeur (Gustave). 1827.
Laroque (François). 1827.
Laribilité d'Anglade (Fernand). 1823.
Laroche (Frédéric). 1821.
Lascuras de l'Épine (François). 1804.
Latenac (Valentin de). 1808.
Lasseux (Jacques le). 1805.
Lastour (Henri de). 1822.
Laubespin (marquis de). 1817.
Lauras (Frédéric). 1825.
Laurens (l'abbé). 1827.
Laurens du Puy-la-Garde (Léon de). 1819.
Laurent (Joseph). 1821.
Laurent (Victor). 1823.
Laurentie (Sébastien). 1817.
Laurentie (l'abbé). 1820.
Lauzon (Claude). 1823.
Laval (Marc de). 1818.
Lavau (Charles *de*). 1807.
Lavau (J.-B. *de*). 1807.
Law de Lauriston (Louis). 1823.
Lebeau (l'abbé). 1818.
Lebas de Girancy (M.). 1819.
Leblanc (Dominique). 1820.

Leblanc de Beaulieu (Mgr). 1817.
Leblanc de l'Espinasse (Henri). 1826.
Lebrun (Louis). 1805.
Lecomte (Hubert). 1817.
Lecomte (Jacques). 1805.
Ledoux (Guillaume). 1806.
Ledru (Charles). 1823.
Lefebvre (Alphonse). 1826.
Lefebvre de Villers (Charles). 1827.
Leflon de Ruelle (Joseph). 1821.
Legouais (Eugène). 1814.
Legouais (François). 1814.
Legris (Nicolas). 1826.
Legrix (l'abbé). 1821.
Lehen (Pierre de). 1826.
Lenty (Eugène). 1804.
Léonard (Auguste). 1803.
Lequen de Karneizon (Louis). 1830.
Lequeux (François). 1819.
Lesellyer (François). 1820.
Lespiney de Parey (Alphonse de). 1824.
Leurs (Eustache). 1808.
Leusse (marquis de). 1822.
Leusse (Timoléon de). 1823.
Levaillant de Duranville (Ferdinand).
  1816.
Levassor (Louis). 1829.
Levavasseur (Edmond). 1819.
Lévis-Mirepoix (Charles de). 1809.
Lhuillier (Paul). 1826.
Liberge (Léon). 1824.
Limbourg-Stirum (comte de). 1827.
Linarès (François). 1801.
Lingette (Pierre de). 1801.
Litous (Pierre). 1817.
Lizé (François). 1824.
Locatelli (Simon). 1823.
Logerais (J.-B.). 1801.
Loisson (Henri). 1822.
Loménie de Brienne (Martial de).
  1807.
Longbois (Constant). 1820.
Longeville (Gustave de). 1823.
Loras (Pierre). 1820.
Lort de Sérignan (César de). 1827.
Loup de Beaulieu (Hubert Le). 1809.
Loyseau (Louis). 1822.

Loysson de Guinaumont (Louis). 1817.
Loysson de Guinaumont (Paulin).
  1819.
Lucot (l'abbé). 1819.
Lucy (Victor). 1815.
Luiset (Joseph). 1820.
Lussigny (François). 1825.
Luynes (Joseph de). 1825.
Luzan (Pierre). 1816.

M

Mabilly (Paul). 1804.
Macé (M.). 1806.
Macret (Alexandre). 1803.
Mac-Carthy (Justin de). 1806.
Mac-Carthy (Nicolas de). 1805.
Mac-Carthy (Robert de). 1806.
Macchi (Mgr). 1820.
Madier (Charles). 1830.
Madrid (Étienne de). 1823.
Madrole (Antoine). 1819.
Magallon (Raphaël de). 1815.
Maigrot (Jean). 1826.
Maillard de la Gournerie (Eugène).
  1824.
Maillefer (Charles). 1816.
Mainot (Pierre). 1830.
Man d'Hobinge (Joseph de). 1822.
Mandès (Antoine). 1805.
Mandès (M.). 1805.
Mansan (J.-B.). 1824.
Maisonneuve (François). 1801.
Malplaque (Paul de). 1825.
Mansion (François). 1825.
Mansuy (J.-B.). 1802.
Marais (Auguste). 1817.
Marbot (Antoine). 1822.
Marchand (Hilarion). 1826.
Maréchal (Mgr). 1822.
Maréchal (l'abbé). 1818.
Marie (l'abbé). 1807.
Marié (Renaud). 1822.
Marié (François Le). 1820.
Marignan (François de). 1801.
Marotte (l'abbé). 1824.
Marin-Lévêque (Georges). 1821.

Marquier d'Aubonne (l'abbé). 1818.
Marquier-Dampiène (A.). 1807.
Marre (Augustin de la). 1821.
Marret (l'abbé). 1826.
Martel (Constantin). 1820.
Martel (Henri *de*). 1821.
Martial (l'abbé). 1804.
Martial (Guillaume). 1817.
Martin (Antoine). 1824.
Martin (François). 1822.
Martin (Léopold). 1817.
Martin (Xavier). 1822.
Martin de Noirlieu (l'abbé). 1819.
Martin (Joseph de Saint-). 1809.
Martin de Bagnac (de Saint-). 1801.
Martin de Bagnac (de Saint-). 1801.
Martine (Antoine). 1809.
Marvillier (Nicolas). 1807.
Masse (Louis). 1804.
Masson (Alexandre). 1805.
Masson (Jean). 1827.
Masson (Clément). 1823.
Masson (Théodore Le). 1825.
Mathieu (Adrien). 1816.
Mathieux (Casimir de). 1803.
Matton (Étienne). 1822.
Mauduit (l'abbé). 1826.
Maussion de Candé (Charles). 1823.
Mauvif de Montergeon (M.). 1801.
Mauvif de Montergeon (Toussaint).
 1801.
Mazenod (Charles *de*). 1808.
Mazenod (Elzéar d.). 1827.
Mazenod (Félix de). 1826.
Mazier (Ferdinand). 1821.
Maynard (chevalier de). 1817.
Meaux (Augustin *de*). 1815.
Mehay (Charles). 1830.
Mellier (Joseph). 1808.
Mellier (Félix). 1818.
Ménage (Auguste). 1806.
Menestrel (Charles). 1826.
Merland (Henri). 1819.
Mellon-Jolly. 1817.
Meniotte (Valentin). 1817.
Meric (l'abbé). 1821.
Mertian (Paul). 1825.

Métivié (Félix). 1824.
Metivier (Alexis). 1802.
Meunier (Jacques). 1808.
Meuris (Antoine). 1804.
Menton (René de). 1825.
Meylink de Cavalini (Joseph). 1826.
Meyran (Pierre). 1824.
Mézières (Pierre). 1819.
Mey (François de). 1823.
Michelin (François). 1804.
Michelle (Étienne). 1823.
Middleton (Pierre). 1817.
Migneron (Henri). 1821.
Migy (Xavier). 1803.
Millaux (Mgr). 1823.
Millet (l'abbé). 1818.
Millet (Félix). 1804.
Miolan (l'abbé). 1806.
Miton (Charles). 1817.
Mocton (Jean). 1826.
Modène (comte *de*). 1819.
Moine (Ferdinand Le). 1803.
Moigne (Charles Le). 1821.
Molinier (Jean). 1801.
Moncheur (Victor). 1825.
Montalembert (l'abbé de). 1818.
Monnot (Remi). 1801.
Monseignat (Léon de). 1818.
Mons de Carantilly (Honoré de). 1821.
Mons de Carantilly (Louis de). 1821.
Montagu (marquis de). 1823.
Montblanc (Mgr *de*). 1819.
Montault (Charles). 1826.
Montault (Armand de). 1826.
Montgolfier (Auguste *de*). 1822.
Montclar (Eugène). 1821.
Montazeau (Élie). 1802.
Monnier (Joseph Le). 1803.
Monès d'Elhoux (Joseph). 1815.
Montmerqué-Desrochais (de). 1802.
Montmorency (marquis Eugène *de*).
 1801.
Montmorency (duc Mathieu *de*). 1801.
Montsarrat (Jacques). 1815.
Montginet (A.). 1806.
Montreuil (baron de). 1825.
Montrond (Maxime de). 1830.

Moreau (Jérémie). 1816.
Moreau (Sigismond). 1804.
Morel (l'abbé). 1820.
Morel de Boncour (Joseph). 1823.
Morinière (Pierre). 1822.
Mothe (J.-B. La). 1801.
Mouchet de l'Aubespin (Ulric de). 1821.
Moulle (Léon). 1808.
Mouton (Charles). 1809.
Munschina (J.-B.). 1803.
Murard de Saint-Romain (Antoine de).
  1821.
Murat (Guillaume). 1801.
Muzeau (François). 1817.
Myla (J.-B.). 1801.
Myre (Mgr *de la*). 1821.

N

Nagiscard (André). 1802.
Narp (Auguste *de*). 1819.
Nau (Célestin). 1826.
Nau (Théodore). 1825.
Nédonchel (Alexandre de). 1802.
Nédonchel (Joseph de). 1802.
Nepveu (Louis). 1822.
Neubourg (Joseph *de*). 1801.
Newquerque (Charles de). 1805.
Newquerque (Guillaume de). 1805.
Nicole (Philippe). 1803.
Nicolas (Louis). 1819.
Nidart (Louis). 1801.
Noailles (Alexis *de*). 1802.
Noël (Michel de). 1801.
Nolac (André de). 1826.
Norbert (Louis). 1802.
Normand (Alphonse). 1823.
Nourichel (J.-B. Le). 1817.
Noury (Jacques). 1820.
Nozeilles (Charles de). 1807.

O

Odouard (Jacques). 1805.
Oger (Charles). 1806.
Oger (Paul). 1827.
Ogerdias (Maurice). 1829.

Olivier (Jacques). 1822.
Olivier du Puymanel (Victor d').
  1818.
Olislagen de Meerssenhoven (Joseph).
  1811.
O'Mahony (Barthélemy). 1822.
Orière (Alexis). 1821.
Orsini (l'abbé). 1826.
Orschwiller (Henri d'). 1826.
Osmond (Amédée *d'*). 1818.
Ossonville de Beuzeval (François d').
  1815.
Otezac (Anselme d'). 1824.
Ozanam (Alphonse). 1824.

P

Paix de Cœur (Clément de). 1807.
Pajot (Sébastien). 1801.
Palisse de Mérignac (Camille). 1819.
Panis (Joseph). 1825.
Panisse (Henri de). 1827.
Papin (Philippe). 1805.
Papin-Dupont (Léon). 1820.
Paradis (Joseph). 1814.
Paravay (Charles). 1804.
Parker-Jevers (Georges). 1823.
Pascal (Joseph). 1816.
Passerat (Armand). 1816.
Pauvert (Alexandre). 1827.
Péala (Augustin). 1826.
Pélerin (Louis). 1806.
Pélissier (Pierre). 1819.
Pellegrin (Hippolyte). 1826.
Pelletier (Joseph). 1805.
Pelletier (Jacques Le). 1817.
Pellieux (Joseph *de*). 1823.
Peloux (Alphonse du). 1808.
Peltier (Eugène). 1814.
Perdreau (Joseph). 1801.
Périer (François). 1801.
Périn (Armand). 1818.
Périod (Augustin). 1801.
Peru (vicomte de Saint-). 1823.
Pérocheau (Mgr). 1818.
Perreau (l'abbé). 1809.
Perrier (Nicolas). 1806.

Verronil de Montgaillard (Gaston de). 1817.
Perrot-Chaumax (Paul). 1818.
Pérusant (Laurent). 1806.
Petel (Simon). 1815.
Petit (l'abbé). 1825.
Petiton (Jules). 1822.
Peurette (Joseph). 1824.
Peyles (Montcabrié de). 1821.
Peyrière (Antonin La). 1814.
Phelipon (Charles). 1805.
Philpin (Antoine). 1805.
Philibert de Bruillard (l'abbé). 1809.
Philippe (Hippolyte). 1806.
Picard (Joseph). 1801.
Picot (Pierre). 1817.
Pidon (Charles). 1820.
Pieau (Frédéric). 1826.
Piettre (Constant). 1815.
Pignier (Alexandre). 1806.
Pille (Charles du). 1824.
Pillet (Claude). 1803.
Pineau (François de). 1816.
Pinguenet (Jean). 1804.
Pinon (Théodore). 1820.
Pins (Mgr de). 1822.
Pinterville-Cernon (Antoine de). 1823.
Pinsun (Pierre). 1816.
Pion (l'abbé). 1821.
Pistolet (Gabriel). 1801.
Place (Désiré). 1822.
Place (André de La). 1822.
Plagne (Amédée de La). 1822.
Plaisant du Château (Henri). 1822.
Plamondon (Ignace). 1825.
Planchat (François). 1815.
Plessis (Mgr). 1819.
Plessis (Jean du). 1803.
Plex (Félix). 1819.
Ploix (Jean). 1816.
Polignac (Jules de). 1814.
Poucelet (Frédéric). 1806.
Poncelet (Joseph). 1807.
Ponton d'Amécourt (Adrien). 1816.
Ponton d'Amécourt (Antoine). 1808.
Ponton d'Amécourt (Augustin). 1815.
Ponton d'Amécourt (Louis). 1820.

Pontonnier (Paulin). 1806.
Popiel (Paul de). 1827.
Portalès (Brice). 1818.
Portets (Xavier de). 1807.
Potdevin (Joseph). 1803.
Pothier (Théodore). 1808.
Poujol (Jean). 1818.
Poulain (Théodore). 1823.
Poulpiquet (Mgr de). 1826.
Pourtier (Louis). 1807.
Pousart (Joseph). 1817.
Poussielgue (J.-B.). 1817.
Pradines (Charles). 1822.
Prémort (l'abbé). 1820.
Prens (Auguste). 1827.
Pressoir (Jacques). 1825.
Pretet (François). 1826.
Préval (Théodore de). 1822.
Prévost (l'abbé). 1823.
Prévost-Dulas (Gilbert). 1826.
Prilly (Mgr de). 1824.
Prince (Edmond Le). 1825.
Privat (Adolphe). 1824.
Prochasson (l'abbé). 1825.
Pupier (Louis). 1821.
Pusset (Bruno de). 1816.
Puttecott de Renneville (César). 1822.
Puyramond (Bertrand de). 1824.

Q

Quevret (Joseph). 1825.
Quesne (François). 1802.
Quinette (J.-B.). 1805.
Quinque (François). 1824.

R

Rabaille (François). 1804.
Rabayet (Antoine). 1807.
Ramond-Lalande (Mgr de). 1823.
Ramé (Antoine). 1807.
Ratel (Joseph). 1807.
Rathau (Jacques). 1807.
Ratier-Desforges (François). 1802.
Ratier-Desforges (V.). 1803.
Ravenel (Hyacinthe de). 1804.
Ravignan (Xavier de). 1819.

26

Ravot (Étienne). 1819.
Raynal (Nicolas). 1820.
Récamier (Joseph). 1817.
ReceveurdeLivremont(François).1817.
Régnier (François). 1801.
Régnier (Marcellin). 1807.
Régnon (marquis de). 1822.
Remache (Bernard). 1825.
Repiquet (Victor). 1803.
Rességuier (Auguste de). 1824.
Reveillé (Henri). 1803.
Reveillon (Gabriel). 1824.
Revel (Louis). 1827.
Revel (Nicolas). 1815.
Retz-Malvielle (François de). 1806.
Riancey (Adrien de). 1825.
Ricard (François). 1818.
Ricard (François Le). 1807.
Richard (Joseph). 1817.
Richard (Henri). 1821.
Richardeau (Louis). 1822.
Riche (Frédéric Le). 1818.
Richery (Mgr de). 1823.
Richner (Edmond). 1822.
Ricôme (Joseph). 1803.
Riffaut (Hippolyte). 1823.
Rignaud (Louis). 1819.
Rigoult de Fennemare(Frédéric).1823.
Ripoux (l'abbé). 1814.
Rivard (Patrice). 1819.
Rivericux de Chambost(Claude). 1822.
Rivière (marquis de). 1821.
Rivière (Gustave de). 1830.
Rivière (Henri de La). 1806.
Rivin (Florent). 1828.
Robert (l'abbé). 1824.
Robert (Joseph). 1819.
Roberston (Jacques). 1824.
Robiano (l'abbé de). 1821.
Robiano (Louis de). 1823.
Robinet (Jacques). 1818.
Robin (Félix). 1818.
Rochefoucauld(AlexandredeLa).1816.
Rocher (Joseph). 1816.

Rochetaillée (Charles de La). 1826.
Rochetaillée (Gaspard de La). 1824.
Rocques (Jean). 1825.
Rodier (Clément). 1818.
Roëst d'Alkemade (François). 1808.
Roger (Félix). 1819.
Rogeron (Frédéric). 1820.
Rohan-Chabot (duc de). 1806.
Rolland de Roscoat (Amédée). 1823.
Rollet (l'abbé). 1827.
Romet (Jean). 1819.
Rondot (l'abbé). 1821.
Ronsin (le Père). 1821 [1].
Ronchon-Dulatay (J. B.). 1814.
Roquette (Denis). 1827.
Rosny (Antoine de). 1803.
Rosambo (Louis de). 1814.
Roulède (François de). 1821.
Roullet de La Bouillerie (Alphonse) 1814.
Rougane (Edmond). 1822.
Rousseau (Gabriel). 1827.
Roussel (Pascal). 1824.
Rousselle (Joseph). 1817.
Rousselot (l'abbé). 1823.
Rousset (Xavier). 1821.
Roussy (Félix de). 1817.
Rouverade (Auguste La). 1822.
Rouvroy (Joseph de). 1817.
Roux (Édouard). 1817.
Roux (Auguste Le). 1825.
Roy (Noël Le). 1809.
Roy (Vincent Le). 1803.
Roy (Gabriel Le). 1822.
Rozat (Guillaume). 1819.
Rozian (Julien). 1815.
Ruelle (Guillaume). 1822.
Ruelle (l'abbé). 1819.
Ruffier (Auguste). 1819.
Ruffier (Victor). 1820.
Ruinard de Brimont (Arthur). 1818.
Ruinart de Brimont (François). 1817.
Ruivet (l'abbé). 1826.
Ryan (Jacques). 1822.

---

[1] Le P. Ronsin voulut prononcer solennellement son acte de consécration à la Sainte Vierge comme les autres membres de la réunion.

S

Sachet (Achille). 1808.
Saillefert (Henri). 1822.
Sageret (Frédéric). 1819.
Sales (Paul-François *de*). 1816.
Salmon du Chatellier (Mgr). 1820.
Saman (comte de). 1821.
Samatan (Simon). 1819.
Sambucy (Régis de). 1802.
Sambucy (Victor de). 1827.
Sanson du Perron (Victorien). 1817.
Sasselange (Régis de). 1826.
Sauthier (l'abbé). 1822.
Sauvaire (Xavier). 1820.
Sauveur de la Villeraye (Sébastien).
  1809.
Sauzier (Louis). 1815.
Savary des Brulons (Charles). 1801.
Savigny (Gilbert). 1802.
Schemmel (l'abbé). 1826.
Schindeler (Edmond). 1807.
Scorbiac (l'abbé de). 1820.
Scorbiac (Bruno de). 1815.
Scorbiac (Paul de). 1818.
Scotti (Joseph). 1819.
Sébile (l'abbé). 1814.
Ségaud (Célestin). 1802.
Séguier (Armand). 1821.
Séguier (Maximilien). 1802.
Séguin (Charles). 1827.
Selles (Albert de). 1821.
Sémelet (Claude). 1803.
Senfft-Pilsach (comte de). 1819.
Sergeant (Louis Le). 1807.
Seras (Hippolyte de). 1817.
Séré (Henri). 1825.
Seriez (Jean). 1801.
Serpette de Marincourt (François).
  1825.
Serre (J. B.). 1819.
Serres (l'abbé). 1818.
Serres (Joseph de). 1825.
Serres de Colombart (Auguste). 1805.
Serve (Thomas). 1805.
Sesmaisons (Rogatien de). 1825.
Sèze (Adolphe de). 1825.

Sibour (l'abbé). 1820.
Signolle (Gabriel). 1803.
Simon (Sébastien). 1806.
Siret (Alexandre). 1804.
Sisio (Louis). 1816.
Smet (Bernard de). 1822.
Sorestres (François). 1803.
Sorestres (Joseph). 1806.
Soyer (Mgr). 1820.
Sovich (Joseph). 1820.
Spinasse (Bernard). 1806.
Spinasse (Joseph). 1822.
Stadniski (Joseph). 1828.
Stas (Guillaume). 1827.
Stolberg (comte de). 1822.
Surville (Charles de). 1824.
Surville (Edmond de). 1822.
Susse (Augustin). 1806.
Szadwoski (Joseph). 1812.

T

Tabord (l'abbé). 1819.
Tailler (Joseph). 1825.
Taufflich (Joseph). 1819.
Tavac (baron de). 1806.
Tellier (Auguste le). 1816.
Tesnière (Thomas). 1803.
Tévenard (l'abbé). 1819.
Teyrion (Armand). 1819.
Teysseyrre (Alphonse). 1818.
Teysseyrre (Paul-Émile). 1802.
Tharin (Mgr). 1824.
Theurier (Charles). 1819.
Thévenot (Étienne). 1823.
Thibauld (Julien). 1816.
Thibauld (Louis). 1819.
Thierry (René). 1815.
Thomassin (Édouard). 1824.
Thomassin (René). 1807.
Thomassin (Charles de). 1824.
Thomassin (l'abbé). 1818.
Thoumas (Théodore). 1823.
Tilorier (Armand). 1801.
Tissot (Emmanuel). 1819.
Tixier (Félix). 1816.
Tuiseau (Antoine de). 1823.

Tocquaine (François). 1827.
Tontay (l'abbé). 1819.
Tour (Joseph de La). 1824.
Tour (Louis de La). 1807.
Tournefort (l'abbé). 1819.
Tourneux (François). 1801.
Toytot (Armand de). 1823.
Trancart (l'abbé). 1827.
Trioullier (Jacques). 1826.
Truelle (Paulin). 1818.
Truelle des Aunelles. 1816.
Turgeon (l'abbé). 1819.
Turner (François). 1825.

V

Vacquié (Emmanuel de). 1822.
Vaillac (Eugène). 1822.
Vaissade (Antoine). 1821.
Vaissière (Joseph). 1801.
Valette (Remi). 1820.
Valette (Charles La). 1803.
Valois (Abel). 1816.
Valois (Étienne). 1802.
Vandersteen (Charles). 1806.
Vanjuas (François de). 1824.
Vassor (Hippolyte Le). 1816.
Vattier de Bourville (Charles). 1819.
Varax (Gabriel de). 1825.
Vaucoux (Pierre de). 1803.
Vaufleury (Gabriel de). 1824.
Vaulcheret (l'abbé). 1822.
Vaulchier (marquis de). 1821.
Vaur (Antoine). 1805.
Vautré (Joseph). 1803.
Vaux (Louis de). 1826.
Vaysse de Rainneville (Alphonse). 1816.
Vaysse de Rainneville (Valentin). 1816.
Véchambre (l'abbé). 1820.
Veigerat (Augustin). 1809.
Verrier (Paul). 1822.
Veyssière (Jacques). 1823.
Vèze (Désiré de). 1818.

Vial d'Alais (Gabriel). 1821.
Vidaux de La Tour (Gabriel). 1804.
Vigan (Gabriel de). 1828.
Vigneron (Joseph). 1824.
Villart (Louis). 1819.
Villèle (Eugène de). 1823.
Villemot (Hippolyte). 1802.
Villeneuve (Edmond de). 1826.
Villeneuve (Philippe de). 1818.
Villeneuve (marquis Pons de). 1805.
Villefrancon (Mgr de). 1821.
Vimont (Alphonse). 1817.
Vinay (l'abbé). 1823.
Vincent (Étienne). 1803.
Violard de Moligny (Charles). 1821.
Viollat (François). 1806.
Virrier (Philippe). 1820.
Vitte (N.). 1823.
Voyaux de Pranoux (l'abbé). 1822.
Voyrier du Murand (Joseph). 1826.
Vuillefroy-Silly (François de). 1822.
Vuillet (Étienne). 1804.
Vuillet (Joseph). 1806.
Vuarin (l'abbé). 1819.

W

Waast de La Royère (Jean). 1816.
Waille (Amédée). 1817.
Wathons (l'abbé de). 1808.
Watringue (Norbert). 1814.
Wattelet (René). 1823.
Weber (Michel). 1822.
Weber (Toussaint). 1820.
Weld (Édouard). 1826.
Weld (Thomas). 1817.
Wuillefoy (Michel). 1816.
Wulfranc (Timothée de Saint-). 1807.

Y

Yves (Jean de Saint-). 1804.
Yves (N. de Saint-). 1804.

TABLE DES MATIÈRES

CHAPITRE XVI

LE PRÉSENT.

PIÈCES JUSTIFICATIVES.

ERRATA

Page 7. Ligne 3, au lieu de : *porté*, lire : *formulé*.
Page 64. Ligne 13, au lieu de : *appelé*, lire : *attiré*.
Page 92. Ligne 1, supprimer le mot : *et.*
Page 99. Sommaire, ligne 5, au lieu de : 1814, lire : 1811.
Page 131. Ligne 6, au lieu de : *aspirait*, lire : *voulait*.
Page 133. Ligne 14, au lieu de : *à*, lire : *dans.*
Page 236. Ligne 18, supprimer le mot : *plus.*
Page 268. Ligne 2, au lieu de : *de*, lire : *dans.*
Page 278. Ligne 13, au lieu de : *des*, lire : *du.*
Page 298. Ligne 20, mettre le mot *furent*, entre les mots : *funèbres* et *célébrés.*

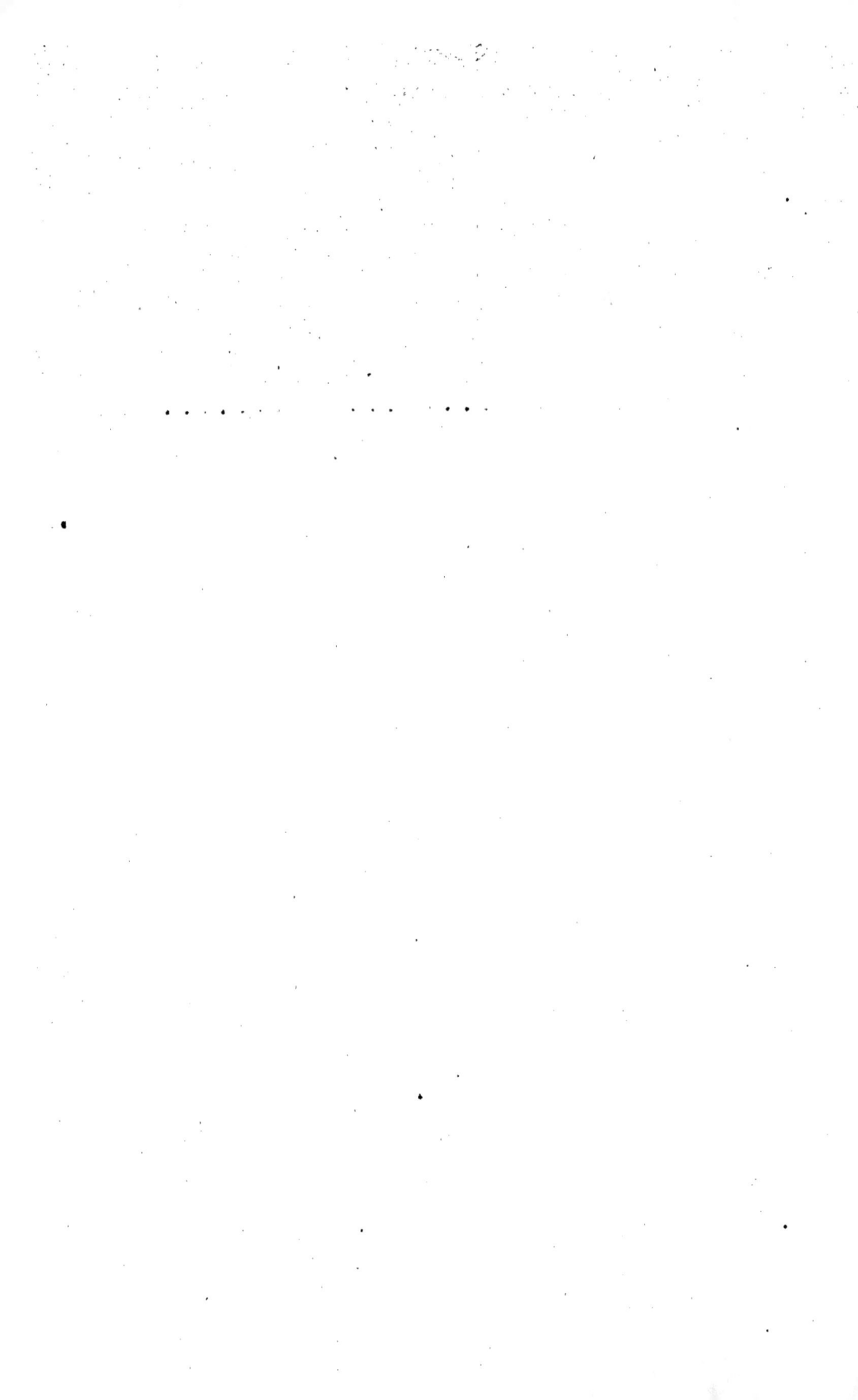

PARIS

TYPOGRAPHIE DE E. PLON, NOURRIT ET Cie

Ruo Garancière, 8.

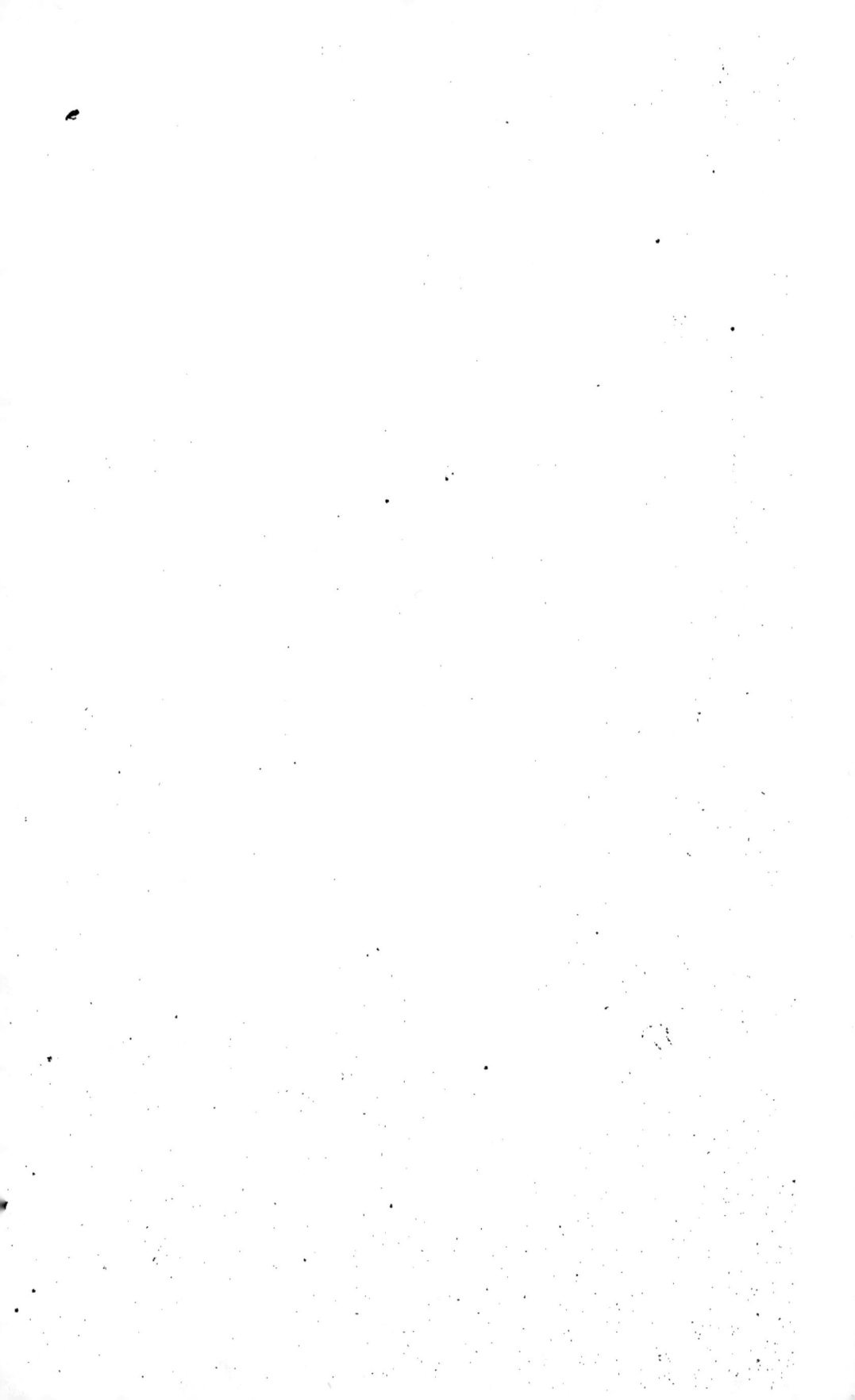

www.ingramcontent.com/pod-product-compliance
Lightning Source LLC
Chambersburg PA
CBHW071952270326

41928CB00009B/1418